KARL MARX
Biografia intelectual e política (1857-1883)

Marcello Musto

KARL MARX
Biografia intelectual e
política (1857-1883)

Tradução: Rita Coitinho

1ª EDIÇÃO
EXPRESSÃO POPULAR
SÃO PAULO – 2023

Copyright © Marcello Musto, 2018
Copyright © Editora Expressão Popular Ltda.
Traduzido de: Karl Marx Biografia intellettuale e politica 1857-1883

Revisão técnica: Ranieri Carli
Preparação: Miguel Yoshida
Revisão: Lia Urbini
Diagramação: Zap Design
Capa: Thereza Nardelli

Dados Internacionais de Catalogação-na-Publicação (CIP)

M991k
Musto, Marcello
Karl Marx: biografia intelectual e política (1857-1883) / Marcello Musto ; tradução de Rita Coitinho. -- 1.ed. -- São Paulo : Expressão Popular, 2023.
399 p.

ISBN 978-65-5891-110-4
Traduzido do italiano Karl Marx Biografia intellettuale e politica 1857-1883.

1. Karl Marx, 1818-1883 – Biografia. 2. Karl Marx, 1818-1883 – Política. I. Coitinho, Rita. II. Título.

CDU 32(092)
CDD 923.20

Elaborada pela bibliotecária: Eliane M. S. Jovanovich - CRB 9/1250

Todos os direitos reservados.
Nenhuma parte desse livro pode ser utilizada
ou reproduzida sem a autorização da editora.

1ª edição: setembro de 2023

EDITORA EXPRESSÃO POPULAR
Alameda Nothmann, 806
01216-001 – Campos Elíseos – SP
livraria@expressaopopular.com.br
www.expressaopopular.com.br
⬛ ed.expressaopopular
◉ editoraexpressaopopular

SUMÁRIO

Nota editorial 7

Nota da tradução 11
Rita Coitinho

Ao leitor brasileiro 13
José Paulo Netto

Prefácio 15

A CRÍTICA DA ECONOMIA POLÍTICA

A crise econômica e a
expectativa da revolução 27

Observando as mudanças mundiais 63

O capital: a crítica inacabada 85

A MILITÂNCIA POLÍTICA

O nascimento da Associação Internacional dos Trabalhadores 127

A revolução nas ruas de Paris 155

O conflito com os anarquistas 179

AS PESQUISAS DA ÚLTIMA DÉCADA

Estudos teóricos e luta política 201

As vicissitudes do 'Velho Nick' 245

TEORIA POLÍTICA

A função dialética do capitalismo 269

O perfil da sociedade comunista 291

Notas 321

Referências 377

Índice Onomástico 391

NOTA EDITORIAL

O grande volume de estudos e publicações em torno da vida e da obra de Karl Marx atesta a fecundidade e a relevância tanto de sua produção teórica quanto de sua atuação política. Os pesquisadores e pesquisadoras que buscam se aprofundar e divulgar o pensamento e o legado de Marx não estão presentes em todos os cantos do mundo e abarcam uma ampla diversidade nos chamados campos do conhecimento como Filosofia, Economia, Sociologia, Psicologia entre outros.

É importante destacar, no entanto, que Marx esteve, ao longo de toda a sua vida, dedicado antes de mais nada à luta contra a exploração dos seres humanos entre si e à emancipação dos trabalhadores e trabalhadoras. A sua perspectiva de construção do conhecimento está muito bem sintetizada na 11ª tese sobre Feuerbach: "Até agora os filósofos apenas interpretaram o mundo, trata-se, porém, de transformá-lo". Esse é o princípio que guiará todo o desenvolvimento de sua teoria em compreender a estrutura e a dinâmica do modo de produção capitalista para, com isso, conseguir travar a luta pela sua destruição.

Assim, para nós, seu pensamento não pode estar desvinculado de uma ação para transformar a realidade. Antes, trata-se de desenvolver o devido cuidado para que a teoria não esteja subordinada à prática, o que já nos levou historicamente a dogmatismos paralisadores, e que tampouco ela esteja alheia à realidade, ficando restrita a debates teóricos que se perdem em intermináveis movimentos no mundo das ideias.

Este livro de Marcello Musto segue o caminho proposto por Marx em sua 11ª tese e acompanha a vida e o desenvolvimento do pensamento do revolucionário alemão em suas condições concretas de existência, tanto nas dificuldades financeiras e de saúde que Marx enfrentava durante a longa elaboração d'*O capital* quanto com o seu envolvimento político com a organização dos trabalhadores e trabalhadoras pela Associação Internacional dos Trabalhadores. Nesse sentido, a produção teórica de Marx é analisada a partir da estreita relação com a dinâmica do modo de produção capitalista não apenas em termos genéricos, mas também em relação com a sua época.

É justamente por compreender o ser humano Karl Marx e sua obra numa inegável relação com a realidade e com as tentativas e possibilidades de transformá-la que a Expressão Popular, em parceria com a Associação dos Docentes da Universidade Federal de Ouro Preto (Adufop), Associação dos Docentes da Universidade de Brasília (ADUnB), Associação dos Professores de Ensino Superior de Juiz de Fora (APESJF) e a Associação dos Professores da Universidade do Rio Grande (Aprofurg) e decidiram publicar *Karl Marx: uma biografia intelectual e política (1857-1883)*, dando continuidade à bem-sucedida parceria iniciada em 2019 entre a editora e o Andes-SN tanto em âmbito nacional quanto por meio de suas seções sindicais. Nosso principal objetivo com esta iniciativa é a de fortalecer a chamada batalha das ideias por meio da publicação de obras que propiciem o debate teórico e político em diferentes setores da sociedade, da intelectualidade acadêmica aos militantes dos movimentos populares, partidos e sindicatos.

★★★

Esta edição só foi possível devido ao trabalho de inúmeras pessoas que contribuíram nas diversas fases de produção do livro. Gostaríamos de agradecer à Rita Coitinho que fez uma rigorosa tradução do texto; ao professor Ranieri Carli que, solidária e militantemente, fez a revisão técnica da tradução; ao professor José Paulo Netto que prontamente se dispôs a redigir um breve comentário sobre o autor e a presente obra.

Esperamos que o livro possibilite um conhecimento ainda maior da vida e da obra de Karl Marx (e de Friedrich Engels) e que contribua com a interpretação do mundo para transformá-lo, mas também para que consigamos avançar naquilo que Marx postulava já em 1843, que a teoria seja apoderada pelas massas e se converta em força material; e que com isso, consigamos construir uma sociedade em que não haja mais exploração entre os seres humanos.

Agosto de 2023
Expressão Popular
ADUFOP, ADUnB, APESJF, APROFURG

NOTA DA TRADUÇÃO

RITA COITINHO

Nesta biografia intelectual de Karl Marx o autor, Marcello Musto, fez uso de inúmeras fontes, tanto documentos (cartas, excertos de jornais e livros) que não estão disponíveis em português como outros textos marxianos mais difundidos, que já contam com traduções no Brasil e em Portugal.

Diante dessa multiplicidade de fontes, a tradutora e os editores decidiram utilizar, para as citações diretas de textos – tanto de Marx e Engels quanto de outros autores que aparecem ao longo da obra –, a tradução direta da versão em italiano preparada pelo próprio Musto. O custo dessa decisão é incorrer no fenômeno da retradução, que em algumas situações pode levar a um afastamento do sentido original.

A preparação editorial teve o cuidado de cotejar as "retraduções" aqui presentes com as edições brasileiras disponíveis de modo a evitar esse distanciamento, concluindo que o resultado é bastante aproximado, sem prejuízo do sentido. Quanto às demais fontes, não houve possibilidade de realizar esse trabalho, porém procurou-se manter os textos o mais próximos possível de sua versão italiana, evitando-se a adaptação de termos e orações-chave, de modo a minimizar o afastamento das obras originais.

AO LEITOR BRASILEIRO

JOSÉ PAULO NETTO*

Marcello Musto, um napolitano nascido em 1976, fez seus estudos acadêmicos (nas áreas da chamada Ciência Política e da Filosofia – nesta última, doutorou-se em 2007) em seu país e atualmente é professor da *York University* (Toronto, Canadá). Atuante em projetos editoriais credibilizados e em núcleos de pesquisa importantes, é autor de mais de meia centena de textos entre livros e artigos, publicados na Itália, na França, na Holanda, na Inglaterra, na América do Norte (Canadá, Estados Unidos) e no Oriente (China e Índia). Há mais de uma década, Musto vem se afirmando internacionalmente como um dos mais prolíficos analistas que estudam a vida e a obra de Karl Marx – entre os seus admiradores, conta-se o respeitado filósofo francês Etienne Balibar, que, certa feita, tê-lo-ia considerado, "sem dúvida, o maior conhecedor da vida de Marx".

A presença de Musto no Brasil também já é notória, seja por intervenções acadêmicas em várias universidades do país, seja por artigos divulgados em nossos periódicos científicos e políticos, seja pelos seus três excelentes livros aqui publicados (Boitempo Editorial, de S. Paulo): o volume que organizou de materiais da Associação Internacional dos

---

* Ensaista marxista, professor emérito da Universidade Federal do Rio de Janeiro e autor de *Karl Marx: uma biografia*, pela editora Boitempo.

Trabalhadores, *Trabalhadores, uni-vos! Antologia política da I Internacional* (2014), o ensaio *O velho Marx. Uma biografia dos seus últimos anos. 1881-1883* (2018) e os estudos coligidos em *Repensar Marx e os marxismos* (2022).

De fato, o leitor brasileiro informado dispensa apresentações de Musto. Por isto, aproveito esta oportunidade apenas para um rápido comentário que julgo relevante para destacar uma peculiaridade da contribuição de Musto.

Musto pertence a uma geração de pesquisadores que conta com a nova edição da obra marx-engelsiana, a MEGA[2], que desde os fins do século XX vem oferecendo um acesso filologicamente mais seguro aos textos marxianos. Esta edição é decerto um notável contributo ao trato de Marx pelos especialistas – mas tem igualmente fomentado, a meu juízo, um academicismo que tende a fazer do grande revolucionário comunista mais um daqueles "clássicos" apetecíveis a todos os paladares.

O trabalho de Musto não despreza ou minimiza outras fontes documentais do acervo marxiano (p. ex., a velha MEGA, a MEW, a MECW) e está isento de vieses academicistas. Musto, um poliglota, *busca a máxima fidelidade textual sem perder de vista a sua contextualidade histórico-social*: suas pesquisas jamais descuram a complexa relação do pensamento marxiano com as problemáticas histórico-concretas no interior das quais Marx se moveu. Nas análises de Musto, as ideias marxianas demonstram-se respostas teóricas necessárias para fundamentar a ação revolucionária.

O leitor que tiver o privilégio de examinar este livro de Musto logo comprovará esta característica do seu procedimento analítico – ela é flagrante já na primeira parte desta obra e se reproduz claramente nas três partes seguintes. O pesquisador, que perscruta com rigor a textualidade marxiana, compreende-a na referência precisa e determinada à historicidade concreta com que Marx se confronta. Musto, felizmente, não se limita a uma "leitura imanente" para escamotear a história.

Procedimento aliás coerente com as intervenções cívicas de Marcello Musto, um cidadão sempre presente nas lutas sociais contemporâneas. Não é um acaso, aliás, que a publicação deste livro se faça pela Expressão Popular, outra editora brasileira comprometida com os combates emancipatórios.

PREFÁCIO

Há mais ou menos uma década, numerosos artigos em prestigiosos jornais e revistas, com grande número de leitores, têm descrito Marx como um pensador erudito, cuja atualidade vem sendo constantemente confirmada. Muitos autores de visão progressista reconheceram que suas ideias continuam indispensáveis para aqueles que acreditam ser necessário construir uma alternativa ao capitalismo. Em quase toda parte, reapareceram cursos universitários e conferências internacionais dedicadas a ele. Seus textos, reimpressos ou publicados em novas edições, ressurgem nas prateleiras das livrarias e a pesquisa sobre sua obra, abandonada por longos 20 anos, foi retomada em volume considerável. O *Marx revival* [renascimento de Marx] intensificou-se ainda mais em 2018, por ocasião do bicentenário de seu nascimento.

Determinante, para o objetivo de uma reinterpretação abrangente da obra de Marx, foi a publicação, retomada em 1998, da Marx-Engels-Gesamtausgabe (MEGA²), a edição histórico-crítica das obras completas de Marx e Engels. Até agora foram publicados 27 novos volumes (40 foram publicados entre 1975 e 1989) e outros estão em fase de preparação. Esses compreendem, entre outros: 1) novas versões de algumas obras de Marx (entre eles *A ideologia alemã*); 2) todos os manuscritos preparatórios d'*O capital*; 3) a compilação completa das cartas enviadas e recebidas por Marx e Engels; 4) certa de 200 cadernos de apontamentos. Estes últimos contêm a relação dos livros lidos por Marx e as reflexões que deles se originaram. O conjunto desse material constitui o canteiro de obras de sua teoria crítica, mostra o complexo itinerário segundo durante o desenvolvimento de seu pensamento e revela as fontes de que se valeu na elaboração de suas concepções.

Do estudo desses preciosos documentos – muitos deles disponíveis apenas em alemão e utilizados por um círculo limitado de acadêmicos – emerge um autor diferente daquele representado, por longo tempo, por muitos de seus críticos ou supostos seguidores. Com base nas novas aquisições textuais do MEGA², pode-se dizer que, dentre os clássicos do pensamento político, econômico e filosófico, Marx é aquele cujo perfil mais se modificou nos últimos anos. O novo cenário político, após a implosão da União Soviética, também contribuiu para renovar a percepção de Marx. De fato, o fim do marxismo-leninismo o libertou das correntes de uma ideologia totalmente distante de sua concepção de sociedade.

Livros publicados recentemente também contribuíram para oferecer interpretações inovadoras da obra de Marx. Estes fizeram emergir um autor capaz de examinar as contradições da sociedade capitalista muito além do conflito entre capital e trabalho. Entre os interesses de Marx, o estudo das sociedades não europeias e do papel destrutivo do colonialismo nas periferias do mundo ocupava um lugar nada secundário. Da mesma forma, negando aqueles que associaram a concepção marxista da sociedade comunista ao mero desenvolvimento das forças produtivas, pesquisas recentes demonstraram a importância que ele atribuía à questão ecológica. Outros textos, por fim, mostraram que Marx se ocupou profundamente de muitas outras questões que foram frequentemente subestimadas, se não ignoradas, por vários de seus estudiosos. Entre essas, figuram a busca de formas de propriedade coletiva não controladas pelo Estado, a centralidade da liberdade individual na esfera econômica e política, o potencial emancipatório da tecnologia e a crítica dos nacionalismos: todas questões fundamentais, mesmo para os nossos dias.

Os progressos alcançados até agora no campo dos estudos marxianos sugerem, portanto, que a renovação da exegese da obra de Marx está destinada a continuar. Nessa perspectiva, o período examinado neste volume (1857-1883), ou seja, aquele que se inicia com a elaboração do primeiro rascunho da crítica da Economia Política (os *Grundrisse*), oferece ao leitor contemporâneo reflexões de evidente atualidade acerca dos temas tratados por Marx.

Por um longo tempo, muitos marxistas privilegiaram as obras juvenis de Marx (especialmente os *Manuscritos Econômico-filosóficos de 1844* e *A idelogia alemã*), enquanto o *Manifesto do Partido Comunista* segue sendo o seu livro mais lido e mais citado. Todavia, nestes estão expostas muitas ideias que seriam, em textos posteriores, superadas. É sobretudo n'*O capital* e em suas numerosas investigações preliminares, assim como nas pesquisas realizadas nos últimos anos de sua vida, que se encontram as reflexões e conclusões mais precisas no que concerne à crítica da sociedade burguesa a que Marx chegou. Se examinadas criticamente e reconsideradas à luz das mudanças ocorridas após sua morte, elas poderão revelar-se muito úteis para pensar-se um modelo econômico-social alternativo ao capitalismo.

Além disso, a análise dos manuscritos que datam do período de elaboração mais madura de Marx mostra que ele não apenas continuou suas pesquisas em Economia Política até o fim, mas também conseguiu ampliar o leque de seus interesses para novas disciplinas. Datam dessa fase os estudos empreendidos para aprofundar o conhecimento das descobertas ocorridas no campo das Ciências Naturais, sobre a propriedade comum nas sociedades pré-capitalistas, as transformações ocorridas na Rússia após a abolição da servidão, o desenvolvimento do capitalismo nos Estados Unidos da América e o interesse na antropologia. Da mesma forma, Marx foi um atento observador dos principais acontecimentos políticos internacionais de seu tempo, tendo defendido fortemente a independência nacional da Polônia, a abolição da escravatura durante a Guerra Civil Americana e a luta pela libertação da Irlanda. Seu intenso envolvimento nesses eventos e sua firme oposição ao colonialismo europeu revelam, portanto, um Marx completamente diferente da vulgata que o descreve como eurocêntrico, economicista e interessado apenas na análise da esfera produtiva e no conflito de classes entre capital e trabalho.

Em muitas biografias de Marx, o relato dos principais acontecimentos de sua vida é desvinculado de sua elaboração teórica. Além disso, quase todas as biografias intelectuais publicadas até agora – mesmo as mais recentes[1] – privilegiam os escritos juvenis. Por um longo tempo, de fato, a dificuldade de rastrear as pesquisas realizadas por Marx durante os últimos anos de sua vida impediu o conhecimento dos desenvolvimentos teóricos aos quais ele havia chegado. Quanto aos estudos acadêmicos, a maioria ignora os eventos existenciais de Marx que, ao contrário, tiveram uma influência significativa no andamento de suas obras. Muitos autores demoraram a discutir as diferenças entre os escritos do jovem Marx e os do Marx maduro. Eles não exploraram, com a devida atenção, a enorme obra realizada por Marx após a publicação d'*O capital* e as ideias inovadoras que dela decorreram. Por fim, muitos outros estudos foram concebidos com base na divisão fictícia entre o "Marx filósofo", o "Marx economista" e o "Marx político".

Este livro está subdividido em quatro partes. A primeira delas – "A crítica da Economia Política" – é dedicada à descrição das principais etapas da elaboração e redação d'*O capital*. Por meio da reconstrução da redação de todos os manuscritos preparatórios da *opus magnum* de Marx e das circunstâncias que contribuíram para retardar a conclusão dos seus projetos, pretendeu-se evidenciar o caráter inacabado da obra e a dramática luta travada por Marx consigo mesmo para completar a redação.

Na segunda parte – "Militância política" – tratou-se do tema da participação de Marx na Associação Internacional dos Trabalhadores, apresentando uma nova leitura do papel que ele desempenhou desde a sua fundação. Sem negar a sua contribuição essencial para a vida desta organização, ficou demonstrado que ela não foi, como muitos exegetas marxistas têm sustentado, uma criação exclusiva de Marx.

A terceira parte – "As pesquisas da última década" – propõe um exame da correspondência e dos manuscritos, alguns ainda inéditos, dos últimos anos da vida de Marx. Assim, foi possível desmascarar a narrativa errônea segundo a qual ele havia satisfeito sua curiosidade intelectual, interrompendo seu trabalho. Ao contrário, foi precisamente esta nova época de estudos que lhe permitiu considerar, alterando algumas das hipóteses anteriormente elaboradas, uma abordagem diferente do socialismo.

Por fim, a quarta parte – "A Teoria Política" – trata de examinar as concepções de Marx sobre o modo de produção capitalista e o perfil que a sociedade comunista poderia assumir. No que diz respeito ao primeiro tema, é dada particular ênfase à dialética entre as características destrutivas e as potencialidades progressivas inerentes ao desenvolvimento capitalista. No que diz respeito à sociedade comunista, a intenção é demonstrar o quanto Marx considerava essencial que ela fosse alcançada por meio da autoemancipação do proletariado e sem que a associação coletiva de produtores limitasse a liberdade dos indivíduos.

O fruto desse trabalho ainda é incompleto e parcial. A obra de Marx percorre as mais diversas disciplinas do conhecimento humano e sua síntese representa um objetivo difícil de alcançar mesmo para os estudiosos mais rigorosos. Além disso, a obrigação de respeitar a dimensão convencional de uma monografia impossibilitou a análise de todos os escritos de Marx. Da mesma forma, por diversas vezes foi necessário resumir em uma página o que exigiria muito mais espaço. Com a consciência desses limites, oferece-se ao leitor os resultados das pesquisas concluídas até o momento. Eles constituem o ponto de partida para estudos posteriores, ainda mais detalhados.

Em 1957, Maximilien Rubel, um dos maiores conhecedores de Marx no século XX, escreveu que uma "biografia monumental"[2] ainda precisava ser escrita. Nos mais de 60 anos que se passaram desde essa afirmação, essa lacuna ainda não foi preenchida. As publicações da MEGA² provaram que estavam errados aqueles que afirmavam que Marx era um autor sobre o qual tudo já havia sido dito e escrito. Seria, no entanto, equivocado sustentar – como afirmam, com excessivo clamor, estudiosos que invocam um "Marx desconhecido" a cada lançamento de obra inédita – que os textos que surgiram recentemente derrubam o que já se sabia sobre esse autor.

Há ainda muito o que aprender com Marx. Hoje é possível fazer isso não apenas por meio das afirmações contidas nos livros que publicou, mas também pelas perguntas e dúvidas contidas em seus manuscritos inacabados.

AGRADECIMENTOS

Gostaria de manifestar um agradecimento especial a Enrico Campo que, com profissionalismo, rigor e tanta "atenção", colaborou na revisão das notas e da bibliografia do livro.

A Secretária e Brunetto – sempre presentes – foram, mais uma vez, imprescindíveis para a conclusão do meu trabalho e incomparáveis pelas sugestões que me deram no sentido de melhorar este volume. A eles, toda a minha gratidão. *"Forsan et haec olim meminisse iuvabit"** e, acima de tudo, até o próximo manuscrito.

ADVERTÊNCIA

As citações de Marx são dos volumes da *Marx Engels Works (MEO)*, Editori Riuniti, Roma 1972-90. Nesta edição, no entanto, apenas 32 dos 50 volumes em preparação foram impressos, aos quais foram adicionados os volumes XXII (La Città del Sole/Editori Riuniti, Nápoles, 2008) e XXXI (La Città del Sole, Nápoles, 2011). Assim, em vários casos, o leitor foi encaminhado para edições individuais dos escritos de Marx. As traduções foram em muitos casos modificadas pelo autor.

Para os escritos de Marx não traduzidos para o italiano, as referências são principalmente da edição *Marx-Engels-Gesamtausgabe* (MEGA²), Dietz/ Akademie/De Gruyter, Berlin, 1975-..., da qual até agora apareceram 66 dos 114 volumes (26 depois de 1998) inicialmente planejados. Os textos de Marx ainda não publicados no MEGA², mas já enviados à impressão, foram reproduzidos: a) por *Marx Engels Werke* (MEW), Dietz, Berlin, 1956-1968, 41 volumes, quando originalmente escritos em alemão; b) da *Marx Engels Collected Works* (MECW), Progress Publishers/Lawrence e Wishart/International Publishers, Moscou – Londres – Nova York, 1975-2005, 50 volu-

---

* Talvez que algum dia nos dê prazer recordar estas coisas'. Palavras que Virgílio põe na boca de Eneias, quando procura reconfortar os seus companheiros de infortúnio. *in:* Dicionário Priberam da Língua Portuguesa [em linha], 2008-2021. (N. T.)

mes, quando escrita em inglês; c) de edições únicas no idioma do conselho de redação original, quando não incluídas no MEW ou no MECW.

Por fim, os manuscritos ainda não publicados de Marx foram indicados de acordo com seu índice no Instituto Internacional de História Social (IISG) em Amsterdã e no Arquivo Estatal Russo de História Política e Social (RGASPI) em Moscou, onde são conservados.

No que diz respeito à literatura secundária, os títulos dos livros e artigos não publicados em italiano, bem como as citações deles retiradas, foram traduzidos pelo autor, que também traduziu em transliteração aqueles em russo.[*]

---

[*] Foram mantidas as transliterações do autor, no que diz respeito ao idioma russo, salvo naquelas em que há transliteração consagrada em português. Nesses casos, adotamos a grafia corrente nas publicações brasileiras. (N. T.)

Dedicado ao meu pai, Lucio
(1946-2018)

"'O pate è 'o pate e sta tutte 'e
mumente addò staje tu"

A CRÍTICA DA ECONOMIA POLÍTICA

A CRISE ECONÔMICA E A
EXPECTATIVA DA REVOLUÇÃO

O PÂNICO FINANCEIRO DE 1857 E OS "CADERNOS SOBRE A CRISE"

A Economia Política não foi a primeira paixão intelectual de Marx. O encontro com este tema, que na época de sua juventude apenas alvorecia na Alemanha, só se dá, na verdade, após a passagem por várias outras disciplinas. Durante sua colaboração com a *Rheinische Zeitung* [Gazeta Renana], Marx começou a lidar com questões econômicas específicas, embora apenas do ponto de vista jurídico e político.[1] No entanto, a censura atingiu o jornal e Marx decidiu interromper esta experiência "para retirar[se] da cena pública para a sala de estudo".[2] Dedicou-se, assim, aos estudos sobre o Estado, dos quais Hegel era uma referência indiscutível.

No manuscrito da *Crítica à Filosofia do Direito de Hegel* (1843), tendo amadurecido a convicção de que a sociedade civil era a base real do Estado político, Marx desenvolveu as primeiras formulações a respeito da relevância da economia no conjunto das relações sociais.[3] No entanto, ao chegar a Paris em 1843, após ter entrado em contato com o proletariado e ficado impressionado com as considerações contidas no artigo de Friedrich Engels, *Esboços para uma crítica da Economia Política* (1844), ele iniciou um "estudo crítico minucioso da Economia Política".[4] A partir daquele momento, as suas investigações, sobretudo de cariz filosófico, político e histórico, dirigiram-se para este ramo do conhecimento que se tornou o fulcro das suas pesquisas e preocupações científicas, definindo um novo horizonte que nunca mais foi abandonado.[5]

Os primeiros frutos de seus esforços foram os fascinantes *Manuscritos econômico-filosóficos de 1844*, nos quais Marx realizou um exame crítico da propriedade privada e do trabalho alienado – ambos elementos distintivos do modo de produção capitalista.[6] No mesmo período, Marx começou a compilar seus primeiros cadernos de fichamentos, ou resumos, dos textos que lia, acompanhados de suas próprias anotações críticas, dedicadas à Economia Política.

Após ser expulso de Paris por motivos políticos, em fevereiro de 1845, Marx mudou-se, acompanhado de sua esposa Jenny von Westphalen, para Bruxelas, cidade onde foi autorizado a residir com a condição de não publicar "nenhum texto sobre a política cotidiana".[7] Durante os três anos que passou na capital belga, continuou um rigoroso estudo dos mais importantes clássicos da Economia Política. Datam desse período dois textos de Marx. O primeiro foi *A ideologia alemã* (1845-1846). Esta obra, escrita em conjunto com Engels, e que permaneceu inacabada, pretendia combater as últimas formas de neo-hegelianismo existentes na Alemanha e, ao mesmo tempo, "preparar o público para o ponto de vista da 'Economia' [de Marx], a qual se contrapunha resolutamente a toda a ciência alemã desenvolvida até agora".[8] O segundo foi *A miséria da Filosofia* (1847). Foi o primeiro texto sobre Economia Política publicado por Marx, no qual expôs suas convicções iniciais a respeito da teoria do valor, da abordagem metodológica mais correta para compreender a realidade social e da transitoriedade histórica dos modos de produção. Finalmente, em Bruxelas, Marx, ao lado de Engels, redigiu também o *Manifesto comunista* (1848), cujo *incipit*, "um espectro ronda a Europa – o espectro do comunismo", estava destinado a tornar-se tão célebre quanto uma das suas teses fundamentais: "a história de todas as sociedades até agora é a história das lutas de classes".[9]

A publicação deste texto não poderia ter sido mais tempestiva.[10] Com efeito, em 1848 a Europa foi abalada pela sucessão de numerosas insurreições populares inspiradas nos princípios da liberdade política e da justiça social. A debilidade de um movimento operário que apenas nascia, o abandono, pela burguesia, daqueles ideais inicialmente partilhados e a violenta repressão militar estiveram na origem, em pouco tempo e por toda a parte, do regresso ao poder de governos conservadores.

Marx apoiou os movimentos revolucionários por meio do periódico *Neue Rheinische Zeitung. Organ der Demokratie* [Nova gazeta renana. Orgão da democracia], do qual foi fundador e editor-chefe. "A partir das colunas do jornal, realizou um intenso trabalho de agitação, apoiando as razões dos insurgentes e incitando o proletariado a promover a revolução social e republicana".[11] Durante esse tempo, ele viveu entre Bruxelas, Paris e Colônia, peregrinou por Berlim, Viena, Hamburgo e muitas outras cidades alemãs, estabelecendo relações em cada lugar para fortalecer e desenvolver as lutas em curso. Por causa dessa incessante atividade militante, ele foi alvo – primeiro na Bélgica e depois na Prússia – de decretos de expulsão, e quando, durante a presidência de Luís Bonaparte, o novo governo francês ordenou que ele deixasse Paris, decidiu refugiar-se em Londres.

Os primeiros anos do exílio inglês foram marcados pela mais profunda pobreza e por doenças, que nessa data provocaram também a dramática perda de três de seus filhos.[12]

Ao contrário daqueles que esperavam uma nova revolta repentina a partir do outono de 1850, Marx estava convencido de que ela não poderia ter amadurecido sem uma nova crise econômica mundial.[13] A partir de então, distanciou-se ainda mais do grupo de políticos europeus exilados em Londres que continuavam a alimentar a falsa esperança de uma iminente eclosão da revolução[14] e passa a viver "em absoluto isolamento".[15] Isso foi confirmado pelo testemunho do membro da Liga Comunista, Wilhelm Pieper, em janeiro de 1851, que sobre ele observou: "Marx vive muito retraído". E acrescentou, ironicamente: "os seus únicos amigos são John Stuart Mill, Lloyd, e, quando vai visitá-lo, em vez de saudações você é recebido com categorias econômicas".[16] Nos anos seguintes, Marx fez pouquíssimos amigos em Londres e manteve um vínculo profundo apenas com Engels, naquele tempo estabelecido em Manchester, a quem escrevera em fevereiro de 1851: "Gosto muito do autêntico isolamento público em que nos encontramos agora. Corresponde plenamente à nossa posição e aos nossos princípios".[17]

Após novos e importantes eventos econômicos ocorridos nesse ínterim – como, por exemplo, a descoberta de ouro na Califórnia e na Austrália –, Marx decidiu empreender novas investigações, em vez de retornar às velhas notas e tentar dar-lhes forma completa e definitiva.[18] As leituras posteriores realizadas foram sintetizadas em 26 cadernos de anotações. Essas pesquisas contribuíram para determinar um notável desenvolvimento da elaboração de Marx, pois ele não apenas resumiu os conhecimentos antigos, mas, por meio da consulta a dezenas de novos volumes, realizada na biblioteca do Museu Britânico de Londres, adquiriu outros conhecimentos significativos para a obra que pretendia escrever.[19]

No entanto, embora a vida de Marx nunca tenha transcorrido sem problemas, esses anos representaram uma das piores e mais dramáticas fases de sua vida. De dezembro de 1850 a setembro de 1856, ele morou com sua família em uma habitação de dois quartos no número 28 da Dean Street, Soho. As heranças após a morte do tio e da mãe de sua esposa, Jenny von Westphalen, abriram inesperadamente um horizonte, permitindo o pagamento de muitas dívidas contraídas, desvincular-se da casa de penhores de roupas e objetos pessoais e a possibilidade de mudança para uma nova residência.

De fato, no outono de 1856, o casal Marx, com suas três filhas, Jenny, Laura e Eleanor, e a fiel governanta Helene Demuth – que era parte integrante da família – se estabeleceram nos subúrbios do norte de Londres, no número 9 do Grafton Terrace, onde os aluguéis eram mais baratos. O prédio, no qual permaneceram até 1864, localizava-se em uma área de urbanização recente, sem estradas vicinais que a ligassem ao centro e envolta em escuridão durante a noite. No entanto, finalmente habitavam uma casa verdadeira, requisito mínimo para que a família tivesse "pelo menos uma aparência de respeitabilidade".[20]

Nesse período, Marx escrevia sobre a situação financeira do velho continente. No artigo *The Monetary Crisis in Europe* [A crise monetária na Europa], publicado em outubro de 1856, afirmava haver "um movimento no mercado monetário europeu análogo ao pânico de 1847".[21]

Ainda em novembro, em *A crise europeia*, em desacordo com a maioria dos comentadores empenhados em assegurar a perspectiva de superação do momento mais agudo da crise, Marx reiterou que, embora as indicações vindas dos mercados europeus "parecessem postergar o colapso da especulação e da negociação de ações para algum momento no futuro [...] [este] colapso [estava] assegurado". Na sua opinião, de fato, "o caráter crônico assumido pela atual crise financeira pressagiava para ela apenas um fim mais destrutivo e violento". Concluiu assim: "quanto mais tempo durar a crise, pior será o confronto final".[22]

Marx sentiu que o momento da ação estava prestes a reapresentar-se e, prevendo os desdobramentos futuros da recessão, escreveu a Engels: "Acho que não podemos ficar aqui assistindo por muito mais tempo".[23] Este, por seu lado, já imbuído de grande otimismo, assim traçou ao amigo o cenário futuro:

> desta vez haverá um 'dia do juízo' sem precedentes, toda a indústria europeia estará arruinada, todos os mercados saturados [...], todas as classes ricas arrastadas para a ruína, falência total da burguesia, guerra e desordem no mais alto grau. Eu também acredito que tudo se cumprirá no ano de 1857.[24]

Na primeira metade de 1857, porém, uma calma absoluta continuou reinando no cenário internacional e, até o mês de março, Marx dedicou-se a escrever a "História diplomática secreta do século XVIII" (1857), um conjunto de artigos publicados no jornal *The Free Press*, dirigido por David Urquhart, um político conservador, mas opositor do primeiro-ministro Henry Palmerston. Esses textos deveriam ser apenas a primeira parte de um trabalho sobre a história da diplomacia, planejado no início de 1856, durante a Guerra da Crimeia, mas nunca efetivado posteriormente. Como sempre, também neste caso Marx realizou estudos aprofundados sobre os temas abordados e, entre janeiro de 1856 e março de 1857, compilou alguns cadernos de notas sobre a política internacional do século XVIII.[25]

Finalmente, em julho daquele ano, Marx elaborou algumas breves mas interessantes considerações críticas sobre a obra *Armonie economiche* [Harmonia ecônomica] (1850) de Frédéric Bastiat e sobre os *Principî di economia politica* [Princípios da Economia Política] (1837-1840) de Henry Carey, que ele já havia estudado e compendiado em 1851. Nessas anotações, ele destacou a engenhosidade dos dois economistas: o primeiro, livre-cambista, e o segundo, protecionista, que, em seus escritos, esforçaram-se para demonstrar "a harmonia das relações de produção"[26] e, portanto, de toda a sociedade burguesa.

Essas suas atividades foram interrompidas pela mudança repentina da situação mundial: em pouco tempo, de fato, a atmosfera de grande incerteza que caracterizou os primeiros meses do ano se transformou em pânico, o que ajudou a causar colapsos financeiros por toda parte. Ao contrário das crises anteriores, desta vez a tempestade econômica não começou na Europa, mas nos Estados Unidos da América. Durante os primeiros meses de 1857, os bancos de Nova York aumentaram o volume de empréstimos, apesar da diminuição dos depósitos. O incremento das atividades especulativas decorrente dessa escolha deteriorou ainda mais as condições econômicas gerais e, após o fechamento por falência da filial de Nova York do banco Ohio Life Insurance and Trust Company, o pavor descontrolado tomou conta, causando inúmeras falências. A perda de confiança no sistema bancário produziu assim uma redução do crédito, a extinção dos depósitos e, por fim, a suspensão dos pagamentos.[27]

No final de uma década marcada pelo refluxo do movimento revolucionário e durante a qual não puderam desempenhar um papel ativo no contexto político europeu, Marx e Engels retomaram a troca de mensagens confiantes sobre as perspectivas que se avizinhavam. O encontro com a revolução, tão esperado, finalmente parecia se aproximar, indicando a Marx uma prioridade acima de todas: voltar a trabalhar em seu projeto de crítica da Economia Política e concluí-lo o mais rápido possível.

De fato, a explosão da crise forneceu aquela motivação extra, que lhe faltara nos anos anteriores, para escrever e publicar rapidamente o trabalho há muito planejado. Após sua derrota em 1848, Marx teve que suportar reveses políticos e severo isolamento pessoal por uma década inteira. Em contrapartida, com a crise ele pressagiava a possibilidade de se entrar em uma nova fase de convulsões sociais e, por isso, acreditava que o mais urgente era dedicar-se à análise dos fenômenos econômicos, ou seja, daquelas relações que considerava cruciais para a possível revolução.

De Nova York, a crise se espalhou rapidamente para o restante dos Estados Unidos e, em poucas semanas, atingiu também todos os centros do mercado mundial na Europa, América do Sul e Ásia, tornando-se a primeira crise financeira internacional da história. Esses acontecimentos geraram grande euforia em Marx e alimentaram nele uma extraordinária produtividade intelectual. O período entre o verão de 1857 e a primavera de 1858 foi um dos mais profícuos de sua vida: em poucos meses, ele conseguiu escrever mais sobre economia do que em todos os anos anteriores. Em dezembro de 1857, de fato, comunicou a Engels: "Trabalho como um louco a noite toda no resumo de meus estudos econômicos, para esclarecer pelo menos as linhas gerais [*Grundrisse*][28] antes do dilúvio".

Na mesma carta, aproveitou ainda para sublinhar que as suas previsões anteriores, quanto à possibilidade de eclosão de uma crise, não tinham sido assim tão infundadas, uma vez que:

> O *The Economist* de sábado [havia] declara[do] que nos últimos meses de 1853, ao longo de 1854, no outono de 1855 e durante as mudanças repentinas de 1856, a Europa [tinha] sempre escapado por um fio do colapso iminente.[29]

A obra realizada por Marx foi notável e articulada. De agosto de 1857 a maio de 1858, ele escreveu os oito cadernos conhecidos como *Grundrisse*. No mesmo período, na sua correspondência para o *New York Tribune*, publicou, entre os vários temas abordados, uma dezena de artigos sobre a evolução da crise na Europa e, movido pela necessidade de melhorar as suas próprias condições econômicas, aceitou redigir também uma série de análises para a *The New American Cyclopædia* [A Nova Enciclopédia Americana].

A crise com a qual Marx se ocupava com tanto afinco chegou à Inglaterra em outubro de 1857 e no mês seguinte o governo inglês suspendeu o Bank Charter Act, a lei de 1844 que atribuía o poder de emitir notas apenas ao Banco da Inglaterra. Diante desses acontecimentos e no clima que deles resultou, de novembro de 1857 a fevereiro de 1858, Marx escreveu três cadernos de anotações dedicados à grande crise econômica em curso.[30] Compilou os "Cadernos sobre a Crise" (1857-1858) com o duplo objetivo de acompanhar os principais acontecimentos ocorridos nos mercados mundiais e, ao mesmo tempo, reunir as notas necessárias para a elaboração do livro planejado.

Em carta endereçada a Engels em dezembro de 1857, fazendo um balanço da intensa e febril atividade em que estava imerso, informou-o de seus planos:

> Trabalho muito, quase sempre até as quatro da manhã, pois é um duplo trabalho: 1) elaboração das linhas fundamentais da economia (É absolutamente necessário ir ao fundo da questão para o público e para mim, pessoalmente, livrar-me desse pesadelo); 2) a crise atual. Aqui, além dos artigos para o [*New York*] *Tribune*, limito-me a fazer anotações, o que, no entanto, requer um tempo considerável. Acho que na primavera poderemos escrever juntos um panfleto sobre o assunto, para uma reaparição perante o público alemão, para dizer que estamos de novo e ainda aqui, sempre os mesmos.[31]

Assim, Marx se propôs a trabalhar em dois projetos diferentes ao mesmo tempo: a elaboração de uma obra teórica, dedicada à crítica do modo de produção capitalista, e a redação de um livro, mais restrito à atualidade, relativo aos desdobramentos da crise em curso.

Foi por isso que, diferentemente dos trechos escritos em anos anteriores, nos "Cadernos sobre a Crise" ele não compilou extratos de trabalhos de outros economistas, mas coletou muitas notícias sobre os grandes colapsos bancários, sobre variações nas cotações das bolsas, mudanças no comércio, nas taxas de desemprego e no estado da produção industrial. A atenção particular que Marx dedicou justamente a esse tema distinguiu sua análise daquela dos que haviam atribuído as razões da crise exclusivamente à concessão desproporcional de crédito e ao surgimento de fenômenos especulativos.[32]

Marx dividiu seus apontamentos em três cadernos diferentes. No primeiro e mais curto deles, intitulado "1857 França", coletou dados sobre a situação do comércio francês e sobre as principais ações do Banco da França. No segundo, denominado "Livro da crise de 1857", com quase o dobro do tamanho, tratou principalmente da Inglaterra e do mercado monetário. Temas semelhantes também foram tratados no terceiro caderno, ligeiramente superior ao segundo em número de páginas, denominado "O livro da crise comercial", no qual Marx também anotou notícias sobre as relações industriais, a produção de matérias-primas e o mercado de trabalho.

O trabalho de Marx foi, como sempre, rigoroso: copiou, seguindo uma ordem cronológica, as partes mais interessantes de inúmeros artigos e qualquer outro tipo de informação que lhe servisse para resumir o que acontecia, de mais de uma dezena de revistas e jornais. Sua principal fonte era *The Economist* – um periódico do qual extraía quase metade de suas anotações –, embora consultasse com frequência o *Morning Star*, *Manchester Guardian* e *Times*. Todos os trechos foram registrados em inglês. Nesses cadernos, Marx não se limitou a transcrever as principais notícias relativas aos Estados Unidos da América e à Inglaterra. Observou também os acontecimentos mais significativos em outros países europeus – em particular França, Alemanha, Áustria, Itália e Espanha – e não deixou de se interessar pelo que se passava também em outras partes do mundo, sobretudo na Índia e na China, no Extremo Oriente, no Egito e até no Brasil e na Austrália. Com o passar das semanas, Marx abandonou a ideia de publicar um artigo sobre a crise atual e concentrou todas as suas energias no que era de natureza teórica, ou seja, a crítica da Economia Política cuja publicação ele agora acreditava que não poderia mais ser adiada.

O conteúdo dos "Cadernos sobre a Crise" é particularmente útil para refutar uma hipótese errônea sobre os interesses principais de Marx durante esse período. Em carta dirigida a Engels no início de 1858, Marx afirmava que, "quanto ao método" a utilizar para a redação da sua obra, "prestou-lhe um grande serviço [...] revisitar a [*Ciência da*] *lógica* de Hegel", da qual quis destacar o que havia de "racional no método".[33] Com base nessa declaração, alguns intérpretes de sua obra acreditavam que, durante a redação dos *Grundrisse*, Marx havia se dedicado amplamente ao estudo da filosofia hegeliana.[34] Resulta evidente, ao contrário, o quanto ele se interessou principalmente pela análise empírica dos eventos ligados à grande crise econômica há muito prevista.[35]

HISTÓRIA E INDIVÍDUO SOCIAL

Por onde começar? Como empreender o projeto de fazer uma crítica à Economia Política, tão exigente e ambiciosa, iniciada e interrompida diversas vezes ao longo de sua existência? Essa foi a primeira pergunta que Marx se fez ao retomar o trabalho em 1857. Duas circunstâncias contribuíram decisivamente para orientar sua escolha. Em primeiro lugar, ele acreditava que a ciência econômica, apesar da validade de algumas teorias, ainda carecia de um método de conhecimento que lhe permitisse entender e iluminar corretamente a realidade.[36] Além disso, ele sentiu a necessidade de estabelecer os temas e a ordem de exposição de sua obra, antes de começar a redigi-la. Essas razões o levaram a questionar o método que deveria ter adotado para sua pesquisa e a formular seus princípios orientadores. O resultado dessas reflexões foi um dos manuscritos mais debatidos de sua obra: a chamada "Introdução" de 1857.

A intenção de Marx certamente não era escrever um sofisticado tratado metodológico. Ao contrário, ele queria deixar claro, mais para si mesmo do que para seus leitores, a direção que deveria ter seguido. Esse esclarecimento foi necessário para que ele reelaborasse as teorias aprendidas com a grande quantidade de estudos econômicos, desenvolvidos desde meados da década de 1840.

Fiel ao seu estilo, Marx alternou a exposição de suas próprias ideias com a crítica das concepções de seus adversários teóricos também na "Introdução", texto que dividiu em quatro partes distintas:

I) A produção em geral.

II) A relação geral entre produção, distribuição, troca e consumo.

III) O método da Economia Política.

IV) Meios (forças) de produção e relações de produção, relações de produção e relações de circulação etc.[37]

O *incipit* do primeiro parágrafo era uma declaração de intenções destinada a especificar o campo de investigação e definir os seus critérios históricos: "o objeto em causa é sobretudo a produção material. O ponto de partida é naturalmente constituído pelos indivíduos que produzem na sociedade – e, portanto, pela produção socialmente determinada dos indivíduos". O alvo polêmico de Marx eram as "robinsonadas do século XVIII",[38] o mito de Robinson Crusoé[39] como paradigma do *Homo oeconomicus*, ou a extensão dos fenômenos típicos da era burguesa a todas as outras sociedades que já existiram, inclusive as primitivas. Essas representações descreviam o caráter social da produção como uma constante de todo processo de trabalho e não como uma peculiaridade das relações capitalistas. Da mesma forma, a sociedade civil, cujo surgimento fez com que fossem criadas as condições graças às quais "o indivíduo se liberta dos laços naturais etc., que o tornaram, em períodos históricos anteriores, um acessório de um conglomerado humano específico e circunscrito",[40] parecia ter existido desde sempre.

Na realidade, antes dessa época, o indivíduo isolado, típico da era capitalista, simplesmente não existia. Como afirma outra passagem dos *Grundrisse*: "na origem ele [o homem] se apresenta como um ser pertencente à espécie humana (*Gattungswesen*), um ser tribal, um animal de rebanho".[41] Essa dimensão coletiva foi a condição para a apropriação da terra, que representava "o grande laboratório, o arsenal que fornece os meios e material de trabalho, e [...] a base da comunidade (*Basis des Gemeinwesens*)".[42] Em face a essas relações originárias, a atividade do homem estava diretamente ligada à terra, por meio da qual se realizava "a unidade natural do trabalho com seus pressupostos materiais",[43] e o indivíduo vivia em simbiose direta com seus semelhantes. Mesmo em todas as formas econômicas posteriores, cuja finalidade era a criação de valor de uso e não ainda de troca, e cuja organização se baseava na agricultura,[44] a relação do ser humano "com as condições objetivas de trabalho [era] mediada pela sua existência como membro da comunidade".[45] Em última análise, o indivíduo era apenas um elo na corrente.

A esse respeito, na "Introdução", Marx pretende esclarecer:

> quanto mais retrocedemos na história, mais o indivíduo, portanto também o indivíduo que produz, aparece desprovido de autonomia (*unselbstständig*), integrante de um todo maior: primeiramente, ainda com bastante naturalidade, na família e na tribo como família ampliada; depois nas várias formas de comunidade, que surgiram do confronto e da fusão das tribos.[46]

Com efeito, quer o horizonte fosse o laço selvagem da consanguinidade, quer o laço medieval do senhorio e da servidão, no interior de "relações limitadas de produção",[47] os indivíduos viviam em uma condição de correlação recíproca.[48]

Os economistas clássicos, ao contrário, com base no que Marx considerava fantasias de inspiração jusnaturalista, viraram esse dado de cabeça para baixo. Em particular, Adam Smith havia descrito uma condição primitiva na qual o indivíduo isolado não apenas já estava presente, mas também era capaz de produzir fora da sociedade. Segundo sua representação, nas tribos de caçadores e pastores havia uma divisão do trabalho com base na qual se realizava a especialização dos ofícios. A maior destreza de um indivíduo, em relação aos demais, na construção de arcos e flechas, ou cabanas, fazia dele uma espécie de armeiro ou carpinteiro de casas. A certeza de poder trocar a parte do produto do seu trabalho que não era consumida com a que excedia a produção dos demais "estimulava cada um a dedicar-se a uma determinada ocupação".[49] David Ricardo também foi autor de um erro interpretativo semelhante. Ele havia, de fato, concebido a relação entre caçadores e pescadores nas fases primitivas da sociedade como um escambo entre proprietários·de bens, que se dava a partir do tempo de trabalho neles objetivado.[50]

Ao fazê-lo, Smith e Ricardo representaram o produto mais desenvolvido da sociedade em que viviam – o indivíduo burguês isolado – como uma manifestação espontânea da natureza. Das páginas das suas obras emergiu um sujeito mitológico atemporal, "posto pela própria natureza",[51] cujas relações sociais foram sempre as mesmas, inalteradas, e cujo comportamento econômico assumiu um caráter antropológico. Assim, segundo Marx, os intérpretes de cada nova época histórica cultivaram a ilusão de que as características mais peculiares de seu tempo sempre estiveram presentes.[52]

Inversamente, Marx afirmava que "a produção do indivíduo isolado fora da sociedade [...] é tão absurda quanto o desenvolvimento de uma língua sem indivíduos que vivem juntos e conversam entre si".[53] Além disso, contra aqueles que retratavam o indivíduo isolado do século XVIII como o arquétipo da natureza humana, "não como uma conquista histórica, mas como o ponto de partida da história", Marx argumentava que tal indivíduo aparecia, ao contrário, apenas com as relações das sociedades mais desenvolvidas. Marx nunca negou que o homem fosse um ζῷον πολιτικόν (*zoon politikon*), um animal social, mas enfatizou que ele era "um animal que só pode se isolar na sociedade". Portanto, como a sociedade civil surgiu exclusivamente com o mundo moderno, o assalariado livre da era capitalista surgiu somente após um longo processo histórico. Foi "o produto, por um lado, da dissolução das formas sociais feudais e, por outro, das novas forças produtivas que se desenvolveram a partir do século XVI".[54]

Após delinear a gênese do indivíduo capitalista e demonstrar que a produção moderna correspondia apenas a um "determinado nível de desenvolvimento social – [à] produção de indivíduos sociais", Marx sentiu uma segunda necessidade teórica: desvendar a mistificação realizada pelos economistas em torno do conceito de "produção em geral". Essa, de fato, era uma abstração, uma categoria que não existe em nenhum estágio concreto da realidade.

Se a abstração não é integrada pelas características peculiares de cada realidade histórica – a produção – a partir do fenômeno específico e diferenciado que é, transforma-se em um processo sempre idêntico a si mesmo, que oculta a "diversidade essencial" das diversas formas em que ela manifesta. Este foi precisamente o erro cometido pelos economistas que presumiam mostrar "a eternidade e a harmonia das relações sociais existentes".[55] Ao contrário do que supunham, Marx acreditava que eram as especificidades de cada formação econômico-social que permitiam distingui-las, que propiciavam seu desenvolvimento e que permitiam ao estudioso compreender as verdadeiras mudanças históricas.[56]

Embora a definição dos elementos gerais da produção fosse "algo multiplamente articulado que diverge em diferentes determinações" – algumas das quais "pertencem a todas as épocas, [enquanto] outras são comuns apenas a algumas"[57] –, entre as suas componentes universais [estavam], é claro, trabalho humano e matéria fornecida pela natureza. De fato, sem um sujeito que produz e um objeto trabalhado, não pode haver produção. No entanto, os economistas também incluíram um terceiro elemento entre os requisitos gerais da produção: "um fundo acumulado de produtos do trabalho precedente",[58] ou seja, o capital. A crítica deste último elemento foi essencial para Marx, a fim de desvendar o que ele considerava ser o seu limite fundamental. Também para Marx nenhuma produção era possível sem um instrumento com o qual se trabalha, mesmo que apenas a mão, e sem o trabalho passado acumulado, mesmo na forma de mero exercício repetido do selvagem. No entanto, sua análise se diferenciava da de Smith, Ricardo e John Stuart Mill, pois embora reconhecesse o capital como instrumento de produção e trabalho, mesmo para o passado, não implicava automaticamente que ele sempre havia existido. Para Marx, se se tivesse cometido o erro de "conceber o capital apenas pelo seu lado material, como instrumento de produção, desconsiderando completamente a forma econômica que faz[ia] do instrumento de produção um capital",[59] ter-se-ia incorrido na "grosseira incapacidade de apreender as diferenças reais" e teria sido representada "uma única relação econômica que [só assumiu] nomes diferentes".[60]

Para tornar tudo isso plausível, os economistas retrataram as circunstâncias históricas anteriores ao nascimento do modo de produção capitalista em sua própria aparência, "como resultado de sua existência". A esse respeito, Marx afirmou nos *Grundrisse*:

> os economistas burgueses, que consideram o capital como uma forma de produção eterna e natural (não histórica), tentam justificá-lo apresentando as condições de seu devir como condições de sua efetiva realização, isto é, deixando de lado os momentos em que o capitalista se apropria ainda em vestes de não capitalista – porque está apenas se tornando um – como as verdadeiras condições sob as quais ele se apropria do capital como capitalista.[61]

Do ponto de vista histórico, o que separava profundamente Marx dos economistas clássicos é que, ao contrário das representações destes últimos, ele acreditava que "o capital [não] havia dado início ao mundo, mas [tinha] encontrado a produção e os produtos antes de submetê-los ao seu processo".[62] Para Marx

> as novas forças produtivas e as novas relações produtivas não se desenvolve[ram] a partir do nada, nem do ar, nem do ventre da

ideia que dá à luz a si mesma, mas no âmbito e em antítese ao desenvolvimento da produção existente e às relações de propriedade tradicionais.[63]

Do mesmo modo, a circunstância segundo a qual os sujeitos produtores se separam dos meios de produção resultou de um processo, dissimulado pelo silêncio dos economistas, que "constitu[ía] a história genética do capital e do trabalho assalariado".[64] Isso permite ao capitalista encontrar trabalhadores sem propriedade e capazes de realizar trabalhos abstratos e constitui o pré-requisito para a troca entre capital e trabalho vivo.

Nos *Grundrisse* há várias passagens dedicadas à crítica da transfiguração, operada pelos economistas, das realidades históricas em realidades naturais. Entre elas estava, por exemplo, o dinheiro, evidentemente considerado por Marx como um produto histórico: "ser dinheiro não é uma propriedade natural do ouro e da prata",[65] mas apenas a determinação que adquiriram a partir de um momento preciso de desenvolvimento social. O mesmo aconteceu com o crédito. De acordo com Marx, emprestar e tomar emprestado era um fenômeno comum a muitas civilizações, assim como a usura,

> mas emprestar e/ou tomar emprestado constituía crédito tão pouco quanto trabalhar constituía trabalho industrial ou trabalho assalariado livre. Como relação essencial de produção historicamente desenvolvida, o crédito se apresen[ta] apenas na circulação fundada no capital.[66]

Preços e trocas também existiam nas sociedades antigas, "mas tanto a determinação progressiva de um através dos custos de produção quanto o domínio do outro sobre todas as relações de produção só adquiriram seu pleno desenvolvimento [...] na sociedade burguesa, a sociedade de livre concorrência"; ou seja: "o que Adam Smith, à maneira típica do século XVIII, [tinha] po[sto] no período pré-histórico e fei[to] preceder a história, [foi] antes o seu produto".[67] Além disso, assim como criticava os economistas por sua falta de sentido histórico, Marx também zombava de Pierre-Joseph Proudhon e de todos os socialistas que acreditavam ser possível a existência do trabalho produtor de valor de troca sem que se transformasse em trabalho assalariado, do valor de troca sem que se transformasse no capital ou do capital sem os capitalistas.[68]

O principal objetivo de Marx era, portanto, afirmar a especificidade histórica do modo de produção capitalista. Demonstrar, como também reiterou nos manuscritos do Livro III d'*O capital*, que "não constitu[ia] um modo de produção absoluto, mas simplesmente histórico, correspondente a uma certa, limitada, época de desenvolvimento das condições materiais de produção".[69]

A admissão deste ponto de vista implicava uma concepção diferente quanto a muitas questões, incluindo as do processo de trabalho e das suas qualidades. Com efeito, nos *Grundrisse*, Marx declarou que

> os economistas burgueses estão de tal forma aprisionados pelas concepções de um determinado nível de desenvolvimento histórico da sociedade que a necessidade da objetivação das forças sociais do trabalho lhes parece inseparável da necessidade de estranhamento dessas mesmas forças.[70]

Marx refutou, frequentemente, a representação por economistas das formas específicas do modo de produção capitalista como constantes do processo de produção como tal. Representar o trabalho assalariado não como uma relação distintiva de uma forma histórica particular de produção, mas como uma realidade universal da existência econômica do homem, significava argumentar que a exploração e a alienação também sempre existiram e sempre continuariam a existir.

Esconder a especificidade da produção capitalista teve, portanto, consequências de natureza epistemológica e política. Se por um lado, de fato, revelou-se um impedimento para compreender as mudanças históricas concretas da produção, por outro, ao conceber as condições do presente como inalteradas e inalteráveis, tomava-se a produção capitalista como produção em geral e as relações sociais burguesas como relações naturais do homem. Da mesma forma, a crítica de Marx às teorias dos economistas também tinha um duplo significado. A par da necessidade de sublinhar a imprescindibilidade da caracterização histórica da produção para a compreensão da realidade, tinha uma intenção política precisa: a de contrariar o dogma da intangibilidade do modo de produção capitalista. A demonstração da historicidade da ordem capitalista constituiu, de fato, prova de sua transitoriedade e, portanto, da possibilidade de sua superação.

EM LONDRES, NA POBREZA

Para completar um projeto teórico dessa magnitude, além das energias físicas necessárias, Marx precisaria de serenidade. Ao contrário, a precária situação econômica da família era um grande obstáculo para a realização de seu trabalho. Tendo empenhado os recursos disponíveis na arrumação da nova casa em Grafton Terrace, viu-se, desde o primeiro mês, sem dinheiro para o aluguel. Revelou então a Engels, que naquela época vivia e trabalhava em Manchester, todas as dificuldades da sua condição: "[Estou] sem perspectivas e com as despesas familiares em alta. Não sei absolutamente o que fazer e, na verdade, estou em uma situação mais desesperadora do que há cinco anos. Achei que já tinha superado a quintessência dessa porcaria, mas ainda não".[71] Essa declaração surpreendeu profundamente Engels que, em janeiro de 1857, certo de que com a mudança a situação econômica do amigo havia finalmente se estabilizado, gastara o dinheiro recebido do pai como presente de Natal na compra de um cavalo para se dedicar a uma de suas grandes paixões: a caça à raposa. No entanto, como sempre fez ao longo da vida, veio em auxílio do amigo, a quem mandava cinco libras por mês, aconselhando-o a não hesitar em recorrer a ele novamente em caso de maiores dificuldades.

O papel de Engels certamente não se limitou apenas ao apoio financeiro. No profundo isolamento em que Marx viveu aqueles anos, pela intensa correspondência entre ambos, Engels era o único ponto de referência com o qual Marx podia desenvolver um debate intelectual: "mais do que qualquer outra coisa preciso ter a tua opinião";[72] o único amigo a quem confiar nos momentos de desânimo: "escreve-me logo, porque agora as tuas cartas são necessárias para que eu recupere a coragem. A situação é repugnante";[73] assim como o companheiro com quem compartilhar o sarcasmo que os acontecimentos sugeriam: "invejo os indivíduos que sabem dar cambalhotas. Deve ser um método estupendo para livrar-se da raiva e da imundice burguesas".[74]

Muito rapidamente, de fato, a incerteza da vida tornou-se ainda mais premente. A única renda de Marx, além da ajuda que Engels lhe garantia, consistia nos pagamentos recebidos do jornal *New York Tribune*. Os acordos relativos à sua colaboração alteraram-se, no entanto, com a eclosão da crise econômica, que afetou, por extensão, também o jornal estadunidense. Embora Marx fosse, ao lado do viajante e escritor americano Bayard Taylor, o único correspondente da Europa que não tinha sido despedido, a sua colaboração reduziu-se de dois para apenas um artigo por semana e – "embora em tempos de prosperidade não me pagassem um centavo a mais"[75] – seu salário caiu pela metade. Marx comentou a história em tom humorístico: "há uma certa ironia do destino em eu ter sido pessoalmente envolvido nestas malditas crises".[76]

Em todo o caso, poder presenciar o colapso financeiro foi para ele um espetáculo absolutamente incomparável: "que bom que os capitalistas, que tanto gritam contra o 'direito ao trabalho', estejam agora por toda parte exigindo 'apoio público' dos governos, e [...] em suma, fazem valer o 'direito ao lucro' à custa da comunidade"[77] e, apesar de sua preocupação, ele anunciou a Engels: "conquanto eu mesmo me encontre na miséria, desde 1849 nunca me senti tão à vontade como estou com este colapso".[78]

O nascimento de um novo projeto editorial tornou as circunstâncias menos desesperadoras. O editor do *New York Tribune*, Charles Dana, o convidou para participar da edição da enciclopédia *The New American Cyclopædia*. A falta de dinheiro o levou a aceitar, mas para ter mais tempo de dedicação aos estudos, confiou a Engels a maior parte dos textos solicitados. Na divisão do trabalho, que os dois realizaram de julho de 1857 a novembro de 1860, Engels redigiu os verbetes de natureza militar – ou seja, a maioria dos previstos –, enquanto Marx compilou vários esboços biográficos. Embora o pagamento oferecido fosse muito baixo, apenas dois dólares por página, ainda assim constituía um suplemento para o desastroso orçamento doméstico de Marx. Por esta razão, Engels convidou-o a ter o maior número possível de verbetes atribuídos por Dana: "podemos facilmente fornecer toda essa sólida ciência, desde que obtenhamos em recompensa o sólido ouro californiano".[79] Marx respondeu assegurando ao amigo que, ao redigir seus artigos, muitas vezes seguia o princípio: "seja o menos conciso possível, desde que você possa fazê-lo sem se tornar tedioso".[80]

Não obstante os esforços conjuntos dos dois, o estado das finanças de Marx não melhorou. Com efeito, tornou-se tão insustentável que, atacado por credores semelhantes a "lobos vorazes"[81] e na falta até mesmo de carvão para aquecer no frio inverno daquele ano, em janeiro de 1858 declarou a Engels: "se esta situação perdurar, prefiro ficar 100 braças abaixo do solo do que continuar vegetando assim. Aborrecer sempre os outros e, além disso, ser constantemente atormentado pessoalmente pelas menores misérias, a longo prazo é insuportável".[82] Nestas condições, reservou também as considerações mais amargas para a esfera dos afetos: "privadamente, penso, levo a vida mais agitada que se possa imaginar. [...] Para quem tem aspirações mais vastas não há estupidez pior do que casar-se e assim entregar-se às mesquinhas misérias da vida doméstica e privada".[83]

A pobreza não era o único espectro que assombrava Marx. Como na maior parte de sua conturbada existência, foi acometido, também nesse período, por múltiplas doenças. Em março de 1857, o trabalho noturno excessivo causou-lhe inflamação nos olhos; em abril sentiu dores nos dentes; enquanto em maio sofreu repetidamente de problemas hepáticos, e para erradicá-los teve que ser "recheado de medicamentos". Gravemente debilitado, ele não pôde trabalhar por três semanas. Relatou então a Engels: "Para não perder tempo, dominei a língua dinamarquesa por falta de algo melhor"; no entanto "segundo as promessas do médico, existe a perspectiva de voltar a ser um homem na próxima semana. De momento, continuo amarelo como um marmelo e muito mais irritado"[84]

Pouco tempo depois, um acontecimento bem mais grave abalou a família Marx. No início de julho, Jenny deu à luz seu último filho, mas o bebê morreu logo após o nascimento. Testado pelo novo luto, Marx confessou repentinamente a Engels: "em si e para si não é uma desgraça. No entanto [...] as circunstâncias que levaram a esse desfecho foram tais que trouxeram de volta a lembrança dolorosa [da morte de Edgar, o outro filho perdido pouco antes]. Não é possível tratar de tal tema por carta".[85] Engels ficou muito abalado com esta declaração e respondeu: "Deves estar mesmo muito mal para que escrevas assim. Podes aceitar estoicamente a morte do pequeno, mas tua esposa dificilmente conseguirá".[86]

O cenário ficou ainda mais complicado quando Engels também adoeceu e, acometido por uma forte febre glandular, não pôde trabalhar durante todo o verão. A essa altura, Marx estava realmente em grandes dificuldades. Quando lhe faltaram os verbetes compilados por seu amigo para enviar à enciclopédia, para ganhar tempo ele fingiu ter enviado um grupo de manuscritos para Nova York, alegando depois que eles haviam se extraviado no correio. Apesar disso, a pressão a que Marx estava submetido não diminuiu.

Quando os acontecimentos ligados à revolta dos sipaios na Índia foram se tornando cada vez mais impressionantes, o *New York Tribune* esperava a análise dos fatos feita pelo seu perito, ignorando que – na divisão do trabalho dos dois amigos – os artigos relativos aos acontecimentos militares tivessem sido na verdade escritos por Engels. Marx, forçado pelos acontecimentos a assumir "como interino o ministério da guerra",[87] arriscou a tese de que os britânicos deveriam ter batido em retirada no início da estação chuvosa. Ele informou Engels de sua escolha desta forma: "É possível que eu faça papel de bobo, mas sempre posso me ajudar com um pouco de dialética. Claro, fiz minhas declarações de tal forma que terei razão mesmo que se dê o contrário".[88] Marx, porém, não subestimou em nada este conflito e, refletindo sobre os efeitos que teria causado, declarou: "com o derramamento de sangue de homens e de ouro que custará aos ingleses, a Índia é o nosso melhor aliado".[89]

Pobreza, problemas de saúde, luto e sofrimentos de todos os tipos: os *Grundrisse* foram escritos neste trágico contexto. Não foram fruto do estudo de um pensador protegido pelas comodidades da vida burguesa, mas, inversamente, da obra de um autor que conseguiu escrever em condições extremamente difíceis porque se apoiava na convicção de que, dado o ritmo da crise econômica, seu trabalho tornara-se indispensável.

EM BUSCA DO MÉTODO

Para iniciar sua obra, Marx teve que enfrentar uma questão metodológica de extrema relevância: como reproduzir a realidade no pensamento? Como construir um modelo categórico abstrato capaz de compreender e representar a sociedade? Foi por isso que tratou da "relação que a exposição científica tem com o movimento real".[90]

Como outros grandes pensadores antes dele, Marx também partiu da pergunta: de onde o economista político deve começar sua análise? A primeira hipótese que examinou foi "partir do real e do concreto, do pressuposto efetivo", tendo "a base e o sujeito de todo o ato social de produção":[91] a população. Esse caminho analítico, já percorrido pelos fundadores da Economia Política William Petty e Pierre de Boisguillebert, foi considerado por Marx como inadequado e errôneo. Iniciar a investigação por uma entidade tão indeterminada, tal como a população, teria resultado, a seu ver, em uma imagem demasiado geral do todo, incapaz de mostrar a sua atual divisão em três classes (burguesia, latifundiários e proletariado), que só poderiam ser distinguidas pelo conhecimento de seus pressupostos fundadores: respectivamente, capital, propriedade fundiária e trabalho assalariado. Além disso, com esse procedimento empírico, elementos concretos como a população e o Estado evaporaram-se em determinações abstratas como a divisão do trabalho, o dinheiro ou o valor.

Assim que os economistas foram capazes de definir categorias abstratas e esse processo foi concluído, "surgiram os modelos econômicos que do simples – como o trabalho, a divisão do trabalho, a necessidade, o valor de troca – ascendem ao Estado, à troca entre as nações e ao mercado mundial". Este segundo procedimento, utilizado por Smith e Ricardo na economia, assim como por Hegel na filosofia – que pode ser sintetizado na tese de que "as determinações abstratas levam à reprodução do concreto no caminho do pensamento" –, foi descrito por Marx como "o método cientificamente correto". Uma vez alcançadas as categorias, de fato, foi possível "fazer a viagem de volta, até finalmente chegar novamente à população, mas desta vez não como uma representação caótica de um todo, mas como uma rica totalidade, composta por muitas determinações e relações".[92]

No entanto, Marx não compartilhava da crença dos economistas de que a reconstrução lógico-ideal do concreto, realizada pelo pensamento, era a reprodução fiel da realidade.[93] Além disso, o procedimento resumido na "Introdução" de fato tomou emprestados vários elementos do procedimento hegeliano, mas também destacou distinções radicais. Marx estava convencido, como Hegel antes dele, de que "o método de sair do abstrato para o concreto é a única maneira de o pensamento se apropriar do concreto", que a recomposição da realidade no pensamento deveria partir das determinações abstratas mais simples e gerais. Para ambos, o concreto era "a síntese de muitas determinações, a unidade do diverso" e, por isso, aparecia no pensamento como um "processo de síntese, como resultado e não como ponto de partida", embora para Marx era preciso ter sempre presente que esse era "o ponto de partida da intuição e da representação".

Para além dessa base comum havia, porém, uma diferença fundamental que Marx formulava da seguinte maneira: "Hegel cai na ilusão de conceber o real como resultado do pensamento". Para Marx, ao contrário, "nunca esse é [...] o processo de gênese do concreto".[94] Ele sustentava que para o idealismo hegeliano "o movimento das categorias apresenta-se [...] como o efetivo ato de produção [...] cujo resultado é o mundo" e que "o pensamento conceitualizante é o ser humano real e portanto o mundo pensado é [...] a própria realidade". Em oposição a Hegel, Marx destacou inúmeras vezes que a "totalidade do pensamento, como um concreto do pensamento, é efetivamente um produto do pensar", mas não é propriamente o "concreto que gera a si mesmo". De fato, "o sujeito real resulta [...] firme em sua autonomia fora da mente [...]. Mesmo no método teórico, logo, a sociedade deve ser sempre presente como pressuposto da representação".[95]

Na Introdução, Marx voltou sua atenção para outra questão decisiva. Em que sequência usar as categorias na obra que estava prestes a escrever? À pergunta de se era o complexo que dava as ferramentas para compreender o simples, ou vice-versa, ele fez prevalecer decisivamente a primeira hipótese:

> a sociedade burguesa é a mais desenvolvida e multifacetada organização histórica da produção. As categorias que exprimem as suas relações e a compreensão da sua articulação permitem-nos

penetrar, ao mesmo tempo, nas relações de articulação e produção de todas as formas de sociedade do passado, sobre cujas ruínas e elementos a sociedade atual se construiu e cujos resíduos parcialmente insuperáveis ainda são arrastados por ela.[96]

Era o presente, assim, que oferecia as indicações para a reconstrução do passado. "A anatomia do homem é uma chave para a anatomia do macaco [... e] aquilo que sugere algo superior nas espécies animais inferiores só pode ser compreendido se a forma superior já for conhecida". No entanto, esta conhecida declaração de Marx não deve ser lida em termos evolucionistas. Na verdade, ele criticou explicitamente a concepção da "chamada evolução histórica", partindo do pressuposto trivial de que "a última forma considera as anteriores como simples passos que conduzem a si mesma". Era a economia burguesa que fornecia as pistas para entender as economias dos períodos históricos anteriores. No entanto, dadas as profundas diferenças entre as várias sociedades, estas devem ser consideradas com cautela. Marx reiterou com firmeza que isso certamente não poderia ser feito "à maneira dos economistas, que apagam todas as diferenças históricas e veem a sociedade burguesa em todas as formas de sociedade".[97]

O critério da sucessão cronológica das categorias científicas, que Marx já havia utilizado em *A Miséria da Filosofia*, foi rejeitado em favor de um método lógico com confirmação histórico-empírica. Uma vez que é o presente que ajuda a compreender o passado, a estrutura anatômica do homem ajuda a compreender a do macaco, era necessário partir da análise da sociedade mais madura, a capitalista e, em particular, do elemento que prevalece sobre todas as outras: o capital. "O capital é o poder econômico da sociedade burguesa que tudo domina. Deve constituir tanto o ponto de partida como o ponto de chegada".[98]

Marx afastou-se, dessa maneira, tanto do empirismo dos primeiros economistas modernos, que produziam a volatilização de elementos concretos em determinações abstratas, quanto do método dos economistas clássicos, que reduziam o pensamento da realidade à própria realidade. Da mesma forma, distanciou-se da filosofia idealista, considerada responsável – mesmo a hegeliana – por atribuir ao pensamento a capacidade de gerar o concreto; bem como daquelas concepções gnosiológicas que opunham rigidamente formas de pensamento e realidade objetiva. Da mesma forma, ele se despediu do historicismo que dissolvia o momento lógico no histórico; e, finalmente, da convicção pessoal, expressa na *Miséria da Filosofia*, de querer seguir essencialmente o "movimento histórico".[99] Rescindida a simetria entre a ordem lógica e a ordem histórico-real, o momento histórico apresentou-se como uma virada decisiva para a compreensão da realidade, enquanto o lógico possibilitou conceber a história não mais como uma cronologia plana de vários eventos.[100]

O método assim elaborado municiou Marx de ferramentas úteis não apenas para apreender as diferenças entre as várias formas pelas quais a produção se manifestou ao longo da história, mas também para perceber as tendências do presente que permitem prefigurar o desenvolvimento de um novo modo de produção, contrastando, portanto, com aqueles que postulavam a insuperabilidade histórica do capitalismo. Suas pesquisas, mesmo as epistemológicas, nunca tiveram uma motivação exclusivamente teórica, mas sempre foram movidas pela necessidade de interpretar o mundo para melhor se engajar na luta política visando sua transformação.

As últimas reflexões importantes elaboradas por Marx na "Introdução", a partir de algumas considerações sobre a relação entre a arte grega e a sociedade moderna, concentraram-se na "relação desigual entre o desenvolvimento da produção material e o desenvolvimento [...] da arte".[101] Longe de estabelecer um paralelismo rígido entre as duas esferas – critério mais tarde erroneamente adotado por muitos de seus seguidores –, Marx enfatizou que não havia relação direta entre o desenvolvimento econômico e social e o da produção artística.

Ao retrabalhar algumas reflexões da *Literatura do sul da Europa* (1813) de Léonard Simonde de Sismondi, lida e resumida em um dos seus cadernos de excertos em 1852 –,[102] escreveu: "para a arte, sabe-se que certos períodos de florescimento não estão absolutamente em relação com o desenvolvimento geral da sociedade, nem, portanto, com a base material, com a estrutura [...] de sua organização". Além disso, ele observou que algumas formas de arte, como a épica, "são possíveis apenas em um estágio não desenvolvido da evolução artística. Se isso é verdade para a relação dos diferentes gêneros artísticos dentro da própria arte, será menos surpreendente que isso aconteça na relação entre todo o domínio da arte e o desenvolvimento geral da sociedade".[103] A arte grega, de fato, pressupunha a mitologia grega, isto é, uma representação "inconscientemente artística" das formas sociais. Em uma sociedade avançada como a moderna, em que a natureza é concebida racionalmente pelos homens e não mais como uma força estranha que se coloca diante deles, a mitologia perdeu sua razão de ser e a epopeia não é mais repetível: "Seria Aquiles possível com pólvora e chumbo? Ou, em geral, a *Ilíada* [...] com a imprensa? Com a imprensa do tipógrafo, não desaparecem necessariamente o canto, as sagas, a Musa e, portanto, as condições necessárias da poesia épica?".[104] Marx adotou uma abordagem antidogmática para as relações entre as formas de produção material, por um lado, e as criações e comportamentos intelectuais, por outro. A consciência do "desenvolvimento desigual"[105] existente entre elas implicava a rejeição de qualquer procedimento esquemático que visse uma relação uniforme entre as diferentes esferas da totalidade social.

Também a conhecida tese do Prefácio de *Contribuição à crítica da Economia Política* (1859), publicado por Marx dois anos após a "Introdução" – "o modo de produção das condições materiais da vida condiciona (*bedingt*) o processo social, político e espiritual da vida em geral"[106] – não deve ser interpretada em chave determinista.[107] Em vez disso, esta deve ser desvinculada o suficiente da leitura rebaixada e empobrecida feita pelo marxismo-leninismo, segundo a qual as manifestações superestruturais da sociedade nada mais são do que um mero reflexo da existência material dos homens.[108]

Ao lado das considerações metodológicas contidas na "Introdução", Marx escreveu os *Grundrisse* dividindo-os em duas partes: o "capítulo do dinheiro", no qual tratou do dinheiro e do valor, e o "capítulo do capital", no qual dedicou centenas de páginas à descrição do processo de produção e circulação do capital. Aqui ele tratou então de alguns dos temas mais relevantes de todo o manuscrito, como a elaboração do conceito de mais-valia e as reflexões sobre as formações econômicas que antecederam o modo de produção capitalista. No entanto, este empenho extraordinário não lhe permitiu concluir o seu trabalho e em fevereiro de 1858 escreveu a Ferdinand Lassalle:

Com efeito, estou trabalhando há vários meses na elaboração final. No entanto, isso ocorre muito lentamente, porque temas que se tornaram o principal objeto dos estudos por muitos anos, continuamente mostram novos aspectos e levantam novas dúvidas, e torna-se necessário um ajuste final. [...] O trabalho em questão é, em primeiro lugar, a 'crítica das categorias econômicas', ou, se preferirem, a descrição crítica do sistema econômico burguês. É simultaneamente uma descrição do sistema e, por meio da descrição, uma crítica dele. [...] Afinal, tenho uma vaga sensação de que agora mesmo, depois de 15 anos de estudo, cheguei ao ponto de pôr a mão na massa, movimentos externos tempestuosos provavelmente virão interromper-me.[109]

Quase como se fosse uma premonição, logo surgiriam outros problemas que impediriam a conclusão de sua obra.

DURANTE A REDAÇÃO DOS *GRUNDRISSE*

Marx sempre prestou atenção aos principais acontecimentos econômicos e políticos ocorridos em sua época. No outono de 1857, Engels continuou a expressar avaliações otimistas sobre o curso dos acontecimentos: "o *crash* americano é estupendo e continuará por muito tempo ainda. [...] O comércio está em baixa novamente há três ou quatro anos, agora temos uma possibilidade".[110] Ele tentou encorajar Marx: "em 1848 dissemos: agora chegou a nossa hora, e em certo sentido chegou, mas desta vez chega em cheio, agora é uma questão de vida ou morte".[111] Em contrapartida, sem duvidar da deflagração da revolução, ambos esperavam que ela não explodiria antes que toda a Europa fosse contagiada pela crise, e as expectativas pelo "ano da turbulência"[112] foram adiadas para 1858.

Como lemos em uma carta de Jenny von Westphalen ao amigo da família Conrad Schramm, o colapso econômico geral produziu efeitos positivos em Marx: "você pode imaginar como o Mouro está eufórico. A capacidade e a facilidade de trabalho de outrora estão de volta, assim como o bom humor e a serenidade de espírito".[113] Ele, de fato, iniciou uma fase de intensa atividade, em que se dividiu entre artigos para o *New York Tribune*, trabalhos para a *The New American Cyclopædia*, o projeto, que ficou inacabado, de escrever um panfleto sobre a crise em curso e, naturalmente, os *Grundrisse*. Os compromissos assumidos, porém, revelaram-se excessivos até para as suas renovadas energias, e a ajuda de Engels foi mais uma vez indispensável. No início de 1858, quando este recuperou-se totalmente da doença de que sofria, Marx pediu-lhe que voltasse a redigir verbetes para a enciclopédia:

> se você escrever pequenas porções deles, a cada par de dias, talvez sirva de obstáculo para os excessos que, com base em meu conhecimento de Manchester e com os tempos agitados atuais, me parecem inevitáveis, e não são bons para você. [...] Eu tenho, absolutamente, que terminar os outros trabalhos, que já ocupam todo o meu tempo, mesmo que a casa caia na minha cabeça![114]

Engels cedeu à resoluta exortação de Marx e informou-o de que, após as férias, "surgiu nele a necessidade de uma vida mais tranquila e ativa".[115] No entanto, apesar da ajuda de Engels, Marx continuou sem tempo. Ele reclamava repetidamente com seu amigo: "Toda vez que estou no Museu [Britânico], tenho tantas coisas para verificar que o tempo (agora funciona apenas até as 4h) passa antes que eu olhe em volta. Depois há todo o caminho para lá chegar".[116] Além disso, a par dos problemas práticos, juntavam-se os de natureza teórica: "Sou [...] tão estorvado por erros de cálculo que, por desespero, voltei a estudar álgebra. A aritmética sempre foi minha inimiga, mas distraindo-me com a álgebra eu me recomponho".[117] Por fim, a lentidão na redação dos *Grundrisse* contribuiu para seu perfeccionismo, o que o obrigou a buscar sempre novas evidências para verificar a validade de suas próprias teses. Em fevereiro, relatou a Lassalle o estado de seus estudos e amaldiçoou, mais uma vez, a condição a que fora condenado.[118] Obrigado a passar grande parte do dia a escrever artigos jornalísticos, afirmou: "Não sou o senhor, mas sim um escravo do meu tempo. Só me resta a noite e, muitas vezes, os ataques e as recaídas de uma doença do fígado perturbam até estes trabalhos noturnos".[119]

Com efeito, as doenças voltaram a afligi-lo violentamente. Em janeiro de 1858, ele informou a Engels que estava em tratamento há três semanas: "Eu tinha ido longe demais trabalhando à noite – sustentando-me, de fato, apenas com limonada, por um lado, e com uma quantidade imensa de tabaco, de outro".[120] Em março, ele estava "muito doente de novo" por causa do fígado:

o trabalho noturno contínuo e os muitos pequenos aborrecimentos durante o dia, decorrentes das condições econômicas da minha situação doméstica, muitas vezes me causaram, nos últimos tempos, recaídas.[121]

Novamente, em abril, declarou:

> Sinto-me tão mal por causa da minha bile que não consigo pensar, ler, escrever ou fazer nada esta semana, exceto escrever artigos para o [*New York*] *Tribune*. Estes, naturalmente, não devo negligenciar, porque devo saldar minhas dívidas o mais rápido possível, para evitar a ruína.[122]

Durante essa fase, Marx havia renunciado completamente às relações políticas organizadas e às relações privadas. Ele disse aos poucos amigos restantes que vivia "como um eremita",[123] ou que "vejo raramente um casal de conhecidos e, no geral, não é uma grande perda".[124] Para alimentar suas esperanças e estimulá-lo a continuar seu trabalho, restaram o encorajamento contínuo de Engels, a recessão e a sua difusão em escala mundial: "em suma, a crise tem escavado como uma boa e velha toupeira".[125]

A correspondência com Engels documenta o entusiasmo despertado em seu ânimo pelo andamento dos acontecimentos. Em janeiro, depois de ler as notícias de Paris no *Manchester Guardian*, exclamou: "parece que tudo vai melhor do que o esperado".[126] No final de março, comentando o desenvolvimento dos fatos, ele acrescentou: "na França, a conflagração está acontecendo da melhor maneira possível. Dificilmente a calmaria vai durar além do verão".[127]

Pouco antes ele havia afirmado com pessimismo:

> depois das experiências dos últimos dez anos, o desprezo tanto pelas massas como pelos indivíduos deve ter crescido tanto em cada ser pensante que '*odi profanum vulgus at arceo*' [odeio o vulgo profano e afasto-o] é uma regra de vida quase imposta. No entanto, também estes são humores filisteus, que serão varridos pela primeira tempestade.[128]

Em maio, argumentou com satisfação: "No geral, o período atual é agradável. A história parece estar prestes a recomeçar, e os sinais de dissolução em todos os lugares são encantadores para qualquer mente não inclinada a preservar o atual estado de coisas".[129]

Engels não estava menos entusiasmado. Com grande fervor ele relatou a Marx que no dia da execução de Felice Orsini, o democrata italiano responsável pela tentativa frustrada de assassinato de Bonaparte, ocorreu em Paris uma grande manifestação com protesto de trabalhadores: "em um período em que a grande agitação se avizinha, é bom presenciar tal apelo e ouvir cem mil homens responderem: presente!".[130] Além disso, em vista de possíveis desenvolvimentos revolucionários, ele havia começado a estudar o tamanho impressionante das tropas francesas e advertiu Marx de que, para vencer, teria sido necessário formar sociedades secretas no exército ou, como em 1848, uma tomada de posição antibonapartista da burguesia. Por fim, previu que as secessões da Hungria e da Itália e as insurreições eslavas atingiriam duramente a Áustria, o velho bastião reacionário, e que uma repercussão generalizada da crise se somaria a todas as grandes cidades e distritos industriais. Em suma, estava convencido: "ao final, haverá um violento embate".[131]

Guiado por esse otimismo, Engels retomou seus exercícios de equitação, mas desta vez com um objetivo a mais; assim, ele escreveu a Marx:

> ontem eu saltei com meu cavalo um aterro e uma sebe de cinco pés e algumas polegadas de altura: o salto mais alto que já dei [...] quando voltarmos para a Alemanha novamente, certamente teremos algo a ensinar à cavalaria prussiana. Será difícil para aqueles senhores me acompanhar.[132]

A resposta foi de satisfação irônica:

> Parabenizo-te pela tua proeza equestre. Só não execute saltos muito perigosos, porque logo haverá uma oportunidade mais importante de arriscar quebrar o pescoço. Não creio que a cavalaria seja a especialidade em que serás mais útil à Alemanha.[133]

A vida de Marx, em contrapartida, tornou-se ainda mais complicada. Em março, Lassalle o informou que o editor Franz Duncker, de Berlim, havia concordado em publicar sua obra em fascículos, mas, paradoxalmente, essa boa notícia se transformou em mais um fator desestabilizador. A ansiedade somava-se às outras causas de angústia. Conforme relatado no enésimo boletim médico dirigido a Engels, escrito na ocasião por Jenny von Westphalen:

> a bile e o fígado estão em convulsão novamente. [...] A inquieta-
> ção moral e a agitação contribuem muito para o agravamento do
> seu estado, que naturalmente agora, após a celebração do contrato
> com a editora, é ainda maior e cresce dia a dia, porque é absoluta-
> mente impossível para ele terminar o trabalho.[134]

Durante todo o mês de abril, Marx sofreu o ataque hepático mais violento de sua vida e não conseguiu trabalhar. Concentrava-se exclusivamente nos poucos artigos a serem enviados ao *New York Tribune*, indispensáveis para garantir a sobrevivência, e também era obrigado a ditar à esposa, que exercia o "serviço de secretaria".[135] Assim que conseguiu empunhar novamente a caneta, informou a Engels que a causa de seu silêncio havia sido simplesmente a "incapacidade de escrever", manifestada "não apenas literariamente, mas no sentido literal da palavra". Afirmou ainda que "a ansiedade constante de retornar ao trabalho e depois, novamente, a impossibilidade de fazê-lo, contribuíram para o agravamento da enfermidade". No entanto, suas condições permaneceram muito ruins:

> Estou incapacitado de trabalhar. Se me ponho a escrever por algu-
> mas horas, tenho que me deitar dolorido por alguns dias. Espero,
> por todos os diabos, que esse estado de coisas termine na próxi-
> ma semana. Não poderia ser mais inconveniente para mim do que
> agora. Evidentemente, durante o inverno eu exagerava trabalhan-
> do à noite. *Hinc illae lacrimae.*[136]

Tentou então rebelar-se contra a doença, mas depois de tomar grandes doses de medicamentos, e sem deles tirar proveito algum, rendeu-se às indicações terapêuticas do médico que o obrigou a mudar de ares durante uma semana e a "desistir, por um certo tempo, de qualquer trabalho intelectual".[137] Decidiu assim juntar-se a Engels, a quem anunciou: "Pendurei os deveres em um prego".[138] Mas então, tomado por sua inquietação, durante os 20 dias que passou em Manchester, ele continuou a trabalhar no "capítulo sobre o capital" e escreveu as últimas páginas dos *Grundrisse*.

EM LUTA COM A SOCIEDADE BURGUESA

De volta a Londres, Marx deveria escrever o manuscrito de seu livro a ser impresso. No entanto, embora já estivesse em atraso com a editora, adiou novamente a redação. Sua natureza hipercrítica prevaleceu, mesmo naquela ocasião, sobre as necessidades práticas. Assim, ele comunicou a Engels:

> durante minha ausência, saiu em Londres um livro de [James] MacLaren sobre toda a história do dinheiro em circulação que, de acordo com a resenha do *Economist*, é de primeira ordem. O livro ainda não está na biblioteca [...]. Claro que tenho que ler antes de escrever o meu. Assim, enviei minha esposa à editora City, mas, para nossa consternação, descobrimos que custava nove xelins e seis pence, o que era mais do que continha em nosso cofre. Portanto, você estaria me fazendo um grande favor se pudesse me enviar uma ordem de pagamento no valor desta quantia. É provável que não haja nada de novo para mim no livro, apenas que, dada a importância que lhe confere o *Economist*, e depois dos excertos que eu próprio li, a minha consciência teórica não me permite prosseguir sem conhecê-lo.[139]

A "periculosidade" das resenhas do *Economist* sobre a já difícil paz familiar; a esposa Jenny enviada ao centro da cidade para descobrir a origem das novas dúvidas teóricas; as economias que não davam para comprar nem um livro e os pedidos habituais para o amigo de Manchester que precisavam ser atendidos imediatamente são exemplos emblemáticos da vida conturbada de Marx naqueles anos.

Para além de sua índole, que tornava tudo mais complexo, os dois "inimigos" de sempre – a doença e a pobreza – contribuíram para atrasar ainda mais a conclusão de sua obra. O seu estado de saúde, evidenciado pelos relatos a Engels, voltou a agravar-se: "o mal-estar que sofri antes de partir para Manchester voltou a ser – durante todo o verão – crônico, de modo que escrever, mesmo um pouco, me custa um esforço enorme".[140] Além disso, estes meses foram marcados por insuportáveis dificuldades econômicas que o obrigaram a conviver constantemente com o "espectro de uma inevitável catástrofe final".[141] Novamente em desespero, em julho, Marx enviou a Engels uma carta documentando, com um realismo cru, as condições em que era forçado a viver:

> é preciso pensar em conjunto se, de alguma forma, pode ser encontrada uma saída para a situação atual, porque ela não é mais sustentável, absolutamente. O resultado imediato é que já estou

completamente incapaz de trabalhar, enquanto de um lado perco o melhor tempo correndo daqui para ali em tentativas inúteis de encontrar dinheiro, e de outro, meu poder de abstração, talvez em consequência da deterioração física, já não resiste aos tormentos domésticos. Os nervos da minha esposa estão em frangalhos com essa miséria [...]. A questão toda se resume a isto: a mísera renda nunca é suficiente para o mês seguinte, basta apenas para as dívidas [...], assim essa miséria só é adiada por quatro semanas, período durante o qual também é necessário, de uma forma ou de outra, sobreviver. [...] Nem mesmo vender meus móveis em leilão seria suficiente para apaziguar os credores daqui e garantir-me uma retirada desimpedida para qualquer buraco. A exibição de respeitabilidade até agora foi o único meio de evitar um colapso. De minha parte, não daria a mínima por morar em Whitechapel [o bairro leste de Londres onde, na época, vivia grande parte da população trabalhadora], se eu pudesse finalmente encontrar uma hora de tranquilidade e me dedicar a meu trabalho. Para minha esposa, no entanto, em seu estado de saúde, tal mudança poderia ter consequências perigosas e também para meninas, que estão passando pela adolescência, não seria muito adequado. [...] Não desejaria que meus piores inimigos passassem pelo pântano em que estou há oito semanas, e com a maior raiva, aliás, pois meu intelecto, dados todos esses aborrecimentos, vai por água abaixo e minha capacidade de trabalho está despedaçada.[142]

Apesar desse estado de extrema pobreza e da precariedade geral de sua condição, Marx não se deixou abater e, referindo-se à intenção de concluir sua obra, declarou ao amigo Joseph Weydemeyer: "Devo perseguir meu objetivo a todo custo e não permitir que a sociedade burguesa me transforme em uma máquina de fazer dinheiro".[143]

Enquanto isso, com o passar dos meses, a crise econômica arrefeceu e logo os mercados voltaram a funcionar normalmente. Em agosto, Marx dirigiu-se a Engels desanimado: "nas últimas semanas, o mundo tornou-se malditamente otimista novamente".[144] Este último, refletindo sobre a forma como a superprodução de mercadorias fora absorvida, afirmava: "nunca se viu um refluxo tão rápido de uma onda tão violenta".[145] A certeza da revolução iminente, que animara ambos desde o outono de 1856 e estimulara Marx a escrever os *Grundrisse*, deu lugar à mais ardente desilusão: "não há guerra. Tudo é burguês".[146] Se Engels protestou contra o "cada vez maior aburguesamento do proletariado inglês", fenômeno que, a seu juízo, levara a nação exploradora do mundo inteiro a ter um "proletariado burguês aliado à burguesia",[147] Marx apegou-se, até o fim, a cada episódio minimamente significativo. De fato, ele escreveu que, "apesar da reviravolta otimista no comércio mundial [...], é pelo menos reconfortante que a revolução tenha começado na Rússia, porque considero a convocação geral dos 'notáveis' em Petersburgo como seu início".

As suas esperanças voltaram-se também para a Alemanha – "na Prússia as coisas estão piores do que em 1847" – e foram sustentadas pela sublevação da burguesia tcheca pela independência nacional: "há movimentos extraordinários entre os eslavos, especialmente na Boêmia, onde são contrarrevolucionários, mas dão fermento ao movimento". Por fim, causticamente, como se sentisse traído, afirmou: "não fará mal aos franceses se virem que o mundo se moveu mesmo sem eles".[148]

No entanto, Marx teve de se render à evidência: a crise não trouxera as consequências sociais e políticas tão seguramente esperadas. E, no entanto, ele ainda estava firmemente convencido de que a revolução na Europa era apenas uma questão de tempo e que o problema, se é que existia, surgiria com relação aos novos cenários mundiais abertos pelas transformações econômicas. Assim, em uma espécie de avaliação política dos acontecimentos mais recentes e uma reflexão sobre as perspectivas futuras, ele escreveu a Engels:

> Não podemos negar que a sociedade burguesa experimentou, pela segunda vez, seu século XVI – um século XVI que, espero, lhe soará tão mortal quanto o primeiro que a tocou em vida. A verdadeira tarefa da sociedade burguesa é a criação do mercado mundial, pelo menos em suas linhas gerais, e de uma produção baseada em seus fundamentos. Como o mundo é redondo, parece-me que com a colonização da Califórnia e da Austrália e a abertura da China e do Japão essa tarefa foi cumprida. A questão difícil para nós é: no continente a revolução é iminente e também assumirá imediatamente um caráter socialista. Não será necessariamente sufocada neste pequeno canto do mundo, uma vez que o movimento da sociedade burguesa ainda é ascendente em uma área muito maior?[149]

Essas reflexões contêm duas das previsões mais significativas de Marx: a correta, que o levou a intuir, mais do que qualquer outro de seus contemporâneos, o desenvolvimento do capitalismo em escala global, e a equivocada, ligada à convicção do advento inevitável da revolução proletária na Europa.

As cartas a Engels contêm, por fim, as críticas mordazes que Marx dirigiu àqueles que, embora militando no campo progressista, ainda permaneciam como seus adversários políticos. Elas mencionaram Pierre-Joseph Proudhon, um de seus alvos favoritos. Marx considerava o seu socialismo, então hegemônico na França, como um "falso irmão"[150] de que o comunismo tinha de se livrar. Com Lassalle, Marx mantinha uma relação de rivalidade frequente, e quando recebeu seu último livro, *A Filosofia de Heráclito, o Obscuro de Éfeso*, liquidou-o como "ocupado em propagandear uma insípida confusão".[151] Em setembro de 1858, Giuseppe Mazzini publicou um novo manifesto no jornal *Pensiero ed Azione*, mas Marx, que não tinha dúvidas sobre ele, proferiu: "sempre o velho ignorante"[152] que, em vez de analisar as razões da derrota de 1848-1849, "luta ainda por propagar panaceias para a cura da [...] paralisia política"[153] da emigração revolucionária. Referindo-se, ainda, a Julius Fröbel, deputado da assembleia de Frankfurt de 1848-1849 e típico representante dos democratas alemães que, depois de terem se refugiado no estrangeiro, abandonaram a vida política, censurou-o com estas palavras: "todos estes indivíduos, mal encontraram o seu pão com queijo, já procuram um pretexto qualquer para se despedirem da luta".[154] Por fim, ainda mais sarcástico do que nunca, zombou da "atividade revolucionária" de Karl Blind, um dos líderes da emigração alemã em Londres: "por meio de alguns conhecidos em Hamburgo, ele consegue que os jornais ingleses entreguem cartas (redigidas por ele mesmo), em que fala da sensação causada por seus panfletos anônimos. Mais tarde, seus amigos escrevem novamente nos jornais alemães sobre o grande relato que [os] ingleses fizeram. Isto, vês, significa ser um homem de ação".[155]

O compromisso político de Marx era de natureza totalmente diferente. Se nunca deixou de lutar contra a sociedade burguesa, com igual constância manteve a consciência de que, nessa batalha, seu principal objetivo era forjar a crítica ao modo de produção capitalista. Para cumprir essa tarefa, era necessário um estudo muito rigoroso da Economia Política e a análise constante dos eventos contemporâneos. Por isso, nas fases em que a luta de classes deu lugar ao refluxo, decidiu usar suas forças da melhor maneira possível e se afastou dos vãos complôs e intrigas pessoais a que se reduziam as disputas políticas da época. Ele afirmou: "desde o processo de Colônia [contra os comunistas de 1853], eu me retirei completamente para minha sala de estudo. Meu tempo era precioso demais para desperdiçá-lo em trabalhos inúteis e litígios mesquinhos".[156]

Mesmo com muitas dificuldades, Marx continuou seu trabalho e – depois de ter reelaborado, entre agosto e outubro de 1858, o "capítulo sobre o dinheiro" no manuscrito *Fragmento do texto primitivo* (1858) – em junho de 1859 publicou *Contribuição à crítica de Economia Política*. O primeiro fascículo do qual os *Grundrisse* foram o laboratório inicial.

As energias empenhadas por Marx nos dois anos transcorridos desde a eclosão da crise econômica e as "longas e conscienciosas pesquisas"[157] realizadas para produzir o livro não provocaram nenhum dos resultados que ele pretendia. O texto passou praticamente despercebido e a única crítica foi publicada por Engels no *Das Volk*, uma pequena publicação operária impressa em Londres. Nessas páginas, ele afirmou que "desde a morte de Hegel, nenhuma tentativa [havia] sido feita para desenvolver uma ciência em sua conexão interna"[158] e que o pensamento de Marx foi baseado "na concepção materialista da história".[159] No entanto, na época eram poucos os que podiam entender o que isso significava.

Também para Marx, 1858 chegou ao fim. Como resumiu sua esposa Jenny: "não foi bom nem ruim para nós; foi um ano em que os dias se sucederam, cada um completamente igual ao outro. Comer e beber, escrever artigos, ler jornais e passear: isto era toda a nossa vida".[160] Dia após dia, Marx continuava a trabalhar. A guiá-lo nesse árduo trabalho, com a grande determinação de sua personalidade, havia a inextirpável certeza de que sua existência pertencia ao comunismo, único caminho possível para a emancipação de milhões de mulheres e homens.

OBSERVANDO AS MUDANÇAS MUNDIAIS

A POLÊMICA COM "O SENHOR VOGT"

Durante a década de 1860, Marx interrompeu seus estudos de Economia Política devido ao violento confronto que teve com Carl Vogt. Representante da esquerda na Assembleia Nacional de Frankfurt durante 1848-1849, Vogt tornou-se professor de Ciências Naturais em Genebra e, na primavera de 1859, publicou o ensaio *Estudos sobre a condição atual da Europa*, no qual defendeu o ponto de vista bonapartista na política externa.[1]

Em junho do mesmo ano, um panfleto anônimo apareceu em Londres denunciando as intrigas de Vogt em favor de Luís Bonaparte, destacando como ele havia tentado subornar alguns jornalistas para fornecer versões filobonapartistas acerca dos eventos políticos em curso. A acusação – que se revelou obra de Karl Blind, um jornalista e escritor alemão que emigrou para Londres – foi retomada pelo semanário *Das Volk*, no qual Marx e Engels também colaboravam, e pelo *Allgemeine Zeitung* de Augsburgo. Tudo isso levou Vogt a entrar com uma ação judicial contra os jornais, que não puderam refutar a denúncia devido ao anonimato invocado por Blind. Apesar da rejeição de seu processo, Vogt acabou por ser o vencedor moral de toda a questão e, em seu relato dos acontecimentos, publicado sob o título *Meu julgamento contra o Allgemeine Zeitung* (1859), culpou Marx por ter enganado os trabalhadores:

> ele ri das pessoas que repetem, atrás dele, seu catecismo proletário [...] Os únicos que ele respeita são os aristocratas, aqueles que são aristocratas puros e estão cientes disso. Para tirá-los do poder, ele recorre à força que só pode encontrar no proletariado.[2]

Vogt acusou Marx de ter sido o instigador de uma conspiração contra ele, bem como o líder da "Gangue do Enxofre",[3] um grupo cuja "palavra de ordem [era] 'República social, ditadura dos trabalhadores' [... e cuja] ocupação [teria sido] estabelecer contatos e organizar complôs".[4] De acordo com Vogt, essas pessoas vieram de vários países e "se reuniram em Londres, onde reverenciam o senhor Marx como líder supremo".[5] Imputou-lhes a responsabilidade de chantagear aqueles que haviam participado dos levantes revolucionários de 1848, ameaçando revelar seus nomes caso eles se recusassem a pagar-lhes em dinheiro. Assim, escreveu: "Afirmo sem receio que todo aquele que se envolver nas maquinações políticas com Marx e os seus sócios cairá, mais cedo ou mais tarde, nas mãos da polícia".[6]

O professor de Genebra soou o alarme sobre o suposto perigo de suas ações, "tudo visando distrair o trabalhador de seu trabalho [e] envolvê-lo em conspirações e intrigas comunistas". De acordo com sua reconstrução, Marx queria "friamente empurrar" o proletariado "rumo à destruição. [...] Digam o que disserem, podeis ter a certeza de que o seu verdadeiro propósito é explorar o trabalhador para os seus próprios fins e depois abandoná-lo à sua própria sorte".[7]

Na verdade, antes do lançamento do livro de Vogt, Marx desconhecia completamente a existência da Gangue do Enxofre. Uma das descrições mais verídicas e precisas sobre a verdadeira natureza deste grupo foi a de Johann Phillipp Becker, protagonista das revoluções de 1848: "esta [...] companhia de ociosos [...] não tinha relações de espécie alguma com Marx que, por seu lado, certamente ignorava sua existência, e cujas opiniões sociopolíticas eram marcadamente divergentes das deles".[8]

No entanto, o texto de Vogt teve um significativo sucesso na Alemanha e causou muito barulho nos jornais liberais, sobre os quais Marx observou: "naturalmente, o júbilo da imprensa burguesa não tem limites".[9] O *Berlin National-Zeitung* publicou um resumo do assunto em dois longos artigos publicados com destaque na edição de janeiro de 1860 e, consequentemente, Marx processou o jornal por difamação. A Real Suprema Corte da Prússia, no entanto, rejeitou o pedido, vaticinando que os artigos não ultrapassavam os limites da crítica permitida e que não havia neles nenhuma intenção ofensiva. Marx comentou a frase com sarcasmo, pois o acontecimento lhe lembrou o caso "daquele turco que cortou a cabeça de um grego, sem intenção de fazer-lhe mal".[10]

Como não lhe foi permitido defender-se no tribunal, inocentando a si mesmo e aos seus "camaradas de partido" das infâmias de Vogt, Marx decidiu preparar "uma refutação por escrito".[11] O texto de Vogt, que misturava, com hábil maestria, fatos reais com outros inteiramente inventados, pretendia levantar dúvidas sobre a verdadeira história da emigração política, entre aqueles que não estavam a par de todos os acontecimentos. Para organizar sua defesa, no final de fevereiro de 1860, Marx começou a preparar material para um volume contra Vogt. Preliminarmente, escreveu dezenas de cartas aos militantes com quem manteve relações políticas durante e após 1848, com a intenção de recolher toda a documentação que possuíam sobre Vogt.[12] Além disso, iniciou alguns estudos sobre a história política e diplomática, referentes aos séculos XVII, XVIII e XIX, com o intuito de ilustrar a política dos principais Estados europeus e revelar o papel reacionário desempenhado por Bonaparte.[13] Esta seção é, sem dúvida, a mais interessante de todo o texto, bem como – ao lado daquela que contém a reconstrução da história da Liga dos Comunistas – a única a conservar valor para o leitor contemporâneo.

Esses estudos contribuíram para aumentar cada vez mais as dimensões do livro, que "crescia sob as mãos",[14] e cujos prazos de conclusão acabaram se prolongando além da medida, apesar das exortações de Engels: "seja, assim, pelo menos uma vez, um pouco superficial para poder sair no momento adequado".[15] De pouco adiantou também o apoio pedido por Engels a Jenny von Westphalen:

> fazemos sempre as coisas mais estupendas, mas certificamo-nos sempre de que não saem na hora certa, e assim perdem o sentido

[...]; recomendo que façam todo o possível para que algo seja feito, mas imediatamente, para encontrar um editor e para que a brochura fique finalmente pronta.[16]

No entanto, Marx conseguiu terminar o volume apenas em setembro.

Ele quis intitular o livro de *Dâ-Dâ-Vogt*,[17] para destacar a semelhança de pontos de vista entre Vogt e o jornalista árabe bonapartista, seu contemporâneo Dâ Dâ-Roschaid. Este último, traduzindo para o árabe os panfletos bonapartistas por ordem das autoridades de Argel, havia definido o imperador Bonaparte como "o sol da caridade, a glória do firmamento", de modo que a Marx o epíteto de "Dâ-Dâ-alemão"[18] parecia ser mais apropriado a Vogt. No entanto, Engels o convenceu a optar por um *Herr Vogt* [Senhor Vogt], mais compreensível.

Além dos problemas decorrentes do tempo de redação do texto, surgiram outros, quanto à escolha do local onde seria publicado. Engels recomendou fortemente que o livro fosse publicado na Alemanha: "é preciso evitar a todo custo que seu opúsculo seja impresso em Londres. [...] Já tivemos experiência, centenas de vezes, com a literatura da emigração, sempre sem sucesso, sempre dinheiro e trabalho jogados fora por nada e, ainda por cima, a raiva".[19] Contudo, como não havia editora alemã disponível, Marx teve que publicar o livro com a editora inglesa Petsch e os custos foram cobertos apenas graças a uma arrecadação de dinheiro. Engels comentou que teria sido "preferível imprimir na Alemanha e era absolutamente necessário conseguir: um editor alemão [... teria tido] muito mais força para romper a conspiração de silêncio"[20] de que Marx, na sua visão, era vítima.

A refutação das acusações de Vogt manteve Marx ocupado por um ano inteiro, obrigando-o a abandonar completamente os estudos econômicos, embora a editora Duncker em Berlim esperasse a continuação de *Contribuição à crítica da Economia Política* (1859), conforme estipulado no contrato. Engels havia percebido o risco do novo projeto de Marx antes mesmo de começar. Em janeiro de 1860, ele tentou convencer Marx a desistir e a se concentrar exclusivamente em seu trabalho sobre economia, que seria a única ferramenta real para derrotar os oponentes da época e fazer avançar a teoria anticapitalista:

acredito que, para manter nossa posição perante o público, apesar de Vogt e cia., é preciso avançar no campo da teoria. [...] Intervir diretamente na Alemanha, com a política e a polêmica, no espírito do nosso partido, é absolutamente impossível. Então, o que resta? Prosseguir, como começaste a fazer com o primeiro fascículo [*Contribuição à crítica da Economia Política*] e eu em *Pó e Reno*. [...] O mais importante é que o segundo volume saia logo, e espero que não deixes que essa coisa do Vogt impeça-te de continuar trabalhando nisso. Sê dessa vez menos consciencioso com teu trabalho; eles são sempre bons demais para o miserável público. O principal é que o livro seja escrito e que saia. Os pontos fracos que te saltam aos olhos, esses ignorantes não perceberão. Que ganhos haverá, quando chegarem tempos [politicamente] turbulentos, com teu o trabalho interrompido antes mesmo de terminar a seção sobre o capital em geral? Conheço muito bem todos os problemas que se interpõem, mas também sei que o principal motivo da demora reside sempre nos teus escrúpulos pessoais. No final das contas, é sempre melhor que o trabalho saia do que não sair por causa disso.[21]

Todavia, apesar das recomendações e argumentos do amigo, o frenesi que tomou conta de Marx após o surgimento desse caso prevaleceu e chegou a contagiar até mesmo aqueles mais próximos a ele. Sua esposa Jenny considerou *O Senhor Vogt* uma fonte de prazer e deleite sem fim;[22] Ferdinand Lassalle saudou o texto como "uma coisa magistral em todos os sentidos";[23] finalmente, Wilhelm Wolff disse: "é uma obra-prima do início ao fim".[24] Por fim, o próprio Engels afirmou que a obra era "certamente o melhor trabalho polêmico" que Marx havia escrito até então.[25]

Muitos conhecidos de Marx, como evidenciado pelas cartas endereçadas a ele, incluídas no *Senhor Vogt*, tentaram desviá-lo do projeto de realizar este trabalho. Entre eles, o jornalista russo Nikolaj Ivanovich Sazonov queria lembrar a Marx as razões pelas quais ele não deveria ter tratado do assunto. Ele afirmou:

> todas as pessoas sérias, todos os homens de consciência estão ao teu lado, mas esperam algo além de controvérsias estéreis. Eles gostariam de poder estudar o quanto antes a continuação do teu belo trabalho. [...] Mantém-te em boa saúde e trabalha como no passado para iluminar o mundo, sem preocupar-te com bobagens e mesquinharias.[26]

Até mesmo Bartholomäus Szemere, ex-ministro do Interior e líder do movimento revolucionário húngaro de 1849, fez-lhe uma pergunta inequívoca: "Vale a pena ocupar-se dessas fofocas?".[27] Por fim, o professor e ativista político Peter Imandt, tentando dissuadi-lo, expressou seu ponto de vista da seguinte forma: "Não gostaria de ser condenado a escrever sobre este tema e ficarei muito surpreso se você acabar metendo as mãos nesse caldo".[28]

O que mais chama a atenção nesse texto de Marx é o vastíssimo uso de referências literárias para sustentar seus argumentos. No cenário do livro aparecem, entre outros, Virgílio, vários personagens da *Bíblia*, Cícero, muitos escritores do início da Idade Média alemã, Dante Alighieri, Matteo Maria Boiardo, Johann Fischart, Pedro Calderón de la Barca, Alexander Pope, Laurence Sterne, Johann C. F. Schiller, George G. Byron, Victor Hugo e, claro, os tão amados Miguel de Cervantes, William Shakespeare, Voltaire, J. Wolfgang Goethe, Heinrich Heine e Honoré de Balzac.[29]

Na realidade, valer-se do conhecimento literário não respondia apenas ao desejo de Marx de mostrar a superioridade de sua erudição sobre a de Vogt, ou de tornar o livro mais agradável aos leitores por meio de sugestões satíricas. Refletia duas características proeminentes de sua personalidade. A primeira diz respeito à suprema importância que deu, ao longo de sua existência, ao estilo e estrutura de suas obras, mesmo as menores ou meramente polêmicas, como é o caso de *Senhor Vogt*. A mediocridade da maioria dos textos a que, nas muitas batalhas da sua vida, constantemente se opôs, a sua forma pobre, sua construção incerta e agramatical, a falta de lógica nas formulações e os muitos erros nelas presentes, sempre suscitaram a maior indignação em Marx.[30] Assim, ao lado do conflito de natureza teórica, ele também protestava contra o que julgava ser a vulgaridade intrínseca e a falta de qualidade das obras de seus contendores, querendo mostrar-lhes não apenas a exatidão do que escrevia, mas também como se poderia argumentar de forma culta e elegante.

A segunda marca tipicamente marxiana que transparece no impressionante trabalho preparatório de *Senhor Vogt* era a virulência com que Marx se lançava contra seus adversários. Quer fossem filósofos, economistas ou militantes políticos, quer se chamassem Bruno Bauer, Max

Stirner, Pierre-Joseph Proudhon, Vogt, Lassalle ou Mikhail Bakunin, Marx queria aniquilá-los teoricamente, demonstrar, de todas as formas possíveis, a falta de fundamento de suas concepções, forçá-los a se render, reduzi-los à impossibilidade de produzir objeções às suas afirmações. Impulsionado por esse ímpeto, muitas vezes não resistia à tentação de enterrar seus oponentes sob montanhas de argumentos críticos. Quando essa fúria se apossou dele, a ponto de fazê-lo perder de vista até mesmo o projeto principal de sua existência – a crítica da Economia Política –, ele não se contentou mais apenas com Georg W. F. Hegel ou David Ricardo, mas lançou mão de Ésquilo, Dante, Shakespeare, Gotthold Ephraim Lessing e muitos outros de seus autores favoritos.

Senhor Vogt era a combinação desses dois componentes de seu caráter. Um curto-circuito causado pelo desejo de destruir o adversário que, com mentiras, ameaçara sua credibilidade e tentara manchar sua história política e que, ao mesmo tempo, fizera-o usando de charlatanismo literário, algo que Marx desprezava profundamente.

Com este livro, Marx esperava causar agitação e tentou, de todas as maneiras, obter uma resposta da imprensa alemã. No entanto, os jornais e o próprio Vogt não lhe deram atenção. "Os cães [...] querem matar a coisa com silêncio"[31] – foi o seu comentário. Mesmo "a divulgação de uma reformulação francesa, um tanto abreviada, que estava no prelo",[32] foi impedida porque o texto foi censurado e incluído na lista de volumes proibidos. Foi um novo fracasso, depois de *Contribuição à crítica da Economia Política* e, durante a vida de Marx e Engels, e não houve mais nenhuma edição deste texto, que nasceu de um caso tão tortuoso e que exigiu tanto empenho.

ENTRE A MISÉRIA E A DOENÇA

Para prolongar o atraso do trabalho de Marx e complicar terrivelmente a sua situação pessoal, contribuíram os inimigos de sempre: a miséria e a doença. Nesse período, de fato, a condição econômica de Marx era verdadeiramente desesperadora. Cercado pelas exigências de muitos credores e com o espectro constante das investidas do oficial de justiça à sua porta, queixou-se a Engels, quase como se não tivesse mais esperança: "como vou me safar disso não sei, já que os impostos, as escolas, a casa, as farmácias, os açougues, Deus e o diabo não querem mais me dar trégua".[33]

No final de 1861, os acontecimentos precipitaram-se dramaticamente e, para resistir, apesar da ajuda constante do amigo – por quem nutria imensa gratidão "pelas extraordinárias provas de amizade"[34] recebidas –, Marx viu-se obrigado a dar em penhor "tudo, menos as paredes da casa".[35] Ainda a Engels, escreveu: "com que júbilo o fiasco do sistema financeiro de dezembro, que tantas vezes eu predisse no [New York] Tribune, teria enchido a minha alma, se eu estivesse livre destes piolhos e não tivesse que ver minha família esmagada por estas angústias miseráveis".[36] Além disso, pensando no ano novo à porta, afirmou: "se este for ser igual ao que passou, no que diz respeito a mim, prefiro antes o inferno".[37]

Aos problemas de natureza financeira juntaram-se, pontualmente, os de saúde, que os primeiros ajudaram a determinar, tanto nele quanto em toda a sua família. O estado de profunda depressão em que caíra a esposa de Marx tornara-a particularmente frágil. Nos últimos meses de 1860, contraiu varíola, o que lhe ameaçou a vida. Durante a doença e a hospitalização de sua companheira, Marx esteve constantemente ao lado de sua cama e só pôde retomar seus estudos quando Jenny von Westphalen foi declarada fora de perigo. Nesse período, como disse a Engels, o trabalho estava completamente fora de questão: "a única ocupação com a qual ele [podia] manter a necessária tranquilidade de espírito, [era] a matemática",[38] que sempre representou uma das paixões intelectuais de sua existência.

Alguns dias depois, ele acrescentou que até mesmo a infeliz circunstância de "uma terrível dor de dente" veio em seu auxílio. Tendo ido ao dentista para extrair um molar, este deixou-lhe, por engano, uma farpa, de modo a deixá-lo com "rosto inchado e dolorido e garganta meio fechada". Estoicamente, Marx afirmou que "este mal-estar físico [havia] estimulado muito [as suas] faculdades de pensar e a capacidade de abstração, pois, como dizia Hegel, puro pensamento ou puro ser, ou nada, são a mesma coisa".[39]

Mesmo diante de circunstâncias tão adversas, ele estava sempre atento a novos textos para consultar e, nesse período, dedicou-se à obra de

Charles Darwin, *A origem das espécies pela seleção natural* (1859). Assim que terminou de lê-lo, comentou o conteúdo com Engels: "ainda que grosseiramente desenvolvido, à maneira inglesa, aqui está o livro que contém os fundamentos histórico-naturais de nosso modo de ver".[40] Marx repetiu um julgamento muito semelhante a Lassalle:

> O trabalho de Darwin é verdadeiramente notável e é do meu interesse, uma vez que fornece uma base científica natural para a luta de classes na história. [...] Apesar de todos os seus defeitos, aqui não só é dado pela primeira vez o golpe fatal à 'teologia' nas Ciências Naturais, como o seu significado racional é explicado empiricamente.[41]

Quando Marx voltou a "dar mais uma olhada" no livro de Darwin em junho de 1862, ele achou "notável o quanto Darwin redescobri[ra], entre animais e plantas, a sociedade inglesa, com sua divisão de trabalho, competição, abertura de novos mercados, 'invenções' e a 'luta pela existência' malthusiana". Para Marx, a batalha pela sobrevivência era semelhante à "'guerra de todos contra todos' de Hobbes e faz[ia] recordar a *Fenomenologia* [*do Espírito*, de 1807] de Hegel, na qual a sociedade burguesa era descrita como o 'reino animal ideal', enquanto em Darwin o reino animal [fora] retratado tal qual a sociedade burguesa".[42]

Contrariamente a seus desejos, 1861 também começou de forma pouco auspiciosa. De fato, o estado de Marx piorou devido a uma inflamação no fígado de que já sofrera no verão anterior: "Estou tão atormentado quanto Jó, embora não tão temente a Deus".[43] O que lhe causava enorme sofrimento era, em particular, estar curvado, de modo que a escrita lhe era totalmente proibida pelo médico. Para superar a "condição muito repugnante que [o] impossibilitava de trabalhar",[44] refugiou-se, como sempre, na leitura. Assim, escreveu a Engels

> à noite, para descansar, [leio] as guerras civis romanas de Ulpiano [de Alexandria] no texto grego original. É um livro de grande valor [...]. Spartacus aparece lá como o sujeito mais inteligente de toda a história antiga. Grande general (não um Garibaldi): nobre personagem, verdadeiro representante do antigo proletariado.[45]

Reestabelecido da doença, em fevereiro de 1861, Marx foi para Zaltbommel, na Holanda, em busca de soluções para suas dificuldades financeiras. Lá ele encontrou a ajuda de seu tio Lion Philips,[46] que concordou em adiantar-lhe 160 libras. Posteriormente, Marx foi clandestinamente para a Alemanha, onde foi hóspede de Lassalle em Berlim por quatro semanas. Este último instara-o repetidamente a promover conjuntamente a fundação de uma revista do partido e a anistia promulgada em janeiro parecia oferecer a oportunidade certa para Marx recuperar sua cidadania prussiana, revogada após sua expulsão em 1849, e retornar a Berlim. No entanto, devido ao seu ceticismo em relação a Lassalle, ele não acreditava que este projeto estivesse destinado a ter sucesso. Retornando de sua jornada, Marx descreveu Lassalle para Engels nestes termos:

> deslumbrado com a consideração de que goza em certos círculos eruditos por seu *Heráclito* e em outro círculo de aproveitadores do bom vinho e da boa cozinha, não sabe que é desacreditado pelo grande público. Além disso, há sua arrogância, seu enredamento no 'conceito especulativo' (o jovem até sonha em escrever uma nova filosofia hegeliana à segunda potência), sua contaminação pelo velho liberalismo francês, sua pena prolixa, seu modo de ser inoportuno, sem tato etc. Mantido sob rígida disciplina, Lassalle poderia prestar serviços como um dos editores. Caso contrário, ele apenas comprometeria as coisas.[47]

O juízo de Engels não era menos crítico, pois afirmou concisamente sobre ele: "este homem não pode ser corrigido".[48] De qualquer modo, o pedido de cidadania de Marx foi indeferido[49] e o projeto idealizado por Lassalle foi rapidamente arquivado.

Da estada de Marx na Alemanha, sua correspondência oferece relatos divertidos apresentando informações úteis para a compreensão de sua personalidade. Lassalle e sua parceira, a condessa Sophie von Hatzfeldt, fizeram o possível para organizar uma série de atividades sociais, que, no entanto, ele detestava profundamente. De um breve relato dos primeiros dias passados na cidade, ficamos sabendo que na noite de terça-feira ele estava entre os espectadores de "uma comédia berlinense cheia de autoindulgência prussiana: em suma, um caso asqueroso". Na quarta-feira, foi obrigado a assistir a três horas de balé na *Ópera* – "uma coisa mortalmente aborrecida" – e, ainda por cima, a *"horribile dictu"*,[50] "num camarote muito próximo ao do 'belo Guglielmo'",[51] o rei, em pessoa. Na quinta-feira, Lassalle ofereceu um jantar em sua homenagem, que contou com a presença de algumas "celebridades". Longe de se animar com as circunstâncias, como por exemplo pela consideração de que desfrutava junto aos comensais, Marx fez esta descrição de sua vizinha de mesa, a editora literária Ludmilla Assing:

> ela é a criatura mais feia que já vi em minha vida minha [...], eternamente sorridente e risonha, sempre falando em prosa poética, esforçando-se continuamente para dizer algo extraordinário, fingindo entusiasmo e borrifando saliva em seus ouvintes, nos espasmos de seu êxtase.[52]

A Carl Siebel, poeta renano e parente distante de Engels, ele escreveu: "estou morrendo de tédio aqui. Sou tratado como uma espécie de leão de salão e sou forçado a ver muitas senhoras e senhores 'inteligentes'. É terrível".[53] Posteriormente, Marx comunicou a Engels: "mesmo Berlim não passa de uma grande aldeia", enquanto a Lassalle não podia negar que a Londres cosmopolita exercia sobre ele "uma atração extraordinária", embora admitisse viver naquela cidade "como um eremita".[54] Assim, depois de passar por Elberfeld, Barmen, Colônia e Trier, e depois voltar para a Holanda, Marx retornou à Inglaterra no final de abril.

A esperá-lo, estava a sua "Economia", cuja continuação ele planejava publicar o mais rápido possível. Apesar do anúncio otimista partilhado com Lassalle, em novembro de 1860 – "Acho que a segunda parte sairá na Páscoa"[55] –, sentia uma profunda frustração, pois as difíceis circunstâncias interrompiam, constantemente, o seu trabalho. Queixou-se disso a Engels em julho, a quem confidenciou: "Não estou avançando tão rápido quanto gostaria, porque tenho muitos problemas domésticos".[56] As coisas não mudaram nem mesmo no final do outono, quando afirmou: "minha escrita continua, mas devagar. Não é possível resolver questões teóricas rapidamente em meio a tais circunstâncias. Portanto, [o volume] será muito mais popular e o método muito mais dissimulado do que a primeira parte".[57]

Data também desse período de muitas inquietações a primeira fotografia conhecida de Marx.[58] Seu cabelo espesso já aparece branco, enquanto sua barba era negra como azeviche. O olhar determinado não deixa transparecer a amargura pelas derrotas sofridas e pelas muitas dificuldades que o assolaram. Ao contrário, da imagem emerge a firmeza de caráter que o distinguiu ao longo de sua existência. No entanto, a inquietação e a melancolia agitaram-se em sua alma e, poucas semanas depois da fotografia, escreveu: "para atenuar o profundo descontentamento causado pela minha situação, incerta em todos os sentidos, leio Tucídides. Pelo menos estes antigos permanecem sempre novos".[59]

Os momentos de fraqueza nunca o levaram a render-se às contingências negativas que o circundavam e a sua determinação permitiu-lhe prosseguir, com tenacidade inabalável, na tarefa que atribuíra à sua existência.

A LUTA PELA EMANCIPAÇÃO NOS ESTADOS UNIDOS DA AMÉRICA E NA POLÔNIA

Na primavera de 1861, o cenário político mundial foi abalado pela eclosão da Guerra Civil Americana. Esta teve origem imediatamente após a eleição de Abraham Lincoln como presidente dos Estados Unidos da América, com a declaração de secessão de sete estados escravistas: Carolina do Sul, Mississippi, Flórida, Alabama, Georgia, Louisiana e Texas. A estes, uniram-se Virgínia, Arkansas, Tennessee Carolina do Norte e, sucessivamente, Missouri e Kentucky os quais, porém, não proclamaram oficialmente a sua separação. Seguiu-se um conflito sangrento, que custou a vida de cerca de 750 mil pessoas, entre os Estados Confederados da América, a favor da manutenção e extensão da escravidão, e a União, formada por estados leais a Lincoln, dentre os quais também se encontravam alguns que consideravam a escravidão legal.

Marx colocou-se imediatamente a estudar a situação e, no início de julho, escreveu a Engels: "o conflito entre o Sul e o Norte [...] finalmente explodiu (desconsiderando a reivindicação vergonhosa da cavalaria)[60] dado o peso lançado na balança pelo extraordinário desenvolvimento dos Estados do Noroeste". Marx precisou que todas as razões apresentadas em sustentação à secessão não tinham legitimidade e deveriam ser consideradas como verdadeiras "usurpações", uma vez que não fora "permitido que as massas populares votassem". Acrescentou ainda que não se tratava apenas de "secessão do Norte, mas de consolidação e fortalecimento da oligarquia dos 300 mil senhores de escravos".[61] Alguns dias depois, ele observou que o curso dos acontecimentos "fora apresentado de forma totalmente falsa pelos jornais ingleses", pois em todos os lugares, com exceção da Carolina do Sul, havia "uma resistência muito forte contra a secessão".[62] Destacou, ainda, que a consulta eleitoral, onde tinha sido permitida – nos territórios que fazem fronteira com o Golfo do México "uma verdadeira votação popular ocorreu apenas em alguns estados" –, ocorreu em condições condenáveis. Na Virgínia, por exemplo, "grandes massas de tropas confederadas foram repentinamente trazidas para o país" e votou-se "pela secessão sob [seu] controle (de pura coloração bonapartista). Não obstante o terror sistemático, a União recebeu 50 mil votos". No Texas, onde estava "o mais forte partido escravista e o terrorismo, 11.000 votos [foram] para a União". Mesmo no Alabama, onde "todo senhor vota por 3/5 de seus escravos", não houve votação real "nem pela secessão nem pela nova constituição".[63] Em vez disso, "uma pequena maioria dos delegados" se expressou a favor da secessão. O mesmo se pode dizer da Louisiana, onde o resultado da votação foi "contra a secessão, mas os delegados suprimiram o resultado".[64]

As considerações políticas feitas por Marx sobre a Guerra Civil Americana em sua correspondência com Engels foram acompanhadas por aquelas, ainda mais relevantes, expostas em seus artigos jornalísticos. De fato, neste período, além de ter continuado, ainda que de forma cada vez mais esporádica, a escrever para o *New York Tribune*, a partir de outubro de 1861, passou também a colaborar com o jornal vienense de tendência liberal *Die Presse*, que, graças aos seus 30 mil assinantes, era o jornal austríaco de maior circulação, bem como um dos mais populares em língua alemã. O tema principal de suas contribuições, que incluíam também algumas crônicas da segunda invasão francesa ao México, dizia respeito às repercussões econômicas do conflito americano na Inglaterra. Em particular, a atenção de Marx concentrou-se no desenvolvimento do comércio, na situação financeira, bem como nos julgamentos expressos pela opinião pública e em seu modo de pensar. Justamente a respeito desse tema, em *Um encontro de trabalhadores em Londres* (1862), congratulou-se com as manifestações organizadas pelos trabalhadores ingleses que, mesmo "sem representantes no parlamento", haviam conseguido exercer sua "influência política",[65] impedindo assim a intervenção armada do governo britânico contra os Estados Unidos da América.

Marx escreveu sobre este caso, em tom apaixonado, também para o *New York Tribune*, na sequência do incidente do Trento, isto é, da detenção ilegal, pela União, de dois diplomatas dos Estados Confederados da América num navio inglês. No artigo "A opinião pública inglesa" (1862), ele afirmou que os Estados Unidos "nunca [deveriam] esquecer [-se] de que [...] a classe operária da Inglaterra nunca os abandonou". Foi somente graças a ela que, "apesar dos estímulos venenosos administrados diariamente por uma imprensa corrupta e imprudente, sequer uma única reunião pública pró-guerra pôde ocorrer no Reino Unido".[66] Ele observou, assim, que "a atitude da classe operária inglesa" era ainda mais apreciável quando comparada com "a conduta hipócrita, prepotente, covarde e estúpida [...] do reino da Grã-Bretanha".[67] Os trabalhadores britânicos foram tão audaciosos e consequentes quanto as classes dominantes foram inconsistentes e contraditórias. Com efeito, em uma carta dirigida a Lassalle em maio de 1861, ele comentou: "toda a imprensa oficial inglesa é, naturalmente, a favor dos traficantes de escravos. Esses são os mesmos personagens que cansaram o mundo com seus esforços filantrópicos contra o comércio de escravos. Porém: algodão, algodão!".[68]

O interesse de Marx pela Guerra Civil Americana foi muito além de observar as consequências desta na Inglaterra. Marx, de fato, queria antes de tudo entender a própria natureza do conflito. Poucos meses depois do seu início, comentara de forma emblemática, em um artigo do *New York Tribune*:

> os povos da Europa sabem que uma batalha pela continuação da União é uma batalha contra a manutenção de um poder fundado na escravidão – que, neste contexto, a mais elevada forma de autogoverno popular até agora alcançada está combatendo a mais abjeta e vergonhosa forma de escravatura humana alguma vez registrada nos anais da história.[69]

Em alguns dos textos para o *Die Presse*, ele apresentou uma análise mais completa dos argumentos dos dois lados em luta. Marx começou com a demonstração da hipocrisia dos liberais e conservadores ingleses. De fato, no artigo "A guerra civil norte-americana", publicado em 25 de outubro de 1861, ridicularizava o *The Times*, com um comentário irônico, ao qual reconhecia o mérito da "brilhante descoberta [...] de que a guerra entre o Norte e o Sul [era] uma mera guerra tarifária, uma guerra entre um sistema tarifário e um sistema de livre comércio". De acordo com a linha editorial do principal jornal britânico, portanto, a Inglaterra não teve outra escolha senão tomar partido em apoio ao "livre comércio" representado pelos Confederados do Sul. Alguns semanários, incluindo *The Economist* e *The Saturday Review* foram ainda mais longe, argumentando que "a questão da escravidão [não possuía] absolutamente nada a ver com esta guerra".[70]

Opondo-se a essas interpretações, Marx voltou sua atenção para as motivações políticas do conflito. Referindo-se aos senhores de escravos do sul, ele observou que seu objetivo principal era manter a "influência sobre o Senado" e, por meio dele, a "hegemonia sobre os Estados Unidos". Para que isso fosse possível, era necessário iniciar a conquista de novas regiões, como já acontecera em 1845 com a anexação do Texas, e "transformar estes territórios [...] em estados escravistas".[71] Nos Estados Unidos da América, os promotores da escravidão eram uma "pequena oligarquia, comparada com os muitos milhões dos chamados 'brancos pobres', cujo número crescia constantemente por meio da concentração da propriedade privada e cujas condições eram comparáveis apenas com as dos plebeus romanos no período de extrema decadência de Roma".[72] Portanto, colocar os interesses desta massa de pobres a serviço dos escravistas só teria sido possível por meio "da perspectiva de aquisição de novos territórios", de modo a transformar a "ansiosa sede de ação [...] dos 'brancos pobres' numa atitude inofensiva e domesticá-los, propondo que um dia eles também se tornariam senhores de escravos". Em contrapartida, Lincoln perseguia o desígnio de um "estrito confinamento da escravidão em seus antigos territórios" que levaria, "de acordo com a lei econômica, à sua extinção gradual" e, consequentemente, teria "aniquilado a hegemonia [dos] estados escravistas".[73]

Marx usou seu artigo para demonstrar, ao contrário, que

> todo o movimento foi e está baseado [...] na questão da escravidão. Não no sentido de saber se os escravos nos estados escravistas seriam completamente emancipados ou não, mas se 20 milhões de homens livres do norte continuariam a se submeter a uma oligarquia de 300 mil senhores de escravos.

Isso significava, uma vez que ele brilhantemente intuíra o mecanismo expansivo implícito dessa forma econômica,

> se os vastos [ainda escassamente povoados] territórios da república [viriam a ser] o berço dos estados livres ou da escravidão, e se, finalmente, a política nacional da União teria a expansão da escravidão no México, na América Central e na América do Sul como estratégia.[74]

Essas avaliações evidenciam o abismo que separava Marx de Giuseppe Garibaldi, que havia recusado a oferta que lhe fora feita pelo governo do norte para assumir um posto de comando em seu exército. Garibaldi acreditava, na verdade, que aquela guerra era essencialmente um conflito por poder e não dizia respeito, ao contrário, à emancipação dos escravos. A propósito desta posição e do fracasso de uma iniciativa de reconciliação entre as partes empreendida pelo italiano, Marx comentou com Engels: "aquele tolo Garibaldi fez um papel ridículo com sua carta de concórdia entre os ianques".[75] Garibaldi não conseguira entender o alcance do processo em curso, seus verdadeiros objetivos e as possíveis opções que ele revelava. Marx, ao contrário, como político não maximalista e sempre atento aos possíveis desdobramentos dos processos históricos, compreendera de imediato que o desfecho do conflito em curso nos Estados Unidos seria decisivo, em escala mundial, e direcionaria o relógio da história pelo caminho da escravização ou, inversamente, pelo da emancipação.

Foi com este espírito que, em novembro de 1864, perante a rápida e dramática evolução dos acontecimentos, Marx convidou o seu tio Philips a refletir que, se "há três anos e meio, quando Lincoln foi eleito, ainda se tratava, simplesmente, de não fazer mais concessões aos senhores de escravos, [...] agora o objetivo explícito e parcialmente já alcançado é a abolição da escravatura". Em sua opinião, "deve-se admitir que nunca antes uma convulsão tão gigantesca [havia] acontecido tão rapidamente" e que isso teria tido "os efeitos mais benéficos em todo o mundo".[76]

A concessão do segundo mandato de presidente dos Estados Unidos da América a Lincoln ofereceu a Marx o pretexto para expressar, em nome da Associação Internacional dos Trabalhadores (AIT), uma mensagem inaugural com claro significado político: "se a resistência contra o poder dos senhores de escravos foi a palavra de ordem moderada de sua primeira eleição, o grito triunfante de sua reeleição é agora a morte da escravidão".[77]

Alguns representantes das classes dominantes do sul declararam que "a escravidão [era] uma instituição benéfica". Tentaram propagandear que esta constituía "a única solução para o grande problema da relação entre trabalho e capital" e esperavam que se tornasse a "pedra angular"[78] da sociedade do futuro. Decorre daí a necessidade de deixar claro que

> as classes trabalhadoras europeias [haviam] compreendid[o] imediatamente, antes mesmo de serem advertidas pelo fanático partidarismo das classes dominantes em favor da aristocracia confederada, que a rebelião dos senhores de escravos soaria o toque de sino para uma santa cruzada geral da propriedade contra o trabalho e que, para os homens e mulheres do trabalho, assim como a esperança para o futuro, neste terrível conflito, do outro lado do oceano, estavam também as conquistas do passado.[79]

Neste texto, Marx empenhou-se em esclarecer uma outra questão, não menos importante:

> Uma vez que os trabalhadores, verdadeiros detentores do poder político no norte, permitiram que a escravidão maculasse sua república, e que reivindicaram maior privilégio para o trabalhador branco em relação ao negro – que tinha um patrão a que fora vendido sem consentimento –, o de venderem a si mesmos e de escolherem seu próprio patrão, não foram capazes de obter a verdadeira liberdade do trabalho ou de apoiar seus irmãos europeus em suas lutas pela emancipação.[80]

Considerações muito semelhantes também estão presentes no Livro I d'*O capital*, no qual ele expressa claramente e com a ênfase necessária que, "nos Estados Unidos da América do Norte, todo movimento operário independente [estava] paralisado, pois a escravidão [havia] deturpa[do] uma parte da república. O trabalhador de pele branca não pode emancipar-se em um país onde se está marcado por ter pele negra". Dando continuidade, observou que "da morte da escravidão brotava imediatamente uma vida nova e rejuvenescida. O primeiro fruto da guerra civil foi a agitação pela [jornada] de oito horas".[81]

Marx estava consciente das posições políticas moderadas de Lincoln,[82] e, por outro lado, não ignorava os preconceitos raciais de alguns de seus aliados. No entanto, sempre distinguiu com clareza e sem qualquer sectarismo as diferenças entre o sistema escravocrata do sul e o baseado no trabalho assalariado do norte e entendeu que nos Estados Unidos estavam sendo criadas as condições para derrubar uma das piores infâmias existentes no mundo. O fim da escravidão e da opressão racial teria permitido ao movimento operário mundial operar em uma estrutura muito mais favorável para a construção de uma sociedade sem classes e um modo de produção comunista.[83]

Com esse estado de espírito, Marx escreveu o "Discurso da Associação Internacional dos Trabalhadores ao Presidente Johnson" (1865). A Andrew Johnson, que sucedeu a Lincoln após seu assassinato em 14 de abril de 1865, Marx quis lembrar que, com sua presidência, ele "recebera a tarefa de extirpar pela lei o que fora golpeado pela espada". Em outras palavras, deveria "orientar o árduo trabalho de reconstrução política e renascimento social [...], início da nova era da emancipação do trabalho".[84]

Alguns anos depois, Marx redigiu, em nome da Internacional, o "Discurso ao Sindicato Nacional dos Trabalhadores dos Estados Unidos da América" (1869). Aos membros desta organização escreveu que estava bem consciente de que "os sofrimentos da classe operária contrasta[vam] com o luxo escandaloso dos aristocratas das finanças, do algodão e outros parasitas análogos produzidos pela guerra".[85] No entanto, os operários não deveriam esquecer-se de que "a guerra civil ofereceu uma compensação para tudo isso graças à libertação dos escravos e ao impulso moral que dela emana". O movimento operário "recebera a gloriosa tarefa de demonstrar ao mundo que agora, finalmente, a classe operária já não põe os pés no teatro da história como cortejo dependente, mas como poder autônomo, consciente de sua própria responsabilidade".[86]

No tocante à contribuição analítica que Marx ofereceu nos artigos escritos para o *Die Presse*, não obstante o seu valor, o jornal vienense publicou apenas uma parte. Em fevereiro de 1862, ele escreveu a Engels que, "com a complicada situação alemã de hoje", *Die Presse* acabou não se revelando "a mina de ouro que poderia ter sido" para sanar suas paupérrimas finanças. Na verdade, ele reclamou com o amigo que "de quatro artigos" enviados "[eles] publicam um sim e outro não". Consequentemente, não só não conseguiu obter os rendimentos de que necessitava para aliviar a sua família da desastrosa situação econômica em que se encontrava, como, "à perda de tempo", acrescentou ainda a "ira de ter de escrever especulando se o artigo em questão receberia, ou não, o *imprimatur* do cortês editor".[87] Marx voltou a tratar da falta de consistência do jornal também em abril, quando comentou ironicamente com Engels: "Vico disse na *Scienza Nuova* que a Alemanha é o único país da Europa onde ainda se fala uma 'linguagem heroica'. Se o velho napolitano tivesse tido o 'prazer' de conhecer o *Die Presse* de Viena ou o *National-Zeitung* de Berlim, certamente teria revisto este seu juízo".[88] Ao fim de 1862, Marx decide suspender sua colaboração com o jornal austríaco. Em pouco mais de um ano, conseguira publicar 52 artigos, alguns deles escritos com a ajuda de Engels.

Ainda que os acontecimentos que sacudiram os Estados Unidos da América fossem a questão da política internacional que mais prenderam a atenção de Marx, na primeira metade da década de 1960 ele também acompanhou, com seu habitual interesse, todos os principais acontecimentos ligados à Rússia e Europa Oriental.

Em carta a Lassalle datada de junho de 1860, Marx desenvolveu diversas reflexões sobre um dos temas políticos que mais o engajaram: a oposição à Rússia e seus aliados Henry Palmerston e Luís Bonaparte. Sobre esta questão, Marx tentou convencer Lassalle da legitimidade da convergência entre seu partido e o de David Urquhart, um político conservador com visões românticas. Sobre este, que no início dos anos 1950 tivera a intenção de republicar, como ação antirrussa e antiliberal, os artigos de

Marx contra Palmerston que já haviam aparecido no órgão oficial dos cartistas ingleses,[89] ele escreveu:

> ele é certamente um reacionário do ponto de vista subjetivo [...] isso em nada impede que o movimento que ele lidera na política externa seja objetivamente revolucionário [...]. Isso é tão indiferente para mim quanto seria para ti se, por exemplo, em uma guerra contra a Rússia, teu vizinho disparasse contra os russos por motivos nacionais ou revolucionários.[90]

Marx concluiu afirmando: "afinal, nem é preciso dizer que em política externa expressões como 'reacionário' e 'revolucionário' são inúteis".[91]

Constantemente à procura de sinais de alguma sublevação política que pudesse limitar a função reacionária exercida pela Rússia na política europeia, no início de 1863, coincidindo com o início da Revolta de Janeiro que eclodiu na Polônia e com a ajuda imediata oferecida por Otto von Bismarck para reprimi-la, Marx escreveu a Engels que "a era da revolução estava agora completamente aberta novamente na Europa".[92] Assim, em meados de fevereiro, refletia com o amigo: "o caso polonês e a intervenção prussiana são verdadeiramente uma ocasião que nos obriga a falar".[93] Dada a relevância dos acontecimentos em curso, Marx acreditava que não seria suficiente fazer com que sua voz chegasse apenas por meio da publicação de alguns artigos. Propôs, assim, a divulgação imediata de um manifesto em nome da "Associação Cultural Operária Alemã de Londres", que continuava próxima das suas posições políticas. Esse caminho teria abrigado a hipótese, ainda não abandonada, de solicitar a cidadania alemã e "retornar à Alemanha". Engels deveria "escrever a parte militar, ou seja, o interesse político-militar da Alemanha na reconstrução da Polônia" do opúsculo, ao passo que Marx se ocuparia da elaboração da parte "diplomática".[94] Quando, em 18 de fevereiro de 1863, a Câmara dos Deputados da Prússia condenou a política do governo e votou uma moção a favor da neutralidade, Marx exclamou com entusiasmo: "em breve teremos a revolução".[95] A seu ver, de fato, a questão polonesa oferecia "uma nova oportunidade para demonstrar que [era] impossível implementar os interesses alemães enquanto existisse o estado dinástico dos Hohenzollern".[96] O apoio oferecido por Bismarck ao tsar Alexandre II, isto é, ter autorizado que "a Prússia tratasse o seu território como se fosse russo",[97] deu a Marx uma motivação política adicional para levar a cabo o seu projeto.

Foi, portanto, neste período que iniciou mais uma de suas minuciosas pesquisas. Em carta no final de maio de 1863, relatou a Engels que, naqueles meses, além de continuar suas pesquisas sobre a crítica da Economia Política, também realizara estudos diplomáticos sobre a questão polonesa no Museu Britânico. Graças a eles, tinha conseguido "preencher parcialmente [as suas] lacunas (diplomático-históricas) relativamente à história russo-prussiano-polonesa".[98] De fevereiro a maio ele produziu, assim, um manuscrito intitulado *Polônia, Prússia e Rússia* (1863), no qual a sujeição histórica de Berlim a Moscou foi bem destacada. Para os Hohenzollerns "o progresso da Rússia representa[va] a lei do desenvolvimento da Prússia". Eles acreditavam que "não havia Prússia sem a Rússia". Para Marx, ao contrário, "a restauração da Polônia significa[va] a aniquilação da atual Rússia, a revogação da sua candidatura à hegemonia mundial".[99] Pela mesma razão, "o aniquilamento da Polônia, a sua passagem definitiva para as mãos da Rússia, [teria] significado o declínio da Alemanha, o colapso da única barragem contra o dilúvio universal eslavo".[100] O texto planejado nunca veio à luz. Neste caso, foi por responsabilidade direta de Engels, que deveria desenvolver a parte mais substancial, relativa aos aspectos militares, enquanto a de Marx, "a parte diplomática, para a qual [estava] sempre pronto, constituía apenas um apêndice".[101]

No mês de outubro, Marx conseguiu imprimir um folheto, intitulado "Manifesto da Associação Cultural Operária Alemã de Londres" em favor da Polônia (1863), que servia para promover uma arrecadação de fundos para aqueles que corajosamente combatiam. Nele, se afirmava: "A questão polonesa é a questão alemã. Sem uma Polônia independente, não pode haver Alemanha unificada e independente, nem pode haver emancipação da Alemanha do jugo da hegemonia russa, cuja origem remonta precisamente à primeira partilha da Polônia".[102] Para Marx, se "a burguesia alemã – silenciosa, passiva e indiferente – testemunha[ra] o massacre de um povo heroico, que foi o único a proteger a Alemanha da maré moscovita", por sua vez, a classe operária inglesa, que já tendo "adquirido uma honra indelével na história, frustrando, graças às suas entusiásticas manifestações de massas, as repetidas tentativas de intervenção das classes dominantes a favor dos senhores de escravos americanos",[103] continuaria a lutar ao lado dos insurgentes poloneses.

Essa luta, que durou mais de um ano, foi a mais longa já travada contra a ocupação russa. Terminou em abril de 1864, quando os russos, depois de terem executado os representantes do governo revolucionário, esmagaram definitivamente a revolta. No mês de maio, as tropas russas completaram também a anexação de partes do norte do Cáucaso, pondo fim a uma guerra iniciada em 1817. Novamente, Marx reconheceu o grande significado desta nova expansão russa e, ao contrário da Europa que "olhava [para estes acontecimentos] com indiferença idiota", declarava a Engels que considerava "a supressão da insurreição polonesa e a tomada de posse do Cáucaso [...] como os dois acontecimentos europeus mais importantes ocorridos desde 1815 até hoje".[104]

Marx continuou a ocupar-se da questão polonesa sucessivamente, já que ela foi repetidamente colocada entre os principais tópicos do debate político da Associação Internacional dos Trabalhadores. Numa das sessões de dezembro de 1864, o jornalista Peter Fox, falando a propósito do apoio à Polônia, argumentou que "o povo francês [tinha...] uma tradição melhor do que o povo inglês". Marx comunicou a Engels que se "[opusera] e [desenvolvera] [um] quadro historicamente incontestável da contínua traição dos franceses, de Luís XV a Bonaparte III, em relação à Polônia".[105] Foi nessa conjuntura que preparou um novo manuscrito, posteriormente denominado "Polônia e França" (1864). Escrito em inglês, cobriu o período que vai desde o Tratado de Vestfália, de 1648, até 1812.[106]

Diante dos grandes acontecimentos da história, ocorridos em lugares distantes e diferentes, Marx pôde, uma vez mais, compreender o que se passava no mundo e oferecer sua contribuição para transformá-lo.

O CAPITAL: A CRÍTICA INACABADA

A ANÁLISE CRÍTICA DA TEORIA DA MAIS-VALIA

Marx tornou a dedicar-se à crítica da Economia Política em agosto de 1861. Retomou seu trabalho com grande intensidade e, até junho de 1863, escreveu 23 volumosos cadernos de anotações dedicados à transformação do dinheiro em capital, ao capital comercial e, sobretudo, a diferentes teorias com as quais os economistas explicaram a mais-valia.[1] Seu objetivo era completar o *Contribuição à crítica da Economia Política*, que, impresso em 1859, seria o primeiro fascículo da obra que se propunha a publicar. Em *Contribuição à crítica da Economia Política*, ele incluíra um primeiro capítulo curto, "A mercadoria", contendo a distinção entre valor de uso e valor de troca, e um segundo capítulo mais extenso, intitulado "O dinheiro, isto é, a circulação simples", no qual ele abordou as teorias sobre a unidade de medida do dinheiro. No prefácio, Marx afirmara: "Considero o sistema da economia burguesa do seguinte modo: capital, propriedade fundiária, trabalho assalariado; Estado, comércio exterior, mercado mundial".[2]

Passados dois anos, seus planos não haviam mudado e Marx ainda perseguia o propósito de escrever seis livros, cada um dedicado aos assuntos listados em 1859.[3] Assim, do verão de 1861 a março de 1862, Marx trabalhou em um novo trecho, "O capital em geral", que no seu plano de publicação deveria ter-se tornado o terceiro capítulo. No manuscrito preparatório, incluído nos primeiros cinco dos 23 cadernos escritos até 1863, ele se ocupou do processo de produção do capital, concentrando sua atenção em: 1) a transformação do dinheiro em capital; 2) a mais-valia absoluta; e 3) a mais-valia relativa.[4] Alguns desses temas, já tratados nos *Grundrisse* (1857-1858), foram expostos com maior detalhamento e precisão. O abrandamento momentâneo dos enormes problemas econômicos que o atormentavam há anos permitiu a Marx dedicar mais tempo ao estudo e, consequentemente, realizar progressos teóricos significativos. No final de outubro de 1861, Marx escreveu a Friedrich Engels que, "finalmente, a situação [havia...] melhorado" e ele sentiu que tinha "novamente terra firme sob seus pés". Retomara o trabalho no *New York Tribune*, jornal que lhe garantia "duas libras por semana".[5] Além disso, chegou a um acordo de colaboração com o jornal *Die Presse*. Apesar de ter sido obrigado a empenhar quase tudo o que tinha em uma casa de penhores e apesar de a sua esposa ter entrado em profunda depressão devido à precária situação econômica, Marx estava convencido de que "este duplo compromisso" poria "fim à vida sem paz de [sua] família" e permitir-lhe-ia chegar "à conclusão do [seu] livro".

No entanto, já em dezembro, relatou a Engels que havia sido forçado a assinar notas promissórias junto ao açougue e à mercearia e que a dívida total com seus muitos credores era de cem libras esterlinas.[6] Por causa dessas exigentes e humilhantes contingências, sua pesquisa avançava lentamente: "não era possível, de fato, resolver questões teóricas rapidamente em meio a tais circunstâncias". Ele também antecipou a Engels que o segundo fascículo seria "muito mais popular e teria o método muito mais oculto do que o primeiro".[7]

Em condições tão dramáticas, Marx tentou obter empréstimos de sua mãe, de alguns parentes e de seu amigo Siebel. Numa carta enviada a Engels no final de dezembro, disse-lhe que todas estas tentativas tinham também como objetivo "evitar incomodá-lo sempre".[8] Em todo o caso, os esforços que fez revelaram-se inúteis e o cargo de colaborador permanente no *Die Presse* deixou de lhe ser oferecido. Ao desejar ao amigo "feliz novo ano", confidenciou-lhe que, se o novo ano que se apresentava "for ser igual ao que passou, no que diz respeito a mim, prefiro o inferno".[9]

Este contexto, por si só já tão angustiante, deteriorou-se por completo quando o *New York Tribune*, devido às dificuldades econômicas que surgiram por consequência da Guerra Civil Americana, viu-se obrigado a prescindir dos colaboradores estrangeiros. O último artigo de Marx para o jornal estadunidense foi publicado em 10 de março de 1862. A partir desse momento, ele já não podia mais contar com aquela que, desde o verão de 1851, era sua principal fonte de renda. Também em março, o senhorio, ameaçando enviar um oficial de justiça, ordenou-lhe que pagasse o aluguel em atraso e a família Marx teve de recorrer novamente à casa de crédito, para evitar que fossem "processados por todos indistintamente".[10] Ele afirmou que "não vale a pena levar uma vida [tão] ruim" e viu-se forçado a desacelerar seus estudos econômicos. Ele relatou a Engels: "meu livro não progride como eu gostaria, porque o trabalho é interrompido ou suspenso, por semanas inteiras, por problemas domésticos".[11] Marx não abdicou dos estudos e dedicou-se a uma nova área de pesquisa: as teorias da mais-valia (1862-1863).[12] Este estudo deveria constituir a quinta[13] e última parte do terceiro e longo capítulo sobre "O capital em geral". Nas dezenas de cadernos dedicados ao estudo da mais-valia, Marx fez um exame acurado da maneira como os principais economistas lidaram com esse problema. Ele partiu da constatação de que "todos os economistas comet[eram] o erro de considerar a mais-valia não simplesmente enquanto tal, mas nas suas formas específicas, de lucro e renda".[14]

No caderno VI, Marx partiu da crítica aos fisiocratas. Primeiramente, reconheceu que foram eles "os verdadeiros iniciadores da Economia Política moderna",[15] por terem concebido "o primeiro sistema que analisa[va] a produção capitalista"[16] e por terem entendido que a origem da mais-valia não devia ser procurada na esfera da circulação, na produtividade da moeda, como fizeram os mercantilistas, mas na da produção. Ele escreveu que os fisiocratas haviam "estabelecido com absoluta precisão o princípio fundamental: só é produtivo o trabalho que cria mais-valia".[17] No entanto, com base na convicção errônea de que "o trabalho agrícola

[era] o único trabalho produtivo",[18] concebiam a renda fundiária como a única forma de mais-valia. Eles limitaram sua análise à ideia de que era a "produtividade da terra" que permitia aos trabalhadores "produzir mais do que [... eles] precisavam consumir para manterem-se vivos".[19] De acordo com esta teoria, portanto, "a mais-valia aparec[ia] como uma dádiva da natureza".[20]

Na segunda metade do caderno VI, assim como na maioria dos cadernos VII, VIII e IX, Marx concentrou-se na análise das teorias de Adam Smith. Este não concordava com a tese equivocada dos fisiocratas segundo a qual "só uma espécie determinada de trabalho real – o trabalho agrícola – cria mais-valia".[21] Entre os principais méritos atribuídos por Marx ao economista escocês está o de ter entendido que, no processo de trabalho específico da sociedade burguesa, o capitalista "apropria-se gratuitamente" de uma "quantidade adicional de trabalho vivo".[22] Marx repetiu várias vezes: "o grande mérito de A. Smith é ter intuído [...] que troca-se mais trabalho por menos trabalho (do ponto de vista do operário) e menos trabalho por mais trabalho (do ponto de vista do capitalista)".[23] O limite de Smith, em contrapartida, foi não conseguir distinguir "a mais-valia enquanto tal [...] das formas específicas que esta assume como lucro e renda fundiária".[24] Ele não calculava a mais-valia em relação à parte do capital de que provinha, mas como "excedente sobre o valor total do capital antecipado",[25] incluindo a parte utilizada pelo capitalista para comprar matérias-primas.

Grande parte dessas reflexões foi escrita durante uma estada em Manchester com Engels nas três primeiras semanas de abril de 1862. Em seu retorno, Marx relatou a Lassalle:

> Quanto ao meu livro, ainda faltam dois meses para ficar pronto. Durante o ano passado, para não morrer de fome, tive que fazer os trabalhos mais sujos e muitas vezes passei meses inteiros sem pode[r] escrever. Acrescente-se a isso uma característica minha: quando tenho na minha frente um escrito de quatro semanas antes, acho insuficiente e reescrevo completamente.[26]

Marx retomava o trabalho obstinadamente e, até o início de junho, expandiu suas pesquisas para outros economistas, entre eles Germain

Garnier e Charles Ganilh; estudou então profundamente a diferença entre trabalho produtivo e improdutivo. Uma vez mais, Smith figurou no centro de sua análise, tendo fornecido, embora com alguma imprecisão, a distinção entre os dois conceitos. Do ponto de vista capitalista, o trabalho produtivo

> é o trabalho assalariado que, em troca [...] da parte do capital gasta em salário, não apenas reproduz essa parte do capital (isto é, o valor da capacidade de trabalho de alguém), mas, além disso, produz mais-valia para o capitalista. Só assim a mercadoria, ou o dinheiro, transforma-se em capital, é produzida como capital. Só é produtivo o trabalho assalariado que produz capital.[27]

O trabalho improdutivo, portanto, era aquele que "não se troca com capital, mas [...] diretamente com renda, portanto com salário e lucro".[28] Segundo Smith, a atividade dos soberanos, bem como a das cortes judicial e militar que os rodeava, não produzia qualquer valor e, nesse sentido, era comparável aos deveres dos empregados domésticos. Para Marx, a linguagem do economista escocês era a da "burguesia ainda revolucionária", aquela que "não havia ainda subjugado toda a sociedade e o Estado". As ocupações "transcendentes e veneráveis", como as do

> soberano, dos juízes, dos funcionários, dos padres etc., o conjunto de antigas ordens ideológicas que os produzem, seus estudiosos, professores e sacerdotes, equiparam-se, do ponto de vista econômico, à multidão de seus lacaios e bufões, que é mantida por eles e pela riqueza ociosa, pela nobreza fundiária e pelos capitalistas inoperantes.[29]

No caderno X, porém, Marx iniciou uma análise rigorosa do *Quadro Econômico* (1758) de François Quesnay.[30] Elogiou-o e declarou que o seu livro representava a ideia "mais genial alguma vez concebida pela Economia Política, até o momento".[31]

As condições econômicas, entretanto, continuavam desesperadoras. Em meados de junho, Marx escreveu a Engels: "Todos os dias minha esposa me diz que gostaria de estar no túmulo com suas filhas e, na verdade, não posso culpá-la, pois as humilhações, dores e provações pelas quais estamos passando [...] são realmente indescritíveis". Já no final de abril, de fato, a família Marx teve que comprometer, novamente, todos os bens que haviam sido recentemente "retirados da loja de penhores". O esforço foi suficiente para amortecer a emergência apenas por um curto período. O estado de coisas era tão desastroso que sua esposa Jenny, como último recurso, resolveu "tentar vender [alguns] livros"[32] da biblioteca pessoal de Marx, que, no entanto, ninguém quis adquirir.

Apesar desses terríveis e infelizes acontecimentos, Marx conseguiu "trabalhar duramente" e confidenciou satisfeito a Engels: "é estranho que, apesar dessa miséria ao meu redor, minha caixa craniana esteja viva como não estivera há anos".[33] Seguiu com sua pesquisa sobre os clássicos do pensamento econômico e, durante o verão, compilando os cadernos XI, XII e XIII, tratou da teoria da renda fundiária, que decidira "colocar imediatamente [...], como capítulo suplementar",[34] no texto que preparava para impressão. Marx examinou criticamente as concepções de Johann Rodbertus, e em seguida fez uma extensa análise da doutrina de David Ricardo.[35] Este último negara a existência da renda absoluta, admitindo apenas a existência de renda diferencial, isto é, aquela relacionada à diferença da fertilidade da terra e sua posição. De acordo com essa teoria, o aluguel era um excedente. Para Marx, Ricardo não poderia afirmar o contrário porque, nesse caso, ele teria comprometido sua teoria do valor. Ricardo deveria ter admitido "que não é o tempo de trabalho que determina o valor, mas algo heterogêneo",[36] que o produto agrícola é constantemente vendido acima do seu preço de custo, calculado por Ricardo como a soma do capital antecipado e do lucro médio.[37] A concepção de Marx de renda absoluta, em contrapartida, previa que, "em algumas circunstâncias históricas, a propriedade fundiária certamente eleva os preços dos produtos básicos".[38]

No início de agosto, Marx escreveu a Engels que seria "um verdadeiro milagre" se ele "fosse adiante com [seu] trabalho teórico".[39] O senhorio ameaçara mais uma vez enviar o oficial de justiça, enquanto os lojistas de quem ele comprava seus suprimentos manifestaram a intenção de suspender o fornecimento de alimentos e denunciá-lo. Marx teve que pedir, mais uma vez, a ajuda de Engels, confidenciando-lhe que, se não fosse por sua esposa e filhas, ele teria "preferido [retirar-se] para um quarto na hospedaria dos pobres, em vez de continuar exercendo pressão sobre a carteira do amigo".[40]

Em setembro, Marx informou a Engels que considerava possível, a partir do ano novo, sua admissão em "um escritório das ferrovias inglesas".[41] Ele também confessou ao amigo e médico Ludwig Kugelmann que estava tão desesperado a ponto de "decidir tornar-se empregado". No entanto, a resposta à sua candidatura à vaga foi negativa; foi informado de que, devido à sua péssima caligrafia, não poderia ocupar o posto. Ao receber a notícia, Marx comentou com seu típico sarcasmo: "Devo chamar de sorte ou de azar?".[42] Em princípios do mês de novembro, disse a Lassalle que havia sido forçado a suspender o trabalho "por cerca de seis semanas", mas que "continu[ava] a trabalhar em meio a mil dificuldades [e ...], pouco a pouco, est[ava] chegando ao fim".[43] Nesse período, escreveu outros dois cadernos, o XIV e o XV, nos quais desenvolveu extensas considerações críticas sobre muitos outros economistas. Marx observou que Thomas Malthus, para quem a mais-valia derivava "do fato de o vendedor vender a mercadoria acima do seu valor",[44] representava um regresso ao passado em matéria de teoria econômica, uma vez que entendia o lucro como auferido da venda de mercadorias. Sobre James Mill, acusou-o de entender mal as categorias de mais-valia e lucro. Destacou a confusão produzida por Samuel Bailey sobre a incapacidade de distinguir entre a medida imanente do valor e o valor da mercadoria. Argumentou ainda que John Stuart Mill não tinha entendido que "a taxa de mais-valia e a taxa de lucro [eram...] duas taxas diferentes",[45] uma vez que esta última não era determinada apenas pelo nível dos salários, mas também por outras causas não imediatamente ligadas a eles.

Marx dedicou especial atenção também a alguns economistas que se opunham à teoria ricardiana, entre eles o socialista Thomas Hodgskin. Por fim, passou ao estudo do texto anônimo *A renda e suas fontes*, que julgou um exemplo clássico de "economia vulgar" que manifestava em uma "linguagem doutrinária [...], mas apologética, [...] o ponto de vista da parte dominante, [isto é], dos capitalistas".[46] Com o estudo desse livro, Marx concluiu a análise das teorias sobre a mais-valia dos principais economistas do passado e passou a estudar o capital comercial, ou seja, aquele que não criava mais-valia, mas a distribuía.[47]

A polêmica contra o "capital portador de juros"[48] de alguns economistas heterodoxos que, segundo Marx, davam-se "ares socialistas" era por ele equiparada à crítica que "combat[ia] o dinheiro, mas [queria] as mercadorias", ou seja, aquela que dirigia "toda a sua sabedoria reformadora contra o capital portador de juros, sem tocar na produção capitalista real, atacando apenas um dos seus resultados".[49] Para Marx, ao contrário:

> a completa reificação, a inversão e a loucura do capital como capital portador de juros – na qual, no entanto, não faz mais do que manifestar a íntima natureza interna da produção capitalista, sua loucura na forma mais tangível – é o capital que produz o juro composto, quando ele aparece como um Moloch que reivindica o mundo inteiro como a vítima a ele prometida, mas que, por um misterioso fato, nunca vê satisfeitos, antes sempre frustrados, os pedidos que derivam de sua própria natureza.[50]

Marx prossegue:

> é o juro e não o lucro que aparece como criação de valor do capital [...e], portanto como a renda particular criada pelo capital. É dessa forma, portanto, que o concebem mesmo os economistas vulgares. [...] Toda a mediação é cancelada e a representação do fetiche do capital é concluída. A figura surge necessariamente com a separação da propriedade jurídica do capital da sua propriedade econômica e com a apropriação de uma parte do lucro, a título de juros, por um capital em si, ou por um proprietário de capital completamente separado do processo de produção. Para o economista vulgar, que quer representar o capital como fonte autônoma de valor, de criação de valor, essa forma é naturalmente uma dádiva. É uma forma na qual a fonte do lucro não é mais reconhecível e na qual o resultado do desenvolvimento capitalista – separado de seu processo – recebe uma existência autônoma. Em D – M – D' ainda está contida uma mediação. Em D – D' temos a forma não conceitual do capital, a distorção e reificação da relação de produção à sua potência máxima.[51]

Dando sequência aos estudos sobre o capital comercial, Marx passou para o que pode ser considerada uma terceira fase dos manuscritos econômicos de 1861-1863. Começou em dezembro de 1862, com a exposição da parte sobre "capital e lucro", contida no caderno XVI e indicada por Marx como "terceiro capítulo".[52] Nela, Marx delineou um esboço preliminar da diferença entre mais-valia e lucro. No caderno

XVII, também redigido em dezembro, Marx voltou a tratar do capital comercial, seguindo as reflexões iniciadas no caderno XV,[53] e dos movimentos do refluxo do dinheiro na reprodução capitalista. No final do ano, Marx resumiu o estado da sua obra em uma carta dirigida a Kugelmann, na qual informava-o de que "a segunda parte", ou seja, a "continuação do primeiro volume", um manuscrito de "aproximadamente 30 folhas impressas", estava "finalmente pronta". Buscando a finalização da obra, Marx retomou a estrutura que havia concebido há quatro anos, após o primeiro esboço de *Contribuição à crítica da Economia Política*. A Kugelmann, comunicou que escolhera um novo título para seu livro, *O capital* – mencionado pela primeira vez nesta carta –, e que o nome usado em 1859 apareceria "apenas como subtítulo". Marx seguia, portanto, a sequência do plano original. O que pretendia escrever "deveria constituir o terceiro capítulo da primeira parte, isto é, do capital em geral".[54] O volume que estava quase pronto conteria o que "os britânicos chama[vam] 'os princípios da Economia Política'". Além do que já escrevera no volume de 1859, esse representaria a "quintessência" de sua teoria econômica. Na mesma carta, manifestou a convicção de que, com base nos elementos que se preparava para divulgar, os desenvolvimentos posteriores poderiam "ser facilmente elaborado[s] também por outros (com exceção, talvez, da relação entre as diferentes formas de Estado e as várias estruturas econômicas da sociedade)".[55]

Marx aventou já poder começar, no ano novo, a "passar o texto a limpo", e após isso, levaria pessoalmente o manuscrito para a Alemanha. Posteriormente, havia planejado a "continuação" da obra, ou seja, a "conclusão da exposição de capital, concorrência e crédito". Além disso, comparou a redação do texto publicado em 1859 e o que estava em preparação: "no primeiro volume, a forma de expor foi sem dúvida muito impopular. Isso se deveu, em parte, à natureza abstrata do assunto [...]. Esta parte é mais fácil de entender, porque trata de relações mais concretas". Para explicar melhor o que havia feito anteriormente, como que para se justificar, acrescentou:

> as tentativas científicas, destinadas a revolucionar a ciência, nunca podem ser verdadeiramente populares. No entanto, a populariza-

ção torna-se fácil uma vez que a base científica esteja estabelecida. Quando os tempos se tornarem um pouco mais tempestuosos, já será possível escolher novamente as cores e as tintas que uma exposição popular desses temas exigiria.[56]

No início de 1863, poucos dias após a carta enviada a Kugelmann, Marx relatou, de forma bastante detalhada, a lista de partes que comporiam sua obra. Em um esboço contido no caderno XVIII, ele indicou que a "primeira seção" [Abschnitt] do livro, "O processo de produção do capital", seria dividida da seguinte forma:

1. Introdução. Mercadoria. Dinheiro.
2. Transformação do dinheiro em capital.
3. A mais-valia absoluta [...].
4. A mais-valia relativa [...].
5. Combinação de mais-valia absoluta e mais-valia relativa [...].
6. Retransformação da mais-valia em capital. A acumulação originária. A teoria da colonização de Wakefield.
7. O resultado do processo de produção. [...]
8. Teorias da mais-valia.
9. Teorias sobre o trabalho produtivo e o improdutivo.[57]

Marx não se limitou ao índice do primeiro volume, mas também elaborou um esboço do que deveria ter sido a "terceira seção" de sua obra: "Capital e Lucro". Esta parte, na qual já se indicavam os temas que mais tarde comporiam o Livro III d'O *capital*, estaria assim subdividida:

1. Transformação da mais-valia em lucro. A diferença entre taxa de lucro e taxa de mais-valia.
2. Transformação do lucro em lucro médio. [...]
3. As teorias de A. Smith e de D. Ricardo sobre lucro e custo de produção.
4. A renda fundiária [...].
5. A história das ditas leis ricardianas da renda.
6. A lei da queda tendencial da taxa de lucro. [...]
7. Teoria do lucro. [...]
8. Divisão do lucro em lucro industrial e juros. [...]
9. A renda e suas fontes. [...]
10. Movimentos de refluxo do dinheiro no processo global da produção capitalista.
11. A economia vulgar.
12. Conclusão. Capital e trabalho assalariado.[58]

No caderno XVIII, redigido em janeiro de 1863, Marx continuou sua análise do capital mercantil. Retomando George Ramsay, Antoine-Élisée Cherbuliez e Richard Jones, acrescentou algumas informações ao estudo das diferentes maneiras pelas quais os economistas explicaram a mais-valia.

As adversidades de caráter econômico também continuaram durante esse período e pioraram no início de 1863. Marx escreveu a Engels que as tentativas de obter "dinheiro na França e na Alemanha [falharam]", que quase ninguém mais lhe vendia alimentos a crédito e que "as meninas [não tinham] nem roupa nem sapatos para sair".[59] Duas semanas depois, ele estava à beira do abismo. Em uma nova carta a Engels, confidenciou que havia proposto à sua companheira de vida o que agora lhe parecia inevitável:

> minhas duas filhas mais velhas conseguiram empregos como governantas graças ao interesse da família Cunningham. Lenchen irá trabalhar com outros e eu, minha esposa e a pequena Tussy iremos morar naquele mesmo asilo de pobres onde, na época, Wolff 'o vermelho' vivia com [sua] família.[60]

A par das adversidades financeiras, vieram também novos problemas de saúde. Durante as duas primeiras semanas de fevereiro, Marx foi "proibido, de modo absoluto, de ler, escrever e fumar". Sofria de uma "espécie de inflamação nos olhos, ligada a uma infecção muito desagradável dos nervos da cabeça". Só voltou às suas cartas na metade do mês, quando confessou a Engels que, durante os longos dias passados sem poder trabalhar, ficara tão alarmado que "continuamente caia naqueles devaneios psicológicos que podem ocorrer a alguém que está à beira da cegueira ou da loucura".[61] Recuperado da doença ocular, apenas uma semana depois Marx foi atacado por uma nova patologia, destinada a acompanhá-lo por longo tempo: problemas hepáticos. Para evitar que o dr. Allen, seu médico, lhe prescrevesse uma "cura completa" que o forçaria a interromper o trabalho, ele instou Engels a pedir ao dr. Eduard Gumpert que lhe desse um "remédio familiar" mais simples.[62]

Durante este período, Marx dedicou-se ao estudo da maquinaria. Começou a fazer "um curso prático (somente experimental) para operários, ministrado pelo professor Willis [...] no Instituto de geologia onde também [Thomas] Huxley lecionara".[63] No entanto, com exceção dessas pesquisas, Marx teve que suspender seus estudos de Economia Política. Em março, porém, realizou "um grande esforço de trabalho, [...] para recuperar o tempo perdido".[64] Compilou dois novos cadernos, XX e XXI, nos quais escreveu sobre a acumulação, a subsunção real e formal do trabalho ao capital e o nível de produtividade deste último e do trabalho. Esses temas foram tratados em correlação com o tema central de sua pesquisa nessa fase, a mais-valia.

Em carta escrita a Engels no final de maio, ele relatou que, durante aquelas semanas, no Museu Britânico, também realizara estudos diplomáticos sobre a questão polonesa e havia "lido livros e feito anotações, de todos os tipos, sobre a literatura histórica da parte que já elaborei sobre Economia Política".[65] Essas anotações de trabalho, redigidas principalmente entre maio e junho, foram reunidas em oito cadernos suplementares, marcados, sucessivamente, com as letras de A a H e contendo cerca de 600 páginas de resumos de estudos econômicos dos séculos XVIII e XIX e retirados de mais de 100 volumes.[66]

Além disso, como sentia-se "relativamente capaz de trabalhar", Marx comunicou a Engels que estava determinado a "livra[r-se] do fardo da Economia Política". Anunciou, portanto, que queria passar a limpo seu manuscrito "em cópia já ajustada para ser impressa, dando-lhe o último polimento". No entanto, ainda sofria de um "fígado muito aumentado"[67] e, em meados de junho, apesar estar melhorando "com a ingestão de enxofre", não estava "ainda totalmente recuperado".[68] Voltou, porém, ao Museu Britânico e, no início de julho, escreveu a Engels que voltara a "ocupar-se com economia dez horas por dia".[69] Esses foram precisamente os dias em que, analisando a retransformação da mais-valia em capital, ele preparou, no caderno XXII, uma releitura do *Quadro Econômico* de Quesnay.[70] Posteriormente, redigiu o último caderno da série iniciada em agosto de 1861 – o XXIII –, no qual reuniu principalmente acréscimos e anotações suplementares.

Ao final desses dois anos de esforço muito intenso, após o novo e aprofundado exame crítico dos principais expoentes da Economia Política, Marx estava ainda mais resoluto no objetivo de concluir seu livro. Embora ainda não tivesse identificado as soluções definitivas para múltiplos problemas tanto de natureza conceitual quanto expositiva, o significativo avanço da parte histórica o incentivou a retornar à parte teórica.

A REDAÇÃO DOS TRÊS LIVROS

Com firme determinação, Marx deu início a uma nova fase de seu trabalho. A partir do verão de 1863, começou a redigir o que se tornaria sua obra-prima.[71] Até dezembro de 1865, dedicou-se à redação mais ampla das diversas partes em que decidira dividir seu texto. Nesse período, de fato, ele seguiu uma ordem: o primeiro rascunho do Livro I; o único manuscrito do Livro III, no qual encontramos a única exposição de Marx sobre o processo geral da produção capitalista; e a versão inicial do Livro II, que contém a primeira representação geral do processo de circulação do capital. Em comparação com o trabalho já finalizado nos anos anteriores, nos manuscritos de 1863-1865, Marx deparou-se com novas temáticas. Nenhuma delas, no entanto, foi enfrentada de forma exaustiva.[72] Quanto ao plano da obra em seis volumes, indicado no prefácio de *Contribuição à crítica da Economia Política* de 1859, ele decidiu inserir vários tópicos relativos ao trabalho assalariado e à propriedade fundiária que, originalmente, deveriam ter sido tratados nos Livros II e III.[73] Em meados de agosto de 1863, Marx informou Engels sobre seu progresso:

> de certo ponto de vista, o manuscrito para impressão está progredindo bem. Com a última elaboração, parece-me que o texto [está assumindo] uma forma popular suportável [...]. Por outro lado, embora eu escreva o dia todo, o trabalho não avança com a rapidez desejada por minha impaciência há muito posta à prova. De qualquer forma, será 100% mais facilmente compreensível do que o primeiro volume.[74]

O ritmo frenético continuou durante o outono, no curso do qual Marx concentrou-se em escrever o Livro I. Justamente como resultado desses esforços incessantes, sua saúde deteriorou-se rapidamente e, em novembro, surgiu o que sua esposa Jenny chamou de "a doença terrível", contra a qual Marx lutaria por muitos anos de sua vida. Foi acometido por carbúnculo,[75] infecção grave e preocupante que se manifestou com o aparecimento, em várias partes do corpo, de uma série de abscessos cutâneos e furunculose extensa e debilitante.

Devido a uma úlcera profunda, após o aparecimento de uma grande pústula, Marx foi operado e "permaneceu, por muito tempo, sob risco de vida". Segundo a reconstrução fornecida por sua esposa, o estado crítico "perdurou [por] quatro semanas", durante as quais Marx viveu "o tempo todo com dores muito fortes". Aos males corporais acrescentavam-se "tormentosas preocupações e toda sorte de sofrimentos espirituais". A situação financeira da família Marx, de fato, mantinha seus membros constantemente "à beira do abismo".[76]

No início de dezembro, quando começou a se recuperar, Marx disse a Engels que estava com "um pé na cova". Dois dias depois, afirmou que sua condição física lhe parecia "um bom tema para um romance". Visto de frente, parecia uma pessoa que devia consumir "Porto, Bordeaux, cerveja forte (*stout*) e grandes montanhas de carne [para] o seu homem interior", enquanto, por trás, parecia um "corcunda", havia "o homem exterior, o maldito carbúnculo (*Karbunkel*)".[77]

Nesse contexto, a morte da mãe obrigou Marx a viajar para a Alemanha para resolver questões relativas à herança. Durante a viagem, seus problemas físicos voltaram a piorar e, na volta, foi obrigado a parar, por mais de dois meses, na casa de seu tio Lion Philips, em Zaltbommel, na Holanda. Durante estas semanas, apareceu-lhe um carbúnculo na perna direita, o maior até então, uma extensa furunculose no peito e nas costas e, por fim, foi acometido por dores muito agudas que o impediam até de dormir. Na segunda quinzena de janeiro de 1864, escreveu a Engels que se sentia "um verdadeiro Lázaro [...], golpeado simultaneamente em todos as partes do corpo".[78]

Após o retorno a Londres, as péssimas condições físicas, devido aos muitos abscessos cutâneos e infecções recorrentes, persistiram na parte inicial da primavera, o que só permitiu que Marx retomasse o trabalho em meados de abril, após mais de cinco meses de interrupção. Assim que pôde, voltou a dedicar-se ao manuscrito do Livro I e é provável que, precisamente nessa época, tenha redigido o chamado "Capítulo VI inédito", intitulado "Resultados do processo imediato de produção". Nesse texto,

Marx retornou várias vezes a um conceito muito relevante: "as mercadorias figu[ram] como compradoras de pessoas". No capitalismo, de fato,

> os meios de subsistência e os meios de produção erguem-se frente à força de trabalho, despojada de qualquer riqueza material, como poderes autônomos personificados por seus proprietários. As condições materiais necessárias à realização do trabalho são alheias ao trabalhador, aparecem-lhe como fetiches dotados de vontade e alma próprias.[79]

No final de maio, novos tumores purulentos brotaram em seu corpo, infligindo-lhe tormentos indescritíveis. Com a intenção de continuar seu livro a todo custo, ele considerou necessário evitar o dr. Allen, que o teria forçado a "reiniciar um tratamento sistemático" e, portanto, o teria "desvi[ado] do trabalho que [deveria] finalmente terminar". Marx sentia, "constantemente, que algo não estava certo" e confessou suas incertezas a seu amigo que morava em Manchester: "a grande indecisão que devo superar para enfrentar assuntos difíceis também pertence a este sentimento de inadequação. Perdoe este termo espinosiano".[80]

Nesse período, a morte prematura de seu querido amigo Wilhelm Wolff, a quem estava ligado por um forte laço afetivo, compartilhado por Engels, foi motivo de sincera dor para ambos. Wolff legou a Marx a quantia de 800 libras, graças à qual pôde mudar-se para uma casa maior e mais independente, no número 1 de Modena Villas.[81]

Se a situação econômica de Marx finalmente começou a melhorar, a chegada do verão não alterou a precariedade de sua condição física. Nos primeiros dias de julho, contraiu uma gripe e, por isso, ficou "completamente incapaz de trabalhar".[82] Duas semanas depois, ele foi confinado à cama por dez dias devido ao aparecimento de uma lesão pustulosa grave em seus órgãos genitais. Só depois de umas curtas férias com a família, passadas em Ramsgate, entre a última semana de julho e os primeiros dez dias de agosto, foi possível retomar os estudos. Marx retomou a escrita com o Livro III. Começou pelo segundo capítulo, "A transformação do lucro em lucro médio", para depois se dedicar ao primeiro, "A transformação da mais-valia", que muito provavelmente foi concluído entre fins de outubro e princípios de novembro de 1864. Nesse período, participou assiduamente das reuniões da Associação Internacional dos Trabalhadores, para a qual redigiu, precisamente em outubro, o *Discurso inaugural* (1864) e os *Estatutos* (1864). Foi nesse mesmo mês que ele escreveu a Carl Klings, metalúrgico de Solingen, que havia sido membro da Liga dos Comunistas, para contar suas desventuras e o motivo das desacelerações forçadas:

> durante o último ano estive doente (incomodado por carbúnculos [*Karbunkeln*] e furúnculos [*Furunkeln*]). Caso contrário, meu texto sobre Economia Política – *O capital* – já teria saído. Agora espero finalmente poder terminá-lo em alguns meses e desferir na burguesia, em nível teórico, um golpe do qual ela jamais se recuperará. [...] garanto que a classe operária sempre encontrará em mim um fiel combatente.[83]

Retomando o trabalho, após a pausa devida ao seu compromisso com a Internacional, Marx escreveu o terceiro capítulo do Livro III, que intitulou "A lei da queda tendencial da taxa geral de lucro no processo da produção capitalista". A redação foi acompanhada do reaparecimento da doença, que continuava a assombrá-lo. Em novembro, um "novo ninho de vespas no lado direito do peito"[84] confinou-o à cama por uma semana e impediu-o de "curvar-se sobre o peito para poder escrever".[85] No mês seguinte, temendo o surgimento de um possível novo carbúnculo no flanco direito, Marx resolveu se tratar. Confidenciou a Engels que não poderia ir ao seu médico londrino, dr. Allen, após a ingestão prolongada de arsênico que ocorreu, sem seu conhecimento, a conselho do médico de Engels. Parecia-lhe que "havia tratado dos furúnculos pelas costas* por muito tempo!".[86]

De janeiro a maio de 1865, Marx dedicou-se a escrever o Livro II. O manuscrito foi dividido em três capítulos, que mais tarde se tornariam seções na versão impressa por Engels em 1885: 1) "A metamorfose do capital"; 2) "A rotação do capital"; e 3) "Circulação e reprodução". Nessas páginas, Marx desenvolveu novos conceitos e relacionou algumas das teorias contidas nos Livros I e III.

No entanto, mesmo no novo ano, o carbúnculo não deixou de persegui-lo e, em meados de fevereiro, houve um "novo surto da doença". Nessa ocasião, porém, conforme relatou a Engels, ao contrário dos sinto-

---

* Pelas costas do médico, dr. Allen. (N. T.)

mas que tinham se manifestado um ano antes, "a cabeça não [foi] afetada e ele [estava] perfeitamente apto para o trabalho".[87] Infelizmente, estas previsões revelaram-se excessivamente otimistas e, já no início de março, "o velho mal" reapareceu em "várias partes sensíveis e incômodas", tornando "difícil ficar sentado".[88] À "persistência dos furúnculos", que se manteve estável e o afligiu até meados do mês, somou-se a "enorme quantidade de tempo" que a Associação Internacional dos Trabalhadores lhe absorvia. Contudo, nunca interrompeu o "trabalho do livro", ainda que, para continuá-lo, tivesse de ir "para a cama às quatro da manhã".[89]

Um estímulo adicional para que ele pudesse completar rapidamente as partes que faltavam veio após a assinatura do contrato para a publicação de seu texto. Graças à intermediação de Wilhelm Strohn, companheiro de longa data e ex-membro da Liga dos Comunistas, em 21 de março, o editor Otto Meissner de Hamburgo enviou-lhe uma carta na qual estava anexado o acordo para publicar "a obra *O capital. Crítica da Economia Política*". O texto seria composto por "cerca de 50 frações" e dividido "em dois volumes". Ao assinar, Marx comprometeu-se a entregar "o manuscrito [...] o mais tardar até o final de maio deste ano".[90]

Restava pouco tempo, mas, já nos últimos dias de abril, Marx escreveu a Engels que se sentia "cansado como um cão", tanto por "trabalhar até tarde da noite" quanto pela "maldita imundície" da qual tentava curar-se.[91] Além disso, na metade de maio, "apareceu um novo carbúnculo irritante no lado esquerdo, perto da parte inominável do corpo".[92] Uma semana depois, as pústulas estavam "sempre lá", ainda que, felizmente, só lhe causassem "desconforto local", sem "perturbar a caixa craniana". Isso permitiu-lhe, portanto, aproveitar "o tempo em que [se] sentia com vontade de escrever", para "trabalhar como uma besta de carga".[93]

Entre a última semana de maio e o final de junho, Marx escreveu um pequeno ensaio, intitulado *Salário, preço e lucro* (1865).[94] Dentro dele, contestou a tese de John Weston, segundo a qual o aumento salarial não era uma medida a favor dos trabalhadores, nem as reivindicações dos sindicatos significavam um avanço nesse sentido, o que, aliás, Weston considerava prejudicial. Ao contrário, Marx demonstrou que um "aumento geral dos salários provocaria uma queda na taxa geral de lucro, sem exercer qualquer influência sobre os preços médios das mercadorias ou sobre seus valores".[95]

Nesse mesmo espaço de tempo, Marx também escreveu o quarto capítulo do Livro III, intitulado "Transformação do capital-mercadoria e do capital-dinheiro em capital para o comércio de mercadorias e capital para o comércio de dinheiro, ou seja, em capital comercial". No final de julho de 1865, ele resumiu o estado do trabalho para Engels:

> ainda faltam três capítulos para terminar a parte teórica ([isto é], os três primeiros livros). Depois ainda falta escrever o quarto livro, a dimensão histórico-literária, que para mim é relativamente mais fácil, pois, estando todas as questões dos três primeiros [livros] resolvidas, este último é apenas uma repetição em forma histórica. No entanto, não consigo decidir eliminar nada antes que esteja tudo diante de mim. Por mais defeitos que possam ter, esse é o valor dos meus livros: constituem um todo artístico, resultado que só pode ser alcançado graças ao meu sistema de não os dar nunca à impressão enquanto não os tiver *completos* diante de mim.[96]

Pouco depois, o fascínio pela arte reapareceu n'*O capital*. De fato, Marx aconselhou Engels a ler *A obra-prima desconhecida* (1831) de Honoré de Balzac, que descreveu como "uma pequen[a] maravilh[a], cheia de deliciosa ironia".[97] O protagonista da obra era o brilhante pintor Frenhofer que, obcecado pelo desejo de criar uma pintura com a maior precisão possível, continuou a retocar sua pintura em busca da perfeição, atrasando sua conclusão. Aos que lhe perguntavam o que faltava para completar a sua obra, respondia: "um nada, mas aquele nada que é tudo".[98] Aos que o convidavam para mostrar a sua tela, opunha uma recusa convicta: "não, não, ainda tenho de melhorar. Ontem, ao entardecer, pensei ter acabado. [...] Porém, ainda não estou satisfeito. Tenho dúvidas".[99] O personagem, magistralmente criado por Balzac, chegou a exclamar: "São dez anos de trabalho. Mas o que são dez anos, quando se trata de lutar contra a natureza?".[100] Em seguida, acrescenta: "num certo momento acreditei que o meu trabalho estava completo. Mas certamente devo ter me enganado em algum detalhe e não me sentirei em paz enquanto não esclarecer minhas dúvidas".[101]

Com sua habitual e sutil argúcia, é provável que Marx tenha se identificado com o protagonista dessa história. Numa reconstrução deste período, o seu genro Paul Lafargue conta que a leitura do romance de Balzac causou "uma impressão profunda [a Marx], porque descrevia em parte os seus próprios sentimentos".[102] Também Marx, segundo Lafargue, "sempre trabalhou com extremo escrúpulo",[103] e "nunca ficou satisfeito com o seu trabalho. Ele sempre o modificava e achava que a exposição ficava aquém da imaginação".[104]

Coagido, devido às desacelerações forçadas e à sucessão de eventos negativos, a reconsiderar seu método de trabalho, Marx perguntou-se se seria mais útil fazer uma cópia mais precisa do Livro I, para poder publicá-lo imediatamente, ou, ao contrário, escrever na íntegra todos os volumes que deveriam compor sua obra. Marx voltou a esse dilema em outra carta a Engels, quando o informou que o "ponto em questão" dizia respeito à decisão de "limpar uma parte do manuscrito e enviá-la ao editor, ou terminar de escrever tudo primeiro". Ele preferiu "a última solução", garantindo ao amigo que com o trabalho feito, porém, não havia perdido tempo:

> Tendo em conta as circunstâncias, o livro foi adiante do mesmo modo que qualquer outra pessoa poderia ter feito, mesmo sem todos os [meus] escrúpulos artísticos. Além disso, como tenho um limite máximo de 60 folhas de impressão,[105] é absolutamente necessário que eu tenha todo o trabalho à minha frente para saber quanto há para resumir e excluir, para que as partes individuais sejam proporcionalmente equilibradas dentro os limites prescritos.[106]

Marx tranquilizou Engels ao confirmar que faria tudo para "chegar ao fim o mais rápido possível". O trabalho "pesa[va]-lhe como um pesadelo". Impedia-o de "ocupar[-se] de qualquer outra coisa"; tampouco perderia a oportunidade de publicar o texto antes de uma nova convulsão política: "Sei que os tempos não ficarão tão tranquilos como estão agora".[107]

Embora tivesse decidido avançar rapidamente para a conclusão do Livro I, Marx completou o que havia deixado inacabado no Livro III. Entre julho e dezembro de 1865, escreveu, ainda que de forma muito fragmentária, os capítulos cinco – "Subdivisão do lucro em juros e ganhos do empresário. (Lucro industrial ou comercial) Capital produtivo remunerado"; seis – "Transformação do lucro excedente em renda fundiária"; e sete – "Renda [*Einkommen*] e suas fontes".[108] A estrutura que Marx conferiu ao Livro III, entre o verão de 1864 e o final de 1865, era, portanto, muito semelhante à do esquema de 12 pontos traçado, em janeiro de 1863, no caderno XVIII dos manuscritos dedicados às teorias sobre a mais-valia.

Paralelamente a esse trabalho, na segunda quinzena de novembro de 1865, Marx pede a Engels que solicitasse a seu conhecido, Alfred Knowles, um empresário manufatureiro de Manchester, algumas informações relativas à fabricação do algodão, sem as quais ele não poderia "afinar o segundo capítulo"[109] do Livro I.[110]

A ausência de dificuldades financeiras, que lhe permitiram dedicar-se proficuamente ao trabalho, durou pouco e, passado cerca de um ano, reapareceram os problemas econômicos. No final de julho de 1865, Marx confessou a Engels que estava tão desanimado com sua situação que "preferiria cortar [seu] polegar a escrever aque[la] carta". Com efeito, voltou a encontrar-se em condições dramáticas: "há dois meses que vivo exclusivamente graças à casa de penhores, com uma fila de credores a bater à minha porta e que se torna cada dia mais insuportável". Ao reconstituir os acontecimentos que o reduziram a esse estado, Marx recordou que, durante algum tempo, "não conseguiu ganhar um tostão" e que "o pagamento das dívidas e a mudança para a casa [lhe haviam] custado 500 libras".[111]

Essa condição angustiante foi acompanhada por uma nova deterioração da saúde, que se verificou durante o verão. A tudo isso se somavam os numerosos deveres relacionados à Associação Internacional dos Trabalhadores, que foram particularmente intensos na preparação da conferência de Londres de setembro de 1865, a primeira convocada pela organização. Para dedicar pelo menos parte de seu tempo a escrever *O capital*, Marx chegou a mentir. Comunicou aos seus camaradas da Internacional que estava prestes a embarcar em uma viagem, quando na realidade havia se proposto ao isolamento total para poder trabalhar o máximo possível e sem interrupções. No entanto, contraiu uma forte gripe que lhe permitiu "escrever pouco e apenas intermitentemente".[112] Quando "os amigos da Internacional [...] descob[riram] que ele não [havia] partido", "encarregaram-no de comparecer" a uma nova reunião de uma comissão da qual era membro. Destas circunstâncias adversas, queixou-se Marx a Engels, pois o haviam impedido de escrever e, além disso, as "quatro semanas durante as quais ele estivera 'desaparecido' foram arruinadas pelas prescrições do médico".[113]

Em outubro, Marx viajou para Manchester para visitar Engels. No regresso a Londres, teve de lidar com novos acontecimentos terríveis: a sua filha Laura adoeceu, o senhorio voltou a ordenar o despejo, ameaçando mandar o oficial de justiça, e a isso somavam-se, enfim, diversas "cartas ameaçadoras" de "toda a alta escumalha" de credores. Sua esposa Jenny estava em uma condição "tão desesperada" que Marx não teve "coragem de explicar a ela o verdadeiro estado das coisas", confessando a Engels que, "na verdade, ele [não sabia] o que fazer". A única "boa notícia"[114] era a morte de uma tia de Frankfurt, de 73 anos, de quem Marx esperava receber uma parte – ainda que pequena – da herança.

A CONCLUSÃO DO LIVRO I

No início de 1866, Marx deu início a um novo rascunho do livro I d'*O capital*. Em meados de janeiro, fez um balanço da situação com Wilhelm Liebknecht: "doenças, [...] incidentes de todos os tipos e compromissos com a Internacional [confiscaram] todos os momentos livres para a transcrição do manuscrito para a cópia final". No entanto, presumiu estar perto da conclusão e "poder entregar pessoalmente o primeiro volume à editora no mês de março". Acrescentou que – conforme estabelecido no contrato celebrado com Meissner, no mesmo mês – "o todo, em dois volumes, [seria], porém, publicado ao mesmo tempo".[115] Em outra carta, enviada a Kugelmann no mesmo dia, Marx relatou que estava "ocupado 12 horas por dia com a versão em cópia final"[116] e que, dentro de dois meses, iria a Hamburgo para imprimir o livro. Marx referia-se, neste caso, apenas ao Livro I, aquele dedicado ao processo de produção do capital.

Contrariando suas previsões, porém, o ano inteiro foi passado na luta contra os carbúnculos e com o agravamento de seu estado de saúde. No final de janeiro, sua esposa Jenny informou a seu antigo camarada de luta, Johann Philipp Becker, que seu marido estava obrigado a permanecer "acamado por causa de sua velha perigosa doença que lhe causa[va] tanto sofrimento". Desta vez, o mal o desmoralizou "ainda mais porque [havia] interrom[pido], de novo, a transcrição, que acabava de ser reiniciada, de seu livro". A causa desta "nova erupção", na sua opinião, "deveria ser atribuída, única e exclusivamente, ao excesso de trabalho e às constantes vigílias noturnas".[117]

Poucos dias depois, Marx foi atingido por outro ataque de carbúnculo, o mais virulento de todos, e sua vida estava em perigo. Quando se recuperou e pôde escrever, confidenciou a Engels:

> desta vez a doença não apareceu na pele. Minha família não soube da gravidade da situação. Se isso acontecer mais três ou quatro vezes, estou perdido. Estou extraordinariamente magro e ainda extremamente fraco, não de cérebro, mas de rins e pernas. Os médicos têm razão: a principal causa dessa recaída foi o excesso de trabalho noturno. Não posso dizer a esses senhores as razões que me levam a esta extravagância [...]. Neste momento ainda tenho várias pequenas protuberâncias no corpo, dolorosas mas não perigosas.[118]

Não obstante a tão grave e dolorosa condição, os pensamentos de Marx continuaram voltados, principalmente, para a conclusão de sua obra:

> O mais tormentoso foi a interrupção do meu trabalho, que corria maravilhosamente bem desde 1º de janeiro, quando as dores no fígado cessaram. Ficar sentado está fora de cogitação. [...] No entanto, deitado, continuei a trabalhar durante o dia, mesmo que apenas por curtos intervalos. Não consegui prosseguir com a parte teórica propriamente dita; para isso o cérebro estava muito fraco. Ampliei então a parte histórica sobre a jornada de trabalho, o que não estava previsto no plano original.[119]

Concluiu a carta ao amigo afirmando que todo "o [seu] tempo de trabalho pertenci[a] inteiramente à [sua] obra".[120] A situação, que já havia chegado ao seu extremo, alarmou muito Engels, que, temendo o irreparável, interveio com muita firmeza para convencer Marx de que não era mais possível continuar daquele modo:

> Deves decidir-te realmente a fazer algo criterioso para sair desse problema dos furúnculos, mesmo que o livro atrase por mais três meses. O problema está ficando sério demais e, se teu cérebro, como tu mesmo o dizes, não for capaz de lidar com coisas teóricas,

deixe-o descansar completamente por um tempo dos temas de natureza superior. Abandone temporariamente o trabalho noturno e leve uma vida um pouco mais regular.[121]

Engels imediatamente consultou o dr. Gumpert, que aconselhou ao uso de arsênico. Finalmente, apresentou algumas propostas concretas também em relação à conclusão do texto. Ele queria ter certeza de que Marx havia abandonado definitivamente a ideia, nada fácil de realizar, de escrever a obra inteira antes de publicá-la. Com efeito, perguntou-lhe: "podes, pelo menos, fazer com que o primeiro volume seja enviado para impressão primeiro e depois o segundo, alguns meses depois?".[122] Finalmente, considerando as circunstâncias do momento, Engels concluiu com esta sábia observação: "de que adiantaria talvez completar alguns capítulos da parte final do livro, se, então, nem mesmo o primeiro volume pudesse ser impresso?"[123]

Em meados de fevereiro, Marx respondeu a cada uma das questões levantadas por Engels, alternando entre tons sérios e bem-humorados. Quanto ao uso de arsênico, ele escreveu:

> diga ou escreva a Gumpert que ele deve me enviar a receita, com a prescrição para sua ingestão. Porque confio nele, ele tem o dever, pelo bem da Economia Política, de ignorar a ética profissional e curar-me a partir de Manchester.[124]

Quanto à questão do seu trabalho, respondeu:

> quanto a este maldito livro, as coisas estão assim: no final de dezembro estava terminado.[125] Na presente edição, a discussão sobre a renda fundiária, ou seja, o penúltimo capítulo, constitui, em si, um volume.[126] Eu ia ao Museu [Britânico] de dia e escrevia à noite. Tive que submeter a um exame cuidadoso os novos estudos de química agrícola realizados na Alemanha, especialmente os de Liebig e Schönbein, que são mais importantes nesse assunto do que todos os economistas juntos. Por outro lado, em comparação com a última vez que tratei deste tema, adicionei o enorme material produzido pelos franceses. Eu havia terminado minha pesquisa teórica sobre a renda da terra há dois anos. Precisamente neste intervalo de tempo, houve contribuições significativas, entre outras coisas, sempre confirmando completamente minha teoria. A possibilidade de [adquirir] notícias sobre o Japão também foi importante nesse sentido (no entanto, em geral nunca leio – exceto

> por obrigação profissional – descrições de viagens). Portanto, para mim, adotei o sistema de turnos, tais como os que aqueles cães dos fabricantes ingleses aplicaram, de 1848-1850, às pessoas.[127]

Estudar durante o dia na biblioteca, para atualizar-se das novas descobertas e continuar seu manuscrito durante a noite. Essa foi a exaustiva rotina a que Marx se submeteu até o esgotamento de suas energias e à exaustão física. Quanto ao estado concreto da sua obra, comunicou a Engels: "embora acabado, o manuscrito – enorme na sua forma atual – não pode ser publicado por ninguém senão eu, nem mesmo por ti".[128] Ele também contou ao amigo o que havia acontecido nas semanas anteriores:

> Comecei a copiar e editar exatamente no dia 1º de janeiro. Isso aconteceu rapidamente, pois, é claro, foi um prazer para mim dar colo e acariciar meu filhinho, depois das muitas dores do parto. No entanto, um carbúnculo apareceu novamente e eu não segui em frente desde então. Na verdade, só pude desenvolver o que, segundo meu plano, já deveria estar concluído.[129]

Por fim, Marx aceitou a sugestão de Engels, concordando com a proposta de adiar os tempos de publicação de sua obra: "Concordo com sua opinião e, assim que estiver pronto, levarei o primeiro volume para Meissner". Acrescentou, no entanto, que "para poder completá-lo" deveria poder, pelo menos, "sentar-se".[130]

A saúde de Marx, de fato, piorava cada vez mais. No final de fevereiro, dois monstruosos novos carbúnculos apareceram em seu corpo, os quais ele tentou curar sozinho. Ele disse a Engels que, para livrar-se "do superior", ele havia lançado mão de "uma navalha afiada [... e tinha] cortado aquela maldita coisa [ele] mesmo. [...] O sangue infeccionado jorrou, borrifado, para o alto e agora considero essa pústula eliminada, embora ainda precise de cuidados". Sobre outro, "o inferior", escreveu: "está ficando perigoso e fora do meu controle [...]. Se esta imundície continuar, serei obrigado a trazer Allen, pois – devido ao local onde se encontra – não posso vigiá-lo, nem tratá-lo sozinho".[131]

Após esse doloroso relato, Engels repreendeu o amigo com uma das cartas mais severas já endereçadas a ele: "ninguém pode continuar resistindo a uma questão crônica de carbúnculos, simplesmente ignorando o fato de que, se continuar, vai mandar-te para o inferno. E onde iriam parar, nesse caso, teu livro e tua família?" Para conceder uma trégua a Marx, declarou-se disponível a qualquer sacrifício financeiro e sugeriu um período de descanso absoluto, implorando-lhe que se mostrasse "razoável":

> dê a mim e à tua família o único prazer de deixar que te cures. O que aconteceria com todo [nosso] movimento, se algo te acontecesse? Dado o teu comportamento, chegaremos a isso. Na verdade, não terei mais descanso, nem de dia nem de noite, até ver-te fora dessa história e, a cada dia que não tenho notícias tuas, fico inquieto e penso que estás piorando de novo. Note bem: nunca mais deves permitir que um carbúnculo que realmente deveria ter sido extraído não seja extraído. Isso é muito perigoso.[132]

Finalmente, Marx deixou-se persuadir. Concordou em suspender o trabalho e em 15 de março foi para Margate, um balneário no condado de Kent. Depois de dez dias, reportou sobre si mesmo:

> Não leio e não escrevo. Por causa do arsênico, tomado três vezes ao dia, tenho que regular os horários das refeições e dos passeios [...]. As relações sociais são, naturalmente, inexistentes, e posso cantar com o moleiro do [rio] Dee;[133] 'Não me importo com ninguém e ninguém se importa comigo'.[134]

No início de abril, ele informou ao amigo Kugelmann que havia "se recuperado muito bem", mas reclamou que, devido a essa nova interrupção, "foram novamente perdidos mais de dois meses: fevereiro, março e metade de abril e, portanto, a conclusão de [seu] livro [fora] novamente adiada".[135] Mesmo depois de retornar a Londres, Marx ficou paralisado por várias semanas com um ataque reumático e outras doenças.

Seu corpo ainda estava exausto e vulnerável. Se, no início de junho, comunicou com prazer a Engels que "felizmente não [havia] aparecido nenhuma nova pústula",[136] queixou-se de que, "depois do regresso de Margate, devido a problemas puramente físicos, até esse momento [seu] trabalho não prosseguira bem".[137]

Durante o mês de julho, Marx teve de enfrentar aqueles que já se haviam tornado os seus três inimigos habituais: o *"periculum in mora"*,[138] devido ao não pagamento do aluguel; os carbúnculos, com um novo prestes a irromper; e, mais uma vez, seu fígado ruim. Em agosto, assegurou a Engels que, embora a sua saúde "flutuasse de dia para dia", sentia-se melhor e que "fazia uma grande diferença para um ser humano voltar a sentir-se capaz de trabalhar".[139] Em várias partes do corpo surgiram "novos carbúnculos em estado inicial" e, embora tenham regredido sem necessidade de intervenções de emergência, obrigaram-no, em todo o caso, a "conter as [...] horas de trabalho dentro de limites estreitos".[140]

No mesmo dia em que escreveu estas palavras a Engels, Marx comunicou a Kugelmann: "Acho que não poderei levar o manuscrito do Primeiro Livro para Hamburgo antes de outubro – [a obra] cresceu e agora consiste em três volumes. Não consigo trabalhar produtivamente senão algumas horas por dia; caso contrário, meu corpo sofreria". Afirmou ainda que, "até que pudesse [estar] plenamente recuperado", decidira, "por consideração para com a [sua] família, [...], respeitar, embora a contragosto, as limitações"[141] – mesmo as de caráter higiênico, ligadas à prevenção de novos tumores – que lhe haviam sido impostas.

O amigo de longa data, Friedrich Leßner, antigo membro da liga dos comunistas, recorda que "Marx falava seguidamente da [duração] da jornada de trabalho". No final das sessões do Conselho Geral da Associação Internacional dos Trabalhadores, às quais "nunca deixou de comparecer, [...] Marx costumava dizer: 'pedimos uma jornada de trabalho de oito horas, mas nós mesmos trabalhamos mais do que o dobro do tempo'". De acordo com Leßner, Marx fazia "muito, de fato". Argumentava que era difícil compreender "quanta energia e quanto tempo lhe custava o trabalho para a Internacional. Além disso, Marx penava para sustentar a família e colecionava, durante horas a fio, materiais para seus estudos econômicos e históricos no Museu Britânico".[142]

A tudo isto se somou a permanente curiosidade intelectual que o levou, seguidamente, a alargar ainda mais o leque dos seus estudos. Por exemplo, apesar da pressão para terminar seu livro e outras responsabilidades políticas, no verão de 1865 ele comunicou a Engels que "já que os ingleses e os franceses faziam tanto barulho em torno deste cavalheiro, [...] em seu tempo livre" ele começara a "estudar também [Auguste]

Comte". Marx destacou os limites deste pensador sem transigir: "o que atrai nele é o enciclopédico, a síntese, mas é uma coisa pobre se comparado com Hegel. E pensar que esse positivismo de merda apareceu em 1832!".[143]

Mesmo a previsão, feita a Kugelmann, sobre a possibilidade de levar o manuscrito do livro para Hamburgo até outubro, mostrou-se excessivamente otimista. O gotejamento de eventos negativos a que foi submetido diariamente constituiu, novamente, um obstáculo para a conclusão do trabalho. Além disso, uma parte preciosa de seu tempo era absorvida na busca de soluções para juntar pequenas quantias de dinheiro da casa de penhores e sair do tortuoso círculo de notas promissórias em que se encontrava. Em agosto, Marx informou a Kugelmann que as "dívidas [lhe] comprim[iam] o cérebro" e que, para remediar isso, ele pensara até em mudar-se para os Estados Unidos da América. No entanto, continuava a fazer força, convicto de que "a sua missão [era] ficar na Europa e terminar o trabalho de muitos anos".[144] Precisamente falando d'*O capital*, Marx reiterou ao amigo que, mesmo que dedicasse muito tempo à elaboração dos documentos preparatórios do congresso de Genebra da Internacional, não participaria da assembleia. Ele acreditava que, "para a classe trabalhadora, o que [fazia] com este livro era muito mais importante do que o que eles [poderiam] fazer em qualquer congresso".[145]

Em outra missiva, enviada a Kugelmann em meados de outubro, Marx comunicou que "a casa ameaça[va] desabar-[lhe] sobre a cabeça". Ele afirmou que, "em consequência de [sua] longa doença e das muitas despesas que [esta havia] requerido, [suas] condições econômicas [estão] tão deterioradas que, no futuro próximo, [estava] para [ele] iminente uma crise financeira".[146] Nem mesmo em outubro, portanto, foi possível terminar o manuscrito. Ao descrever aquele momento ao amigo de Hannover, após explicar os motivos da demora, Marx também ilustrou o plano atualizado de sua obra:

> minhas condições (ou seja, interrupções contínuas de natureza física e privada) obrigam-me a publicar não dois volumes juntos, como era minha intenção no início, mas inicialmente o primeiro

volume. Afinal, agora provavelmente serão três volumes. Todo o trabalho está dividido nas seguintes partes:

Livro I. O processo de produção do capital.

Livro II. O processo de circulação do capital.

Livro III. Formação do processo geral.

Livro IV. Contribuição à história da teoria.

O primeiro volume contém os dois primeiros livros. Penso que o terceiro livro ocupará o segundo volume e o quarto livro, o terceiro.[147]

Resumindo o trabalho realizado a partir de *Contribuição à crítica da Economia Política*, texto publicado em 1859, Marx prosseguiu:

> Achei necessário recomeçar o primeiro volume desde o início, ou seja, resumindo minha primeira obra editada por Duncker em um único capítulo sobre a mercadoria e o dinheiro. Tive que fazer isso tanto para ser completo quanto porque algumas cabeças competentes não entenderam completamente [o texto]. Deve ter faltado algo na primeira exposição, especialmente na análise da mercadoria.[148]

A absoluta miséria também marcou o mês de novembro. Marx queixou-se a Engels desta terrível vida cotidiana que não lhe dava trégua: "não só tive de interromper o meu trabalho, como, querendo compensar à noite o tempo perdido durante o dia, arranjei para mim um belo abcesso não muito longe do pênis".[149] Marx fez questão de esclarecer-lhe, porém, que desta vez, ao longo do verão e do outono, não tinha sido "a teoria a produzir o atraso, [... mas], em vez disso, razões físicas e burguesas". Se estivesse saudável, teria sido capaz de completar o trabalho. Lembrou a Engels que "três anos se passaram desde que [o] primeiro carbúnculo foi operado, [e que,] desde então, os afazeres [haviam] sido interrompido apenas por curtos intervalos".[150] Além disso, depois de ter sido obrigado a gastar tanta energia e tempo na luta diária contra a pobreza, em dezembro, comentou: "lamento que os particulares não possam apresentar as suas demonstrações financeiras ao tribunal de falências com a mesma desenvoltura dos comerciantes".[151]

A situação não se alterou ao longo do inverno e, no final de fevereiro de 1867, Marx escreveu ao amigo de Manchester que nunca deixara de enviar-lhe tudo o que podia: "no sábado (depois de amanhã) terei um confisco, aqui em casa, por um lojista, a menos que eu lhe pague pelo menos 5 libras. A obra estará terminada em breve e já estaria hoje, se eu não tivesse sido muito crucificado ultimamente".[152]

A tão esperada notícia chegou no início de abril, quando Marx finalmente pôde anunciar a Engels "que o livro estava pronto".[153] Agora tratava-se de levar o manuscrito para a Alemanha e Marx contou, mais uma vez, com o amigo, para poder reaver "as peças de roupa e o relógio que se encontram na casa de penhores",[154] sem o que não seria possível partir.

Depois de chegar a Hamburgo, Marx discutiu com Engels um novo plano para a conclusão da obra sugerida a ele pelo editor Meissner:

> quer que a obra saia em três volumes. Ele é contra resumir o último livro (a parte histórico-literária), como eu pretendia fazer. Ele diz que [... para vendas] conta principalmente com essa parte. Eu respondi que [...] estava totalmente à sua disposição.[155]

Apesar do otimismo de Marx, deve-se notar que, entre 1862 e 1863, ele havia escrito apenas a história da categoria da mais-valia, o que se deu antes de ter obtido significativos avanços teóricos. Alguns dias depois da carta escrita a Engels, Marx deu informações semelhantes a Becker, a quem relatou:

> a obra completa será publicada em três volumes. O título é: *O capital. Crítica da Economia Política*. O primeiro volume inclui o *Livro Um: O processo de produção do capital*. É, sem dúvida, o projétil mais terrível já lançado contra a burguesia (incluindo os latifundiários).[156]

Depois de alguns dias em Hamburgo, Marx mudou-se para Hannover, onde, hospedado por Kugelmann, a quem finalmente conheceu pessoalmente após muitos anos de correspondência, permaneceu à disposição de Meissner, que o queria "à mão para a revisão"[157] dos rascunhos de impressão. Marx escreveu a Engels, que havia "recuperado-se extraordinariamente", que "não havia [nem] vestígios da velha doença", nem dos "ataques do fígado" e que estava "de bom humor".[158] O amigo de Manchester respondeu:

> Sempre pensei que este maldito livro, ao qual dedicaste tanto esforço, era o núcleo de todos os teus infortúnios e que não poderias

superá-los [...] até que o tirasse dos ombros. [Sua] eterna incompletude esmagou-te fisicamente, espiritualmente e financeiramente,
e eu entendo perfeitamente que, após a libertação deste pesadelo,
agora pareça que és um homem completamente diferente.[159]

Marx ficou em Hannover até meados de maio e, feliz com o resultado alcançado, descreveu as semanas que passou com a família Kugelmann
como "um oásis no deserto da [sua] vida".[160] Os testemunhos mais detalhados desse período são recebidos graças aos relatos póstumos de Franziska,
filha do médico. Esta falava dos temores, antes da chegada do hóspede desconhecido, de sua mãe, convencida de ter que "encontrar um sábio perdido
nas ideias políticas" e que agia como um "revolucionário sombrio". Tanto
ela quanto Franziska, porém, foram obrigadas a mudar imediatamente de
opinião, pois Marx se revelou, desde o primeiro encontro, "um cavaleiro
alegre", um homem que "de seus modos e de sua conversação emanavam
um frescor juvenil".[161] Ele foi descrito como uma "pessoa extraordinariamente amável e de boa índole, não apenas na intimidade doméstica, mas
também no círculo de conhecidos" dos Kugelmann. Franziska também
recordou que Marx "interessava-se profundamente por tudo e, quando
gostava de alguém, particularmente, ou esta pessoa fazia uma observação
original, ele colocava o monóculo e examinava a pessoa com uma expressão alegre e atenta". A hospitalidade recebida foi retribuída com inúmeras
anedotas. Falando de Hegel, disse certa vez que "nenhum de seus alunos
o havia entendido, exceto [Karl] Rosenkranz – que, no entanto, entende-
ra-o errado".[162] Marx também citava frequentemente Friedrich Schiller, de
quem gostava de repetir as palavras "aquele que viu o melhor do seu tempo
tem o suficiente para todos os tempos!".[163]

Em contrapartida, nas discussões sobre a luta contra o capitalismo,
Marx retomava seu tom de autoridade e não se esquivava das polêmicas.
A um senhor que lhe perguntara "quem engraxaria sapatos na sociedade
do futuro", respondeu: "Você, com certeza". Enquanto a quem lhe perguntava quando começaria o comunismo, declarava "essa época chegará,
mas já não estaremos aqui".[164]

Marx informou outros camaradas de Hannover acerca da iminente
publicação de sua obra e da maneira como seria publicada. A Sigfried

Meyer, um dos fundadores da pequena seção da Associação Internacional dos Trabalhadores de Berlim, comunicou: "o primeiro volume inclui o *Processo de produção do capital*. [...] O segundo volume fornecerá a continuação e conclusão da teoria, enquanto o terceiro volume [incluirá] a história da Economia Política desde meados do século XVII".[165] Seu esquema, portanto, permaneceu inalterado, e o segundo e terceiro livros deveriam ser publicados juntos, dentro do segundo volume.

Nas asas do entusiasmo, Marx escreveu a Engels no início de maio que o editor Meissner queria "ter o segundo volume o mais tardar no final do outono". Isso deveria incluir os livros II e III e, portanto, Marx imaginou que tinha um novo "trabalho árduo" pela frente, especialmente porque, após a edição do manuscrito do livro III d'*O capital*, "muito material novo havia sido produzido", especialmente no que diz respeito aos capítulos sobre propriedade creditícia e fundiária".

Finalmente, no inverno de 1868, ele também esperava concluir "o terceiro volume, de modo que na próxima primavera [estaria] impressa toda a obra". As previsões excessivamente otimistas de Marx baseavam-se na esperança de que "escreve-se de uma forma completamente diferente assim que – depois de tantas provações – as folhas saem do prelo e [está--se] sob a pressão do editor".[166]

Enquanto isso, em meados de junho de 1867, Engels estava envolvido na correção do texto a ser impresso. Ele observou que, em comparação com a obra de 1859, "o progresso na acuidade do desenvolvimento dialético [fora] muito notável".[167] Marx saudou esta aprovação com alegria: "a tua satisfação é mais importante para mim do que qualquer coisa que o resto do mundo possa dizer".[168] Todavia, Engels notou que a exposição da forma de valor ficara excessivamente abstrata e não suficientemente clara para o leitor médio e expressou grande pesar porque precisamente essa parte, tão importante, "ressentia-se da perseguição dos furúnculos".[169] A isso somava-se outro problema: Marx dividira o livro de modo pouco funcional. As 800 páginas que o compunham estavam estruturadas em apenas seis capítulos muito longos que, por sua vez, tinham poucos parágrafos internos. Engels, portanto, declarou: "Cometeste o grande erro de não tornar a linha de pensamento evidente [...] mediante um maior número de pequenas divisões e subtítulos separados". Por fim, acrescentou que Marx deveria ter feito como "a *Enciclopédia* de Hegel, com breves parágrafos e destacando cada passagem dialética com títulos especiais. [...] A compreensão teria sido substancialmente facilitada para um amplo segmento de leitores".[170] Marx respondeu amaldiçoando a causa de seus tormentos físicos: "Espero que a burguesia se lembre de meus carbúnculos até o dia de sua morte"[171] e se convenceu da necessidade de produzir um apêndice, no qual apresentaria de forma mais popular suas concepções sobre a forma do valor. Este foi redigido no final de junho, e consistia em cerca de 20 páginas.

A revisão dos rascunhos terminou às duas horas da manhã do dia 16 de agosto de 1867. Alguns minutos depois, Marx escreveu a seu amigo que estava em Manchester: "Caro Fred, acabei de corrigir a última folha de impressão [...]. Então, este volume está pronto. Devo apenas a ti que isto tenha sido possível! [...] abraço-te cheio de gratidão".[172] Alguns dias depois, em outra carta a Engels, Marx resumiu o que acreditava serem os dois temas principais de sua obra:

> 1) o duplo caráter do trabalho (no qual reside todo o entendimento dos fatos), imediatamente destacado no primeiro capítulo, conforme se expresse em valor de uso ou em valor de troca; 2) o tratamento da mais-valia independentemente de suas formas particulares, como lucro, juros, renda fundiária.[173]

O capital foi colocado à venda, com mil exemplares, em 14 de setembro de 1867.[174] O preço do livro – três táleres – era alto: correspondia ao salário semanal de um operário. Jenny von Westphalen escreveu a Kugelmann: "É bem raro que um livro seja escrito em circunstâncias mais difíceis; eu poderia escrever sua história secreta, revelando uma longa e infinita série de preocupações, ansiedades e tormentos".[175] Após as últimas alterações, as seguintes partes apareceram em seu índice:

> Prefácio.
> I: Mercadoria e Dinheiro.
> II: A transformação do dinheiro em capital.
> III: A produção da mais-valia absoluta.
> IV: A produção da mais-valia relativa.
> V: Pesquisas posteriores sobre a produção de mais-valia absoluta e relativa.

VI: O processo de acumulação do capital.
Apêndice ao capítulo I, 1: A forma do valor.[176]

Não obstante o longo processo de revisão dos rascunhos e a edição final, nos anos seguintes a estrutura da obra seria ampliada e várias alterações também seriam feitas no texto. O Livro I, portanto, continuou a absorver uma parte substancial das energias de Marx, mesmo após sua publicação.

EM BUSCA DA VERSÃO DEFINITIVA

A partir de outubro de 1867, Marx voltou ao Livro II d'*O capital*. Na retomada do trabalho, porém, reapareceu o sofrimento físico, com reincidência de cólicas hepáticas, reaparecimento da insônia e a irrupção de "dois pequenos carbúnculos próximos ao membro". Mesmo as "misérias domésticas",[177] longe de cessarem, continuaram a causar-lhe muitos problemas. A respeito disso, com amarga consciência, observou a Engels: "a minha doença vem sempre da cabeça".[178] Como sempre, veio em seu auxílio a ajuda deste último, que lhe enviou todo o dinheiro que pôde, acompanhando-o com um desejo: "esperemos que o dinheiro acabe com os carbúnculos".[179] Infelizmente, não foi esse o caso, e no final de novembro Marx informou ao amigo que seu "estado de saúde [havia] piorado muito e não [era] possível falar em poder trabalhar".[180]

O ano novo, 1868, abriu-se da mesma forma como fechou-se o precedente. Nas primeiras semanas de janeiro, Marx viu-se incapaz até mesmo de lidar com sua correspondência. Sua esposa Jenny confidenciou a Becker que seu "pobre marido [estava] novamente acamado por causa de sua antiga, grave e dolorosa doença, [que se tornara] perigosa por causa da [sua] constante reincidência".[181] Alguns dias depois, sua filha Jenny relatou a Engels que "o Mouro [estava] atormentado, mais uma vez, por seus antigos inimigos – os carbúnculos – e que, desde que o último deles [fizera] sua aparição, ele senti[a-se] muito mal se tivesse que se sentar".[182] Marx voltou a escrever apenas no final do mês, quando comunicou a Engels que propunha-se a "não trabalhar de jeito nenhum, por duas ou três semanas", pois seria "fatal se irrompesse um terceiro monstro".[183]

Como sempre, porém, assim que pôde, ele voltou à sua pesquisa. Nesse período interessou-se muito em se aprofundar em história e agricultura e, para isso, compilou cadernos de anotações das obras de diversos autores. Entre eles, dedicou especial atenção à *Introdução à história do mercado, do poder, da vila e da constituição da cidade e da autoridade pública* [Einleitung zur Geschichte der Mark-, Hof-, Dorf-, und Stadtverfassung und der offentlichen Gewalt] (1854), do estadista e historiador do direito Georg Ludwig von Maurer. Marx comenta com Engels que considerava seus livros "extraordinariamente importantes", pois neles estava "descrito, sob uma roupagem inteiramente nova, [...] não apenas o início da Idade Média, mas todo o desenvolvimento subsequente das cidades imperiais livres, dos proprietários gozando de imunidade, do poder público, da luta entre camponeses livres e servos da gleba".[184] Marx expressou sua aprovação a Maurer por ter "demonstra[do] longamente que a propriedade fundiária privada [tinha] surgido apenas em um segundo momento".[185] Fez, ao mesmo tempo, comentários irônicos sobre aqueles que estavam "surpresos ao encontrar, entre as coisas mais antigas, as mais recentes – até igualitárias em um grau que horrorizaria Proudhon".[186]

Neste mesmo período, Marx também estudou profundamente as obras *História da agricultura, ou panorama histórico do progresso do conhecimento agrícola dos últimos cem anos* (1852), *A natureza da agricultura. Contribuição para uma teoria* (1857) e *Clima e reino vegetal ao longo do tempo. Uma contribuição para a história de ambos* (1847), de Karl Fraas. Deste último livro, considerado "muito interessante", Marx apreciou, em particular, a parte em que foi feita uma "demonstração de que, em cada época histórica, o clima e a flora mudam". Quanto ao seu autor, ele o descreveu a Engels como um "darwinista antes de Darwin, [porque] fa[zia] surgir as próprias espécies em épocas históricas". O que o impressionou muito positivamente foram, aliás, as suas considerações de caráter ecológico, de onde transpareceu a sua preocupação com "o cultivo [que], procedendo de forma natural e não conscientemente dominado (obviamente não vai tão longe, sendo um burguês) deixa desertos atrás de si". Para Marx, também sob esse ponto de vista, uma "nova tendência socialista inconsciente"[187] estava se manifestando.

Embora sentisse ter alguma energia para essas novas investigações científicas, a saúde de Marx continuava instável. No final de março, relatou a Engels que seu "estado era tal que, por um tempo, [ele deveria] realmente desistir do trabalho e parar de pensar em qualquer coisa". Acrescentou, porém, que isso seria "difícil, mesmo que dispuses[se] de meios para ser um vagabundo ocioso".[188] Essa nova interrupção ocorreu justamente quando retomou a edição da segunda versão – quase três anos depois de concluída no primeiro semestre de 1865 – do Livro II. A redação das duas primeiras seções foi efetuada durante a primavera[189] e foi acompanhada por um conjunto de manuscritos preparatórios sobre a relação entre a mais-valia e a taxa de lucro, sobre a lei da taxa de lucro e sobre a metamorfose do capital, um trabalho que se estendeu até fins de 1868.[190]

Data de fins de abril de 1868 a carta enviada a Engels na qual Marx traçava um novo esboço da sua obra, com particular referência ao "desenvolvimento, nas suas características muito gerais [...] da taxa de lucro".[191] Foi a última vez em que se referiu, em sua correspondência, à lei da queda tendencial da taxa de lucro. Apesar da grande crise econômica que se desenvolveu a partir de 1873, esse conceito, tão enfatizado posteriormente – ao qual é dedicada toda a terceira seção do Livro III d'O capital (que foi escrito em 1864-1865) –, nunca mais foi mencionado por Marx e foi considerado superado. Na carta enviada a Engels em abril de 1868, Marx também especificou que no Livro II seria exposto "o processo de circulação do capital com base nos pressupostos desenvolvidos no Livro I". Era sua intenção, de fato, ilustrar de forma mais satisfatória as "determinações formais" do capital fixo, do capital circulante, da rotação do capital e, assim, investigar "o entrelaçamento social dos diferentes capitais, das partes do capital e do rendimento (=p) entre eles". No Livro III, porém, Marx decidira apresentar "a transformação da mais-valia nas diferentes formas e nos seus elementos constitutivos, separados uns dos outros".[192]

Em maio, porém, os problemas continuaram e Marx, após um período de silêncio, explicou a Engels que surgiram "dois abcessos em seu testículo [que] teriam posto à prova até mesmo Sula".[193] Na segunda semana de agosto, comunicou a Kugelmann a esperança de poder terminar toda a obra até "fins de setembro do ano seguinte",[194] mas o outono trouxe consigo um novo agravamento do carbúnculo. Na primavera de 1869, Marx dedicou-se à terceira seção – intitulada nesta versão "As relações reais do processo de circulação e do processo de reprodução" – do Livro II.[195] Seu plano de concluí-lo até 1869 parecia realista, pois a segunda versão do texto que escrevera desde a primavera de 1868 constituía um progresso, tanto qualitativa como quantitativamente. No entanto, no mesmo ano, sua patologia hepática piorou e suas doenças voltaram com uma regularidade desanimadora.

O atraso no trabalho também teve, no entanto, inclusive motivos de natureza teórica. Marx estava determinado a estudar os últimos desenvolvimentos do capitalismo e, do outono de 1868 à primavera de 1869, compilou grandes trechos das revistas *The Money Market Review* e *The Economist* sobre os mercados financeiro e monetário.[196] O seu interesse pelo que se passava do outro lado do Atlântico crescia cada vez mais e impulsionava-o constantemente à procura de notícias atualizadas. Ele escreveu a seu amigo Meyer que seria "muito valioso" para ele se este último pudesse enviar-lhe "algo antiburguês sobre relações fundiárias ou sobre economia agrária nos Estados Unidos". Ele explicou que, "como no segundo volume [iria] lidar com a renda fundiária, este material [seria] particularmente bem-vindo para contrastar com a teoria da harmonia de H. Carey".[197]

Além disso, no outono de 1869, depois de tomar conhecimento da nova e nada desprezível literatura que analisava as mudanças ocorridas na Rússia, para poder estudá-la, decidiu aprender a língua daquele país. Este novo interesse foi perseguido com o rigor habitual e, no início de 1870, sua esposa Jenny disse a Engels que Marx, em vez de "cuidar-se e curar-se" dos muitos problemas físicos que continuavam a atormentá-lo, "começara a estudar russo como se fosse questão de vida ou morte, [que] saía pouco, comia irregularmente e [tinha] mostrado [... uma nova] lesão debaixo do braço só depois de já estar muito inchada e endurecida". Mais uma vez, a situação degenerou e foi necessária uma nova "incisão [...] muito profunda".[198] Engels apressou-se em escrever ao amigo, com a intenção de persuadi-lo de que "no próprio interesse do Livro II [era] necessária uma mudança em s[eu] modo de vida"; caso contrário, "com a eterna repetição de semelhantes interrupções",[199] nunca o concluiria.

Isso foi exatamente o que aconteceu. No início do verão, Marx resumiu a Kugelmann o que havia acontecido nos meses anteriores, informando-o de que seu trabalho havia sido "interrompido por doenças durante o inverno". Além disso, ele havia considerado "necessário aprofundar-se no russo, pois, ao lidar com a questão agrária, tornou-se indispensável estudar as condições russas de propriedade da terra a partir das fontes originais".[200]

Após inúmeras outras suspensões e um período de intensa atividade política na Associação Internacional dos Trabalhadores, que se seguiu ao nascimento da Comuna de Paris, Marx voltou a trabalhar no Livro I, com vistas à sua reimpressão. Longe de estar satisfeito com a forma como expôs a teoria do valor, entre dezembro de 1871 e janeiro de 1872 tentou reescrever o primeiro capítulo e, assim, retomou a reescrita do apêndice elaborado em 1867. O resultado desse trabalho foi o manuscrito conhecido com o título *Acréscimos e alterações ao Livro I d'O capital* (1871-1872).[201] Por ocasião da revisão da edição de 1867, Marx inseriu vários acréscimos e refinamentos. Alguns diziam respeito à diferença entre capital constante e variável, mais-valia e uso da maquinaria e tecnologia. Além disso, ele reformulou toda a estrutura do livro. Em 1867, Marx havia dividido a obra em seis capítulos; na nova edição, porém, estes passaram a ser sete seções, compreendendo 25 capítulos, por sua vez divididos em parágrafos bem mais detalhados. A reimpressão data de 1872, com tiragem de 3 mil exemplares.

O ano de 1872 foi fundamental para a difusão d'*O capital*, pois em abril também apareceu a tradução para o russo, a primeira de uma longa série.[202] Iniciada por German Lopatin e depois concluída pelo economista Nikolaj Danielson, foi classificada por Marx como "magistral".[203] Leßner conta que "o acontecimento, [considerado um] importante sinal dos tempos, transformou-se numa festa para ele, para a sua família e para os seus amigos".[204]

Em maio, em carta endereçada a Liebknecht, Jenny von Westphalen, que compartilhara com as filhas a alegria desse sucesso e também outras declarações de Marx, destacou com palavras de extraordinária eficácia o quanto pesavam as diferenças de gênero, mesmo na batalha comum pelo socialismo. Afirmou que, em todos os conflitos existentes,

> a nós mulheres nos toca parte mais difícil, porque é a mais mesquinha. O homem se tempera no combate contra o mundo exterior, se tempera frente a frente com os inimigos, enquanto nós – mesmo com uma legião de inimigos – temos que ficar dentro de casa e remendar meias. Isso não afasta as preocupações, e as pequenas misérias do dia a dia consomem, lentamente, mas de modo inexorável, a força e a alegria de viver.[205]

No decorrer do ano, teve início também a publicação da tradução francesa d'*O capital*. Esta, confiada a Joseph Roy, que já havia traduzido alguns textos de Ludwig Feuerbach, seria publicada pelo editor francês, Maurice Lachâtre, em fascículos, entre 1872 e 1875. Marx havia concordado com eles sobre a conveniência de imprimir uma "edição popular econômica"[206] e, de fato, escreveu-lhe assim: "Aplaudo a sua ideia de publicar a tradução [...] em fascículos periódicos. Dessa forma, a obra estará mais facilmente acessível à classe operária e a avaliação desta é mais importante para mim do que qualquer outra coisa". No entanto, ciente de que esta escolha também apresentava "belo verso da vossa medalha", Marx antecipou que "o método de análise" que usara tornou "a leitura do primeiro capítulo extremamente difícil" e havia motivos para temer que o público ficasse desanimado "por causa das dificuldades de seguir adiante". Para driblar esse "inconveniente", não poderia "fazer outra coisa senão alertar e predispor desde já o leitor que aspira à verdade: não há um caminho simples para a ciência e somente aqueles que não refutam o esforço de escalar os seus íngremes caminhos podem esperar atingir os seus picos luminosos".[207]

Uma vez iniciada a tradução, Marx teve de gastar muito mais tempo do que o esperado para corrigir as provas. De fato, como ele relatou a Danielson, Roy "em muitas ocasiões traduziu muito literalmente", e por isso teve que "reescrever passagens inteiras para torná-las palatáveis ao público francês".[208] Em maio de 1872, sua filha Jenny informou à família Kugelmann que seu pai havia sido "compelido a fazer inúmeras correções, reescrevendo não apenas frases inteiras, mas também páginas inteiras".[209] Em uma atualização no mês seguinte, ela acrescentou que a tradução era "tão insatisfatória que, infelizmente, o Mouro [tinha] sido forçado a reescrever a maior parte do primeiro capítulo em sua totalidade".[210] Posteriormente, Engels também informou Kugelmann que a "tradução francesa rendia [a Marx] um trabalho colossal" e que muitas vezes ele tivera que "fazer tudo de novo".[211] No final dos seus trabalhos, Marx comentou que a empreitada "custou-lhe uma tal perda de tempo que pessoalmente nunca [teria] participa[do] de forma alguma novamente em qualquer tradução".[212]

Apesar de estar tão ocupado na tradução do seu texto, no curso de sua revisão, Marx decidiu fazer algumas retificações e mudanças. Essas diziam respeito principalmente à seção dedicada ao "processo de acumulação de capital", mas também referiam-se a alguns tópicos específicos, como a distinção que ele queria fazer entre os conceitos de "concentração" e "centralização" do capital. No posfácio à edição francesa, Marx não hesitou em atribuir-lhe "um valor científico independente do original".[213] Não por acaso, quando em 1877 pareceu surgir a possibilidade de uma versão também em inglês, Marx especificou a Friedrich Sorge que o tradutor teria de "obrigatoriamente [...] comparar a segunda edição alemã com a francesa", na qual ele tinha "acrescentado algo novo e [havia] descrito muitas coisas de um modo melhor".[214] Referindo-se a essa edição [francesa] e destacando, ao mesmo tempo, os seus aspectos positivos e negativos, em algumas cartas endereçadas a Danielson, em novembro de 1878, Marx escreveu que continha "muitas variações e importantes acréscimos", mas admitiu que "também foi forçado a – especialmente no primeiro capítulo – 'achatar' a exposição".[215] Foi por isso que sentiu a necessidade de esclarecer que os capítulos "Mercadorias e dinheiro" e "A transformação do dinheiro em capital" deveriam ser "traduzidos exclusivamente de acordo com o texto alemão".[216]

Os rascunhos do Livro II d'*O capital* foram deixados em um estado que estava longe de ser o definitivo e apresentam numerosos problemas teóricos. Os manuscritos do Livro III têm um caráter bastante fragmentário e Marx nem sequer conseguiu fazer uma atualização condizente com o andamento de seus estudos.[217] Deve-se também ter em mente que ele não conseguiu completar uma revisão do Livro I que lhe permitisse inserir as modificações e as partes suplementares que, em suas intenções, teriam melhorado sua obra-prima.[218] Com efeito, nem a tradução francesa, de 1872-1875, nem a terceira edição alemã, de 1881, podem ser consideradas como a versão definitiva que estava em suas aspirações.

Em todo o caso, o espírito problemático com que Marx escreveu e continuou a repensar a sua obra revela a enorme distância que o separa da representação de um autor dogmático, proposta tanto por muitos opositores como por muitos supostos seguidores. Mesmo em sua incompletude, aqueles que quiserem lançar mão de categorias teóricas essenciais para a compreensão do modo de produção capitalista não podem deixar de ler, ainda hoje, *O capital*.

O NASCIMENTO DA ASSOCIAÇÃO INTERNACIONAL DOS TRABALHADORES

O HOMEM CERTO NO LUGAR CERTO

Em 28 de setembro de 1864, o salão do St. Martin's Hall, edifício localizado no coração de Londres, estava concorrido. Cerca de 2 mil trabalhadores e trabalhadoras reuniram-se para ouvir a manifestação de alguns líderes sindicais britânicos e um pequeno grupo de trabalhadores vindos do continente. No manifesto de convocação da assembleia anunciava-se a presença de "uma delegação eleita pelos operários de Paris" que "apresentaria sua resposta ao discurso dos irmãos ingleses e um plano para um melhor entendimento entre os povos".[1] Em julho de 1863, de fato, algumas organizações operárias francesas e inglesas, reunidas em Londres para uma manifestação de solidariedade em favor do povo polonês, sublevado contra a ocupação por parte do Império Russo, haviam proclamado os objetivos que consideravam de importância fundamental para o movimento operário. No texto preparatório do encontro, escrito pelo conhecido dirigente sindical George Odger e publicado na revista quinzenal inglesa *The Bee-Hive*, com o título *Manifesto dos ingleses aos operários franceses*, declarava-se:

> uma união fraterna entre os povos é mais necessária do que nunca para a causa do trabalho porque constatamos que sempre que ten-

tamos melhorar nossa condição social reduzindo horas de trabalho ou aumentando salários, os empregadores ameaçam contratar trabalhadores franceses, alemães, belgas ou de outra parte, que aceitam fazer o nosso trabalho por salários inferiores. Lamentamos que isso ocorra, embora sem nenhum desejo de nos prejudicar por parte de nossos irmãos do continente, devido à falta de uma articulação regular e sistemática entre as classes trabalhadoras de todos os países. Esperamos que tal vínculo aconteça o mais brevemente possível, pois o nosso princípio é elevar os salários dos trabalhadores mal pagos ao nível mais próximo dos mais bem pagos e não permitir que os empregadores nos joguem uns contra os outros, para nos impor a pior condição econômica por meio de negociações que visam apenas o seu ganho exclusivo.[2]

Os organizadores desta iniciativa não imaginaram – nem teriam como prever – o que isso rapidamente geraria, pouco tempo depois. Aspiravam à construção de um fórum internacional para examinar as principais questões relativas aos trabalhadores. Não cogitavam, por outro lado, a hipótese de fundar uma verdadeira organização que fosse um instrumento de coordenação da iniciativa sindical e política da classe operária. Da mesma forma, sua ideologia foi inicialmente baseada em apelos ético-humanitários genéricos, como a fraternidade entre os povos e a paz mundial, em vez da luta de classes e de objetivos políticos concretos. Em razão dessas limitações, a assembleia do St. Martin's Hall poderia ter sido uma das muitas iniciativas de caráter vagamente democrático, já empreendidas naqueles anos, que não obtiveram nenhum prosseguimento. Mas, ao contrário, constituiu o ponto de referência para todas as futuras organizações do movimento operário, reivindicado mais tarde tanto por reformistas quanto por revolucionários: a Associação Internacional dos Trabalhadores.[3]

Em pouco tempo, ela despertou paixões por toda a Europa. Fez da solidariedade de classe um ideal compartilhado e motivou a consciência de uma grande massa de homens e mulheres que escolheram a luta com o objetivo mais radical, o de mudar o mundo. O editorial de um correspondente do *The Times* no terceiro congresso da organização, realizado em Bruxelas em 1868, traduz plenamente a ambição do projeto da Internacional:

> [nela] não se almeja [...] um mero melhoramento, mas uma verdadeira regeneração, e não de uma única nação, mas da humanidade. Este é certamente o mais extenso objetivo já concebido por qualquer instituição, com exceção, talvez, da igreja cristã.[4]

Graças à Internacional, o movimento operário pôde compreender mais claramente os mecanismos de funcionamento do modo de produção capitalista, adquirir maior consciência de sua própria força e desenvolver novas e mais avançadas formas de luta. Seu eco ultrapassou as fronteiras da Europa, gerando a esperança de que um mundo diferente fosse possível também entre os artesãos de Buenos Aires, os membros das primeiras associações operárias de Calcutá e grupos de trabalhadores da Austrália e da Nova Zelândia.

Inversamente, nas classes dominantes, a notícia da fundação da Internacional provocou horrores. A ideia de que também os trabalhadores reivindicavam um papel ativo na história gerava repulsa e foram numerosos os governos que pediram sua eliminação e perseguiram-nos com todos os meios de que dispunham.

As organizações operárias que fundaram a Internacional eram muito diferentes umas das outras. A força motriz era o sindicalismo inglês. Seus dirigentes, quase todos reformistas, estavam interessados principalmente em questões de caráter econômico. Lutaram pela melhoria das condições dos trabalhadores sem, no entanto, questionar o capitalismo. Portanto, conceberam a Internacional como uma ferramenta que poderia promover seu objetivo ao impedir a importação de mão de obra do exterior durante as greves.

Outro significativo ramo da organização, há muito dominante na França e também forte na Bélgica e na Suíça francófona, era o dos mutualistas. Seguidores das teorias de Pierre-Joseph Proudhon, opunham-se a qualquer tipo de envolvimento político dos trabalhadores, eram contra a greve como instrumento de luta e expressavam posições conservadoras em relação à emancipação feminina. Defensores de um sistema cooperativo de base federalista, acreditavam que era possível mudar o capitalismo por meio do acesso justo ao crédito. Por essas razões, constituíam a ala direita da Internacional.

A par destas duas componentes, numericamente majoritárias, o terceiro grupo, por ordem de importância, era formado pelos comunistas, reunidos em torno da figura de Karl Marx e ativos, com pequenos grupos com uma esfera de influência muito limitada, em algumas cidades alemãs e suíças, assim como em Londres. Anticapitalistas, eles se opunham ao sistema produtivo vigente, reivindicando a necessidade de ação política para sua ruína.

Entre as fileiras da Internacional, à época de sua fundação, estavam presentes também componentes estranhos à tradição socialista – como alguns grupos de exilados de países do Leste Europeu –, inspirados em concepções vagamente democráticas. Entre eles podem ser apontados os seguidores de Giuseppe Mazzini, expoente de um pensamento interclassista voltado principalmente para reivindicações nacionais, que concebeu a Internacional como uma associação útil para difundir apelos genéricos de redenção aos povos europeus.[5]

Completando o quadro da organização, tornando ainda mais complexo o seu equilíbrio, existiam ainda vários grupos de trabalhadores franceses, belgas e suíços, que se juntaram à Internacional trazendo consigo as mais diversas e confusas teorias, inclusive algumas inspiradas no utopismo. Por fim, nunca associada à Internacional, embora girasse em sua órbita, havia também a Associação Geral dos Trabalhadores Alemães (Adav, na sigal em alemão), o partido liderado pelos seguidores de Ferdinand Lassalle, que tinha uma clara posição antissindical e concebia a ação política exclusivamente no quadro rígido das fronteiras nacionais.

Estes foram os heterogêneos grupos fundadores da Internacional e foi esse o variado e complexo entrelaçamento de culturas e experiências políticas e sindicais que caracterizou seu nascimento. Construir a estrutura geral e realizar a síntese política de uma organização tão ampla, apesar de sua forma federativa, apresentou-se, desde o início, como uma tarefa extremante árdua. Além disso, todas essas diferentes tendências, mesmo depois de seus adeptos terem aderido a um programa comum, continuaram a exercer uma influência considerável, inevitavelmente centrífuga, nas seções locais onde foram majoritárias.

130   KARL MARX – BIOGRAFIA INTELECTUAL E POLÍTICA (1857-1883)

A façanha política de conseguir reunir todos esses estados de ânimo em uma mesma organização e, além disso, com um programa tão distante das configurações iniciais de cada uma delas, foi indiscutivelmente obra de Marx. A sua habilidade política permitiu-lhe conciliar o que parecia inconciliável e garantiu um futuro à Internacional que, sem o seu protagonismo, teria partilhado o mesmo rápido esquecimento de todas as outras numerosas associações operárias que a precederam.[6] Foi Marx quem deu à Internacional um claro propósito. Foi ele quem criou um programa político não excludente, mas firmemente classista, garantindo uma organização que aspirava ser de massas e não sectária. Alma política de seu Conselho Geral, foi sempre Marx quem redigiu todas as principais resoluções e compilou todos os relatórios preparatórios dos congressos (com exceção do de Lausanne em 1867, pois coincidiu com seu compromisso de revisar as provas de impressão d'*O capital*). Ele era "o homem certo no lugar certo",[7] como escreveu o líder operário alemão Johann Georg Eccarius.

No entanto, ao contrário do que afirmam as muitas reconstruções fantasiosas, que o colocam como o fundador da Internacional, Marx não estava entre os organizadores da assembleia realizada no St. Martin's Hall. Ao contrário, presenciou-a como um "personagem mudo",[8] como escreve em uma carta dirigida ao seu amigo Friedrich Engels. Nela, ele expôs os motivos de sua participação:

> eu sabia que, tanto da parte londrina quanto da parisiense, figuravam 'potências' reais; decidi, portanto, abandonar minha regra habitual de recusar todos os convites desse gênero. [...] Na assembleia, que estava lotada a ponto de sufocar, visto que está em curso um evidente despertar das classes trabalhadoras, [...] decidiu-se fundar uma 'Associação Internacional dos Trabalhadores', cujo Conselho Geral residirá em Londres e terá que 'coligar' as associações operárias na Alemanha, Itália, França e Inglaterra. Decidiu-se também convocar, para 1865, um congresso geral dos trabalhadores da Bélgica.[9]

Apesar da posição inicial discreta, Marx foi capaz de reconhecer imediatamente o potencial do ocorrido e pôs-se imediatamente a trabalhar, para que a organização pudesse alcançar com sucesso sua imponente tarefa. Graças ao prestígio que acompanhou o seu nome, ainda que circunscrito a certos ambientes, foi nomeado entre os 34 membros da direção provisória[10] da Associação. Tendo conquistado, em pouco tempo, a confiança do grupo dirigente, foi-lhe confiada a tarefa de redigir o *Discurso de abertura* (1864) e os *Estatutos Provisórios* (1864) da Internacional. Quanto ao rascunho do texto, redigido em sua ausência, Marx percebeu imediatamente que "era impossível tirar algo de bom daquele esboço" e decidiu que "nem uma única linha deveria restar daquele documento".[11]

Ao redigir esses documentos fundamentais, Marx articulou firmemente a luta econômica com a luta política e tornou irreversível a escolha de pensar e agir em escala internacional.[12] De fato, conforme declarado no Discurso inaugural:

> Em toda parte, a grande massa das classes trabalhadoras degradou-se cada vez mais, ao menos na mesma proporção em que aqueles que estavam acima dela galgaram ainda mais degraus na escala social. Em todos os países da Europa já se tornou uma verdade irrefutável para os espíritos imparciais – desmentida apenas por aqueles que têm interesse em remeter os outros a um paraíso imaginário – que nem o aperfeiçoamento das máquinas, nem a aplicação da ciência à produção, nem a descoberta de novas comunicações, nem as novas colônias, nem a criação de novos mercados, nem o livre comércio, nem todas essas coisas juntas são capazes de suprimir a miséria das classes trabalhadoras.
>
> Ao contrário, na falsa base do presente, todo novo desenvolvimento da força produtiva do trabalho necessariamente escavará um abismo mais amplo e profundo entre os contrastes sociais, e o antagonismo social dele emergirá ainda mais duro e agudo. Durante esta época inebriante de progresso econômico, a morte por fome elevou-se ao nível de uma instituição social nas metrópoles do Império Britânico. Esta época é marcada nos anais do mundo por retornos acelerados, em uma extensão que se amplia, dos efeitos cada vez mais mortais da peste social chamada crise comercial e industrial.[13]

Os operários, assim, tiveram que entender que "os donos da terra e do capital querem apenas uma coisa: usar seus privilégios políticos para defender e perpetuar seus monopólios econômicos. Certamente não querem favorecer o caminho da emancipação do trabalho, ao contrário, querem apenas continuar a colocar-lhe todo o tipo de obstáculos".[14] Portanto: "a conquista do poder político tornou-se o grande dever da classe operária".[15]

Foi graças à perspicácia de Marx que a Internacional se tornou um órgão de síntese política das tendências presentes nos diversos contextos nacionais. Ela conseguiu unificá-los em um projeto de luta comum, garantindo autonomia às seções locais, mas não total independência do centro dirigente.[16]

Os esforços para manter a organização unida foram exaustivos para Marx,[17] especialmente se considerarmos que sua concepção anticapitalista não era de forma alguma a posição política dominante no interior da organização. Porém, com o passar do tempo, às vezes até por meio de embates e rupturas, graças à tenacidade incessante de seu trabalho, o pensamento de Marx tornou-se a doutrina hegemônica.[18] A Engels, contou o quão "dificílimo" fora redigir os dois documentos que lhe foram confiados pelo subcomitê

> de modo que nosso ponto de vista aparecesse de forma aceitável para a posição atual do movimento operário. [...] Leva tempo até que o movimento renascido permita que uma linguagem ousada seja usada novamente. É preciso ser *fortiter in re, suaviter in modo* [forte na substância, suave no método].[19]

Diferentes foram as considerações de Marx sobre o possível uso da Internacional para fins eleitorais. Poucos meses após a fundação da organização, ele escreveu sobre o radical inglês Edmond Beales, que se candidatou às eleições na Inglaterra: "não podemos nos tornar o trampolim de mesquinhas ambições parlamentares".[20]

Apesar deste árduo caminho, repleto de dificuldades, sua elaboração extraiu muitos frutos das lutas políticas daqueles anos. O novo perfil das mobilizações operárias, a experiência revolucionária da Comuna de Paris, a experiência, inédita para ele, da manutenção de uma organização política de tamanha abrangência e complexidade, as polêmicas com as demais tendências do movimento operário, nascidas das várias questões que se sucederam na vida da Associação, tudo isso empurrou Marx mais uma vez para além das fronteiras da Economia Política, à qual se dedicara completamente após a derrota da revolução de 1848 e do subsequente refluxo das forças mais progressistas. Além disso, foi levado a desenvolver as suas ideias, por vezes a revisá-las, questionando velhas certezas, colocando-se novas questões e elaborando, mais concretamente em termos da definição da sociedade comunista, a sua crítica ao capitalismo. A representação do papel de Marx na Internacional que é aceita pela ortodoxia soviética, ou seja, a de que fora um revolucionário que teria transposto mecanicamente para o palco da história uma elaboração política já acabada e previamente elaborada teoricamente, no confinamento de um quarto, está longe da realidade.[21]

ESTRUTURA E PRIMEIROS DESENVOLVIMENTOS DA ORGANIZAÇÃO

Ao longo de sua existência e nas décadas que se seguiram, a Internacional foi retratada como uma organização vasta e financeiramente poderosa. O número de seus adeptos sempre foi superestimado, seja por um conhecimento insuficiente da realidade, seja pelos exageros de alguns de seus dirigentes, seja para justificar a brutal repressão contra ela. O promotor público que, em junho de 1870, processou alguns dos líderes franceses da Internacional, declarou que a organização tinha mais de 800 mil membros na Europa.[22] Um ano depois, após a derrota da Comuna de Paris, o *The Times* afirmou que eles chegaram a ser 2,5 milhões, enquanto seu principal estudioso conservador da época, Oscar Testut, chegou a imaginar que eles ultrapassaram a soma de 5 milhões de membros.[23]

Na Inglaterra, com a única exceção dos operários siderúrgicos, a força da Internacional entre os proletários industriais sempre foi muito limitada.[24] Nunca chegaram a ser maioria na Associação, muito menos depois da sua expansão para os países do sul da Europa. A outra grande limitação da Internacional foi não ter conseguido envolver o mundo do trabalho não qualificado,[25] não obstante os esforços de Marx nesse sentido desde a preparação de seu primeiro congresso, como demonstra a clara exortação às organizações operárias contida no documento *Instruções aos Delegados do Conselho Provisório. As questões específicas* (1867). Estas últimas foram assim elencadas:

> Para além de seus objetivos originários, os sindicatos hoje devem aprender a agir conscientemente como centros organizadores da

classe operária no grande interesse de sua total emancipação. Eles devem apoiar todos os movimentos sociais e políticos que vão nessa direção. Considerando-se e agindo como uma expressão de toda a classe operária, eles conseguirão incorporar em suas fileiras aqueles que estão fora dela. Eles devem prestar muita atenção aos setores industriais em que os salários são mais baixos, como no caso dos trabalhadores agrícolas, que ficaram impotentes por circunstâncias excepcionalmente desfavoráveis. Eles devem despertar a convicção mundial de que seus objetivos, em vez de serem circunscritos por limites estreitos e egoístas, visam a emancipação de milhões de oprimidos.[26]

Ao fim, a Internacional permaneceu sendo uma organização apenas de empregados, já que os desempregados nunca participaram dela. A procedência de seus dirigentes era semelhante e, com algumas exceções, eram principalmente artesãos e intelectuais. Dispor de um relato verossímil dos recursos da Internacional é igualmente complicado. Apesar das descrições fantasiosas de sua suposta abundância de recursos econômicos,[27] a organização tinha uma situação financeira cronicamente instável.

A taxa de inscrição para militantes individuais era de um xelim; enquanto os sindicatos teriam que pagar, como entidade coletiva, três centavos para cada um de seus membros individuais. Os valores arrecadados nunca ultrapassaram algumas dezenas de libras por ano,[28] mal davam para pagar o salário de quatro xelins semanais do secretário-geral e o aluguel da sede, da qual a Internacional era frequentemente ameaçada de despejo por atrasos.

Em um dos documentos mais importantes da vida da organização, Marx assim resume suas funções: "é tarefa da Associação Internacional dos Trabalhadores unificar os movimentos espontâneos das classes operárias e dar-lhes uniformidade, mas não de dirigi-los ou impor-lhes qualquer sistema doutrinário".[29]

Apesar da considerável autonomia concedida às federações e seções locais individuais, a Internacional sempre manteve um lugar de liderança política. O seu Conselho Geral, de fato, constituía o órgão no qual se realizava a síntese entre as várias tendências políticas e de onde saíam as linhas diretivas da organização. De outubro de 1864 a agosto de 1872, reuniu-se regularmente em 385 ocasiões. No decorrer de tantas noites de quarta-feira em que as reuniões do Conselho Geral aconteciam, em uma sala repleta de fumo de charutos e cachimbos, os seus membros debatiam numerosas problemáticas, entre as quais: as condições de trabalho dos operários, os efeitos da introdução dos maquinários, o apoio às greves, o papel e a importância dos sindicatos, a questão irlandesa, os muitos problemas de política externa e, claro, como construir a sociedade do futuro. O Conselho Geral era também o órgão que se ocupava da redação dos documentos da Internacional. Circulares, cartas e resoluções eram as medidas correntemente utilizadas, enquanto manifestos, discursos e apelos eram os documentos excepcionais, emitidos em circunstâncias particulares.[30]

A Inglaterra foi o primeiro país em que foram apresentados os pedidos de adesão à Internacional. Em fevereiro de 1865, de fato, filiaram-se os 4 mil membros da Sociedade Operativa de Pedreiros (Operative Society of Bricklayers). Pouco tempo depois, seguiram-se os grupos de construtores e sapateiros. Durante o seu primeiro ano de vida, o Conselho Geral iniciou uma profícua atividade de divulgação dos princípios da Associação, o que contribuiu para alargar o horizonte do Conselho Geral para além do âmbito puramente econômico, como demonstra a presença da Internacional entre as organizações que participaram da Reform League [Liga pelas Reformas], movimento pela reforma eleitoral nascido em fevereiro de 1865.

Na França, a Internacional começou a tomar forma em janeiro de 1865, quando foi fundada sua primeira seção em Paris. Outros centros principais surgiram, um pouco mais tarde, em Lyon e Caen. Sua força era, no entanto, muito limitada. Na capital francesa, sua base não foi capaz de expandir-se e, nesse período inicial, várias outras organizações operárias alcançaram uma consistência numérica superior. A influência ideológica exercida pela Associação era fraca e a limitada correlação de forças, aliado à falta de determinação política, impediu a fundação de uma federação nacional. Apesar dessas limitações, os franceses, em grande parte seguidores das teorias mutualistas de Proudhon, se afirmaram como o segundo maior grupo da Internacional na primeira conferência da organização, realizada em Londres. Essa ocorreu entre os dias 25 e 29 de setembro, com a presença de 30 delegados da Inglaterra, França, Suíça e Bélgica e alguns outros representantes da Alemanha, Polônia e Itália. Os delegados que chegaram a Londres em setembro de 1865 trouxeram notícias sobretudo de caráter organizativo sobre os progressos que a Internacional havia começado a realizar em seus países. Na ocasião, foi convocado o primeiro congresso geral para o ano seguinte, do qual também foram pré-estabelecidos os temas a serem discutidos. Inicialmente, planejou-se realizar um congresso geral logo de imediato. No entanto Marx, acreditando que "as coisas ainda não [estavam] maduras",[31] confessou a Engels que, nas circunstâncias existentes, com uma estrutura política que recém dava os primeiros passos, isso causaria "apenas uma má impressão".[32]

Na ocasião, Marx propôs que os pontos, já aprovados pela assembleia, fossem colocados na ordem do dia para 1866. Estes foram transcritos por ele em uma carta dirigida a Hermann Jung, secretário correspondente para a Suíça da Internacional:

I. Assuntos relativos à Associação: 1. questões relativas à organização; 2. instituições de ajuda mútua para os membros da Associação.
II. Questões sociais: 1. trabalho cooperativo; 2. limitação da jornada de trabalho; 3. trabalho feminino e infantil; 4. sindicatos de comércio. Seu passado, presente e futuro; 5. unificação de esforços na luta entre capital e trabalho com o empenho da Associação Internacional; 6. crédito internacional: fundação de instituições de crédito internacionais, sua forma e métodos de atuação; 7. impostos diretos e indiretos; 8. exércitos permanentes e sua relação com a produção.
III. Política internacional: a necessidade de eliminar a influência de Moscou na Europa, mediante a realização do direito dos povos à autodeterminação e restauração da Polônia em bases democráticas e sociais.
IV. Questão filosófica: a ideia religiosa e suas relações com o desenvolvimento social, político e intelectual.[33]

No período entre essas duas sessões, a Internacional continuou seu processo de expansão na Europa. Começou a construir seus primeiros núcleos importantes na Bélgica e na Suíça francófona. As "Leis Prussianas de Associação" (*Kombinationsgesetze*), que impediam grupos políticos alemães de estabelecer relações estruturadas com organizações de outros países, não permitiam a abertura de seções da Internacional naquela que era, à época, a Confederação Alemã. A Associação Geral dos Trabalhadores Alemães (Adav) – o primeiro partido operário da história, fundado em 1863, com cerca de 5 mil membros e liderado pelo discípulo de Lassalle, Johann Baptist von Schweitzer – seguiu uma linha de diálogo ambíguo com Otto von Bismarck e perdeu interesse pela Internacional durante os primeiros anos de sua existência. Uma atitude, esta última, também compartilhada por Wilhelm Liebknecht, apesar de sua grande proximidade política com Marx. Já Johann Philipp Becker que, além de se tornar um dos principais dirigentes da Internacional na Suíça, foi, por meio do "Grupo das Seções de Língua Alemã" de Genebra, o único organizador dos primeiros grupos de trabalhadores internacionalistas na Confederação Alemã, procurava driblar estas difíceis condições.

Se Liebknecht não compreendia como era decisivo colocar a dimensão transnacional no centro da luta do movimento operário, Marx manifestava profundas divergências teóricas e políticas inclusive nos confrontos com von Schweitzer. Em fevereiro de 1865, ele escreveu ao influente membro da Associação Geral dos Trabalhadores Alemães que a "assistência real prussiana às sociedades cooperativas", uma medida que teve a adesão dos lassallianos, "como medida econômica é nula, enquanto pela extensão do sistema tutelar – que [teria nascido] por meio dele – [...] uma parte da classe operária [seria] corrompida e o movimento, enfraquecido". Marx, então, expressou uma rejeição convicta à possível aliança entre os operários e a monarquia:

> Assim como o partido burguês na Prússia se comprometeu especialmente e provocou sua miséria atual por ter acreditado seriamente que, com a 'nova era' e pela graça do príncipe regente, o governo cairia em seus braços, assim ele comprometerá ainda mais o partido operário se imaginar que com a era bismarckiana, ou com qualquer outra era prussiana, por graça do rei lhe cairão na boca as maçãs de ouro. Está fora de dúvida que haverá uma decepção com o engano funesto de Lassalle a propósito de uma intervenção

> socialista por parte de um governo prussiano. A lógica das coisas falará. Mas a honra do partido operário exige que sejam evitadas tais quimeras antes mesmo que sua falta de conteúdo seja posta à prova. A classe operária é revolucionária, ou não é nada.[34]

A crítica ao socialismo de Estado foi um tema bastante recorrente nas reflexões políticas desenvolvidas por Marx naqueles anos. Poucos dias depois de escrever a von Schweitzer, Marx dirigiu-se a Engels, dizendo-lhe que a posição dos lassallianos na Alemanha era semelhante à "aliança do 'proletariado' com o 'governo' contra a 'burguesia liberal'",[35] em antítese à qual Marx e Engels já haviam se posicionado, duramente, em 1847.[36]

A atividade realizada pelo Conselho Geral na Inglaterra contribuiu para determinar um posterior fortalecimento da Internacional. Ao apoiar os grevistas do London Amalgamated Tailors [Alfaiates Unificados de Londres], durante a primavera de 1866, a organização contribuiu, pela primeira vez ativamente, para a luta operária. Após a vitória, cinco pequenas empresas de alfaiataria, cada uma empregando cerca de 500 trabalhadores, decidiram filiar-se à Internacional. A conclusão bem-sucedida de outras disputas atraiu vários pequenos sindicatos, de modo que na época do primeiro congresso já havia 17 organizações sindicais filiadas, totalizando mais de 25 mil novos membros. A Internacional foi a primeira associação que conseguiu a façanha de alistar organizações sindicais entre suas próprias fileiras.[37]

Neste contexto, no entanto, nem tudo correu bem. As disputas políticas surgiram com frequência no Conselho Geral e as ausências frequentes de Marx nos primeiros meses do ano, devido a problemas de saúde, favoreceram a reabertura do conflito contra ele pelos mazzinianos, liderados em grande parte por Luigi Wolff. Marx sempre teve consciência desse equilíbrio precário e, já em dezembro de 1865, escreveu a Engels: "se amanhã eu me retirasse para os bastidores, [...] o componente burguês tomaria o controle".[38]

Em março do ano seguinte, em um momento particularmente desfavorável, acrescentara: "no Conselho da Internacional [...] tudo desmorona e há uma grande vontade de rebelião contra o 'tirano' ausente e, ao mesmo tempo, também de jogar na lama todo o edifício".[39] No mesmo mês, comunicou à sua prima Antoinette Philips:

> deves saber que Mazzini, durante minha longa ausência forçada do Conselho da Associação Internacional, trabalhou arduamente para desencadear uma espécie de revolta contra minha posição como líder. 'Ser líder' nunca é agradável e nem é algo que eu queira. Eu sempre penso no que seu pai dizia [...] 'o condutor dos burros não pode senão ser odiado pelos burros'. Porém, uma vez que me dediquei de corpo e alma a uma empreitada que considero importante, certamente, dado o meu caráter, não desisto de bom grado. Mazzini não passa de um ferrenho inimigo do livre pensamento e do socialismo.[40]

Entre 3 e 8 de setembro de 1866, a cidade de Genebra sediou o primeiro congresso da Internacional. Participaram 60 delegados da Inglaterra, França, Alemanha e Suíça. A organização chegou a este encontro com um balanço muito positivo, tendo reunido sob as suas bandeiras, apenas dois anos após a sua fundação, mais de uma centena de sindicatos e organizações políticas. Os participantes do congresso dividiram-se essencialmente em dois blocos. O primeiro, composto por delegados ingleses, os poucos alemães presentes e a maioria dos suíços, seguia as diretrizes do Comitê Central elaboradas por Marx, ausente em Genebra. O segundo, que incluía os franceses e alguns suíços francófonos, era formado por mutualistas. Na época, a Internacional era uma organização em que prevaleciam as posições moderadas. De fato, os mutualistas, liderados pelo parisiense Henri Tolain, imaginavam uma sociedade na qual o trabalhador deveria ser ao mesmo tempo produtor, capitalista e consumidor. Consideravam a concessão do crédito gratuito a medida decisiva para a transformação da sociedade; opunham-se ao trabalho feminino, condenado do ponto de vista moral e social; opunham-se a qualquer interferência do Estado nas relações de trabalho (incluindo a redução legal da jornada de trabalho para oito horas), pois estavam convencidos de que isso ameaçaria a relação privada entre trabalhador e patrão e fortaleceria o sistema vigente.

Com base nas resoluções preparadas por Marx, os líderes do Comitê Central presentes no congresso conseguiram conter os mutualistas, numericamente fortes, e obter resultados favoráveis quanto à importância do papel da intervenção do Estado. A propósito deste último tema, na parte dedicada ao "Trabalho dos jovens e das crianças (de ambos os sexos)" do documento *Instruções aos delegados do conselho central provisório. Questões específicas*, Marx esclareceu que:

> não podemos fazer isso exceto por leis gerais, que são implementadas pelo poder do Estado. Ao introduzir tais leis, a classe operária não aumentará a força do poder governamental. Como existem leis para defender os privilégios de propriedade, por que não deveriam existir para impedir os abusos? Ao contrário, tais leis transformariam o poder dirigido contra elas em seu próprio agente. A classe operária, portanto, fará por meio de uma medida de caráter geral o que tentaria em vão realizar com um número enorme de esforços individuais.[41]

Essas reivindicações reformistas, portanto, longe de fortalecer a sociedade burguesa, como erroneamente acreditavam Proudhon e seus seguidores, representavam um ponto de partida indispensável para a emancipação da classe operária. Finalmente, nas instruções preparadas por Marx para o congresso de Genebra, foi reconhecida a função fundamental do sindicato, contra o qual se manifestaram não apenas os mutualistas, mas também alguns seguidores de Robert Owen na Inglaterra e, fora da Internacional, os lassallianos alemães:[42]

> [Sua] atividade não é apenas legítima, mas necessária. Não se pode renunciar a ele enquanto durar o sistema atual. Ao contrário, devem generalizar sua ação por meio da fundação e união de associações análogas em cada país. Por outro lado, e sem poder prevê-lo, os sindicatos constituíram centros organizadores da classe operária, tal como as comunas e municipalidades medievais tiveram igual função para a classe burguesa. Se são indispensáveis na guerra de escaramuças entre trabalho e capital, certamente são muito mais importantes como forças organizadas para a transformação do sistema de trabalho assalariado e de dominação capitalista.

No mesmo documento, porém, Marx não isentou os sindicatos de críticas,

> responsabilizados por terem lidado exclusivamente com lutas locais de curto prazo contra o capital e [por] não [terem] tido consciência suficiente de seu poder de ação contra o sistema de escravidão assalariada. Mantiveram-se muito afastados do movimento social e político geral.[43]

Ele havia exposto sua posição longamente no ano anterior, em uma palestra proferida ao Conselho Geral, em 20 e 27 de junho, e publicada postumamente sob o título de *Salário, preço e lucro* (1865):

> A classe operária [...] não deve exagerar para si mesma o resultado final desta luta cotidiana. Não deve esquecer que luta contra os efeitos, mas não contra as causas desses efeitos; que só pode conter o movimento descendente, mas não mudar sua direção; que aplica apenas paliativos, mas não cura a doença. Portanto, ela não deve se deixar absorver exclusivamente por essa inevitável guerrilha, que surge incessantemente dos ataques contínuos do capital ou das mudanças no mercado. Deve entender que o sistema atual, com todas as medidas que impõe à classe trabalhadora, gera ao mesmo tempo as condições materiais e as formas sociais necessárias para uma reconstrução econômica da sociedade. Em vez da palavra de ordem conservadora 'um salário justo por um dia de trabalho justo', os trabalhadores deveriam inscrever em sua bandeira o lema revolucionário 'supressão do sistema de trabalho assalariado'.[44]

Além disso, entre as principais resoluções aprovadas no congresso de Genebra estava aquela relativa a uma questão considerada essencial para a libertação da classe operária do jugo do capital: a limitação da jornada de trabalho.

> Consideramos a limitação da jornada de trabalho como a pré-condição sem a qual serão abortadas todas as tentativas de melhoria e emancipação.
> É necessário devolver a energia e a saúde à classe trabalhadora, que constitui a grande massa de todas as nações. Não é menos necessário dotá-la da possibilidade de desenvolvimento intelectual, de relacionamento social e de atividade social e política.[45]

A deliberação dos delegados foi de promover "oito horas de trabalho como limite legal da jornada", proposta que, como bem previram, se tornaria com o tempo "a bandeira comum de todas as reivindicações das classes trabalhadoras do mundo".

O comentário de Marx sobre o resultado do congresso foi, em geral, positivo. Para seu amigo de Hannover e membro da Internacional Ludwig Kugelmann, escreveu:

> no geral foi melhor do que eu esperava. [...] Escrevi o programa para os delegados de Londres [... e] intencionalmente limitei-o

> àqueles pontos que permitem compreensão e colaboração imediata entre os trabalhadores e que fornecem um alimento e estímulo imediatos às necessidades da luta de classe e da organização dos operários como classe. Os cavalheiros parisienses estavam com a cabeça cheia das mais vãs frases proudhonianas. Eles tagarelam sobre ciência e não sabem nada. Desdenham de toda ação revolucionária, ou seja, toda ação que surja da própria luta de classes, todo movimento social concentrado, isto é, que possa ser implementado também por meios políticos (como, por exemplo, a redução da jornada de trabalho por lei), a pretexto da liberdade e do antigovernismo ou do individualismo antiautoritário. Estes senhores, que há 16 anos suportaram e suportam com tanta serenidade o mais miserável despotismo, na realidade pregam a vulgar economia burguesa, apenas proudhonianamente idealizada! Proudhon causou um dano enorme. Com sua aparência de crítica e sua aparente oposição aos utopistas – ele próprio não passa de um utópico pequeno-burguês – [... Proudhon] conquistou e corrompeu primeiro a 'juventude brilhante' e depois os trabalhadores, especialmente os de Paris [...]. No relatório vou bater-lhes nos dedos.[46]

A partir do final de 1866, as greves se intensificaram em muitos países europeus. Organizadas por grandes massas de trabalhadores, elas contribuíram para a conscientização sobre suas condições e foram o coração pulsante de um novo e significativo tempo de lutas.

Apesar da tese, defendida por alguns governos da época, que atribuía a responsabilidade pelos distúrbios à propaganda da Internacional, a maioria dos trabalhadores que participaram nem sequer sabia de sua existência. Os protestos se originaram devido às dramáticas condições de trabalho e de vida a que eram forçados os operários. Essas mobilizações representaram o primeiro momento de encontro e de articulação com a Internacional. Esta apoiou-os com proclamações e apelos de solidariedade, organizou arrecadações de dinheiro em favor dos grevistas e promoveu reuniões para impedir as tentativas dos patrões de enfraquecer sua resistência.

Foi precisamente pelo papel concreto desempenhado, nesta fase, pela Internacional, que os trabalhadores passaram a reconhecê-la como um lugar de defesa dos seus interesses comuns e a solicitar adesão.[47] Portanto, apesar das complicações decorrentes da heterogeneidade de países, línguas e culturas políticas, a Internacional conseguiu reunir e coordenar diversas organizações e inúmeras lutas nascidas espontaneamente. Seu maior mérito foi o de ter conseguido indicar a absoluta necessidade da solidariedade de classe e da cooperação internacional, mudando irreversivelmente o caráter parcial dos objetivos e estratégias do movimento operário.

Na Inglaterra, ao contrário, ocorreu um processo de institucionalização do movimento operário. O *Reform Act*, resultante da batalha iniciada pela Reform League, estendeu o direito de voto a mais de 1 milhão de trabalhadores ingleses. A subsequente legalização das organizações sindicais, que acabou com o risco de perseguição e repressão, permitiu que o quarto estado se tornasse parte efetiva da sociedade. A partir deste momento, os pragmáticos dirigentes ingleses privilegiaram o caminho das reformas do sistema burguês. Os trabalhadores britânicos, diferentemente dos franceses, começaram a sentir-se parte integrante da sociedade e confiaram suas esperanças de um futuro diferente não mais ao conflito social, mas à mudança pacífica.[48] Em outros países europeus, a situação era completamente diferente. A negociação coletiva era quase inexistente na Confederação Alemã. Na Bélgica, as greves eram reprimidas pelo governo quase como se fossem atos de guerra, enquanto na Suíça ainda eram uma anomalia mal tolerada pela ordem estabelecida. Na França, finalmente, a greve foi declarada legal em 1864, mas as primeiras organizações sindicais ainda operavam sob severas restrições.

A ausência de desenvolvimentos teórico-políticos neste último país, fundamental para o destino de todo o movimento operário europeu, era a questão que mais preocupava Marx naqueles anos. No início de junho de 1866, ele disse a Engels: "Os crentes de Proudhon são grotescos; e meus bons amigos aqui, incluindo Lafargue e Charles Longuet, pensam que toda a Europa ficará sentada até que os senhores da França acabem com a pobreza e a ignorância".[49] Duas semanas depois, voltou ao assunto contando ao amigo de Manchester sobre um grupo de "representantes (não operários) da Jovem França" que, em reunião do Conselho Geral, afirmara que "todas as nacionalidades e mesmo as nações são preconceitos antiquados". Marx rotulou esses enunciados – segundo os quais as instituições políticas da época deveriam ser "dissolvidas em pequenos 'grupos' ou 'comunas' que, por sua vez, formariam uma 'união', mas não um Estado" – com o termo "stinerismo proudhonizado". Marx zombou do fato de que essa "individualização da humanidade e o correspondente 'mutualismo'" deveriam ter ocorrido "enquanto a história se fecha em todos os outros países e o mundo inteiro espera que os franceses estejam maduros para realizar uma revolução social". Estes mostrariam "a sua experiência, e o resto do mundo, subjugado pela força do seu exemplo, [faria] como eles", circunstância que lhe recordava "o que Fourier esperava do seu falanstério modelo".[50] Em contrapartida, Marx astutamente lembrou que muitos franceses entenderam por "negação das nacionalidades sua absorção na nação modelo francesa".[51]

Esse foi o cenário que antecedeu o congresso de 1867, realizado na cidade de Lausanne de 2 a 8 de setembro, com a participação de 64 delegados[52] provenientes de seis países (desta vez veio um representante também da Bélgica e um da Itália). Entre eles houve uma presença consistente de mutualistas, que impuseram temas proudhonianos típicos na agenda do congresso, como a discussão sobre o movimento cooperativo e sobre o uso alternativo do crédito. A ausência de Marx nas assembleias[53] e no Conselho Geral durante as semanas em que os documentos preparatórios foram redigidos, devido à revisão das últimas provas de impressão d'*O capital*, repercutiram negativamente no conteúdo do congresso, cujos trabalhos permaneceram limitados às crônicas dos progressos alcançados pela organização nos vários países e aos debates sobre os temas preferidos pelos mutualistas. No entanto, embora Engels afirmasse estar preocupado: "desta vez parece realmente que os franceses arrastaram o congresso consigo – o número de deliberações proudhonianas é realmente demasiado grande",[54] Marx respondeu-lhe: "não importa. O mais importante é que o congresso aconteça, não o que nele ocorre. Em nosso cálculo geral, os sabichões parisienses serão ridicularizados".[55] Foi o que aconteceu, de modo que o embate entre as duas tendências foi apenas adiado.

A VITÓRIA CONTRA OS MUTUALISTAS

Na Internacional, desde o seu nascimento, as ideias de Proudhon foram hegemônicas na França e em outras regiões de fala francesa, como a Suíça francófona, a Valônia e a cidade de Bruxelas. Seus discípulos, em particular Tolain e Ernest-Édouard Fribourg, conseguiram influenciar com suas posições a assembleia fundadora de 1864, a conferência de Londres de 1865, bem como as reuniões de Genebra e Lausanne.

Os mutualistas foram durante quatro anos a parte mais moderada da Internacional. Os sindicatos ingleses, a componente efetivamente majoritária da organização, embora não partilhassem as posições anticapitalistas de Marx, não tinham o efeito aglutinador dos seguidores de Proudhon nas escolhas políticas da organização. Baseados nas concepções do anarquista francês, os mutualistas acreditavam que a emancipação econômica dos trabalhadores seria alcançada por meio da fundação de cooperativas de produção, financiadas por um banco popular central. Firmemente contrários à intervenção do Estado em qualquer domínio, opunham-se à socialização da terra e dos meios de produção e à prática da greve.

Durante a longa luta para reduzir a influência de Proudhon no seio da Internacional, Marx desempenhou, sem dúvida, um papel central. As suas ideias foram de importância fundamental para o amadurecimento teórico dos dirigentes da organização e foi notável a sua capacidade política de implementá-las, vencendo todos os grandes confrontos internos. No tocante à cooperação, por exemplo, já havia afirmado, nas *Instruções aos Delegados ao Conselho Central Provisório. As questões específicas de 1866*, que:

> Para converter a produção social num sistema amplo e harmonioso de trabalho cooperativo livre, são indispensáveis mudanças sociais gerais, transformações das condições gerais da sociedade, que só podem ser realizadas com o uso das forças organizadas da sociedade, ou seja, o poder governamental, arrancado das mãos dos capitalistas e dos proprietários de terras e colocado nas mãos dos produtores.[56]

Recomendava aos trabalhadores que "se interessassem mais pela cooperação na produção do que pela cooperação no consumo: esta última ma apenas toca a superfície do atual sistema econômico, enquanto aquela o ataca em sua base".[57]

Porém, mais ainda do que Marx, foram os próprios trabalhadores que tornaram a doutrina proudhoniana marginal na Internacional. Foi, antes de tudo, a multiplicação das greves que convenceu os mutualistas de como as suas concepções estavam erradas. Foram as lutas proletárias que lhes mostraram que a greve era a resposta imediata e necessária para melhorar as condições existentes, mas também, ao mesmo tempo, para reforçar a consciência de classe necessária para construir a sociedade do futuro. Foram as mulheres e os homens de carne e osso que pararam a produção capitalista para exigir direitos e justiça social que alteraram a correlação de forças na Internacional e, mais significativamente ainda, na sociedade. Foram os trabalhadores da indústria do bronze de Paris, os tecelões de Rouen e de Lyon, os trabalhadores das minas de carvão de Saint-Étienne que, com uma força superior a qualquer discussão teórica, convenceram os dirigentes internacionalistas franceses da necessidade de socializar a terra e a indústria. Foi certamente o movimento operário que provou, desmentindo Proudhon, que era impossível separar a questão socioeconômica da questão política.[58]

O congresso de Bruxelas, que ocorreu entre 6 e 13 de setembro de 1868, com a presença de 99 delegados de França, Inglaterra, Suíça, Alemanha, Espanha (um único delegado) e Bélgica (com 55 representantes),[59] sancionou o redimensionamento dos mutualistas. Em seu instante decisivo, os delegados pronunciam-se a favor da proposta de De Paepe sobre a socialização dos meios de produção. A resolução aprovada – uma das mais importantes em toda a vida da Internacional – constituiu-se num passo decisivo em direção à definição da base econômica do socialismo, uma questão que então deixava de ser tratada apenas nos escritos individuais dos intelectuais, e agora constava no programa de uma grande organização transnacional. No que toca aos trabalhadores das minas e dos transportes, o congresso declarou que:

> a) as pedreiras, as bacias carboníferas e outras minas, bem como as ferrovias, num estado normal de sociedade, devem pertencer à comunidade, representada pelo Estado, mas um Estado sujeito às leis da justiça;
> b) que as pedreiras, as bacias carboníferas e outras minas, bem como as ferrovias, deverão ser concedidas pelo Estado não às so-

ciedades de capitalistas, como acontece atualmente, mas às associações de trabalhadores obrigadas por contrato a garantir à sociedade a utilização racional e científica das ferrovias etc., a um custo tão próximo quanto possível aos custos de gestão. O mesmo contrato obrigará o Estado a reservar-se o direito de controlar as contas das empresas, impedindo assim qualquer possibilidade de reconstituição dos monopólios. Um segundo contrato deverá garantir os direitos mútuos de cada membro das empresas em relação aos seus colegas de trabalho.

No tocante à propriedade agrícola, foi estipulado que:

o desenvolvimento econômico da sociedade moderna criará a necessidade social de transformar as terras cultiváveis em propriedade comum da sociedade, e que as terras, para benefício comum, serão concedidas a empresas agrícolas em condições semelhantes às estabelecidas para as minas e ferrovias.

Comentários semelhantes foram reservados para os canais, as estradas e os telégrafos:

considerando que as estradas e outros meios de comunicação exigem um direcionamento social comum, o congresso considerou que deveriam continuar a ser propriedade comum da sociedade.

Por último, não faltaram reflexões interessantes sobre a questão ambiental:

Considerando que o abandono das florestas a particulares provocaria a destruição das matas necessárias à preservação das nascentes e, consequentemente, da boa qualidade do solo e, assim, também da saúde e da vida das populações, o congresso entende que as florestas devem continuar a ser propriedade da sociedade.[60]

Assim, em Bruxelas, a Internacional pronunciou-se pela primeira vez de forma clara sobre a necessidade de socialização dos meios de produção por meio da utilização do poder público.[61] Essa constituiu uma importante vitória do Conselho Geral e a primeira aparição de princípios socialistas no programa político de uma grande organização do movimento operário.

Além disso, o tema da guerra foi novamente discutido no congresso. Uma moção apresentada por Becker, mais tarde resumida por Marx nas resoluções finais que foram impressas, afirmava:

São exclusivamente os trabalhadores que têm um interesse claro e lógico na abolição definitiva de todas as guerras, sejam elas econômicas ou políticas, individuais ou nacionais, porque são eles que, ao final, têm sempre de pagar com o seu sangue e o seu trabalho as contas a liquidar entre os beligerantes, independentemente de serem vencedores ou vencidos.[62]

Os operários deveriam encarar cada guerra "como uma guerra civil".[63] Contra isso, De Paepe sugeria ainda o recurso à greve geral,[64] proposta considerada equivocada por Marx,[65] mas que tendia para o desenvolvimento de uma consciência de classe capaz de ir além das batalhas meramente econômicas.

A avaliação que Marx faz do congresso a Engels foi, mais uma vez, positiva. Foi assim que ele explicou ao amigo as razões deste sucesso:

Leßner diz que conseguimos tanto no congresso – embora estivéssemos tão mal representados, porque estava quase exclusivamente composto por belgas (com a adição de franceses) – porque em todos os pontos decisivos os trabalhadores belgas votaram com Londres, em oposição aos seus dirigentes belgas.[66]

A dificuldade de enviar militantes aos congressos deve-se aos recursos muito limitados de que a organização dispunha em Londres. Marx expôs a questão a Engels no verão de 1869, com grande irritação:

ontem, ocorreu uma sessão tragicômica do Conselho Geral, com cartas de solicitação para os cartões de sócios, o aluguel, o salário em atraso do secretário etc. Em suma: bancarrota internacional, de modo que ainda não se sabe como poderemos enviar um delegado [ao próximo congresso]. [...] O essencial é o seguinte: os comitês locais (incluindo os comitês centrais) gastam demasiado dinheiro e cobram demasiadas taxas de sua gente para a manutenção local e nacional, de modo que não sobra nada para o Conselho Geral. O dinheiro sempre se destina para imprimir declarações irrelevantes aos espanhóis etc., ou para outros disparates do gênero. No próximo congresso, seremos obrigados a declarar por escrito, ou verbalmente, que não podemos gerir o Conselho Geral desta forma. Antes de nomear os nossos sucessores, queiram pagar as nossas dívidas. Estas seriam muito maiores se, como acontece na maioria dos casos, os nossos secretários não assumissem eles próprios os custos da correspondência. Teria todo o gosto em ver a transferência do Conselho, se em algum lado encontrasse pessoas capazes de não nos meterem em confusões. A situação torna-se irritante.[67]

Para a vida interna da Internacional, estes problemas, que já se colocavam em 1869, eram de fato a norma e não a exceção. Na primavera de 1870, Marx escreve ironicamente a Wilhelm Bracke, um dos fundadores, com Liebknecht, do Social Democratic Workers' Party of Germany [Partido Operário Social-Democrata da Alemanha]: "Informo-o de que as finanças do Conselho Geral estão abaixo de zero; são grandezas negativas em crescimento constante".[68]

Em setembro de 1868, Marx volta a abordar o tema da oposição ao socialismo de Estado. Lembra a Engels que o que havia sido indicado por Von Schweitzer tinha apontado no debate do congresso da Associação Geral dos Trabalhadores Alemães, realizado em Hamburgo no mês anterior, "como síntese da invenção lassalliana", [isto é] "o crédito estatal para a criação de cooperativas de produção", não passava de "uma cópia do que [estava] no programa do movimento socialista católico francês, sob a direção de [Philippe] Buchez no 'Atelier', do tempo de Luís Felipe".[69]

Além disso, uma forte oposição ao governo e um maior antagonismo teriam beneficiado muito o conflito social: "para a classe operária alemã, o mais necessário é que deixe de fazer agitações apenas com a permissão das autoridades. Uma raça assim tão burocraticamente adestrada precisa fazer um curso completo de 'autoajuda'".[70]

Numa carta enviada a von Schweitzer, Marx esclareceu mais detalhadamente as suas divergências fundamentais em relação à tendência lassalliana. A primeira questão era a oposição à estratégia errada a que chamava "ajuda estatal *versus* ajuda autônoma". Segundo Marx, essa palavra de ordem servira a Buchez para atacar "o movimento operário real na França" e mesmo Lassalle tinha então feito "concessões à monarquia prussiana, à reação prussiana (o partido feudal) e até aos clérigos". Para Marx, no entanto, era essencial que a luta proletária fosse livre e independente. Afirmou, com convicção, que "a coisa mais importante [era] ensinar [o proletariado] a caminhar por si próprio", especialmente na Alemanha, "onde o operário é tratado desde a infância com medidas burocráticas e acredita na autoridade e nos superiores".

O outro elemento significativo de dissenso era a rigidez teórica e política de Lassalle e dos seus seguidores. Marx criticou o companheiro com quem tinha estado em contato durante vários anos porque, "tal como todos aqueles que afirmam ter no bolso a panaceia para os sofrimentos das massas", este conferira "à sua agitação [...] um caráter religioso e sectário". Para Marx, "toda a seita é religiosa" e "precisamente por ser o fundador de uma seita", até Lassalle se desvinculou de "qualquer conexão natural com o movimento passado na Alemanha e no exterior". Ele caíra no mesmo erro de Proudhon, nomeadamente o de "procurar a base real da sua própria agitação não nos elementos concretos do movimento de classe, mas [...] prescrever o curso deste movimento com base numa certa receita doutrinária". Marx escreveu que "a seita procura a sua razão de ser e a base de sua honra não no que tem em comum com o movimento de classe, mas na marca especial de reconhecimento que a distingue desse movimento".[71] A oposição de Marx a essa forma de atuação política não poderia ter sido mais evidente.

Por fim, na sua luta contra o socialismo de Estado, Marx também atacou Liebknecht. De fato, no verão de 1869, depois de um discurso deste último no Reichstag, Marx comentou com Engels: "esse animal acredita num futuro Estado democrático! Cá entre nós, esse Estado ora é a Inglaterra constitucional, ora são os burgueses Estados Unidos, ora é a miserável Suíça. Ele não tem sequer ideia do que seja uma política revolucionária".[72]

Mas as disputas, as contendas e os confrontos foram também acompanhados de acontecimentos muito positivos. No final de 1868, Marx relatou a Kugelmann um grande avanço ocorrido no último congresso da União Nacional dos Trabalhadores dos Estados Unidos. As mulheres operárias tiveram reconhecida sua "plena paridade", enquanto Marx se queixava ruidosamente de que

> os ingleses, e mais ainda os galantes franceses, estavam se maculando a esse respeito com o seu espírito mesquinho. Qualquer pessoa que conheça um pouco de história sabe que não é possível haver grandes convulsões históricas sem o fermento feminino. O progresso social pode ser medido, de forma confiável, pela posição social do belo sexo.[73]

O que preocupava Marx não era a complexa heterogeneidade da organização. Ele sabia bem que, "uma vez que o grau de desenvolvimento das diferentes seções operárias no mesmo país e da classe operária nos vários países é muito diferente, o movimento real exprime-se necessariamente em formas teóricas muito díspares". Para Marx, era "a comunidade de ação iniciada pela Associação Internacional dos Trabalhadores, a troca de ideias por meio dos vários órgãos das seccionais de todos os países [... e] a discussão direta nos congressos gerais"[74] que iriam gradualmente criar "o programa teórico comum para o movimento geral dos operários".[75]

Se o Congresso de Bruxelas de 1868 foi a assembleia onde se iniciou a virada coletivista da Internacional, o congresso do ano seguinte, que teve lugar entre 5 e 12 de setembro de 1869, na Basileia, deu-lhe a sua conclusão definitiva, erradicando o proudhonismo até da sua terra natal, a França. O novo texto, que afirmava "que a sociedade tem o direito de abolir a propriedade privada da terra e de torná-la parte da comunida-de",[76] foi também aceito pelos delegados franceses. Depois da Basileia, a Internacional na França deixou de ser mutualista. Marx sentiu-se aliviado de um fardo e escreveu à sua filha, Laura Lafargue:

> Congratulo-me com o fato de o Congresso da Basileia ter termina-do e ter corrido relativamente bem. Preocupa-me sempre quando o partido se apresenta publicamente 'com todas as suas feridas'. Nenhum dos oradores esteve à altura dos princípios, mas a idiotice das classes dominantes compensa os erros da classe operária.[77]

Este congresso teve ainda outro episódio interessante: a participação do delegado Mikhail Bakunin. Depois de não ter conseguido conquistar a liderança da Liga da Paz, fundou em Genebra, em setembro de 1868, a Aliança da Democracia Socialista, organização que pediu a adesão à Internacional em dezembro. Numa carta a Marx, de 22 de dezembro de 1868, escreveu

> perguntas-me se continuo a ser teu amigo. Claro que sim, e o sou mais do que nunca, caro Marx, porque compreendo melhor do que antes a razão que tinhas em continuar e convidar-nos a avançar na grande via da revolução econômica, bem como a repreender aqueles que se tinham perdido nas estradas secundárias, [isto é, na] estrada nacional ou exclusivamente política. Sou agora o que tu começaste há 20 anos. [...] A minha pátria é agora a Internacional, que ajudaste a fundar de forma decisiva. Como vês, portanto, caro amigo, sou agora teu aluno e orgulho-me de sê-lo.[78]

Este pedido foi inicialmente rejeitado pelo Conselho Geral. A Internacional não podia aceitar no seu seio organizações que continuavam a estar filiadas em outra estrutura transnacional paralela. Além disso, um dos objetivos do programa da Aliança para a Democracia Socialista – a "igualdade de classes"[79] – estava radicalmente distante de um dos pontos fundamentais da Internacional: a abolição das classes. No entanto, ao fim de pouco tempo, a Aliança Socialista modificou a parte do seu programa criticada pelo Conselho Geral e aceitou dissolver a rede das suas seções – muitas das quais não existiam de fato e eram fruto das fantasias de Bakunin.[80] Assim, em 28 de julho de 1869, a seção de Genebra, com 104 membros, é admitida na Internacional.[81] Embora Marx conhecesse bem Bakunin, subestimou as consequências da sua entrada na Internacional. O célebre revolucionário russo ganhou rapidamente uma influência considerável em várias seções suíças, espanholas e francesas (e mais tarde italianas, após a Comuna de Paris), e já na Basileia, graças à sua personalidade carismática e seus dotes dialéticos, conseguiu influenciar os resultados do congresso, como o demonstra a votação sobre o direito de herança,[82] o primeiro caso em que os delegados rejeitaram uma proposta do Conselho Geral. Depois de ter finalmente derrotado os mutualistas e o espectro de Proudhon, Marx via-se agora confrontado com um rival ainda mais duro, um adversário que formava uma nova tendência – o anarquismo coletivista – no seio da organização e que pretendia conquistá-la.

A REVOLUÇÃO NAS RUAS DE PARIS

A LUTA PELA LIBERTAÇÃO DA IRLANDA

O período entre o final dos anos 1860 e o início dos anos 1870 foi repleto de conflitos sociais. Durante este período, muitos dos trabalhadores que participaram nos protestos decidiram vincular-se à Internacional, cuja reputação tornava-se cada vez mais difundida, para solicitar a sua intervenção em apoio às suas lutas. O ano de 1869 foi de grande expansão da organização em toda a Europa. No entanto, a Inglaterra constitui uma exceção. O congresso dos sindicatos britânicos, reunido em Birmingham em agosto, fez uma recomendação a todas as suas organizações filiadas para que aderissem à Internacional. Todavia, o apelo não foi atendido e a adesão manteve-se mais ou menos no mesmo nível de 1867. Mesmo os dirigentes sindicais britânicos, moderados e pouco afeitos às questões teóricas,[1] mostraram um interesse limitado pela organização. Apoiaram Marx sem hesitação na luta contra os mutualistas, mas faltava-lhes espírito revolucionário. Por esta razão, Marx opôs-se durante muito tempo à criação de uma federação inglesa independente do Conselho Geral.

Particularmente significativa nesta fase foi também a criação de várias seções de trabalhadores irlandeses na Inglaterra e a nomeação do líder operário John Mac Donnell como secretário correspondente para a Irlanda no

Conselho Geral. Na reunião de 16 de novembro deste órgão, Marx propôs uma resolução em que o órgão central da Internacional expressava "a sua admiração pela maneira corajosa, firme e elevada com a qual o povo irlandês conduzia o movimento pela anistia".[2] Poucos dias antes, Marx comentara com Engels ter considerado "belíssimos os últimos comícios na Irlanda, nos quais os padres [foram] pegos pelo pescoço e afastados da tribuna".[3]

Analisando a questão de forma mais abrangente, ele não só prosseguiu a batalha política – contra o ceticismo dos dirigentes operários britânicos – para que a Internacional assumisse uma posição radical e não meramente "humanitária" do tipo "justiça para a Irlanda", como também rompeu de forma importante com as suas concepções anteriores. Escreveu ao seu amigo Ludwig Kugelmann:

> Estou cada vez mais convencido – e agora é uma questão de incutir esta convicção na classe operária inglesa – de que esta nunca poderá fazer nada de decisivo aqui na Inglaterra enquanto não diferenciar a sua política em relação à Irlanda, da forma mais categórica possível, das opiniões das classes dominantes; enquanto não apenas fizer causa comum com os irlandeses, mas também tomar a iniciativa de dissolver a União [Anglo-Irlandesa] fundada em 1801 e da sua substituição por uma relação federal livre. Isto deve ser feito não como um ato de simpatia pela Irlanda, mas como uma reivindicação baseada nos interesses do proletariado inglês. De outro modo, o povo inglês permanece amarrado às classes dominantes, por isso adotam uma posição comum a elas no que toca à Irlanda. Todos os seus movimentos na própria Inglaterra ficam paralisados pelo seu desacordo com os irlandeses, que constituem uma parte considerável da classe operária na própria Inglaterra. A primeira condição da emancipação aqui – o colapso da oligarquia fundiária inglesa – continua a ser impossível, uma vez que a sua posição não pode ser tomada enquanto o seu posto avançado na Irlanda permanecer protegido. No entanto, aí, a aniquilação da aristocracia fundiária [...] será infinitamente mais fácil [... tão logo] o povo irlandês torne-se o seu próprio legislador e governante, autônomo, porque na Irlanda não se trata apenas de uma questão econômica, mas de uma questão nacional, pois aí os proprietários de terras [...] são os opressores da nacionalidade, mortalmente odiados.[4]

Marx voltou ao assunto alguns meses mais tarde quando, em uma importante *Comunicação Confidencial* da Internacional, publicada a 28 de março de 1870,[5] afirmou que "o senhorio na Irlanda é mantido exclusivamente pelo exército inglês. No momento em que a união forçada entre os dois países cessar, eclodirá na Irlanda, ainda que com atraso, uma revolução social". Também a sua opinião sobre a classe operária britânica confirmou-se: "o proletariado inglês torna os grandes proprietários invulneráveis na própria Inglaterra, na medida em que mantém de pé o seu poder na Irlanda". Isto também era verdade do ponto de vista militar. A Irlanda representava, de fato, "o único pretexto do governo inglês para manter um exército permanente" que, tendo sido formado ali, era também lançado "contra os operários ingleses".[6]

Marx estava cada vez mais certo de que a independência irlandesa era uma questão absolutamente central. Numa carta a Kugelmann, em novembro de 1869, concluía o seu raciocínio afirmando que "não só o desenvolvimento social interno da Inglaterra fica[va] prejudicado pela atual relação com a Irlanda",[7] como também caracterizava negativamente a política externa inglesa, "particularmente em relação à Rússia e aos Estados Unidos da América". Uma vez que a "república inglesa sob Cromwell naufragara por causa da Irlanda", Marx lançou uma advertência: *"non bis in idem* [que isto não volte a acontecer]!".[8]

Em dezembro de 1869, resumiu as convicções que tinha amadurecido sobre a correta relação entre a classe operária inglesa e a libertação da Irlanda também a Friedrich Engels, a quem fez notar:

> Durante muito tempo, acreditei que era possível derrubar o regime irlandês por meio da ascensão da classe operária britânica. Sempre defendi este ponto de vista no *New York Tribune*. Agora, um estudo mais profundo convenceu-me do contrário. A classe operária inglesa nunca fará nada enquanto não se livrar da Irlanda. É da Irlanda que deverá vir o impulso. É por isso que a questão irlandesa é tão importante para o movimento social em geral.[9]

Além disso, se Marx acreditava que a Irlanda era decisiva para a Inglaterra, esta última – definida como a "metrópole da propriedade fundiária e do capitalismo em todo o mundo" – seria, em seu modo de ver, decisiva para todo o continente e para o desenvolvimento da revolução proletária em geral. Esclareceu-o a Laura e Paul Lafargue em março de 1870:

> Para acelerar o desenvolvimento da Europa, é necessário apressar a catástrofe da Inglaterra oficial. Para isso, é necessário atacar na

Irlanda. Este é o seu ponto mais fraco. Se a Irlanda cair, o império britânico está acabado e a luta de classes na Inglaterra, até agora adormecida e lenta, assumirá formas violentas.[10]

Como se afirmava na *Comunicação Confidencial* de 28 de março de 1870, o objetivo da Internacional deveria ser "fazer avançar a revolução social na Inglaterra". No entanto, este objetivo só poderia ser alcançado se a ordem política que determinava "a escravização da Irlanda" fosse transformada, "se possível, numa confederação igual e livre ou, se necessário, numa separação completa".[11]

Reflexões muito semelhantes podem ser encontradas em uma longa carta, repleta de considerações relevantes, na primavera de 1870, dirigida a Sigfried Meyer e August Vogt, membros de origem alemã da Internacional nos Estados Unidos: "Amadureci a ideia de que o golpe decisivo contra as classes dominantes na Inglaterra (e que será decisivo para o movimento operário mundial) só pode ser desferido na Irlanda e não na Inglaterra".[12]

Para Marx, de qualquer forma, em relação à ocupação da Irlanda, havia "algo [ainda] mais importante" do ponto de vista político: a divisão de classes que o nacionalismo violento tinha produzido no seio do campo proletário. Na *Comunicação Confidencial*, destacou que "a burguesia inglesa não só explorou a miséria irlandesa para comprimir, por meio da emigração forçada dos irlandeses pobres, as condições da classe operária inglesa". Ela também foi capaz de dividir os trabalhadores "em dois campos inimigos":

> Em todos os centros industriais e comerciais da Inglaterra, existe um profundo antagonismo entre o proletariado irlandês e o inglês. O operário comum inglês odeia o operário irlandês como um concorrente que se apodera dos seus salários e do seu padrão de vida. Sente por ele antipatias nacionais e religiosas. Considera-o da mesma forma que os brancos pobres consideram os escravos negros nos estados do sul da América do Norte. Este antagonismo entre o proletariado na Inglaterra é alimentado e mantido vivo pela burguesia. Ela sabe que esta divisão é o verdadeiro segredo da manutenção do seu poder.[13]

A este respeito, na carta enviada a Meyer e a Vogt, Marx amplia o seu ponto de vista, recordando-lhes que o trabalhador inglês "sente-se [...] parte da nação dominante e, por isso mesmo, transforma-se num instrumento dos aristocratas e dos capitalistas contra a Irlanda, consolidando assim o domínio deles sobre si próprio". Os irlandeses, por seu lado, "retribuem-lhe na mesma moeda", vendo nos operários ingleses, com razão, "os corresponsávei[s] e o meio involuntário do domínio inglês sobre a Irlanda". As classes dominantes favoreciam ao máximo este conflito, que era também "artificialmente alimentado e aumentado pela imprensa, pelo púlpito, pelos jornais humorísticos, em suma, por todos os meios disponíveis".[14]

Além disso, "o mal não aca[ba] aqui; reproduz-se do outro lado do oceano".[15] Na *Comunicação Confidencial* de março de 1870, Marx recordava que "o único pensamento e a única paixão" dos irlandeses forçados a emigrar para os Estados Unidos da América eram "o ódio contra a Inglaterra". Fortalecidos por esta situação, os governos britânico e dos EUA, "ou melhor, as classes a que representam", fomentaram estes sentimentos, "a fim de perpetuar a luta entre nações que impede qualquer aliança séria e sincera entre as classes trabalhadoras de ambos os lados e, consequentemente, a sua emancipação comum".

Na mesma carta a Meyer e a Vogt, estas questões são aprofundadas: "o antagonismo entre ingleses e irlandeses [...] permite que os governos dos dois países, sempre que o entendam oportuno, eliminem o conflito social, quer incitando-os uns contra os outros, quer, se necessário, por meio da guerra entre os dois países". É precisamente aos dois camaradas ultramarinos que Marx expõe, melhor do que em qualquer outro texto sobre o assunto, as escolhas políticas que se faziam necessárias na situação existente:

> A Inglaterra, como metrópole do capital, como potência que até agora tem dominado o mercado mundial, é, por enquanto, o país mais importante para a revolução operária, e é também o único país em que as condições materiais para essa revolução se desenvolveram até um certo grau de maturidade. Por conseguinte, o objetivo mais importante da Internacional é acelerar a revolução social na Inglaterra. A única maneira de acelerá-la é tornar a Irlanda independente. Daí a tarefa da Internacional de colocar sempre em primeiro plano o conflito entre a Inglaterra e a Irlanda, de tomar sempre uma posição aberta a favor da Irlanda.[16]

A Internacional, e em particular o Conselho Geral em Londres, deveriam fazer com que os trabalhadores britânicos compreendessem que "a emancipação nacional da Irlanda" não podia ser tratada como uma "questão de justiça abstrata ou de sentimentos humanos", como interpretado por alguns liberais iluminados ou líderes religiosos. Era, ao contrário, uma questão fundamental de solidariedade de classe e a "primeira condição para a sua própria emancipação social".[17] Como afirmava Marx na *Comunicação Confidencial*, "o que a Roma antiga nos mostrou de forma colossal repete-se nos nossos dias na Inglaterra. Um povo que subjuga outro renova as suas próprias correntes". A Internacional fora criada precisamente para que isso não voltasse a acontecer.

OPOSIÇÃO À GUERRA FRANCO-PRUSSIANA

Por volta de 1870, em todos os países europeus onde a Internacional atingira um grau razoável de força, os seus militantes criaram organizações independentes das já existentes. Na Inglaterra, no entanto, a Internacional tinha uma configuração diferente. Em primeiro lugar, era constituída por sindicatos que, naturalmente, nunca dissolveram as suas estruturas. Além disso, o Conselho Geral desempenhava a dupla função de quartel general mundial e de centro de direção para a Inglaterra. Apesar da peculiaridade inglesa, um país onde mantinha-se a filiação em organizações sindicais e podia-se contar com cerca de 50 mil membros, no final da década de 1860, a Internacional tinha se tornado mais forte em toda a Europa.

Devido à dura repressão imperial, o ano de 1868 na França caracterizou-se por uma crise muito forte da Internacional, bem como pelo aparecimento de novos dirigentes que abandonaram as suas convicções mutualistas anteriores. A década de 1870 foi o período da sua maior expansão, embora deva-se notar que a organização nunca conseguiu enraizar-se em 38 dos 90 departamentos existentes na França na época. Contudo, o número de membros aumentou significativamente em comparação com o passado e é possível supor que havia cerca de 10 mil filiados em Paris, a maioria dos quais aderiu à Internacional por meio de sociedades cooperativas, câmaras sindicais e sociedades de resistência.[18]

Na Bélgica, o número de filiados atingiu o seu auge no início dos anos 1870, com algumas dezenas de milhares, ultrapassando provavelmente o número total alcançado na França. Neste país, a Internacional atingiu o seu apogeu, tanto em termos de proporção entre a população e o número de membros como em termos do peso da organização na sociedade. Ao mesmo tempo, a afirmação crescente da Internacional também se manifestou na Suíça. Em 1870, o número total dos seus militantes atingia os 6 mil (numa população ativa total de cerca de 700 mil). Na cidade de Genebra havia 34 seções, com um total de 2 mil filiados; na região do Jura havia cerca de 800. No entanto, em breve, a posição assumida por Bakunin dividiu a organização em dois grupos igualmente grandes. No congresso da Federação da Suíça francófona, em abril de 1870, os dois grupos enfrentaram-se acerca da decisão sobre a admissão da Aliança da Democracia Socialista na federação.[19] A impossibilidade de conciliar a divergência entre as duas partes levou à realização de dois congressos paralelos e só após a intervenção do Conselho Geral é que se chegou a uma trégua. O grupo que se identificava com as posições londrinas, ligeiramente mais numeroso no congresso, manteve o nome de Federação Romanda, enquanto o grupo ligado a Bakunin teve que mudar o seu nome para Federação do Jura, embora seu pertencimento à organização tenha sido novamente reconhecido.

Nesta fase, as ideias de Bakunin começam a difundir-se em numerosas cidades do sul da Europa. O país onde mais rapidamente ganharam adesão foi a Espanha. Na Península Ibérica, de fato, a Internacional nasceu graças à iniciativa do anarquista napolitano Giuseppe Fanelli que, entre outubro de 1868 e a primavera de 1869, a convite de Bakunin, se deslocou a Barcelona e a Madri para fundar seções da Internacional e de grupos da Aliança para a Democracia Socialista, na qual o italiano militava. A viagem teve resultados positivos, mas também gerou uma enorme confusão. De fato, Fanelli difundiu tanto os documentos da Internacional quanto a *Declaração de princípios da Aliança para a Democracia Socialista* (e, além disso, às mesmas pessoas), de modo que, em um caso exemplar da Babel bakuniniana e do ecletismo teórico da época, os operários espanhóis fundaram a Internacional com base nos princípios da Aliança para a Democracia Socialista.

Na Confederação Germânica do Norte, a história foi completamente diferente. Apesar de o movimento operário desse país já dispor de duas organizações políticas, a Associação Geral dos Trabalhadores Alemães, de tendência lassalista, e o Partido Operário Social-Democrata da Alemanha (Posda), de orientação marxista, o interesse pela Internacional foi mínimo, assim como foram escassos os pedidos de adesão à organização. Com receio de possíveis perseguições por parte do governo, durante os primeiros três anos de existência da Internacional, os militantes alemães quase ignoraram a sua existência. Mais do que as questões jurídicas, tratava-se, portanto, da falta de inspiração internacionalista dos alemães, que se preocupavam sobretudo com os seus assuntos internos e demonstraram um distanciamento crescente a partir da segunda metade de 1870.[20]

Neste cenário de dimensões tão vastas, embora marcado por contradições evidentes e pelo desenvolvimento desigual nos vários países, a Internacional preparava-se para celebrar o seu quinto congresso em setembro de 1870. Inicialmente, estava prevista a sua realização em Paris, mas a repressão do governo francês levou o Conselho Geral a optar por Mainz, onde Marx contava provavelmente com mais delegados alemães simpatizantes das suas posições para contrastar com maior eficácia o avanço de Bakunin, que tinha afetado sobretudo o sul da Europa. De fato, em maio, após uma sessão do Conselho Geral em que a sua proposta tinha sido aprovada, Marx comentou com Engels: "a designação de Mainz como sede do Congresso, que foi votada ontem por unanimidade, vai fazer Bakunin dar pulos de raiva".[21]

Algumas semanas antes, Marx havia enviado uma longa carta à sua filha Laura e ao seu genro Paul Lafargue, na qual tentava transmitir informações às seções da Internacional na capital francesa sobre as "intrigas de Bakunin". Este, fundador da Aliança Social-Democrata, organização à qual tinha dado "o caráter de uma seita", considerava que esta "devia realizar os seus próprios congressos gerais, ser um organismo internacional independente e, ao mesmo tempo, um elemento integrante da [...] Internacional". Em suma, Bakunin queria transformar a Internacional em uma organização controlada por ele, "por meio da infiltração desta sociedade secreta".[22] Marx denunciou este objetivo e abriu-se um conflito sem limites entre os dois.

Em contrapartida, Marx vigiava constantemente o movimento operário para evitar que este assumisse conotações sectárias. Por ocasião da abertura de uma nova seção da Internacional, aconselhou vivamente Paul Lafargue a não lhe dar, de forma alguma, "um 'nome' de seita, nem comunista nem de qualquer outro gênero". De fato, segundo Marx:

> devem ser evitados os 'rótulos' sectários. As aspirações e tendências gerais da classe operária resultam das condições reais em que ela se encontra. Por conseguinte, estas aspirações e tendências estão presentes em toda a classe, embora o movimento se reflita nas suas cabeças sob as mais diversas formas, mais ou menos fantasiosas, ou de uma forma que corresponda mais ou menos às condições reais. Aqueles que melhor sabem interpretar o sentido inerente à luta de classes que se desenrola diante dos nossos olhos – os comunistas – são os últimos a cometer o horror de aprovar ou favorecer o sectarismo.[23]

No verão de 1870, no curso da preparação do congresso, Marx escreveu também a Hermann Jung, a quem enviou uma nota pormenorizada sobre os temas a tratar na assembleia da Internacional. Nela, enumerava:

> I. a necessidade de abolir as dívidas do Estado. Discussão sobre o direito à indenização;
> II. o nexo entre a ação política e o movimento social da classe operária;
> III. meios práticos de transformar a propriedade fundiária em propriedade comum [...];
> IV. transformação dos bancos em bancos nacionais;
> V. as condições da produção cooperativa à escala nacional;
> VI. o dever da classe operária de cooperar na produção de estatísticas gerais do trabalho, de acordo com as resoluções do Congresso de Genebra de 1866;
> VII. Reabertura da questão [...] sobre os meios de supressão da guerra.[24]

A estes pontos, acrescentou a proposta do Conselho Geral belga de levar em consideração "meios práticos para formar seções de trabalhadores agrícolas na Internacional e estabelecer a solidariedade entre produtores agrícolas e [trabalhadores] de outros setores industriais.[25]

Porém, a guerra franco-prussiana, que eclodiu em 19 de julho de 1870, obrigou à suspensão do congresso. A eclosão da guerra no centro da

Europa obrigou a Internacional a concentrar-se numa prioridade absoluta: ajudar o movimento operário a exprimir uma posição independente, longe das retóricas nacionalistas da época.

Na *Primeira mensagem do Conselho Geral sobre a Guerra Franco-Prussiana* (1870), Marx apelava aos trabalhadores franceses para que expulsassem Luís Bonaparte e aniquilassem o império que ele tinha fundado 18 anos antes. Concomitantemente, os trabalhadores alemães deveriam ter evitado que a necessidade de se defenderem de Bonaparte se transformasse num ataque ao povo francês: "Se a classe operária alemã permitir que a presente guerra perca o seu caráter estritamente defensivo e degenere numa guerra contra o povo francês, tanto uma vitória quanto uma derrota serão igualmente desastrosas".[26] Marx acrescentou ainda:

> A classe operária britânica estende a mão da fraternidade aos operários franceses e alemães. Está profundamente convencida de que, qualquer que seja o curso da terrível guerra que se aproxima, a aliança das classes operárias de todos os países acabará por conseguir pôr fim às guerras. Atente-se para o simples fato de que, enquanto a França oficial e a Alemanha oficial se lançam numa luta fratricida, os trabalhadores da França e da Alemanha trocam mensagens de paz e de boa vontade. Este único grande fato, que não tem paralelo na história do passado, abre a perspectiva de um futuro mais pacífico. Mostra que, em contraste com a velha sociedade, com a sua miséria econômica e o seu delírio político, está prestes a surgir uma nova sociedade, cujo direito internacional será a paz, porque o seu direito nacional será o mesmo em toda a parte, o trabalho! Pioneira desta nova sociedade é a Associação Internacional dos Trabalhadores.[27]

Este texto, publicado em 30 mil exemplares, 15 mil na Alemanha e 15 mil na França (impressos em Genebra), foi a mais importante declaração de política externa jamais feita pela Internacional. Entre os muitos que se declararam seus entusiastas, estava John Stuart Mill, que declarou: "não há uma única palavra fora do lugar e não poderia ter sido escrito em menos palavras".[28]

As lideranças do Partido Operário Social-Democrata da Alemanha, Liebknecht e August Bebel, ambos membros do parlamento da Confederação da Alemanha do Norte, foram os dois únicos parlamentares que não votaram a favor dos créditos de guerra,[29] e várias seções da Internacional na França também difundiram mensagens de amizade e solidariedade dirigidas aos trabalhadores alemães. No entanto, a derrota francesa reforçou os Estados nacionais em toda a Europa e o chauvinismo ideológico que caracterizou este período.

Era este o cenário temido por Marx, prenunciado como possível quando, na *Segunda mensagem do Conselho Geral sobre a Guerra Franco-Prussiana* (1870), escreveu que "a terrível guerra atual será apenas o prenúncio de novos conflitos internacionais, ainda mais mortíferos, e [que esta conduziria] a novos triunfos, em todos os países, dos senhores da espada, da terra e do capital sobre os operários".[30]

OS *COMMUNARDS* TOMAM O PODER

Após a captura de Bonaparte, derrotado em Sedan pelos alemães, é proclamada a Terceira República na França a 4 de setembro de 1870. Em janeiro do ano seguinte, a rendição de Paris, sitiada durante mais de quatro meses, obrigou os franceses a aceitarem as condições impostas por Bismarck. Seguiu-se um armistício que permitiu a realização de eleições e a consequente nomeação de Adolphe Thiers para a chefia do poder executivo, com o apoio de uma ampla maioria legitimista e orleanista. No entanto, na capital, ao contrário do resto da França, o destacamento progressista-republicano ganhou por uma maioria esmagadora e o descontentamento popular foi mais generalizado do que em outros locais. A perspectiva clara de um governo que não implementaria quaisquer reformas sociais e que pretendia desarmar a cidade animou a revolta dos parisienses, que terminou com a expulsão de Thiers e o advento da Comuna de Paris a 18 de março, o acontecimento político mais importante da história do movimento operário do século XIX.

Se Bakunin incitara os operários a transformarem a guerra patriótica em guerra revolucionária,[31] em Londres, o Conselho Geral respondeu inicialmente com o silêncio. O organismo encarregou Marx de redigir um texto em nome da Internacional, mas ele adiou a sua publicação. As razões que o levaram a esperar são penosas e complicadas. Conhecendo bem as verdadeiras relações de força em campo e as fraquezas da Comuna, Marx apercebeu-se desde o início de que esta estava condenada à derrota. Com efeito, desde setembro de 1870 que ele tentava chamar a atenção da classe operária francesa. Com efeito, na *Segunda mensagem sobre a Guerra Franco-Prussiana*, afirmara:

> Qualquer tentativa de derrubar o novo governo, no decurso da atual crise, com o inimigo quase a bater às portas de Paris, seria uma loucura desmedida. Os trabalhadores franceses [...] não devem deixar-se iludir pelas recordações de 1792 [...]. Não devem repetir o passado, mas construir o futuro. Devem aproveitar com calma e determinação as oportunidades oferecidas pela liberdade republicana para se dedicarem à sua própria organização de classe. Isto incutir-lhes-á uma nova força hercúlea para a regeneração da França e para a nossa tarefa comum, a emancipação do trabalho. Da sua energia e da sua sabedoria depende o destino da República.[32]

Após a eclosão da revolução, Marx também se queixou a Liebknecht da "índole demasiadamente boa" dos revolucionários parisienses. Ao seu modo de ver, "para não dar a impressão de usurpar o poder", perderam "momentos preciosos [...] para eleger a Comuna [...] estupidamente, não [queriam] iniciar a guerra civil, como se Thiers já não a tivesse iniciado com a sua tentativa de desarmar Paris pela força".[33] Considerações semelhantes foram partilhadas com seu amigo Kugelmann, a quem escreveu quatro semanas após os acontecimentos revolucionários:

> Os escrúpulos de consciência deixaram passar o momento oportuno. [...] Segundo erro: o Comitê Central depôs o seu poder demasiado cedo, para dar lugar à Comuna. Mais uma vez por escrúpulos exagerados de honestidade!

No entanto, a par das considerações críticas, ditadas pela preocupação com os desenvolvimentos negativos na França, Marx não deixou de sublinhar o excepcional espírito de luta e a habilidade política dos *communards*. Mais uma vez a Kugelmann, ele comunicou:

> Que maleabilidade, que iniciativa histórica, que capacidade de sacrifício destes parisienses! Após seis meses de fome e de ruína, causadas mais pela traição interna do que pelo inimigo externo, eles se levantaram sob as baionetas prussianas como se nunca tivesse havido uma guerra entre a França e a Alemanha e como se o

inimigo não estivesse ainda às portas de Paris. A história não tem exemplo de tal grandeza![34]

Marx compreendeu que, qualquer que fosse o resultado da revolução, a Comuna abrira um novo capítulo na história do movimento operário:

> Esta insurreição de Paris, mesmo que venha a ser dominada pelos lobos, pelos porcos e pelos cães vulgares da velha sociedade, é a ação mais gloriosa do nosso partido desde a revolta de junho.[35] Comparem estes parisienses que tomam de assalto os céus com os mansos escravos dos deuses celestes do sagrado império germano-prussiano, com as suas representações póstumas que cheiram a caserna, a igreja, a pequena nobreza rural e sobretudo a filisteismo.[36]

Estas reflexões são reiteradas por Marx, ainda com maior determinação, numa nova carta a Kugelmann, na segunda metade de abril. Se este último tinha, equivocadamente, desvalorizado a luta iniciada em Paris com as revoltas de 1849, Marx, ao contrário, volta a exaltar a coragem da Comuna. De fato, escreve: "seria muito cômodo fazer história universal se só se aceitasse a batalha com a condição de um resultado sempre favorável". As considerações histórico-políticas desta carta, dirigida a um amigo de quem era muito próximo, são significativas e revelam como Marx estava longe do fatalismo que os seus críticos lhe atribuem. Afirmou:

> Por outro lado, [a história] seria de natureza muito mística se o 'acaso' não tivesse parte nela. É claro que estas aleatoriedades fazem elas próprias parte do curso geral da evolução e são, por sua vez, compensadas por outras. No entanto, a aceleração e a desaceleração dependem muito destes 'acasos', dentre os quais se encontra também o 'acaso' do caráter das pessoas que estão, desde o início, à frente de um movimento.[37]

Em desfavor da Comuna estava a presença em território francês dos prussianos, aliados aos "canalhas burgueses de Versalhes". Estes últimos, fortalecidos pela paz concluída com os alemães,[38] "deram aos parisienses a alternativa de aceitar a batalha ou de sucumbir sem combate". Se isso tivesse acontecido, para Marx "a desmoralização da classe operária teria sido um desastre muito maior do que a perda de qualquer número de 'dirigentes'". Graças aos *communards*, porém, "a luta da classe operária contra a classe capitalista e o seu Estado [havia] entrado [...] numa nova fase. Independentemente do resultado imediato, um novo ponto de partida, de importância histórica universal, [tinha] sido conquistado".[39]

Uma declaração cheia de fervor sobre a vitória da Comuna correria o risco de gerar falsas expectativas entre os trabalhadores de toda a Europa, contribuindo assim para a propagação da desmoralização e da desconfiança. Marx decide então adiar a entrega do documento que lhe foi confiado e ausenta-se das reuniões do Conselho Geral durante várias semanas. As suas amargas previsões não tardaram a concretizar-se e, a 28 de maio, pouco mais de dois meses após a sua proclamação, a Comuna de Paris foi reprimida com sangue. Dois dias depois do acontecimento, Marx regressou ao Conselho Geral e trouxe consigo um manuscrito intitulado *A guerra civil na França* (1871). Lido e aprovado por unanimidade, foi publicado (como de hábito nos documentos do Conselho Geral) com os nomes de todos os seus membros ao pé da página e tornou-se, em poucas semanas, o documento do movimento operário de maior repercussão de todo o século XIX. Falando da Comuna de Paris, Marx argumentou que:

> As poucas mas importantes funções que ainda restavam a um governo central não deveriam ser suprimidas, como foi falsamente afirmado de má fé, mas sim desempenhadas por funcionários comunais e, portanto, estritamente responsáveis. A unidade da nação não devia ser quebrada, mas sim organizada pela Constituição comunal, e devia tornar-se realidade através da destruição do poder estatal que pretendia ser a personificação desta unidade independente e até superior à própria nação, quando esta não passava de uma excrescência parasitária. Enquanto os órgãos puramente repressivos do antigo poder governamental deviam ser amputados, as suas funções legítimas deviam ser arrancadas a uma autoridade que usurpava uma posição predominante sobre a própria sociedade, e devolvidas aos agentes responsáveis da sociedade.[40]

A Comuna de Paris foi uma experiência política completamente inovadora:

> era essencialmente um governo da classe trabalhadora, o produto da luta da classe produtora contra a classe apropriadora, a forma

política finalmente descoberta na qual a emancipação econômica do trabalho poderia ser alcançada.

Sem esta última condição, a Constituição da Comuna teria sido uma impossibilidade e um engano. A dominação política dos produtores não pode coexistir com a perpetuação da sua subjugação social. A Comuna devia, por isso, servir de alavanca para desfazer os fundamentos econômicos em que se assenta a existência das classes e, portanto, do domínio de classe. Com a emancipação do trabalho, todos se tornam operários e o trabalho produtivo deixa de ser um atributo de classe.[41]

Para Marx, a nova fase da luta de classes inaugurada pela Comuna de Paris só teria sucesso – e produziria mudanças radicais – por meio da realização de um programa claramente anticapitalista:

A Comuna, exclamam eles, quer abolir a propriedade, [...] essa propriedade de classe que faz do trabalho de muitos a riqueza de poucos. Queria a expropriação dos expropriadores. Ela queria tornar a propriedade individual uma realidade, transformando os meios de produção, a terra e o capital, que são agora essencialmente meios de escravização e exploração do trabalho, em simples instrumentos de trabalho livre e associado. [...] Mas se a produção cooperativa não deve continuar a ser uma farsa e um engano, se deve substituir o sistema capitalista; se as associações cooperativas unidas devem regular a produção nacional de acordo com um plano comum, tomando-a assim sob o seu controle e pondo fim à anarquia constante e às convulsões periódicas que são o destino inevitável da produção capitalista: o que seria isto, meus senhores, senão o comunismo, o comunismo possível?

A classe operária não esperava milagres da Comuna. Não tem utopias prontas a introduzir por decretos do povo. Sabe que, para alcançar a sua emancipação e, com ela, essa forma superior para a qual a sociedade atual tende irresistivelmente devido aos seus próprios fatores econômicos, terá de passar por longas lutas, por uma série de processos históricos que transformarão as circunstâncias e as pessoas. A classe operária não tem de realizar ideais, mas de libertar os elementos da nova sociedade de que a velha e decadente sociedade burguesa está grávida.[42]

Rapidamente impresso em três edições em língua inglesa, o texto de Marx gerou aprovação entre os operários e grande escândalo nos círculos burgueses. Em pouco tempo, foi traduzido, no todo ou em parte, para uma dúzia de línguas e apareceu em jornais, revistas e panfletos de numerosos países da Europa e nos Estados Unidos. Nunca antes um texto de uma organização operária tinha conhecido uma difusão como essa.

Apesar da defesa apaixonada e convicta de Marx, é certamente para se excluir a ideia de que a Internacional pudesse ter empurrado o povo para a insurreição ou exercido uma influência decisiva sobre a Comuna de Paris, como pretendiam tanto os reacionários da época, ansiosos por condená-la, como os marxistas dogmáticos posteriores, demasiado ansiosos por elogiá-la.[43] Embora reconhecendo o papel desempenhado pelos dirigentes da Internacional – entre os quais, por exemplo, Leo Frankel que, apesar de sua nacionalidade húngara, era delegado para o trabalho, a indústria e o comércio na Comuna de Paris –, a direção da Comuna de Paris estava nas mãos da ala jacobino-radical. Nas eleições municipais de 26 de março, foram eleitos 85 representantes da Comuna.[44] Destes, 15 moderados (o assim chamado *parti de maires*, um grupo constituído por antigos presidentes de certos distritos) e 4 radicais demitiram-se de imediato e não chegaram a fazer parte do Conselho da Comuna. Dos 66 restantes, 11, embora revolucionários, não tinham uma conotação política clara, 14 provinham do Comitê da Guarda Nacional, 15 eram radicais-republicanos e socialistas, 9 eram blanquistas e 17 pertenciam à Internacional.[45] Entre eles, destacam-se Édouard Vaillant, Benoît Malon, Auguste Serrailler, Jean-Louis Pindy, Albert Theisz, Charles Longuet, Eugène Varlin e Leo Frankel. No entanto, provenientes de meios políticos e culturas diferentes, não formavam um grupo monolítico e votavam frequentemente de forma diferente. Este fator também contribuiu para a hegemonia do grupo jacobino-radical que, em maio, com a aprovação de dois terços da assembleia (incluindo os blanquistas), formou um Comitê de Saúde Pública de inspiração montagnardiana. Além disso, foi o próprio Marx que declarou que a maioria da Comuna não era de modo algum socialista, nem poderia sê-lo.[46]

A Comuna de Paris foi reprimida com uma violência brutal pelos exércitos de Versalhes. Durante a "semana sangrenta" (21-28 de maio), cerca de 10 mil comunistas foram mortos nos combates ou executados sumariamente. Foi o massacre mais violento da história de França. Foram capturados mais de 43 mil prisioneiros, dos quais 13.500 foram condenados a penas de prisão, trabalhos forçados, pena de morte ou deportados (um grande número para a remota colônia da Nova Caledônia). Por fim, cerca de 7 mil conseguiram escapar e refugiaram-se na Inglaterra, na Bélgica e na Suíça. A imprensa europeia conservadora e liberal complementou o trabalho dos soldados de Thiers. Os seus colunistas acusaram os *communards* dos piores crimes e a vitória da "civilização" sobre a insolente massa operária foi recebida com grande alívio.

A partir desse momento, a Internacional passou a ser o olho do furacão e a ser responsabilizada por todos os atos contra a ordem estabelecida, a tal ponto que Marx perguntava ironicamente por que razão não era também responsabilizada pelas catástrofes naturais:

> Depois do grande incêndio de Chicago, o telégrafo anunciou a mesma notícia em toda a terra: era a obra infernal da Internacional, e é de fato estranho que o furacão que devastou as Índias Ocidentais não tenha sido atribuído à sua ação demoníaca.[47]

Em nome do Conselho Geral, Marx foi obrigado a passar dias inteiros respondendo a falsificações sobre a Internacional e sobre si mesmo escritas nos jornais: "neste momento tenho a honra de ser o homem mais caluniado e mais ameaçado de Londres".[48] Assim, os governos de toda a Europa, preocupados com a possibilidade de surgirem outras revoltas depois de Paris, intensificaram ainda mais as suas políticas repressivas.

Apesar dos acontecimentos dramáticos de Paris e da fúria da repressão brutal de todos os governos europeus, o papel da Internacional reforçou-se após a Comuna de Paris. Embora muitas vezes envolta em mentiras escritas contra ela pelos seus opositores, a expressão "A Internacional" tornou-se amplamente conhecida durante este período. Na boca dos capitalistas e da classe burguesa era sinônimo de ameaça à ordem estabelecida, mas na boca dos operários passou a significar a esperança em um mundo sem exploração e injustiça.[49] A confiança de que isso poderia ser realizado aumentou após a Comuna. O levante de Paris deu força ao movimento operário, levou-o a tomar posições mais radicais e intensificou a militância. Paris mostrou que a revolução era possível, que o objetivo podia e devia ser a construção de uma sociedade radicalmente diferente da capitalista, mas também que, para consegui-lo, os trabalhadores deveriam formar associações políticas estáveis e bem-organizadas.[50] Esta enorme vitalidade manifestava-se por todo o lado. As presenças nas reuniões do Conselho Geral duplicaram, os jornais ligados à Internacional aumentaram a sua circulação e cresceram em número graças ao nascimento de muitos novos títulos.

A VIRADA POLÍTICA DA CONFERÊNCIA DE LONDRES

Neste contexto, que não permitia a convocação de um novo congresso, quase dois anos após o último, o Conselho Geral decidiu promover uma conferência na cidade de Londres. Esta realizou-se entre 17 e 23 de setembro, com a presença de 22 delegados[51] vindos da Inglaterra (a Irlanda também se fez representar pela primeira vez), Bélgica, Suíça e Espanha, além dos exilados franceses. Apesar dos esforços para que a conferência fosse a mais representativa possível, tratava-se, na verdade, de um Conselho Geral alargado.

Desde a sua convocação, Marx anunciara que "nas circunstâncias atuais, a questão da organização era a mais importante", razão pela qual a conferência se centraria "exclusivamente nas questões organizacionais e políticas", deixando de lado as discussões teóricas.[52] Reiterou esta decisão durante a primeira sessão dos trabalhos:

> O Conselho Geral convocou uma conferência para coordenar com os responsáveis dos diferentes países as medidas a tomar para pôr termo aos perigos que a Associação enfrenta num grande número de nações e para proceder a uma nova organização que responda às necessidades da situação. Em segundo lugar, para elaborar uma resposta aos diferentes governos que não cessam de trabalhar para a aniquilação da Associação com todos os meios à sua disposição e, finalmente, para resolver definitivamente o conflito suíço.[53]

Dar uma nova orientação à organização, defender a Internacional do ataque de forças hostis e colocar por terra a influência crescente de Bakunin: estas eram as prioridades da assembleia de Londres. Para atingir estes objetivos, Marx recorreu a todas as suas energias. Foi, de longe, o delegado mais ativo da conferência, intervindo 102 vezes; opôs-se com êxito às propostas que não iam ao encontro dos seus planos; e conseguiu persuadir os indecisos.[54] Em Londres, confirma-se a sua função preeminente no seio da organização. Não é apenas o seu mentor, aquele que traça a sua linha política, mas também um dos seus militantes mais combativos e capazes.

A decisão mais importante tomada na conferência, e aquela pela qual foi mais tarde recordada, foi a aprovação da resolução IX, proposta por Édouard-Marie Vaillant. O líder das forças blanquistas remanescentes, que tinham aderido à Internacional após o fim da Comuna, propôs a transformação desta última num partido internacional centralizado e disciplinado sob a direção do Conselho Geral. Apesar de algumas divergências profundas – o que separava Vaillant de Marx era, sobretudo, a tese do primeiro de que um núcleo bem-organizado de militantes seria suficiente para fazer a revolução –, Marx não hesitou em estabelecer uma aliança com o grupo de Vaillant. Com o seu apoio, não só poderia opor-se com mais força ao anarquismo político que se fortalecia no seio da organização, como – o que é ainda mais importante – disporia de uma frente de apoio mais ampla para operar as mudanças necessárias na nova época da luta de classes. Em uma intervenção em uma das reuniões de 20 de setembro, Marx argumentou

> Não se deve pensar que o fato de haver trabalhadores no parlamento é irrelevante. Se as suas vozes forem abafadas, como no caso de De Potter e Castiau, ou se forem expulsos, como aconteceu com Manuel, essas represálias e repressões exercem uma profunda influência sobre o povo. Se, por outro lado, como no caso de Bebel e Liebknecht, lhes for permitido falar da tribuna do parlamento, o mundo inteiro ouve-os. Em qualquer dos casos, isto assegura uma ampla publicidade aos nossos princípios. Para dar apenas um exemplo: quando Bebel e Liebknecht decidiram opor-se à guerra na França, durante a guerra, para provar que a classe operária não era de modo algum responsável por esses acontecimentos, toda a Alemanha ficou profundamente chocada. Em Munique, uma cidade onde só se fazem revoluções por causa do preço da cerveja, realizaram-se grandes manifestações para exigir o fim da guerra. Os governos são-nos hostis. Temos de responder-lhes com todos os meios ao nosso alcance. Levar os trabalhadores para o parlamento significa garantir uma vitória contra os governos, mas é preciso escolher os homens certos [...]. Não a partir de hoje, mas desde sempre, a associação defende que os trabalhadores devem participar na política.[55]

Volta a abordar o assunto em uma sessão do dia seguinte. Na parte do seu discurso que foi transcrita e conservada, ficamos sabendo que "expôs a história do abstencionismo político e afirmou que não devemos nos incomodar com esta questão".[56]

Além disso, acrescentou:

> Os que propagaram esta doutrina no passado eram utópicos de boa-fé, mas os que pretendem seguir o mesmo caminho hoje não o são. Rejeitam a política só depois de uma luta feroz e conduzem assim o povo a uma oposição formal e burguesa, contra a qual temos de lutar, lutando ao mesmo tempo contra o governo.[57]

Segundo Marx, a Internacional devia fazer passar a seguinte mensagem aos governos: "sabemos que sois o poder armado dirigido contra o proletariado; contra vós procederemos pacificamente sempre que possível, mas se for necessário pegaremos em armas".[58] Também com base nestas considerações, a resolução adotada na conferência de Londres afirmava:

> contra este poder coletivo das classes proprietárias, a classe operária só pode agir como classe se se constituir como partido político autônomo distinto e em oposição a todas as velhas formações partidárias das classes proprietárias;
> que esta constituição da classe operária em partido político é indispensável para assegurar o triunfo da revolução social e para o seu objetivo último: a abolição das classes;
> que a combinação de forças que a classe operária já construiu por meio das suas lutas econômicas deve também servir de alavanca para a sua luta contra o poder político dos donos de terra e dos capitalistas.[59]

A conferência reafirmou assim a todos os membros da Internacional que "o movimento econômico [da classe operária] e a sua ação política estão inseparavelmente unidos".[60]

Se o congresso de Genebra de 1866 sancionara a importância do sindicato, a conferência de Londres de 1871 definiu o outro instrumento fundamental da luta do movimento operário: o partido político.[61] Convém sublinhar que, nessa época, a noção de partido político tinha um significado muito mais amplo do que aquele que se consolidou no século XX, e que a concepção de Marx era radicalmente diferente tanto da blanquista, com a qual acabou por entrar em conflito, como da leninista, mais tarde implantada em muitas organizações comunistas após a revolução de outubro.

Para Marx, a autoemancipação da classe operária requer um processo longo e árduo. Essa era uma ideia contraposta às contidas no *Catecismo do Revolucionário*, o manual niilista escrito em 1869 por Sergei Nečaev, e cujas teorias e práticas das sociedades secretas – censuradas pelos delegados de Londres[62] – eram apoiadas com entusiasmo por Bakunin.

A Resolução IX, criticada por apenas quatro delegados, foi também apoiada por muitos dos que mais tarde se lhe opuseram. No entanto, a vitória de Marx foi de curta duração. A resolução aprovada em Londres, com o seu apelo à criação de organizações políticas em todos os países e a atribuição de poderes mais alargados ao Conselho Geral, teve sérias repercussões na vida da Associação, que ainda não estava preparada para apoiar uma tal aceleração e passar de um modelo flexível para um modelo politicamente uniforme.[63]

Após a conclusão da conferência, Marx estava convencido de que as resoluções aprovadas em Londres teriam a aceitação de quase todas as grandes federações e seções locais. Porém, rapidamente teve de mudar de ideia. Os militantes da Federação do Jura – o grupo suíço da Internacional, liderado pelos anarquistas – convocaram o seu congresso para 12 de novembro, na pequena cidade de Sonvilier. A iniciativa, na qual Bakunin não pôde participar, foi significativa porque com ela nasceu oficialmente a oposição no seio da Internacional. Na *Circular* endereçada a todas as federações da Associação Internacional dos Trabalhadores, publicada no final dos trabalhos, Guillaume e os outros participantes no congresso acusam o Conselho Geral de ter introduzido "o princípio da autoridade" na organização e de ter modificado a estrutura original, "transformando-a numa organização hierárquica, dirigida e governada por um comitê". Os suíços declararam-se "contra qualquer autoridade diretora, mesmo quando essa autoridade seja eleita e aprovada pelos trabalhadores" e sublinharam que o "princípio da autonomia das seções" tinha de ser preservado na Organização Internacional, reduzindo também o Conselho Geral a "um simples gabinete de correspondência e estatística".[64] A última exigência era a convocação de um congresso o mais rapidamente possível.

Se a posição da Federação do Jura fora levada em conta, Marx ficou provavelmente surpreendido quando, no decurso de 1872, surgiram sinais de intransigência e de revolta contra a sua linha política, vindos de muitos quadrantes. Em muitos países, as decisões tomadas em Londres foram consideradas como uma forte interferência na autonomia política local e, por conseguinte, uma imposição inaceitável. A federação belga, que havia tentado construir uma mediação entre as partes durante a conferência, começou a adotar uma posição muito crítica em relação a Londres. Posteriormente, os holandeses também se distanciaram. As reações foram ainda mais fortes no sul da Europa, onde a oposição rapidamente adquiriu consensos notáveis. A grande maioria dos internacionalistas ibéricos opôs-se decididamente ao Conselho Geral e aderiu às ideias de Bakunin, em parte porque estas pareciam mais adequadas a um país onde o proletariado industrial só estava presente nos grandes centros e onde o movimento operário era ainda muito fraco e interessado sobretudo em reivindicações de caráter econômico. Também na Itália, os resultados da conferência de Londres receberam apenas opiniões negativas. Aqueles que não seguiram Mazzini, que reuniu o bloco mais moderado dos trabalhadores italianos no Congresso Geral das Sociedades Operárias Italianas, em Roma, de 1 a 6 de novembro de 1871, aderiram às posições de Bakunin. Os participantes no congresso fundador da Federação Italiana da Internacional, realizado em Rimini de 4 a 6 de agosto de 1872, tomaram a posição mais radical contra o Conselho Geral: não participariam no congresso seguinte da Internacional, mas estariam presentes em Neuchâtel, na Suíça, onde se propunham a realizar um "congresso geral antiautoritário".[65] Na verdade, este foi o primeiro ato de uma cisão iminente.

Também do outro lado do Atlântico, sucederam-se várias contendas que prejudicaram a expansão da Internacional.[66] A par dos britânicos, a maioria dos suíços, os franceses (na altura majoritariamente blanquistas), os fracos agrupamentos alemães, bem como as recém-formadas seções da Dinamarca, Irlanda, Portugal e, na Europa de Leste, Hungria e Boêmia, mantiveram-se em apoio ao Conselho Geral. Muito menos do que Marx esperava reunir no final da conferência de Londres.

As contestações ao Conselho Geral eram de outro tipo e, por vezes, tinham apenas motivações pessoais. Formou-se assim uma estranha alquimia que tornou ainda mais problemática a direção da organização. Mas, para além do fascínio das teorias de Bakunin em alguns países e da capacidade política de Guillaume para reunir os diferentes opositores, o principal adversário da virada iniciada pela resolução sobre a "Ação política da classe operária" era um ambiente que ainda não estava preparado para aceitar o salto qualitativo proposto por Marx. Apesar das declarações de flexibilidade que a acompanhavam, a virada iniciada em Londres era vista por muitos como uma pesada imposição. O princípio da autonomia das diferentes realidades que compõem a Internacional era considerado uma das pedras angulares da Associação, não só pelo grupo mais ligado a Bakunin, mas também pela maioria das federações e das seções locais. Foi este erro de avaliação cometido por Marx que acelerou a crise da Internacional.[67]

O CONFLITO COM OS ANARQUISTAS

A CRISE DA INTERNACIONAL

A batalha final ocorreu em fins do verão de 1872. Após os terríveis acontecimentos que interromperam o curso da sua história durante três anos – a guerra franco-prussiana, a violenta onda de repressão que se seguiu à Comuna de Paris e os numerosos conflitos internos –, a Internacional pôde finalmente reunir-se de novo em congresso. Nos países onde se tinha implantado mais recentemente, a Internacional difundira-se graças ao entusiasmo dos dirigentes sindicais e dos trabalhadores mais ativos, que foram imediatamente conquistados e motivados pelas suas palavras de ordem. O ano de 1872 foi quando a organização conheceu a sua maior expansão na Itália, na Dinamarca, em Portugal e na Holanda. Em contrapartida, foi posta na clandestinidade na França, na Alemanha e no Império Austro-Húngaro. Para além disso, a maior parte dos seus militantes desconhecia os graves conflitos que grassavam no seio do grupo dirigente.[1]

O 5º Congresso geral da Internacional teve lugar em Haia, entre 2 e 7 de setembro. A importância decisiva do acontecimento levou Marx a estar presente,[2] acompanhado por Engels. Numa carta dirigida ao seu amigo Ludwig Kugelmann, assinalava que esta assembleia seria "uma questão de vida ou de morte para a Internacional; e antes de me demitir, gostaria pelo menos protegê-la dos seus elementos desintegradores".[3] Este foi o único congresso da organização em que Marx tomou parte.

Não foram à capital neerlandesa nem De Paepe (que desta vez não pôde desempenhar o papel de mediador entre as partes que já havia desempenhado no ano anterior em Londres) nem Bakunin.

O congresso realizou-se no Concordia Hall, mas de concórdia houve muito pouco. De fato, todas as sessões foram marcadas por um antagonismo irredutível entre os dois campos opostos. O debate foi de longe muito mais pobre do que os dois congressos que o precederam.

A aprovação das resoluções do Congresso da Haia só foi possível graças a uma composição inadequada dos seus membros. Embora espúria e, em muitos aspectos, mantida unida por objetivos instrumentais, a coligação de delegados que se encontrava em minoria em Haia representava efetivamente a maior parte da Internacional.[4]

A decisão mais importante tomada por Marx em Haia foi a introdução da principal resolução política da conferência de 1871 nos estatutos da Associação. Foi acrescentado um artigo, o artigo 7°, em que se resumiu a resolução IX, anteriormente aprovada em Londres. Se nos *Estatutos Provisórios* de 1864 se afirmava que "a emancipação econômica da classe operária é o grande objetivo a que todo o movimento político está subordinado como meio",[5] o aditamento de 1872 reflete as novas relações de poder no seio da organização. A luta política já não era considerada um tabu, mas sim o instrumento necessário para a transformação da sociedade: "uma vez que os senhores da terra e do capital utilizam os seus privilégios políticos para defender e perpetuar o seu monopólio econômico e escravizar o trabalho, a conquista do poder político torna-se a grande tarefa do proletariado".[6]

A Internacional mudara muito desde a sua fundação. Os componentes democrático-radicais haviam abandonado a associação depois de terem sido postos em segundo plano. Os mutualistas tinham sido derrotados e as suas forças foram drasticamente reduzidas. Os reformistas já não constituíam a parte predominante da organização (exceto na Inglaterra) e o anticapitalismo tornou-se a linha política de toda a

Internacional, incluindo as novas tendências políticas que se formaram nos últimos anos. Apesar de, durante a existência da Internacional, a Europa ter atravessado uma fase de grande prosperidade econômica, o que, em alguns casos, tornou a sua situação menos difícil, os trabalhadores compreenderam que o seu estatuto só mudaria realmente com o fim da exploração do homem pelo homem e não por meio de reivindicações salariais destinadas a obter paliativos brandos para as condições existentes. Além disso, começaram a organizar as suas lutas cada vez mais em função das suas próprias necessidades materiais e não, como antes, em função das iniciativas dos diferentes grupos a que pertenciam.

O cenário, por sua vez, também havia mudado radicalmente no seio da organização. A unificação da Alemanha, em 1871, demarcou o início de uma nova época em que o Estado-nação se estabeleceu definitivamente como forma de identidade política, jurídica e territorial. O novo contexto tornou pouco plausível a continuidade de um organismo supranacional, ao qual as organizações dos diferentes países, mesmo que tivessem autonomia, deviam ceder uma parte substancial da sua direção política e uma parte das contribuições dos seus membros. Além disso, as disparidades entre os movimentos e organizações existentes nos vários países tinham aumentado, tornando extremamente difícil para o Conselho Geral criar uma síntese política que respondesse às necessidades dos grupos atuantes em cada realidade nacional.

A configuração inicial da Internacional estava, portanto, ultrapassada e a sua missão original se concluía. Já não se tratava de organizar e coordenar iniciativas de solidariedade em escala europeia de apoio às greves, nem de organizar congressos para discutir a utilidade das organizações sindicais ou a necessidade de socializar a terra e os meios de produção. Estas questões tornaram-se patrimônio coletivo de todas as componentes da organização. Após a Comuna de Paris, o verdadeiro desafio para o movimento operário era a revolução, ou seja, como organizar-se para pôr fim ao modo de produção capitalista e derrubar as instituições do mundo burguês. Já não se tratava de reformar a sociedade existente, mas de construir uma nova sociedade.[7] Para avançar neste novo caminho da luta de classes, Marx considerava inadiável a construção de partidos políticos da classe operária em todos os países. O *Documento ao Conselho Federal da Região Espanhola* da Associação Internacional dos Trabalhadores, escrito por Engels em fevereiro de 1871, foi uma das declarações mais explícitas do Conselho Geral neste sentido. De fato, nele se afirmava que:

> A experiência tem demonstrado que o melhor meio de emancipar os trabalhadores deste predomínio dos velhos partidos tem sido a fundação, em cada país, de um partido proletário com a sua própria política, que se distingue claramente da dos outros partidos na medida em que deve expressar as condições de emancipação da classe trabalhadora. Os pormenores desta política podem variar de acordo com as circunstâncias específicas de cada país. No entanto, como as relações fundamentais entre o trabalho e o capital são as mesmas em toda a parte, e como o domínio político das classes proprietárias sobre as classes exploradas existe em toda a parte, os princípios e objetivos da política proletária serão também idênticos, pelo menos em todos os países ocidentais. [...] Renunciar a lutar contra os nossos adversários no terreno político significaria abandonar um dos mais poderosos meios de ação e, sobretudo, de organização e de propaganda.[8]

A partir daquele momento, o partido passou a ser visto como um instrumento essencial para a luta do proletariado. Deveria ser independente de outras forças políticas existentes e tinha de ser construído, tanto em âmbito programático como organizativo, de acordo com o contexto nacional particular. O primeiro ponto foi reiterado por Marx na reunião do Conselho Geral de 23 de julho de 1872. Aí, criticou não só os abstencionistas, que haviam atacado a resolução IX aprovada em Londres, mas também uma outra posição, igualmente perigosa, no movimento operário, nomeadamente a das "classes trabalhadoras da Inglaterra e dos Estados Unidos, que se tinham deixado utilizar pela burguesia para os seus fins políticos".[9]

Esta segunda questão foi retomada por Marx em várias ocasiões. Durante a conferência de Londres, ele afirmou: "é necessário que a política seja feita de acordo com as condições de todos os países".[10] No ano seguinte, num discurso em Amsterdã imediatamente após o fim do congresso de 1872, voltou também à questão da forma da luta política:

o operário um dia deverá tomar o poder político para estabelecer a nova organização do trabalho. Tem de derrubar a velha política que sustenta as velhas instituições, caso contrário nunca verá, como os antigos cristãos que o negavam e desprezavam, a chegada do reino dos céus neste mundo. [...] Não pretendemos, de modo algum, que os meios para atingir este fim sejam idênticos em toda parte. [...] Não negamos que existam países [...] onde os trabalhadores possam atingir o seu objetivo por meios pacíficos. Se isto é verdade, temos, no entanto, de reconhecer que na maioria dos países do continente é a força que deve ser a alavanca das nossas revoluções; é à força que temos de recorrer para estabelecer o reino do trabalho.[11]

Os partidos políticos operários, independentemente da modalidade como se constituíssem em diferentes contextos, não deveriam submeter-se aos interesses nacionais.[12] A luta pelo socialismo não podia ser confinada a um quadro tão estreito e o internacionalismo deveria continuar a representar, ainda mais no novo contexto histórico, o farol do proletariado e o antídoto para evitar um abraço mortal ao Estado e ao sistema.

Durante o Congresso de Haia, seguiram-se diversas votações, em torno das quais surgiram amargas polêmicas. A primeira delas dizia respeito ao artigo 7º. Após a sua aprovação, o objetivo da conquista do poder político passou a constar oficialmente dos estatutos da Associação, nos quais foi também indicado o instrumento indispensável para alcançá-lo: a constituição do partido operário.

A decisão subsequente de atribuir poderes mais amplos ao Conselho Geral contribuiu para tornar a situação ainda mais intolerável para a minoria. A partir desse momento, o órgão mais importante da Internacional foi encarregado de zelar para que em todos os países houvesse uma "estrita observância dos princípios e dos estatutos e regulamentos gerais da Internacional", bem como lhe foi dado "o direito de suspender ramos, seções, conselhos ou comitês federais e federações da Internacional até o congresso seguinte".[13]

Pela primeira vez na história da Internacional, as expulsões foram também votadas em sua instância máxima. As expulsões de Bakunin e Guillaume, propostas por uma comissão encarregada de investigar a Aliança da Democracia Socialista, causaram grande agitação. No seu relatório ao congresso, a comissão declarava que "a aliança secreta foi fundada com estatutos completamente opostos aos da Internacional".[14] Por fim, o congresso decidiu também pela publicação de um longo relatório, intitulado *A Aliança da Democracia Socialista e a Associação Internacional dos Trabalhadores*, no qual se reconstitui a história da organização dirigida por Bakunin e se faz uma análise país a país das suas atividades públicas e secretas. O texto, escrito por Engels, Lafargue e Marx, foi publicado em francês em julho de 1873 e contém uma extensa crítica ao "revolucionarismo revolucionário" do autor russo. Os três autores contestam a Bakunin, para quem a destruição do poder político existente não se faz combatendo "os Estados e os governos existentes com os meios habituais, mas [...] com frases altissonantes e doutorais". Marx argumentou que, para Bakunin, "não se trata de derrubar o Estado bonapartista, prussiano ou russo, mas o Estado abstrato, o Estado enquanto tal, que não existe em lugar nenhum".[15]

Durante todas as votações do congresso, a oposição adotou uma linha não unitária; uma seção absteve-se e outra votou contra. No entanto, no último dia da assembleia, a minoria apresentou uma declaração comum, lida pelo operário Victor Dave, delegado da seção de Haia, na qual se afirmava que

> os partidários da autonomia e da federação dos grupos de trabalhadores [...]:
> 1. continuariam a manter relações administrativas com o Conselho Geral [...];
> 2. [para] trocar[em], sistemática e diretamente, relações entre si e com todos os outros ramos da Internacional devidamente estabelecidos; [...]
> 4. apelam a todas as federações e seções para que se preparem, desde já e até o próximo congresso, para o triunfo dos princípios da autonomia federativa como base da organização dos trabalhadores no seio da organização internacional.[16]

Este anúncio foi uma manobra inteligente da oposição para não assumir a responsabilidade de uma cisão que era considerada inevitável. Tal como as medidas votadas pela maioria sobre os novos poderes conferidos ao Conselho Geral, as intenções expressas nesta comunicação assemelham-

-se mais a manobras táticas para fins internos do que a um compromisso político sério para o aperfeiçoamento da organização. De fato, na sessão da manhã de 6 de setembro, assistiu-se ao ato final da Internacional, tal como tinha sido concebida e constituída nos seus últimos anos. Foi o momento mais dramático de todo o congresso da Haia. Engels tomou a palavra e, para espanto dos presentes, propôs "que a sede do Conselho Geral fosse transferida para Nova York para o ano de 1872-1873 e que fosse formado por membros do Conselho Federal Americano".[17] Poucas palavras destruíram as certezas consolidadas. O Conselho Geral seria transferido para o estrangeiro, longe das federações europeias; Marx e outros "fundadores" da Internacional deixariam de ser membros do seu órgão central; seriam substituídos por camaradas cujos nomes eram desconhecidos de todos (Engels propôs sete, com a possibilidade de aumentar o número máximo para 15). O delegado Maltman Barry, membro do Conselho Geral e apoiador das posições de Marx, descreveu melhor do que ninguém a reação da plateia:

> consternação e perplexidade transpareceram plenamente nas faces dos dissidentes quando Engels proferiu as suas últimas palavras. Passou algum tempo até que alguém se levantasse para falar. Era um 'golpe de Estado' e todo mundo estava esperando que seu companheiro rompesse aquela sensação.[18]

Engels defendeu esta proposta afirmando que "em Londres os conflitos entre os grupos tinham atingido tal agudeza que [o Conselho Geral] tinha de ser transferido para outro local"[19] e que, dada a repressão na Europa, Nova York era a melhor escolha. No entanto, esta decisão deparou-se com a violenta oposição dos blanquistas. Convencidos de que "a Internacional devia ser, antes de mais nada, a organização insurrecional permanente do proletariado" e de que "quando um partido une-se para a luta [...] a sua ação é tanto mais eficaz quanto mais [...] o seu comitê de direção for ativo, armado, poderoso", Vaillant e os outros seguidores de Auguste Blanqui, presentes em Haia, sentiram-se ridicularizados ao verem que "a cabeça" se deslocava "para o outro lado do Atlântico [enquanto] o corpo de exército combatia na [Europa]".

Depois de perceber que eram inconciliáveis com as decisões tomadas pela maioria e que, devido à sua transferência, já não seria possível exercer qualquer controle sobre o Conselho Geral, os blanquistas abandonaram o congresso e, pouco depois, também a Internacional.

Foram muitos, mesmo nas fileiras majoritárias, os que votaram contra a mudança da sede para Nova York, pois compreenderam que esta decisão sancionaria o fim da Internacional enquanto estrutura operacional. Para o resultado positivo da votação, que teve apenas três votos a menos (26 a favor e 23 contra), contribuíram nove abstenções e, paradoxalmente, alguns membros da minoria, que queriam ver o Conselho Geral deslocado para longe de seus locais de atuação.

Tal como esta última, a decisão de Marx também foi determinante, pois para ele era preferível renunciar à Internacional a vê-la cair nas mãos dos seus adversários e assistir à sua transformação em uma organização sectária. O seu fim, que se seguiria certamente à transferência do Conselho Geral para os Estados Unidos, era de longe preferível à perspectiva de uma lenta e dispendiosa infiltração de lutas fratricidas.

A oposição aos grupos sectários e à redução do movimento operário a frações partidárias estreitas, dogmáticas e numericamente insubstanciais foi uma constante no pensamento político de Marx durante este período. Em *As chamadas cisões na Internacional* (1872), escrito em conjunto com Engels, afirmava:

> A primeira fase da luta do proletariado contra a burguesia é marcada pelo movimento sectário. Este encontra a sua razão de ser numa altura em que o proletariado ainda não está suficientemente desenvolvido para agir como classe. Pensadores isolados desenvolvem a crítica dos antagonismos sociais e apresentam soluções fantásticas que a massa dos trabalhadores só tem de aceitar, propagar e pôr em prática. Pela sua própria natureza, as seitas formadas por estes iniciadores são abstencionistas, afastadas de qualquer ação real, política, greves, coligações, em suma, de qualquer movimento global. A massa do proletariado permanece sempre indiferente ou mesmo hostil à sua propaganda. Os operários de Paris e de Lyon não queriam ouvir falar dos saint-simonianos, dos fourieristas, dos icarianos, tal como os cartistas, os sindicalistas ingleses, não queriam ouvir falar dos owenistas. Estas seitas, alavancas do movimento nas suas origens, tornam-se um obstáculo assim que o movimento as supera; a partir desse momento tornam-se reacionárias; testemunho disso são as seitas na França e na Inglaterra

e, ultimamente, os lassalleanos na Alemanha que, depois de anos a obstaculizar a organização do proletariado, acabaram por se tornar múltiplos instrumentos da polícia. Em suma, é a infância do movimento proletário, tal como a astrologia e a alquimia são a infância da ciência. Para que a fundação da Internacional fosse possível, era necessário que o proletariado superasse esta fase do seu desenvolvimento.[20]

Para Marx, a Internacional, ao contrário das

> organizações fantasiosas e antagônicas das seitas, [devia ser uma] organização real e militante da classe proletária de todos os países, unida na luta comum contra os capitalistas, os proprietários de terras e o seu poder de classe organizado no Estado. Por esta razão, os estatutos da Internacional só reconhecem simples associações operárias que prossigam o mesmo objetivo e aceitem o mesmo programa, um programa que se limite a traçar as grandes linhas do movimento proletário e que ligue a sua elaboração teórica ao impulso dado pelas próprias necessidades da luta prática, bem como à troca de ideias que se realiza nas seções, admitindo nos seus órgãos e congressos todas as convicções socialistas.[21]

A tese, sugerida por numerosos acadêmicos,[22] de que foi o conflito entre as suas duas correntes ou, o que é ainda mais improvável, o conflito entre dois homens, ainda que do calibre de Marx e Bakunin, que determinou o declínio da Internacional, não parece convincente. As razões do seu fim devem ser procuradas em outro lugar. O que tornou a Internacional obsoleta foram, acima de tudo, as grandes mudanças que ocorreram fora dela. O crescimento e a transformação das organizações do movimento operário, o reforço dos Estados-nação com a unificação nacional da Itália e da Alemanha, a expansão da Internacional em países como a Espanha e a Itália, caracterizados por condições econômicas e sociais profundamente diferentes das da Inglaterra e da França, onde a associação nasceu, a definitiva guinada à moderação do sindicalismo inglês e a repressão que se seguiu à queda da Comuna de Paris, tudo isto agiu conjuntamente para tornar a configuração original da Internacional inadequada às novas condições históricas.

Na complexidade deste cenário, em que prevaleciam as tendências centrífugas, os acontecimentos internos, bem como as vicissitudes pessoais dos seus protagonistas, desempenharam, obviamente, um papel. A conferência de Londres, por exemplo, longe de constituir-se no acontecimento redentor que Marx teve a ilusão de ter realizado, agravou significativamente a crise da organização, porque foi conduzida de forma rígida, sem avaliar adequadamente o estado de espírito existente no seio da organização e sem a clarividência necessária para evitar o reforço do grupo liderado por Bakunin.[23] Foi, de fato, uma vitória de Pirro para Marx que, ao tentar resolver os conflitos internos, acabou por acentuá-los. De fato, as opções tomadas em Londres apenas produziram uma aceleração de um processo já em curso e inevitável.

Finalmente, para além das considerações históricas e das relativas à dialética interna da organização, há outras considerações, não menos importantes, sobre o seu principal protagonista. Numa sessão da conferência de Londres, em 1871, Marx recordou aos delegados como "o trabalho do Conselho tinha se tornado imenso. Era obrigado a tratar de questões gerais e de questões nacionais".[24] A Internacional também tinha ampliado muito a sua dimensão. Já não era a organização de 1864 que se apoiava em duas pernas, uma na Inglaterra e outra na França. Agora estava presente em todos os países europeus, cada um com os seus problemas e especificidades. A chegada dos exilados da Comuna de Paris à capital britânica acentuou as dificuldades, pois trouxeram consigo, para além de novos problemas, uma bagagem de ideias diferentes. A síntese política no Conselho Geral, em uma organização dividida por todos os lados e dilacerada por conflitos internos, tornou- se uma tarefa cada vez mais difícil de sustentar. Uma enorme sobrecarga de trabalho, muito mais do que na altura da sua fundação.

Depois de oito anos intensamente dedicados à Internacional, Marx estava extremamente provado.[25] Consciente – a primeira de todas as suas preocupações – da retirada das forças operárias que se seguiria à derrota da Comuna de Paris, decidiu dedicar os seus anos futuros à tentativa de completar *O capital*. Quando atravessou o Canal da Mancha para ir à Holanda, sentiu que o esperava a última grande batalha política em que atuaria como protagonista direto.

De espectador silencioso da primeira reunião, realizada em 1864 no St. Martin's Hall, ao ano de 1872, Marx tornou-se o líder da Internacional, reconhecido como tal não só pelos delegados dos diferentes congressos e pelos dirigentes do Conselho Geral, mas também pelo público em geral. Se, portanto, a Internacional devia muito a Marx, a sua existência também se tinha alterado profundamente graças a ela. Antes da Internacional, ele era conhecido apenas em pequenos círculos de militantes, ao passo que, após a Comuna de Paris – certamente também graças à publicação da sua *magnum opus* em 1867 –, o seu nome começou a difundir-se entre os revolucionários de muitos países europeus, ao ponto de ser designado na imprensa como o "doutor do terror vermelho". Além disso, a responsabilidade resultante da direção desta organização, que lhe tinha permitido analisar mais diretamente tantas lutas econômicas e políticas, foi um estímulo suplementar para as suas reflexões sobre o comunismo e, ao final, a sua teoria anticapitalista foi profundamente enriquecida pelas experiências que adquiriu na Internacional.

O CONFRONTO COM BAKUNIN

Os meses que se seguiram ao Congresso de Haia testemunharam a intensificação do conflito entre as duas tendências. No entanto, só em alguns casos o conflito se desenvolveu em torno das diferenças entre as suas teorias e ideologia política. Marx preferiu ridicularizar as posições de Bakunin, apresentando-o, com base nos princípios programáticos da Aliança da Democracia Socialista de 1869, como um defensor da "igualdade das classes",[26] ou como um defensor do abstencionismo político *tout court*. O anarquista russo, em contrapartida, que não possuía as qualidades teóricas do seu oponente, optou por deslocar o confronto para o terreno das acusações pessoais, despejando sobre ele todo o tipo de insultos. A única exceção foi a Carta ao jornal *La Liberté* de Bruxelas, escrita no início de outubro de 1872, na qual Bakunin expõe a sua concepção de forma positiva. Este texto, que acabou ficando incompleto e não pôde ser utilizado pelos militantes que lhe eram próximos na batalha que se travou naqueles anos, mostra claramente a verdadeira posição política dos "autonomistas" e as distinções em relação ao campo oposto:

> Só há uma lei para todos os membros, seções e federações da Internacional [...]. É a solidariedade internacional dos trabalhadores

de todos os ofícios e países na sua luta econômica contra os exploradores do trabalho. É na organização real desta solidariedade, por meio da ação espontânea das massas trabalhadoras e da federação absolutamente livre [...] que reside a unidade real e viva da Internacional. Quem pode duvidar que, desta organização cada vez mais ampla da solidariedade militante do proletariado contra a exploração burguesa, deve despontar e surgir efetivamente a luta política do proletariado contra a burguesia? Os marxianos e nós somos unânimes neste ponto. Mas imediatamente surge o problema que nos separa tão profundamente dos marxianos. Pensamos que a política necessariamente revolucionária do proletariado deve ter como objetivo imediato e único a destruição dos Estados. Não concebemos que se possa falar de solidariedade internacional quando se quer preservar os Estados, [...] uma vez que o Estado, pela sua própria natureza, é uma ruptura desta solidariedade e, consequentemente, uma causa permanente de guerra. Não concebemos que seja possível falar de liberdade do proletariado ou de libertação real das massas no Estado e pelo Estado. O Estado significa dominação, e qualquer dominação pressupõe a subjugação das massas e, portanto, a sua exploração em benefício de qualquer minoria dominante. Não aceitamos, nem mesmo como transição revolucionária, convenções nacionais, assembleias constituintes, governos provisórios ou autodenominadas ditaduras revolucionárias, porque estamos convencidos de que a revolução só é sincera, genuína e real no seio das massas, e que quando se concentra nas mãos de alguns indivíduos dominantes, torna-se inevitável e iminentemente uma reação.[27]

Seria, portanto, infundado reduzir a posição de Bakunin ao mesmo nível do indiferentismo de matriz mutualista que tanto pesou negativamente em muitas questões nos primeiros anos da Internacional. Sem dúvida, Proudhon e Bakunin estavam unidos pela mais intransigente oposição a qualquer tipo de autoridade política, ainda mais se fosse sob a forma do Estado. Mas se os mutualistas exerciam o seu abstencionismo de forma passiva, renunciando efetivamente a toda atividade política, os autonomistas, ao contrário, como sublinhou Guillaume numa das suas últimas intervenções no Congresso de Haia, eram "partidários de uma certa política, da revolução social, da destruição da política burguesa e do Estado".[28]

Qual era, então, a diferença entre a "política positiva", considerada indispensável pelos centralistas, e a "política negativa", vista como a única forma de ação possível pelos autonomistas? Nas resoluções adotadas no Congresso Internacional de Saint-Imier, realizado entre 15 e 16 de setembro, na sequência da proposta da federação italiana e da presença de outros delegados regressados de Haia, foi declarado que

> qualquer organização política não pode ser outra coisa senão a organização da dominação, em benefício das classes e em detrimento das massas, e que o proletariado, se pretendesse tomar o poder político, tornar-se-ia ele próprio uma classe dominante e exploradora.[29]

Por isso – foi esta a afirmação que fundamentou o conceito de "política negativa" – "a destruição de todo o poder político é o primeiro dever do proletariado".[30] Segundo Bakunin, "qualquer organização do poder político, por mais provisória e revolucionária que se proclame, para conseguir essa destruição, só pode ser mais um engano posterior e seria tão perigosa para o proletariado como todos os governos atualmente existentes".[31] Tal como foi reiterado em um outro texto inacabado, *Escritos contra Marx*, a Internacional, cuja tarefa era conduzir o proletariado "para fora da política do Estado e do mundo burguês", deveria ter colocado na base do seu programa "a organização da solidariedade internacional para a luta econômica do trabalho contra o capital". Esta era uma declaração de princípios que, embora tivesse em conta as mudanças ocorridas ao longo do tempo, estava muito próxima das intenções originais da organização e diametralmente oposta à direção tomada por Marx e pelo Conselho Geral após a conferência de Londres de 1871.[32]

Em Haia, os autonomistas optaram por aquilo a que definiram como uma "política negativa", ou seja, a destruição do poder político. Ao contrário, a maioria dos delegados optou pela sua forma oposta, "positiva", que visava a conquista do poder político.[33] Num clima de profunda divergência de princípios e objetivos, o partido político foi apresentado como um instrumento necessário e subordinado às instituições burguesas, e o comunismo de Marx foi grotescamente comparado ao Estado Popular (*Volksstaat*) lassalleano, ao qual o revolucionário de Trier sempre se opôs sem hesitações. No entanto, nos poucos momentos em que este antagonismo exagerado deu lugar à razão, Bakunin e Guillaume reconheceram a identidade de aspirações entre as duas partes em conflito.[34] Em *As chamadas cisões da Internacional*, escrito em conjunto com Engels, Marx deixara claro que uma das condições prévias da sociedade socialista era a supressão do poder do Estado:

> por anarquia, todos os socialistas entendem o seguinte: uma vez atingido o objetivo do movimento proletário, a abolição das classes, o poder do Estado – que serve para manter a grande maioria dos produtores sob o jugo de uma ínfima minoria de exploradores – dissolve-se, e as funções governamentais transformam-se em meras funções administrativas.[35]

A divergência irreconciliável consistia no fato de os autonomistas colocarem o problema como uma questão de realização imediata. Dessa forma, como viam a Internacional não como um instrumento político de luta política, mas como o modelo ideal da sociedade do futuro, na qual não deveria existir qualquer autoridade,

> proclamavam a anarquia nas fileiras proletárias como o meio mais seguro de quebrar a poderosa concentração de forças sociais e políticas nas mãos dos exploradores. Com este pretexto, [Bakunin] pede à Internacional, no preciso momento em que o velho mundo tenta[va] esmagá-la, que substitua a sua organização pela anarquia.[36]

Embora houvesse uma identidade de pontos de vista sobre a necessidade de abolir as classes e o poder político do Estado na sociedade socialista, as diferenças diziam respeito ao caminho a seguir e às forças sociais necessárias para efetuar a mudança. Sobre estas questões fundamentais, Marx e Bakunin tinham duas concepções radicalmente diferentes. Para Marx, o sujeito essencial da revolução era uma classe específica, o proletariado fabril. Bakunin, ao contrário, dirigia-se às massas em geral, à "grande canalha popular [o chamado *Lumpemproletariado*] que, sendo quase virgem de toda a civilidade burguesa, traria no seu seio, nas suas paixões [...] todos os germes do socialismo do futuro".[37] Se o comunista percebera que a transformação social exigia a existência de certas condições históricas, uma organização eficaz e um longo processo para conseguir a formação da consciência de classe entre as massas,[38] o anarquista estava convencido de que a "grande ralé popular" estava equipada com "um instinto, tão invencível quanto justo", que por si só seria suficiente "para inaugurar e fazer triunfar a revolução social".[39]

A divergência entre Bakunin e Marx manifestou-se também na identificação dos instrumentos mais adequados para a realização do socialismo. O primeiro passou uma parte substancial da sua atividade militante a construir – ou imaginando construir – sociedades secretas, isto é, organizações constituídas por um pequeno grupo de pessoas, sobretudo intelectuais, um "estado-maior revolucionário autonomeado, composto por indivíduos devotados, enérgicos, inteligentes e sobretudo amigos sinceros",[40] que preparariam a revolta e fariam a revolução. O segundo era um defensor de uma maior emancipação da classe operária e estava convencido de que as sociedades secretas "são contrárias ao desenvolvimento do movimento operário", porque "em vez de educarem os operários, submetem-nos a leis autoritárias e místicas que impedem a sua autonomia e orientam a sua consciência na direção errada".[41] O exilado russo opunha-se a qualquer ação política da classe operária que não visasse diretamente a revolução, incluindo a mobilização para reformas sociais e a participação em eleições, enquanto o apátrida radicado em Londres não abria mão das lutas por reformas e objetivos parciais, embora estivesse absolutamente convencido de que se tratava de reforçar a classe operária na sua luta para abater o modo de produção capitalista e não de integrá-la ao sistema.

Mesmo se a revolução tivesse sido realizada, a distância entre eles não teria diminuído. Para Bakunin, "a abolição do Estado [...] era a condição preliminar ou o acompanhamento necessário da emancipação econômica do proletariado";[42] para Marx, o Estado não podia, nem devia, desaparecer de um dia para o outro. No entanto, deve-se reconhecer a Bakunin que, apesar da sua recusa em distinguir entre poder burguês e proletário, a previsão dos perigos da chamada "fase de transição" entre capitalismo e socialismo e da degeneração burocrática pós-revolucionária. Na sua obra inacabada, escrita entre 1870 e 1871, *O Império Knut-Germânico e a Revolução Social*, afirmava

> No Estado popular [...], dizem-nos, não haverá classes privilegiadas. Todos serão iguais, não só jurídica e politicamente, mas

também economicamente. [Haverá...] um governo que não se contentará em governar e administrar politicamente as massas, mas que as administrará também economicamente, concentrando nas suas mãos a produção e a justa distribuição da riqueza, o cultivo da terra, a criação e o desenvolvimento de fábricas, a organização e a gestão do comércio e, finalmente, a aplicação do capital na produção pelo único banqueiro: o Estado. [Será] o mais aristocrático, o mais despótico, o mais arrogante e o mais odiado de todos os regimes. Haverá uma nova classe, uma nova hierarquia de eruditos reais e fictícios, e o mundo dividir-se-á entre uma minoria dominante em nome da ciência e uma imensa maioria ignorante. Todos os Estados, mesmo os mais republicanos e os mais democráticos, não são outra coisa senão o governo das massas, de alto a baixo, por uma minoria conhecedora e pelos seus próprios privilégios, que afirma compreender os verdadeiros interesses do povo melhor do que o próprio povo.[43]

A via federalista apontada por Bakunin, em parte devido ao seu fraco conhecimento da economia, não forneceu indicações úteis sobre a forma de chegar ao socialismo. No entanto, sua crítica deve ser reconhecida por ter previsto alguns dos erros políticos dramáticos que caracterizariam o século XX.

DUAS CONCEPÇÕES OPOSTAS DE REVOLUÇÃO

No ano de 1872, a Internacional fundada em 1864 deixou de existir. A grande organização, que durante oito anos tinha realizado com êxito numerosas greves e lutas, que se tinha dotado de um programa teórico anticapitalista e que se expandira a todos os países europeus, implodiu após o Congresso de Haia. No entanto, a sua história não terminou com o abandono de Marx. A Internacional foi substituída por dois agrupamentos de forças muito pequenos, sem a sua capacidade de planejamento e ambição política. O primeiro era constituído pelos "centralistas", ou seja, o partido que obteve a maioria no último congresso e que privilegiava uma organização politicamente dirigida por um conselho geral. O segundo foi constituído pelos "autonomistas" – ou também "federalistas"[44] –, ou seja, a minoria que reconhecia uma autonomia de decisão absoluta às seções. Um rápido declínio foi o destino comum dos dois grupos.

Marx e Bakunin continuaram o seu confronto à distância. Em dezembro de 1873, por exemplo, Marx escreveu o artigo *A indiferença em matéria política*, publicado no jornal italiano *Almanacco Repubblicano per l'Anno 1874*. Neste texto, ridicularizava as posições do seu rival russo relativamente às lutas operárias levadas a cabo por meios pacíficos:

> Os trabalhadores não devem fazer greve, porque fazer esforços para aumentar os salários ou para impedir a sua redução é o mesmo que reconhecer os salários – o que é contrário aos princípios eternos da emancipação da classe operária! Se, na luta política contra o Estado burguês, os trabalhadores não fazem nada a não ser obter concessões, fazem compromissos: o que é contrário aos princípios eternos. [...] Os trabalhadores não devem esforçar-se por estabelecer um limite legal para a jornada de trabalho, porque isso é como fazer compromissos com os patrões, que então só podem explorá-los durante 10 ou 12 horas em vez de 14 ou 16. [...] Os trabalhadores não devem ainda querer, como na República Americana, que o Estado, cujo orçamento é assegurado pela classe operária, seja obrigado a dar aos filhos dos trabalhadores a educação primária; porque a educação primária não é uma educação universal. É melhor que os homens e as mulheres da classe trabalhadora não saibam ler, escrever ou fazer contas do que serem ensinados por um mestre-escola do Estado. É muito melhor que a ignorância e um dia de trabalho de 16 horas brutalizem as classes operárias do que violar os princípios eternos![45]

Bakunin também criticou outro resultado possível das lutas da classe operária. Marx escreveu que, segundo o anarquista:

> Se os trabalhadores substituem com a sua ditadura revolucionária a ditadura da classe burguesa, cometem o terrível crime de violação de princípio, porque para satisfazer as suas miseráveis necessidades profanas cotidianas, para esmagar a resistência da classe burguesa, em vez de deporem as armas e abolirem o Estado, dão-lhe uma forma revolucionária e transitória.[46]

Para Bakunin, os trabalhadores não deveriam sequer trabalhar para formar sociedades de ofício, pois estas "perpetuariam a divisão social do trabalho tal como existe na sociedade burguesa". Em suma, Marx afirmava que, segundo o revolucionário russo, "os trabalhadores devem cruzar os braços e não perder o seu tempo com movimentos políticos e econômicos. Estes movimentos só lhes podem dar resultados imediatos". Se, para Marx, tais convicções podiam ser aceitáveis numa fase de desenvolvimento do capitalismo e de formação das massas trabalhadoras, já não o eram na segunda metade do século XIX:

> Uma vez que as condições sociais não estavam suficientemente desenvolvidas para permitir que a classe operária se constituísse como classe militante, os primeiros socialistas (Fourier, Owen, Saint-Simon etc.) tiveram fatalmente de se limitar a sonhar com o modelo de sociedade do futuro e condenar todas as tentativas dos operários – tais como greves, coligações e movimentos políticos – para melhorar a sua situação. No entanto, se não nos é permitido renegar estes patriarcas do socialismo – tal como os químicos não podem renegar os seus pais, os alquimistas –, devemos, no entanto, evitar cair nos seus erros, que, cometidos por nós, seriam imperdoáveis.

Para além dos vários artigos e discursos destinados a contradizer mutuamente as teses de Bakunin e Marx, os vestígios mais interessantes das suas polêmicas encontram-se em *Estado e Anarquia* (1873), do revolucionário russo, a única obra importante que alguma vez completou, e nas notas que Marx escreveu nas margens do seu exemplar pessoal deste livro. Ambos os textos – o primeiro sendo um volume mais completo, o segundo, constituído de glosas e breves anotações críticas – pertencem a um período em que ambos se tinham retirado da cena política ativa para regressarem ao trabalho teórico, especialmente Marx, que esperava completar os volumes que faltavam d'*O capital*. Bakunin continuava a acusar Marx de ter um "programa comunista estatista"[47] e de ser responsável pelo fato de os seus seguidores tomarem "por toda a parte as posições do Estado e dos estatistas, contra a revolução popular".[48] As teorias de Marx foram, mais uma vez, equivocadamente equiparadas às de Lassalle: "A doutrina de Marx forneceu o ponto de convergência: o Estado unitário, tão grande quanto possível, fortemente centralizado. Lassalle queria esse Estado e Bismarck já o conseguira. Por que é que não haviam de aliar-se?".[49] Com base nesta reconstrução imaginativa, Bakunin afirmava:

> Já exprimimos a nossa profunda aversão à teoria de Lassalle e Marx, que recomendam aos operários, se não como o ideal supremo, pelo menos como o próximo objetivo principal, a criação de um Estado popular que, segundo as suas próprias palavras, não

será outro senão 'o proletariado, [organizado como classe dominante]'. Coloca-se a questão: se o proletariado é a classe dominante, sobre quem exercerá o seu domínio? Isto significa que continuará a existir um outro proletariado, que estará sujeito a este novo domínio, a este novo Estado.[50]

Em resposta a esta crítica sem fundamento, Marx redigiu algumas notas das quais retiram-se valiosos conhecimentos sobre o poder do Estado e as condições prévias para a realização da revolução social. Nos *Excertos e comentários críticos ao "Estado e Anarquismo" de Bakunin (1875)*, ele descreveu as ideias do seu rival anarquista como "asneiras de um colegial". Para Marx:

> Uma revolução social radical está ligada a certas condições históricas de desenvolvimento econômico; estas constituem a sua premissa. Por conseguinte, só é possível quando, com a produção capitalista, o proletariado industrial assume, pelo menos, uma posição proeminente na massa do povo. [...] O Sr. Bakunin [...] não entende nada da revolução social, só entende frases políticas; para ele, as condições econômicas da revolução não existem. Uma vez que todas as formas econômicas que se sucederam até hoje, desenvolvidas ou subdesenvolvidas, implicam a subjugação do trabalhador (seja ele assalariado, camponês etc.), acredita que em todas elas é possível uma revolução igualmente radical. Mas isso não é tudo! Ele exige que a revolução social europeia, que se realiza sobre a base econômica da produção capitalista, se realize ao nível das populações camponesas e pastoris russas ou eslavas, que não ultrapasse esse nível [...]. A vontade, e não as condições econômicas, é o fundamento da sua revolução social.[51]

Quanto ao movimento operário, "em vez de travar batalhas particulares contra as classes economicamente privilegiadas, desenvolveu uma força e uma organização tais que lhe permitem empregar meios coercivos gerais na luta contra elas".[52] Nesta fase, o proletariado participa na luta política utilizando os próprios instrumentos do mundo burguês que quer destruir:

> Atua ainda sobre a base na velha sociedade e, por conseguinte, ainda se move em formas políticas que, em maior ou menor grau, ainda a compõem; durante este período de luta, ainda não alcançou a sua constituição final e, para se libertar, utiliza meios que desaparecerão após a libertação.[53]

Marx contestou Bakunin por considerar esta possível forma de luta do movimento operário como algo irremediavelmente destinado a ser contaminado pelo poder político existente. Em contrapartida, segundo Marx, não era possível atuar de outra forma. No caso de o proletariado ter conquistado o poder governamental, "seus inimigos e a velha organização da sociedade ainda não desapareceram". Para eliminá-los, seria necessário utilizar "meios violentos, portanto meios governamentais". Além disso, nesta fase, o proletariado "ainda é classe, e as condições econômicas em que se baseiam a luta de classes e a existência das classes ainda não desapareceram e têm de ser eliminadas ou transformadas pela força".[54] Esta condição, no entanto, não seria permanente, pois "a dominação da classe operária sobre as camadas do velho mundo que combatem em seu flanco" – muito contestada por Bakunin – "só pode existir até que a base econômica da existência das classes tenha sido destruída".[55] Quando esta condição se tivesse alterado, o domínio de classe teria desaparecido e, com ele, o Estado "no sentido político atual".[56]

Isto também teria implicações significativas para o tipo de democracia que seria estabelecida na nova sociedade. Segundo Marx, Bakunin não percebeu que, quando a "base econômica, [os] laços econômicos dos eleitores" mudassem, a forma de representação assumiria também um valor radicalmente diferente. Na sociedade socialista, "1) já não existe qualquer função governamental; 2) a destruição das funções gerais tornou-se um fato administrativo que não confere qualquer poder; 3) a eleição já não tem nada do seu caráter político atual".[57]

Após a redação dos *Comentários críticos* aos *Resumos e comentários críticos sobre "Estado e Anarquia" de Bakunin*, Marx prossegue as suas investigações político-históricas e econômicas durante mais alguns anos, apesar dos problemas de saúde que o afligem. Os seus estudos, acompanhados pelos estímulos dos grandes acontecimentos revolucionários do seu tempo, permitiram-lhe fazer progressos não só no tocante a *O capital*, mas também acerca da possível fisionomia da sociedade pós-capitalista.

AS PESQUISAS DA ÚLTIMA DÉCADA

ESTUDOS TEÓRICOS E LUTA POLÍTICA

CONTRA A TENDÊNCIA SOCIAL-DEMOCRATA

Na primavera de 1874, Marx foi mais uma vez forçado a lutar contra um "estado de saúde instável" que, como ele disse a seu amigo Ludwig Kugelmann, "continua[va] interrompendo o [seu] trabalho". Sem "poder escrever", ele continuou a "trabalhar arduamente para reunir uma quantidade importante de material novo para o segundo volume"[1] d'*O capital*. Os sintomas desse período foram insônia, enxaquecas, problemas no fígado e o constante surgimento de surtos infecciosos devido ao carbúnculo. Diante dessas circunstâncias adversas, ele decidiu ir para Ramsgate, no condado de Kent, a poucos quilômetros da ponta sudeste da Inglaterra, por algumas semanas. Escreveu para sua filha Jenny Longuet dizendo que sua condição física "chegara a uma situação ruim" e que, para poder estar novamente "em condições de trabalhar", era momento de "resignar-se".[2]

Essa pausa não foi suficiente para atingir o objetivo desejado e, em julho, Marx mudou-se por mais duas semanas para Ryde, um vilarejo na Ilha de Wight, a que apelidou de "um pequeno paraíso".[3] Como lá também não houve melhora, Eduard Gumpert, o médico alemão, amigo de Friedrich Engels, que tratava-o fornecendo-lhe orientações a partir de Manchester, deu-lhe "instruções estritas para abster-se [...] de qualquer tipo de trabalho". Para alcançar o "restabelecimento completo",[4] ele sugeriu que Marx se mudasse para Karlsbad,[5] uma cidade na Boêmia, então parte do império austríaco, conhecida por seus banhos termais. Como disse a seu amigo Friedrich Sorge, ele "se curvou, de forma muito reticente, à ordem do médico", apenas porque este lhe havia assegurado que o tratamento com água seria decisivo para interromper sua "incapacidade laboral", uma condição que ele considerava "uma sentença de morte para todo ser que não seja um animal".[6]

Foi nesse momento que, temendo que o governo austríaco pudesse recusar sua entrada no país e não tendo "tempo nem dinheiro a perder",[7] Marx decidiu solicitar a naturalização à Inglaterra. No entanto, foi-lhe negada. Um relatório especial do escritório de investigação da Scotland Yard o rotulou como "um notório agitador alemão [...] defensor dos princípios comunistas, [...] que não foi leal nem ao seu rei nem ao seu país".[8] Em 15 de agosto, Marx partiu de qualquer maneira, ao lado de sua filha Eleanor, que também estava doente e precisava de cuidados. No entanto, estava profundamente triste, pois fora forçado a deixar para trás sua filha mais velha, Jenny, cujo primogênito falecera alguns dias antes. Como ele confessou a Kugelmann, diante desses acontecimentos ele era "menos estoico do que em outras situações, e os sofrimentos familiares atingiam[-no] duramente. Quanto mais uma pessoa vive como eu, quase isolado do mundo exterior, mais ela se envolve sentimentalmente com seu [próprio] círculo íntimo".[9]

A família Kugelmann compartilhou um período de férias com Marx e a jovem Franziska contou que ele "preferi[a] limitar ao mínimo indispensável os debates políticos e as discussões partidárias".[10] Ao contrário, "observava a vida internacional do retiro de saúde com interesse e, como era seu hábito, dava apelidos aos visitantes".[11] Após concluir seu tratamento Marx partiu, em 21 de setembro, e no caminho de volta parou em Dresden, Leipzig, Berlim e Hamburgo. Assim que deixou a capital prussiana, ele soube "com grande divertimento" que "a polícia havia revistado o hotel, apenas uma hora depois de [sua] partida".[12]

Em seu retorno a Londres, embora em um ritmo menos intenso – devido ao seu estado físico cada vez mais precário e às lentidões geradas por sua constante necessidade de atualizar e expandir seus conhecimentos – Marx continuou a trabalhar n'*O capital*. As mudanças e revisões também afetaram a tradução francesa do Livro I. De fato, a partir de março de 1872, Marx esteve ocupado corrigindo as provas, que foram impressas em fascículos entre 1872 e 1875.[13] No decorrer da revisão, decidiu fazer outras alterações no texto básico de 1867, principalmente em relação à seção sobre o processo de acumulação de capital. Em janeiro de 1875, ele escreveu a seu amigo Max Oppenheim que finalmente havia "conseguido finalizar a tradução" e que havia "mudado e acrescentado muito, especialmente nas últimas partes".[14] O grande esforço que Marx dedicou à versão francesa pode ser observado no conteúdo de uma carta endereçada à escritora inglesa Matilda Bethan-Edwards, na qual ele admitiu que "lhe custara mais esforço do que teria sido necessário para reescrever todo o livro em francês".[15] Também a sua filha Jenny disse à família Kugelmann que seu pai havia sido forçado a trabalhar duro "todas as noites até as duas ou três da manhã"[16] para terminar o trabalho. No posfácio da edição francesa, Marx não hesitou em atribuir a ela "um valor científico independente da versão original [alemã]"[17]de 1867. Ao seu amigo Sorge disse que esse tipo de trabalho "lhe custara tal perda de tempo" que ele havia decidido "não particip[ar] mais, de modo algum, de nenhuma tradução". Entretanto, sua *magnum opus* havia se beneficiado em pelo menos dois aspectos: "havia acrescentado algo novo e muitos temas[18] haviam sido melhor ilustrados". Não por acaso, mais tarde, quando o economista Nikolai Danielson começou a trabalhar na tradução russa, Marx lhe pediu que tivesse em mente que a divisão em capítulos deveria ser "feita de acordo com a edição francesa".[19]

No final de 1874, Marx ficou sabendo pelos jornais que a Associação Geral dos Trabalhadores Alemães, fundada por Ferdinand Lassalle, e o Partido Social Democrata dos Trabalhadores, ligado a Marx, queriam reunir-se em uma única força política. Marx e Engels não foram consultados acerca do conteúdo do projeto e só receberam a minuta do programa do novo partido em março.[20] Engels escreveu a August Bebel que não "perdo[ava Liebknecht] por não ter comunicado [a nenhum deles] nem uma única palavra sobre o tema"[21] e advertiu que ele e Marx não poderiam jamais "se reconhecer no novo partido"[22] baseado nos fundamentos do socialismo de Estado lassaliano. Apesar dessa dura declaração, os líderes que haviam sido ativos na construção do que mais tarde se tornaria o Partido Socialista dos Trabalhadores da Alemanha (SPD) não mudaram suas posições.

Marx, portanto, sentiu-se obrigado a escrever uma longa revisão crítica do documento que lançou as bases do congresso de reunificação convocado para 22 de maio de 1875 na cidade de Gotha. Na carta que acompanhava esse texto, ele afirmou que "cada passo do movimento real [era] mais importante do que uma dúzia de programas".[23] No entanto, se o objetivo era escrever "programa de princípios", estes deveriam ser preparados com muita atenção, pois era por meio desses documentos que "o mundo mediria até o avanço do partido".[24] Na *Crítica do Programa de Gotha* (1875), Marx investiu contra as numerosas imprecisões e erros do novo manifesto preparado na Alemanha. Entre as muitas objeções, ele criticou o conceito de "justa repartição", em referência ao qual perguntou polemicamente: "Não afirmam os burgueses que a atual distribuição é 'justa'? Não é essa, de fato, a única distribuição 'justa' com base no modo de produção atual?".[25] Em sua opinião, a reivindicação política a ser incluída no programa não era "o lassaliano 'rendimento integral do trabalho'"[26] para cada operário, mas sim a transformação do modo de produção. Marx explicou, com seu habitual rigor, que Lassalle "não sabia o que era um salário". Seguindo os economistas burgueses, ele havia trocado "a aparência pela essência". Marx esclareceu que:

> O salário não é o que parece ser, isto é, o valor e, respectivamente, o preço do trabalho, mas apenas uma forma disfarçada de valor e, respectivamente, o preço da força de trabalho. Com isso, todo o velho conceito burguês de salário, assim como as críticas dirigidas a ele até agora, foi jogado ao mar de uma vez por todas e ficou claro que o trabalhador assalariado tem permissão para trabalhar pela própria vida, ou seja, para viver, apenas na medida em que trabalha, por um certo tempo, gratuitamente, para o capitalista (e, portanto, também para aqueles que, com o capitalista, consomem mais-valia); que todo o sistema de produção capitalista gira em torno do problema de prolongar esse trabalho gratuito por meio do aumento da jornada de trabalho ou do desenvolvimento da produ-

tividade, ou seja, com maior esgarçamento da força de trabalho. Assim, o sistema de trabalho assalariado é um sistema de escravidão, e uma escravidão que se torna cada vez mais dura à medida que as forças produtivas sociais do trabalho se desenvolvem, quer o trabalhador seja melhor ou pior remunerado.[27]

Outro ponto controverso dizia respeito ao papel do Estado. Marx acreditava que o capitalismo só poderia ser derrubado por meio da "transformação revolucionária da sociedade". Os lassaleanos acreditavam que a "organização socialista do trabalho como um todo surge com a ajuda do Estado; que o Estado impulsiona as cooperativas de produção; que ele as cria, não o trabalhador".[28] Para Marx, ao contrário, "as sociedades cooperativas [...obteriam] valor apenas como [...] criações operárias independentes, não tuteladas nem pelos governos nem pela burguesia".[29] A ideia de que se poderia construir "uma nova sociedade com a ajuda do Estado, como se constrói uma nova ferrovia" era digna das ambiguidades teóricas de Lassalle.[30]

Com relação ao conjunto das propostas do programa, Marx observou que o manifesto político da fusão mostrava que as ideias socialistas estavam demorando a penetrar nas organizações operárias alemãs. Em continuidade às suas convicções da juventude,[31] ele reiterou que estava sendo cometido o erro de tratar "o Estado como uma entidade independente que tem seus próprios fundamentos espirituais e morais [...] em vez de se tratar a sociedade [...] como a base do Estado".[32] No entanto, Wilhelm Liebknecht e outros líderes alemães defenderam sua escolha tática de compromisso com o programa, com a motivação de que isso era necessário para a realização de um único partido.[33] Assim, mais uma vez, Marx foi forçado a reconhecer a grande distância entre as escolhas que estavam sendo feitas em Berlim e as que estavam sendo feitas em Londres. Essa distância já havia sido notada na ocasião da não participação das organizações alemãs nas atividades da Associação Internacional dos Trabalhadores.[34]

Em março de 1875, a família Marx mudou-se para o número 41 da Maitland Park Road, uma casa geminada na zona norte de Londres. Era uma casa alugada, menor e mais econômica do que a casa ocupada por mais de dez anos no número 1 da mesma rua.[35] Durante a primavera, Marx continuou os estudos necessários para a redação de algumas seções que faltavam n'*O capital*. Nesse período, ele também refez partes do compêndio do Livro I, que havia sido feito pelo publicitário Johann Most, em preparação para a impressão de uma segunda edição.[36] Além disso, entre a metade de maio e meados de agosto, ele redigiu outro manuscrito para o Livro III, intitulado *A relação entre a taxa de mais-valia e a taxa de lucro desenvolvida matematicamente* (1875).[37]

Depois de terminar esse trabalho, Marx voltou novamente a Karlsbad, dessa vez sozinho, registrando-se no Hotel Germania como "doutor em filosofia".[38] Sua esposa Jenny, por sua vez, foi primeiro para Genebra, onde encontrou alguns companheiros de partido, e depois transferiu-se para Colônia.[39] Os tratamentos a que Marx se submeteu tiveram um "efeito excelente" e, como disse a Engels, muitos médicos declararam que ele tinha sido "o frequentador modelo de Karlsbad".[40] Durante sua estadia, que durou cerca de um mês, travou amizade com o historiador e etnógrafo Maksim Kovalevsky, que já havia conhecido em Londres durante o inverno. Foi nessa ocasião que o estudioso russo superou seu preconceito inicial contra Marx, percebendo como ele era "um companheiro de conversas simples e agradável, incansável contador de anedotas, cheio de humor e sempre pronto para a autoironia".[41] Com relação à sua estada na cidade, um policial encarregado de monitorar sua conduta relatou que o vigiado esteve "sempre tranquilo, [tivera] pouco contato com outros visitantes das termas e frequentemente fazia longas caminhadas sozinho".[42]

Em setembro, assim que retornou a Londres, mais uma vez animado pela intenção de fazer o máximo de progresso possível na redação do Livro II d'*O capital*, ele planejou novas pesquisas. Essas intenções confiantes também contagiaram Engels, que escreveu ao jornalista social-democrata Wilhelm Bracke: "Marx voltou de Karlsbad completamente mudado: com força, vigor, animado e saudável. Agora, muito em breve, ele poderá retomar seriamente o trabalho".[43]

Mesmo após a dissolução da Internacional, Marx continuou a receber convites para participar de iniciativas políticas. No final do outono, foi convidado a discursar em um comício sobre a libertação da Polônia, mas foi forçado a recusar devido a uma nova e repentina "lesão por carbúnculo". Em sua carta ao publicista e ativista político Pyotr Lavrov, justificando sua ausência, ele deixou claro que, se estivesse presente, só poderia ter reconfirmado a opinião que sustentava há 30 anos, ou seja, que "a emancipação da Polônia [era] uma das condições para a emancipação da classe operária na Europa".[44]

Entre o final de 1875 e o início de 1876, após receber de seu amigo Danielson novos livros e publicações contendo estatísticas sobre a Rússia, Marx continuou a realizar pesquisas sistemáticas sobre as mudanças econômicas e sociais que estavam ocorrendo naquele país. O estudo da obra *A situação da classe operária na Rússia* (1869) do economista e sociólogo Vassilij Vassiljevič Bervi – conhecido pelo pseudônimo N. Flerovsky – também lhe proporcionou a motivação política para investigar a realidade russa com maior profundidade.[45] Entre as leituras que ele resenhou em meados da década de 1870 estavam o opúsculo intitulado *Conservadorismo Revolucionário* (1875), dos pensadores eslavófilos Juri Samarin e Fyodor Dmitriev, e vários volumes do biênio 1872-1873 dos *Trabalhos da Comissão Fiscal*. Essa consulta incessante de Marx aos textos levou Jenny von Westphalen, cujo maior desejo era que ele "terminasse seu trabalho rapidamente", a "ameaçar de brincadeira" a Kovalevsky, um dos fornecedores mais costumazes de livros a Marx. Esse último recordou como a sra. von Westphalen lhe disse, durante as refeições que compartilhavam, que "deixaria de lhe fornecer costeletas de carneiro se ele, com todos os seus livros, continuasse a impedir que seu marido colocasse o tão esperado ponto final em seu livro".[46]

Durante esse período, em que não houve lutas sociais significativas, Marx se dedicou, enquanto seu estado de saúde permitia, a novas questões de caráter teórico. Engels descreveu a razão disso para seu amigo comum, Johann Becker:

> Marx e eu temos que produzir trabalhos científicos precisos que, pelo que se vê no momento, ninguém mais pode ou quer fazer. Temos de usar o atual momento de tranquilidade mundial para conclui-los. Quiçá em breve algum evento nos lançará de volta ao movimento prático. Além disso, devemos usar essa interrupção para avançar um pouco mais nos aspectos teóricos, igualmente importantes.[47]

Foi durante esse período que Marx pôde novamente expandir o alcance de seus interesses para tópicos até então pouco explorados. Durante a primavera, ele estendeu seus estudos à fisiologia, tanto botânica quanto humana, analisando uma série de compêndios, principalmente de *Fisiologia das plantas e dos animais* e *Teoria do cultivo de plantas* (1850), do botânico Matthias Schleiden, e de *Definições de fisiologia humana* (1868), do antropólogo e fisiologista Johannes Ranke. Além disso, ele planejava ler novos livros sobre agronomia, propriedade da terra e crédito, que considerava de grande utilidade para aprofundar seus estudos para a conclusão d'*O capital*.

A partir da metade de maio, Marx voltou ao seu objeto de pesquisa dedicado às formas de propriedade coletiva. Entre os vários textos que ele resenhou até o final do ano estavam o importantíssimo *História da organização das vilas na Alemanha* (1865-1866), do historiador e estadista Georg Ludwig von Maurer, o *Ensaio sobre a história da propriedade fundiária na Espanha* (1873), do advogado e ministro Francisco de Cárdenas Espejo, e *As habitações comuns dos escravos do sul* (1859), do escritor e político Ognjeslav Utješenović.

As novas indagações foram interrompidas pelas férias de verão, que se tornaram um imperativo, em vez de uma oportunidade de recreação, devido a seus problemas físicos. Depois de passar alguns dias em Brighton, em julho, na companhia de Jenny, Marx viajou, como agora era de costume, com sua filha Eleanor para Karlsbad, em meados de agosto. Sua esposa, as outras duas filhas e Helene Demuth se juntaram a Engels e sua companheira Lydia Burns em Ramsgate. À comitiva juntou-se o pequeno Jean Longuet, o segundo filho de Jenny, nascido durante o período de férias.

Marx escreveu a Engels que as estadias em Karlsbad continuavam a ter um "efeito maravilhoso" sobre ele e que eram sempre uma ajuda eficaz para superar a "odiosa pressão na cabeça",[48] da qual ele sofria com frequência. À filha Jenny contou seu "vi[ver] o cotidiano, despreocupado, como requer a cura", e que fazia "caminhadas nos bosques da montanha".[49] Eleanor também lembrou que "o Mouro [havia sido] um maravilhoso companheiro de viagem, sempre de bom humor e pronto para apreciar tudo, de uma bela paisagem a um bom copo de cerveja".[50] No caminho de volta para casa, pai e filha se detiveram em Praga e, de lá, foram a Bingen, em cuja vizinhança ficava Kreuznach. Lá, Eleanor conheceu o local onde seus pais haviam se casado em 1843.

Durante o outono, Marx contraiu uma grave constipação respiratória que degenerou em bronquite e tosse crônica. Durante a hospitalização, também foi decidido realizar o "encurtamento da úvula", que, como Jenny von Westphalen disse a Sorge, havia se tornado "frouxa e alongada". Entretanto, a operação não se mostrou "de grande ajuda".[51] Ainda que atravessando um período pouco feliz, Marx contou ao dr. Wilhelm Freund sobre si mesmo, sem nunca perder sua grande autoironia: "com a dor de garganta que contraí nos últimos dias em Karlsbad, [...] aconteceu comigo como o camponês de Lutero que, içado a cavalo de um lado, caiu pelo outro".[52]

Apesar dessas atribulações e da pressão constante de pedidos de trabalho vindos de várias partes, Marx fez um esforço significativo para encontrar uma editora interessada na versão alemã da *História da Comuna de 1871* (1876),[53] do jornalista e comunardo Prosper-Olivier Lissagaray. De setembro até o final de 1877, Marx investiu tempo e energia na revisão da tradução do que ele chamou de "a primeira história autêntica da Comuna".[54] Ele também escreveu ao historiador do judaísmo Heinrich Graetz sobre a tentativa revolucionária do povo parisiense: "Paris toda verdade, Versalhes toda mentira", que respondeu: "quando um homem como você pronuncia essas palavras, é como se o veredicto tivesse sido pronunciado pelo juízo universal da história".[55] Esse tipo de apreciação veio sempre de todos aqueles que reconheceram que Marx, em qualquer circunstância, nunca se esquivou de expressar suas opiniões com franqueza e defendê-las plenamente.

BATALHAS POLÍTICAS EM ESCALA INTERNACIONAL

Durante esse período, apesar das adversidades e de seu precário estado de saúde, Marx continuou a acompanhar com atenção e senso crítico todos os principais acontecimentos políticos e econômicos, esforçando-se para prever os novos cenários que eles poderiam engendrar e de que modo afetariam a continuação das lutas pela emancipação da classe trabalhadora.

No início de 1877, Jenny von Westphalen informou a Sorge que seu marido estava "profundamente imerso na questão oriental e muito eufórico, pois os filhos de Maomé [haviam] entrado em cena de forma decisiva e respeitável, diante de todos os impostores cristãos e hipócritas que gritavam atrocidades".[56] Em abril daquele ano, Alexandre II havia declarado guerra à Turquia, usando como álibi para sua sanha expansionista as rebeliões contra Constantinopla iniciada por cristãos que viviam em domínois europeus do território otomano.

Marx imediatamente se manifestou contra o apoio dos liberais ingleses aos russos e, entre fevereiro e março, com a ajuda do jornalista Maltman Barry, ex-membro da Associação Internacional dos Trabalhadores, escreveu três artigos curtos, que foram impressos anonimamente na *The Whitehall Review* e na *Vanity Fair* e depois reimpressos em vários jornais locais ingleses, escoceses e irlandeses.[57] Marx relatou a Engels que muitos jornais ficaram "horrorizados" e que o editor adjunto da *Vanity Fair* temia "citações por difamação".[58] Ao amigo Sorge comentou, satisfeito, que "os deputados ingleses da Câmara dos Lordes e da Câmara dos Comuns arrancariam os cabelos se soubessem que o 'Doutor do Terror Vermelho', como me chamam, é o inspirador da Crise Oriental [...] na imprensa londrina da moda".[59]

Marx responsabilizou Bracke, em contrapartida, porque, em sua opinião, "a imprensa operária ocupa[va-se] muito pouco da questão oriental e se esquece de que a política do governo está brincando descontroladamente com a vida e o dinheiro do povo".[60] Com excesso de otimismo, escreveu a Sorge que "essa crise [era] um novo ponto de virada na história da Europa". Ele considerava que a Rússia já estava "à beira da derrocada há algum tempo" e esperava que os turcos pudessem "acelerar[-lhe] em anos a sua desintegração, com os golpes que [haviam já] desferido [...] em seu exército e [suas] finanças". Ele concluiu declarando que "desta vez a revolução [começaria] no Oriente, precisamente onde resistia [...] o exército de reserva da contrarrevolução".[61] Engels também reiterou essa convicção ao editor do jornal *La Plebe*, Enrico Bignami, a quem chegou a afirmar: "uma vez que a Rússia tenha sido estimulada à revolução, toda a face da Europa mudará. Até agora, a velha Rússia tem sido a grande armada da reação europeia. Foi assim em 1789, em 1805, em 1815, em 1830 e em 1848. Uma vez destruída essa armada – veremos!".[62]

Quando ficou claro, em fevereiro de 1878, que os russos sairiam vitoriosos do conflito, Marx lamentou o fato a Liebknecht, pois estava convencido de que a sua derrota não apenas "aceleraria enormemente o conflito social na Rússia", mas também provocaria "uma mudança radical em toda a Europa".[63] No entanto, apoiado nas expectativas confiantes que tinha na época, ele previu ao cartista e publicista inglês Thomas Allsop que em breve se daria "uma sequência de guerras que [iriam] faz[er] precipitar a crise social engolin[do] todas as ditas 'potências', tanto as falsas quanto as vitoriosas e as vencidas, abrindo caminho para uma revolução social europeia".[64] Em uma carta enviada a Engels em setembro, ele repetiu previsões semelhantes: "nada que a Rússia e a Prússia possam fazer [...] pode ter outras consequências perniciosas a não ser para seu regime. [Eles não podem] evitar seu colapso, só podem apressar seu terrível fim".[65]

De tempos em tempos, Marx precisava voltar a ocupar-se da Associação Internacional dos Trabalhadores a fim de defender seu prestígio e relembrar o crédito de que sua linha política ainda desfrutava. Em julho de 1878, em resposta a George Howell, um antigo membro da organização que havia se tornado um sindicalista reformista, Marx lembrou em um artigo no *The Secular Chronicle* que a Internacional havia conquistado "uma reputação mundial e um lugar na história da humanidade", não, como Howell havia argumentado de forma difamatória, "por causa da grandeza de [suas] finanças, mas por causa da força de intelecto e da [sua] generosa energia".[66]

Marx também continuou a confiar na evolução da situação em ultramar. Em julho de 1877, comentou com satisfação sobre o "primeiro levante [...] dos operários dos Estados Unidos [...] contra a oligarquia associada do capital [...] que surgiu a partir da Guerra Civil". A Engels, escreveu que essa luta seria "naturalmente sufocada, mas [poderia...] constituir o ponto de partida para a criação de um sério partido operário".[67] A Grã-Bretanha, entretanto, representava um país em relação ao qual os dois amigos não cultivavam mais qualquer ilusão. Em fevereiro de 1878, Marx escreveu a Liebknecht que "a classe operária inglesa havia sido progressivamente, e cada vez mais especialmente desmoralizada pelo processo de corrupção iniciado em 1848, e havia chegado, finalmente, ao ponto de representar nada mais do que a cauda do grande partido liberal, ou seja, de seus próprios escravizadores: os capitalistas".[68] Em uma carta a Eduard Bernstein, Engels foi ainda mais realista, afirmando que "não se [poderia] dizer que, [naquele] momento, não exist[ia] um movimento operário real no sentido [que o termo assumia] no continente". Contudo, mesmo quando havia greves na Grã-Bretanha, "vitoriosas ou não", estas não faziam "nenhum avanço no movimento geral".[69]

Marx nunca perdeu de vista os principais eventos políticos que se sucediam na Alemanha e, superado o momento de maior conflito, manifestado por ocasião do Congresso de Gotha, continuou a esforçar-se para orientar o Partido Socialista dos Trabalhadores da Alemanha a uma linha política anticapitalista. Entretanto, outros eventos amadureceram e renovaram as oportunidades de conflito. A partir de 1874, Eugen Dühring, professor de economia da Universidade de Berlim, começou a receber grande consideração por parte dos intelectuais do partido. Em apoio às suas teses, vários artigos apareceram nas páginas do *Der Volksstaat*, que era o órgão do Partido Social Democrata dos Trabalhadores da Alemanha. Portanto, tendo recebido um convite de Liebknecht para tratar do assunto e tendo ouvido a opinião de Marx de que se deveria "tomar uma posição criticando Dühring sem qualquer consideração",[70] Engels decidiu escrever uma crítica ao positivista alemão. Esse seu empenho, que durou do final de 1876 até julho de 1878, levou à produção do livro *Anti-Dühring* (1877-1878), cuja publicação foi antecipada nas colunas do *Vorwärts*, o jornal oficial do Partido Socialista dos Trabalhadores da Alemanha, que surgiu após a fusão no Congresso de Gotha.[71]

Marx participou da redação do texto ao escrever, no inverno de 1877, em nome de Engels e sob seu próprio nome, o capítulo dez, intitulado "Da 'História Crítica'". Ele foi concebido como uma resposta aos ataques a ele no volume *História crítica da Economia Política e do socialismo* (1871). Ele apontou que "Dühring [havia] entendi[do] como conceito de valor cinco coisas totalmente diferentes e diametralmente contraditórias entre si e que, portanto, na melhor das hipóteses, não sab[ia] o que quer[ia]". Além disso, no livro do economista alemão, "as 'leis naturais de toda a economia", anunciadas com pompa e circunstância, mostram-se banalidades da pior espécie, [...] muitas vezes nem mesmo compreendidas corretamente".[72] A "única explicação" que ele fornece em relação aos "fenômenos econômicos [...] é que eles são resultados da 'violência', uma expressão com a qual, por milênios, os filisteus de todas as nações consolaram-se por tudo de desagradável que [lhes] aconteceu e graças à qual nada se sabe mais do que antes".[73] Para Marx, Dühring não havia tentado "investigar essa violência" e, forçado a ilustrar mais adequadamente a exploração capitalista do trabalho, ele a representou "primeiro, em geral, como fundada na imposição de um tributo e de um sobre-preço", ou seja, como um "proudhoniano", para depois explicá-la "em detalhes, por meio da teoria marxiana da mais-valia". Ele havia conseguido realizar o inverossímil: juntar "duas formas totalmente contraditórias de ver, copiando as duas ao mesmo tempo".[74]

Nas eleições de janeiro de 1877, o Partido Socialista dos Trabalhadores da Alemanha obteve quase meio milhão de votos e sua porcentagem eleitoral ultrapassou 9%. Apesar desse resultado positivo, a situação do partido continuou a incomodar Marx. Com o médico alemão Ferdinand Fleckles, ele ironizou o "pequeno opúsculo" de má qualidade do sociólogo Albert Schäffle, intitulado *A quintessência do socialismo* (1879). Nele, "com genuína fantasia suábia,* o futuro milênio socialista é retratado tão alegremente como se fosse o reino perfeito dos cordiais pequeno-burgueses".[75] Foi nesse contexto que, quando convidado pelo jornalista Franz Wiede a assumir um papel de destaque na fundação de uma nova revista, Marx comentou com Engels:

> Seria realmente muito bom se surgisse uma publicação socialista de caráter verdadeiramente científico. Ela geraria críticas e contra-críticas sobre pontos teóricos a respeito dos quais poderíamos debater e expor a ignorância absoluta dos professores e livre-docentes e, ao mesmo tempo, esclarecer as mentes do público em geral.[76]

Entretanto, ele foi forçado a reconhecer que a inadequação daqueles que participariam do empreendimento não possibilitava o que ele

---

* Refere-se às pessoas procedentes da região central e sudeste de Baden-Württemberg e da Baviera. (N. T.)

considerava ser a "primeira condição de toda crítica", a saber, "a falta de qualquer obediência".[77] Comentários ríspidos também foram dirigidos à revista *Zukunft*, da qual condenara, com sarcasmo, "a aspiração principal: substituir o conhecimento materialista por frases ideológicas vazias de 'justiça' [e] conjecturar fantasias sobre a construção da sociedade futura".[78]

Em outubro, Marx lamentou-se com Sorge acerca de um "espírito doentio" que estava se difundindo no partido, "não tanto nas massas", mas entre seus líderes. A propósito disso, ele observou que o acordo com os lassallianos havia "levado a um compromisso com outras mediocridades".[79] Em particular, Marx polemizou contra "um bando de estudantes imaturos e doutores sabichões que quer[iam] dar ao socialismo uma guinada em direção a um 'ideal superior'". Estes pensavam em "substituir a base material (que exige um estudo sério e objetivo, se for escolhida como fundamento) por uma mitologia moderna, com suas deusas da justiça, liberdade, da igualdade e da fraternidade".[80]

Nunca foram sentimentos de inveja ou rivalidade que inspiraram essas críticas. Ele escreveu ao jornalista e membro do parlamento Wilhelm Blos que "não dava a mínima para a popularidade", lembrando-o de que foi justamente por causa de seu "repúdio a qualquer tipo de culto à personalidade que durante o período da Internacional [ele] não [havia] nunca dado publicidade às inúmeras manobras daqueles que estavam tentando atribuir-lhe reconhecimento" pessoal. Essa convicção o sustentou desde seus compromissos políticos juvenis. De fato, na época do nascimento da Liga Comunista, em 1847, ele e Engels haviam se vinculado a esse grupo político "exclusivamente sob a condição de que tudo o que pudesse favorecer a superstição da autoridade deveria ser eliminado dos estatutos".[81] Sua única preocupação era, e continuava sendo, com o risco de as organizações operárias nascentes perderem a linha anticapitalista e adotarem, como o movimento operário britânico havia feito, uma linha moderada e filoburguesa.[82]

O principal evento desse período ocorreu em junho de 1878, quando o anarquista Karl Nobiling tentou assassinar o Rei Wilhelm I. As reações de Marx a esse evento foram relatadas por Kovalevsky: "eu estava por acaso no escritório de Marx quando ele recebeu a notícia do atentado fracassado [...]. Ele praguejou [...] e imediatamente declarou que, depois dessa tentativa tola de encurtar o curso dos acontecimentos, só se poderia esperar uma coisa: novas perseguições contra os socialistas".[83] Foi exatamente isso que aconteceu, pois Bismarck usou esse pretexto para instituir as leis antissocialistas que foram aprovadas pelo Reichstag em outubro. Marx comentou com Engels: "A proscrição sempre foi o meio infalível de tornar 'ilegais' os movimentos contra o governo e de defender o governo contra a lei: a legalidade nos mata".[84] Em meados de setembro, ocorreu o debate sobre a legislação e Bracke enviou a Marx os relatórios estenográficos das sessões parlamentares e uma cópia do projeto de lei. Ele planejava escrever um artigo crítico para a imprensa inglesa[85] e, para isso, começou a redigir um compêndio com anotações críticas. Em apenas algumas páginas, Marx observou a diferença entre a massa de operários que militavam no Partido Socialista dos Trabalhadores da Alemanha e os anarquistas: de um lado, havia o

> verdadeiro movimento histórico da classe operária: [do] outro [...] um esboço da juventude sem problemas que quer fazer história e apenas demonstra como as ideias do socialismo francês [podem] se tornar uma caricatura de homens degradados das classes superiores.[86]

Em resposta ao Ministro do Interior da Prússia, August Eulenburg, promulgador das leis antissocialistas, que argumentou que o objetivo dos trabalhadores era a violência, Marx respondeu:

> O objetivo é a emancipação da classe trabalhadora e a subversão social que isso implica. Um desenvolvimento histórico pode ser 'pacífico' desde que não seja bloqueado pelos obstáculos violentos colocados em seu caminho por aqueles que são, de tempos em tempos, os detentores do poder da sociedade. Se, por exemplo, a classe trabalhadora obtivesse uma maioria parlamentar na Inglaterra, ou uma maioria congressual nos Estados Unidos, ela poderia eliminar por via legal as leis e instituições que se opõem ao seu desenvolvimento [...]. No entanto, o movimento 'pacífico' poderia subitamente se tornar 'violento' por meio da rebelião daqueles que estão interessados no antigo estado de coisas. Se eles forem vencidos pela força (como na Guerra Civil Americana e na Revolução Francesa), é porque [se tornaram] rebeldes contra a violência 'legal'.[87]

Para Marx, na realidade, o governo estava tentando "dobrar violentamente um desenvolvimento que não lhe agrada[v]a, mas que não [era] atacável do ponto de vista legal". Essa, em sua opinião, foi a razão pela qual tornava-se "necessária" a passagem para "a revolução violenta". Tratava-se de uma "velha história que permanec[ia] sempre nova".[88]

Ao descrever para seu amigo Sorge, em setembro de 1879, as novas tendências que estavam surgindo no partido alemão, Marx reiterou que pessoas como o editor Karl Höchberg, que eram consideradas "teoricamente iguais a zero, [...] deseja[vam] domesticar o socialismo (que eles haviam acomodado dentro de receitas universitárias) e, acima de tudo, o partido". Sua intenção era "esclarecer os trabalhadores, [...] trazer-lhes 'elementos educacionais' com seu conhecimento superficial confuso e tornar o partido respeitável aos olhos da burguesia. [Esses eram] pobres faladores contrarrevolucionários".[89] Com um sutil humorismo, ele prosseguiu, sublinhando que, paradoxalmente, "com o silêncio imposto na Alemanha" e, assim, impedindo "esses companheiros [...] de se fazerem ouvir claramente", Bismarck havia conseguido vantagens "para nós, não para ele mesmo".[90]

Em um relatório da polícia parisiense de Londres,* referente a esse período, um agente anotou que,

> após a morte de Lassalle, Marx [tornou-se] o líder incontestável dos revolucionários alemães. Se os deputados socialistas na Alemanha [eram] os chefes oficiais, os generais de divisão, Marx [era] o chefe do estado-maior do exército. [Era] Marx quem elaboraborava os planos de guerra e supervisiona[va] sua execução.[91]

A realidade, no entanto, é que suas críticas ao partido em geral não eram ouvidas e, de seu escritório em Londres, Marx observou que "o parlamentarismo [havia] subido à cabeça de muitos líderes social-democratas".[92]

Outro motivo de grande controvérsia foi a escolha de quem iria dirigir a nova revista oficial do Partido Socialista dos Trabalhadores da Alemanha, *Der Sozialdemocrat*, que começou a ser publicada em Zurique em setembro de 1879. Marx e Engels, discordando de seus pressupostos, viram-se forçados a enviar uma nova carta, redigida por este último, a Bebel, Liebknecht e Bracke. Nessa carta, mais tarde chamada de "carta

---

* Refere-se à polícia secreta de Paris, que vigiava Marx. (N. T.)

circular", eles condenaram o crescente apoio dentro do partido às posições de Höchberg, o principal financiador da publicação. Esse último havia publicado recentemente um artigo no *Jahrbuch für Sozialwissenschaft und Sozialpolitik*, um periódico reformista por ele editado. No texto, ele pedia um retorno ao espírito de Lassalle que, em sua opinião, dera vida a um movimento político aberto "não apenas aos trabalhadores, mas a todos os democratas sinceros, [e] à frente do qual deveriam marchar os representantes independentes da ciência e todos os homens animados pela verdadeira filantropia".[93]

Para Marx, isso representava uma repetição de certas teses às quais ele se opunha firmemente desde sua juventude e contra as quais havia se declarado no *Manifesto do Partido Comunista* (1848). Na "carta circular", o perigo de uma das declarações de Höchberg foi enfatizado: "A classe operária é incapaz de libertar-se por si mesma. Para conseguir isso, ela deve se colocar sob a direção da burguesia 'culta e rica', os únicos que 'tem a oportunidade e o tempo' para entender bem o que pode beneficiar os trabalhadores". O pensamento do autor era que a burguesia não deveria ser "combatida (tenha paciência!), mas conquistada por meio de enérgica propaganda".[94]

Na opinião desses "representantes da pequena burguesia", até mesmo a escolha de defender a Comuna de Paris havia afastado "pessoas que, de outra forma, estariam [favoravelmente] inclinadas" ao movimento operário. Na conclusão do texto, Engels e Marx sublinharam alarmados que o objetivo era "coloca[r...] o colapso da ordem capitalista a uma distância inatingível", ou seja, torná-lo "sem sentido para a práxis política do presente. Pode-se mediar, fazer concessões, filantropizar à vontade. O mesmo se aplicaria à luta de classes entre o proletariado e a burguesia".[95] O desacordo era total.

A tenaz oposição de Marx ao que ele definiu como "a ralé do socialismo de cátedra"[96] era igual àquela expressa em relação aos que se limitavam a uma retórica vazia, embora oculta pela radicalidade da linguagem. Após a fundação do periódico *Freiheit* (Liberdade), Marx explicou a Sorge que não havia reprovado os membros de seu conselho editorial por seu extremismo, mas sim por não terem "nenhum conteúdo revolucionário e só fazerem discursos revolucionários vazios".[97] Em sua opinião, ambas as posições, embora provenientes de tendências políticas muito diferentes, não representavam um perigo para o sistema existente e, ao contrário, acabavam possibilitando sua perpetuação.

A EXPANSÃO DOS ESTUDOS PARA O LIVRO II D'*O CAPITAL*

Entre 1877 e o início de 1881, Marx redigiu novas versões de várias partes do Livro II d'*O capital*. Em março de 1877, ele começou compilando um índice bastante extenso do material coletado anteriormente.[98] Em seguida, concentrou-se quase que exclusivamente na primeira seção, dedicada às "Metamorfoses do capital e seu ciclo",[99] apresentando uma exposição mais avançada do fenômeno da circulação do capital. Mais tarde, apesar de sua saúde debilitada e da necessidade de efetuar mais pesquisas, o que tornou seu trabalho muito esporádico, Marx continuou a trabalhar em vários tópicos, incluindo o capítulo final, "Acumulação e reprodução ampliada". O chamado "Manuscrito VIII" do Livro II[100] data desse período, no qual, além de realizar uma recapitulação de textos anteriores, Marx preparou novos rascunhos que considerou úteis para a continuação do trabalho. Também concluiu que havia cometido, e repetido por muito tempo, um erro de interpretação, quando considerou que as representações monetárias eram apenas um véu para o conteúdo real das relações econômicas.[101]

Como no verão de 1877 "a insônia e o consequente estado caótico dos nervos haviam atingido [...] um nível preocupante",[102] Marx foi forçado a marcar um período de descanso pela enésima vez. Após várias considerações, ele disse a Engels que naquele ano pretendia ir para Neuenahr, uma pequena cidade na Renânia, não muito longe de Trier, em vez de ir para Karlsbad novamente. Os problemas econômicos pesaram a favor dessa escolha. Marx também queria levar consigo sua esposa, que havia começado a "sofrer seriamente de distúrbios digestivos", bem como sua filha Eleanor. Consequentemente, seria particularmente pesado para as finanças da casa arcar com as despesas de três pessoas. Além disso, ele havia "prometido há muito tempo a Lenchen"[103] – esse era o nome pelo qual todos na família chamavam Helene Demuth – umas férias que lhes permitissem passar um verão em sua casa, na Alemanha. Com relação ao seu estado de saúde, ele informou ao amigo que "seu problema não [era] tanto o fígado, mas os distúrbios nervosos causados por ele". Portanto, foi decidido que "termas mais fracas" e despesas "incomparavelmente menores"[104] proporcionariam a toda a família o descanso necessário. Como consideração adicional, ele acrescentou que indo para umas "termas mais fracas por um ano, a instância superior [Karlsbad] permaneceria [como opção] caso as coisas [tomem] um rumo preocupante novamente". Com o passar dos anos, Marx aprendeu que "é preciso agir diplomaticamente com o corpo, assim como com todas as outras coisas".[105]

Depois de alguns dias em Neuenahr, descrita como uma pequena localidade "completamente isolada do mundo",[106] os médicos confirmaram o que Marx havia presumido antes de sua partida: "o [...] fígado não apresenta[va] mais sinais de inchaço, [...] a verdadeira doença [era] de natureza nervosa".[107] Como resultado, ele foi aconselhado a transferir-se para a Floresta Negra por duas semanas, "a uma altitude elevada, para respirar o ar das montanhas e dos bosques".[108]

De volta à sua casa, Marx voltou a mergulhar em seus manuscritos, embora sua saúde não tivesse melhorado muito. Com Sorge, ele lamentou a "maldita insônia, que [lhe havia] afligido durante o ano, deix[ando-o] com uma enorme preguiça de escrever", embora tenha se esforçado para "dedicar todos os momentos possíveis ao seu trabalho".[109] Em novembro de 1877, Marx informou ao jovem banqueiro de Frankfurt Sigmund Schott que estava "leva[ndo] adiante diferentes partes da obra simultaneamente". Contou a este último que havia

> começado *O capital* na sequência inversa à que foi apresentada ao público, começando com a terceira parte, aquela histórica,[110] com a única diferença de que o primeiro volume, enfrentado por último, foi imediatamente finalizado para impressão, enquanto os outros dois permaneceram na forma bruta, algo que é necessariamente próprio de toda pesquisa.[111]

Também nesse período, Marx não negligenciou seus estudos e concentrou sua atenção nos bancos e no comércio, realizando fichamentos da *História dos bancos* (1874) do economista italiano Pietro Rota, da *His-*

tória do comércio bizantino (1808) e *da História do comércio dos gregos* (1839), ambas escritas pelo primeiro reitor da Universidade de Bonn, Karl Hüllmann, e da *História natural do comércio* (1872), do jurista e estatístico John Yeats.[112] No final de março de 1878, Marx escreveu a Schott que havia considerado "muito útil" a leitura de um volume de A. Saling, o editor de um anuário do mercado de ações. Ele também leu e destacou trechos das obras do economista russo Illarion Ignat′evič Kaufman, em particular da *Teoria e prática do sistema bancário* (1873-1877). Sobre essa obra, criticou o "estilo pomposo" e "a [sua] apologia"[113] ao capitalismo, por meio da qual seu autor, ainda que "de forma inconsciente, chega[va] a demonstrar [...] a correlação entre [...] o atual sistema de produção e o que o filisteu condena como 'abuso', 'ilícito' etc.".[114] O trabalho de ampliar o conhecimento sobre essas questões continuou no outono, durante o qual Marx examinou, entre muitas outras publicações, *Papel-moeda, a raiz de todos os males* (1872), do economista Charles A. Mann, e *Princípios de ciência bancária* (1873), de Rota.

Paralelamente a essa pesquisa, Marx voltou a ler as publicações mais recentes e investigou os desenvolvimentos econômicos da Rússia e dos Estados Unidos da América. Graças ao amigo Danielson, em abril, ele recebeu "uma pilha inteira de publicações 'russas' de Petersburgo".[115] Entre os vários autores figurava o jurista e filósofo Nikolaevič Čičerin, sobre cuja mediocridade Marx escreveu: "evidentemente, os rudimentos da Economia Política lhe são desconhecidos e ele imagina que as trivialidades da escola de Bastiat, se aparecem sob seu nome, são transformadas em verdades originais e imediatamente convincentes".[116] Posteriormente, ele também pediu a Danielson que resenhasse para ele uma síntese da política financeira russa nos últimos 15 anos e um apanhado da produtividade do trabalho agrícola.

Em abril de 1876, Marx havia escrito a Sorge que, para dar continuidade ao Livro II d'*O capital*, ele precisaria "ver pessoalmente o que [havia sido impresso], [e era] utilizável, sobre a agricultura americana e as relações de propriedade de terras, assim como sobre crédito (pânico [financeiro], dinheiro e tudo mais que [estava] a isso relacionado)".[117] Foi também por essa razão que, em agosto, ele pediu ao livreiro londrino

George Rivers que lhe enviasse "os catálogos de seus livros americanos e antigos".[118] Pouco depois de recebê-los e começar a consultá-los, Marx observou que "o campo mais interessante para os economistas est[ava], sem dúvida, nos Estados Unidos [...]. As transformações cuja implementação [havia] levado séculos na Inglaterra [haviam] sido realizadas lá em poucos anos". A esse respeito, ele aconselhou seu amigo Danielson a examinar, com especial atenção, não tanto o que estava ocorrendo nos "Estados mais antigos do Atlântico, mas [nos] mais recentes",[119] como Ohio e Califórnia.

Foi isso que ele mesmo começou a fazer. Em maio, ele estudou *o Primeiro relatório anual do bureau de estatística do estado de Ohio* de 1877. Nos meses seguintes, continuando nesse campo de investigação graças às publicações que Sorge continuava a enviar-lhe dos Estados Unidos, ele também examinou Pensilvânia e Massachusetts. É possível que, nos livros d'*O capital* ainda a serem escritos, ele quisesse expor a dinâmica do modo de produção capitalista de forma mais ampla e em escala cada vez mais global. Se o capitalismo na Inglaterra constituíra o campo de observação na base do Livro I, os Estados Unidos poderiam ter sido o campo de investigação que lhe permitiria expandir sua pesquisa. Além disso, pode-se presumir que ele também estava interessado em verificar, com grande atenção, as maneiras pelas quais o modo de produção capitalista se desenvolveu em diferentes contextos e períodos.[120]

No entanto, entre a primavera e o verão de 1878, mais do que a Economia Política, foram foco de seus estudos a geologia, a mineralogia e a química agrária. Do final de março até o início de junho, Marx compilou compêndios de vários textos, incluindo a *História natural das matérias-primas do comércio* (1872), de Yeats, *O livro da natureza* (1848), do químico Friedrich Schoedler, e *Elementos de química agrária e geologia* (1856), do químico e mineralogista James Johnston.[121] De junho até o início de setembro, ele ateve-se ao *Manual para estudantes de geologia* (1857), do geólogo Joseph Jukes.[122] Foi a partir desse livro que ele retirou a maior parte de suas anotações. Eles se concentraram nas partes referentes à metodologia científica, aos estágios de desenvolvimento da geologia como disciplina e à sua utilidade para a produção industrial e agrícola.

Essas novas pesquisas de Marx surgiram da necessidade de aumentar seu conhecimento sobre a renda, temática que ele já abordara em meados da década de 1860 na sexta seção do Livro III d'*O capital*, intitulada "Transformação do lucro excedente em renda da terra". Alguns dos resumos feitos a partir desses textos de Ciências Naturais tinham a intenção de esclarecer melhor os assuntos estudados. Outros, em contrapartida, foram gerados pela atenção aos aspectos teóricos dos assuntos tratados e compilados com a intenção de usar as novas aquisições para a conclusão do Livro III. Engels, de fato, lembrou que Marx tratou de tópicos como "pré-história, agronomia, as condições de propriedade de terras russas e americanas, geologia [...] especialmente para elaborar a seção sobre renda fundiária do Livro III d'*O capital* de uma forma completa nunca antes tentada".[123]

Enquanto isso, durante o verão de 1878, Marx escreveu que seu "estado de saúde exig[ia] urgentemente Karlsbad, [... ainda que] o senhor Bismarck [...] não o qui[sesse]". Marx disse a Schott que, como alternativa, ele havia se proposto a "procurar uma das localidades marítimas inglesas, ainda não colocadas sob a custódia do redentor social da nova Santa Aliança".[124] Sua filha Eleanor disse ao jornalista e militante alemão Carl Hirsch que Marx estava "sofrendo muito, [porque havia] trabalhado demais ultimamente" e, como resultado, deveria "abster-se absolutamente do trabalho por um certo tempo".[125] Precedido por sua esposa que, "gravemente indisposta", havia antecipado a viagem em "várias semanas"[126] com parte da família, ele só partiu no início de setembro. Tendo abandonado a hipótese de uma estadia em um local à beira-mar, Marx optou por Malvern, uma pequena cidade termal em Worcestershire, onde ele esperava receber, já que permanecia a interdição de seu lugar favorito, tratamentos capazes de ajudá-lo.

O período de descanso foi acompanhado, porém, por acontecimentos tristes. Em 12 de setembro faleceu a companheira de Engels, Lydia Burns – com quem ele havia se casado na noite anterior – e Marx precipitou-se para Londres com Eleanor. Pouco tempo depois, foi divulgada a notícia dos graves problemas de saúde de seu neto Johnny, descrito por seu avô como "a menina dos [seus] olhos". Marx vivia na expectativa constante de "boletins diários" que ele exigia receber para saber "a exata verdade".[127] Como ele escreveu para sua esposa, foram dias tristes que só terminaram quando ele recebeu "a carta tranquilizadora sobre Johnny".[128]

Ao retomar o trabalho no mesmo mês de setembro, Marx leu *A reforma do sistema monietário* (1869), do economista alemão Adolph Samter. Entre as citações que o texto trazia d'*O capital*, estava a frase "ouro e prata são dinheiro por natureza", embora na página original Marx tivesse escrito que eles "não são dinheiro por natureza". Com Engels, ele comentou irritado que, "na Alemanha, a arte saber ler parec[ia] estar em vias de extinção entre os setores mais 'cultos'".[129]

Diversamente, aqueles que conheceram Marx ficaram profundamente impressionados com sua erudição e com a cultura sem limites que ele possuía. Um correspondente anônimo que o entrevistou para o *Chicago Tribune* em dezembro de 1878 se disse "muito surpreso com o profundo conhecimento de Marx sobre os problemas americanos dos últimos 20 anos".[130] Na "Entrevista com Karl Marx" (1879), os dois discutiram numerosos temas. Demonstrando grande maleabilidade política, Marx começou esclarecendo que "vários pontos" do programa dos socialistas alemães "não [possuíam] significado fora da Alemanha". Ele explicou que o movimento operário na "Espanha, Rússia, Inglaterra e Estados Unidos [tinha] seus próprios programas que [eram], de tempos em tempos, adaptados às dificuldades particulares. Sua única semelhança consiste em seu objetivo final comum", que Marx, em vez de chamar de "poder dos trabalhadores", como sugeriu seu entrevistador, chamou de "a libertação do trabalho".[131] À pergunta "o que o socialismo alcançara até então", ele concentrou sua resposta em duas questões principais. Em primeiro lugar:

> os [comunistas] mostraram que a luta geral entre capital e trabalho ocorre em toda parte. [...] Eles procuraram, portanto, implementar um acordo entre trabalhadores de diferentes países. Isso se tornou ainda mais necessário à medida que os capitalistas se tornavam cada vez mais cosmopolitas e, não apenas nos EUA, mas também na Inglaterra, França e Alemanha, contratavam mão de obra estrangeira e a usavam contra os trabalhadores locais. Logo surgiram vínculos internacionais entre os trabalhadores de vários países: percebeu-se que o comunismo não era uma questão local,

mas internacional, que precisava ser levada adiante pela ação internacional dos trabalhadores.[132]

Além disso, Marx afirmou novamente que "as classes trabalhadoras [haviam] entrado no movimento espontaneamente", sem que filantropos burgueses ou seitas revolucionárias decidissem por elas o que fazer. Mesmo os comunistas "não inventaram o movimento", embora tenham "tornado seu caráter e objetivos mais claros para os trabalhadores".[133] O jornalista estadunidense pediu-lhe então que confirmasse as frases que lhe eram atribuídas pelo pastor Josephus Cook. Para o religioso evangelista, autor de vários livros sobre ciência popular e socialismo, Marx teria dito que, em 1871, na época da Comuna de Paris, os revolucionários eram "no máximo 3 milhões", enquanto que, em 20 anos, eles chegariam a "50 ou 100 milhões". Estes, então, se "sublevariam contra o odiado capital (e) o passado [desapareceria] como um pesadelo terrível", anulado por um "incêndio popular que [irromperia] em uma centena de lugares".[134] Marx respondeu que não havia pronunciado "uma única palavra" daquele texto publicado no jornal conservador francês *Le Figaro*. Ele declarou que nunca escreveu "tal absurdo melodramático" e que se tivesse que "rebater tudo o que foi dito e escrito sobre [ele, teria] que fazer 20 secretárias trabalharem". Marx estava interessado na crítica ao capitalismo, sobre o qual reiterou que "esse sistema era apenas uma fase histórica que desapareceria e daria lugar a um ordenamento social superior".[135] Ao contrário daqueles que associaram suas ideias à concepção de um colapso imediato e inevitável do capitalismo, ele disse que estava "firmemente convencido" da possível "realização de suas teorias", mas acrescentou – ciente das características do modo de produção cuidadosamente observadas por mais de 35 anos – "se não neste, pelo menos no próximo século".[136]

Uma compreensão similar foi reiterada por Marx ao político escocês de ascendência nobre, Mountstuart Elphinstone, que o conheceu no início de 1879. Quando este o provocou dizendo: "admitamos que sua revolução tenha ocorrido e que você tenha formado seu governo republicano; ainda há um longo, muito longo caminho a percorrer antes que as suas ideias e as de seus amigos sejam concretizadas", Marx respondeu: "Sem dúvida, mas todos os grandes movimentos avançam lentamente. Seria apenas um passo em direção à melhoria das coisas, assim como sua revolução de 1688 [a Segunda Revolução Inglesa] havia sido apenas um passo em nosso caminho".[137]

Com relação à continuação d'*O capital*, em novembro de 1878, Marx informou a Danielson, o tradutor russo do Livro I, que estava aguardando uma atualização sobre a continuação do livro, que o "segundo volume" não seria impresso "antes do final de 1879".[138] Em abril daquele ano, Marx relatou que havia sido informado de que, após a promulgação de leis antissocialistas, a continuação d'*O capital* não poderia ser publicada "enquanto o regime atual [continuasse a aplicar] a censura em vigor".[139] Essa notícia, prejudicial por si só, foi comentada por Marx, que tinha plena consciência de que ainda estava longe de concluir a obra, de uma forma quase positiva. Em sua justificativa, ele quis esclarecer as três razões pelas quais considerava útil levar mais tempo para concluir o livro que estava em suspenso desde 1867.

Em primeiro lugar, ele afirmou que queria esperar até que a crise industrial na Inglaterra atingisse seu ponto mais alto. Mesmo que, como ele esperava, a crise ocorresse no mesmo nível de "todas as que a precederam" e iniciasse um "novo 'ciclo industrial', com todas as suas várias fases de prosperidade", seu curso e sua "observação detalhada [eram] da maior importância para um estudioso da produção capitalista".

Em segundo lugar, Marx declarou que "a massa de material que ele [havia] recebido da Rússia [e ...] dos Estados Unidos [lhe] fornecia o pretexto para prosseguir com [suas] análises, em vez de por fim a isso com a publicação".[140] Ele afirmou que, "no que diz respeito ao ritmo do progresso econômico, os Estados Unidos [haviam] superado em muito a Inglaterra, embora [ainda] estivessem atrasados em relação ao tamanho da riqueza adquirida".[141] Marx estava muito interessado em acompanhar o fenômeno do desenvolvimento das sociedades por ação e os efeitos da construção de linhas ferroviárias sobre a economia.[142] Em sua opinião, essas empresas "permitiram, ou até mesmo forçaram, alguns dos estados nos quais o capitalismo estava confinado a algumas partes da sociedade a criar, em um curto espaço de tempo, sua própria superestrutura capitalista e a expandi-la a um tamanho bastante desproporcional à parte preponderante da sociedade", que seguia em suas formas tradicionais de produção. As ferrovias "aceleraram a desagregação social e política" nos países onde o capitalismo era menos desenvolvido e "apressaram o desenvolvimento definitivo da produção capitalista"[143] nos países mais avançados. Além disso, o advento dessas grandes infraestruturas não só assegurou "meios de comunicação [mais] apropriados aos modernos meios de produção, mas [lançou] as bases para [o nascimento de] gigantescas sociedades anônimas, [bem como] constituiu um novo ponto de partida para [...] as sociedades bancárias".[144] O transporte ferroviário oferecera "um impulso, nunca antes imaginado, à centralização do capital". Além disso, permitiu um "poderoso crescimento da atividade cosmopolita do capital creditício" que, de acordo com Marx, estava começando a "envolver o mundo em uma teia de fraudes financeiras e endividamento mútuo", ou seja, a "forma capitalista de fraternidade internacional".[145]

Esses novos fenômenos exigiam tempo para serem compreendidos. É por isso que, em junho de 1880, Marx reiterou a Ferdinand Nieuwenhuis, o principal membro da Liga Social-Democrata na Holanda, que nas "atuais circunstâncias políticas", a notícia de que a "segunda parte d'*O capital* [...] não poderia ser publicada na Alemanha [...] era bem- vinda". De fato, precisamente naquele estágio, "certos fenômenos econômicos [haviam] entrado em um novo estágio de desenvolvimento e exigiam uma nova elaboração".[146]

Por fim, como terceiro e último motivo a favor de um tempo maior para a conclusão do Livro II, havia as ordens do médico para que ele "reduzisse significativamente [sua] jornada de trabalho".[147]

Já em abril de 1879, Marx havia confessado a Danielson que, desde que o clima político na Alemanha e na Áustria, após a promulgação das leis antissocialistas, passou a impedi-lo de "fazer sua viagem anual a Karlsbad, sua saúde nunca mais se restabeleceu".[148] Além disso, as condições de sua esposa Jenny haviam se agravado progressivamente e, mesmo durante aquele verão, foi necessário cuidar dela com tratamentos intensivos e atenção crescente. Marx passou duas semanas em agosto entre St. Aubin e St. Hélier, duas pequenas vilas na "adorável ilha"[149] de Jersey, a poucos quilômetros da costa francesa da Normandia. O local foi escolhido por sua acompanhante habitual, sua filha Eleanor, que estava feliz por ir a um lugar novo. Os serviços recebidos estavam longe dos padrões da pequena cidade na Boêmia austríaca e Marx relatou a Engels que havia "se tornado, sem querer, vegetariano, há alguns dias". Tanto ele quanto Eleanor, de fato, a essa altura estavam "horrorizados frente a monótona refeição diária de cordeiro ou carneiro".[150] Para além desse pequeno desconforto, Marx disse a seu amigo que, "depois de muito tempo, [voltara] a dormir como se deve". Desde sua chegada, ele havia se isolado e nem sequer "olhava os jornais". Sua única leitura de viagem havia sido *Características e histórias dos camponeses irlandeses* (1830), do romancista William Carleton, considerado por Marx como um autor não particularmente apreciável por seu estilo, mas "original [...] pela verdade de suas descrições".[151]

Pai e filha partiram no dia 20 para se juntar ao restante da família em Ramsgate, onde Jenny havia dado à luz outro filho. Eles permaneceram nesse local até meados de setembro. Marx colocou à prova a melhora de suas condições de trabalho tentando fazer exercícios em "alguns cadernos de matemática" que havia trazido consigo. Infelizmente, como confidenciou a Engels, ele teve que "desistir logo desse trabalho prematuro" e sentenciou que sua "cabeça ainda não estava preparada". Além disso, ele também acrescentou uma "piora na dor de garganta e [...] uma dor de dente ocasional".[152] Pouco tempo depois, ele escreveu para Sorge dizendo que tinha "piorado pelo fato de que, por dois anos, Karlsbad havia sido proibida para ele por Bismarck". Acrescentou que, "nos últimos tempos, [...] o estado de seus nervos [...] tornou qualquer trabalho intelectual quase inatingível para ele".[153] No entanto, as duas semanas em Ramsgate, cujo "ar [... era-lhe] extraordinariamente bom", colocaram-no de volta em pé e, em 10 de setembro, ele disse a Engels que havia "se recuperado bem".[154] Essa boa notícia também foi levada ao conhecimento de Danielson, a quem Marx relatou que, depois de um intervalo de "vida rústica e de suspensão de todo trabalho", durante o qual ele não havia "nem mesmo feito honras ao alimento intelectual" que este último lhe havia enviado, ele se sentia melhor e planejava "lançar-se ao trabalho com energia".[155] No entanto, ele estava bem consciente da tarefa extraordinariamente árdua que o aguardava. Além da necessidade de retornar a certas partes de seus manuscritos para refinar seu conteúdo, havia também a necessidade ainda mais urgente de abordar alguns nós teóricos complicados que permaneciam sem solução.[156]

Engels também relatou a notícia da melhora da saúde de Marx a Becker, a quem disse:

> está em melhor forma do que no ano passado, mas ainda não está tão bem quanto deveria estar. A sra. Marx vem sofrendo de distúrbios digestivos há muito tempo [...] e atualmente está bem. O segundo livro está sendo feito lentamente e não avançará rapidamente, até que um verão melhor do que o que passou permita que M[arx] se recupere de verdade'.[157]

Em 1885, dois anos após a morte de Marx, foi a vez de Engels reunir os vários manuscritos inacabados e entregá-los para impressão.

NOVOS HORIZONTES DE PESQUISA

A partir do outono de 1879, Marx deu início a um estudo aprofundado das Ciências Naturais. Apesar de sua saúde debilitada, sua curiosidade intelectual nunca saciada o empurrou a realizar uma atualização desafiadora de seu conhecimento sobre algumas das disciplinas que deram origem a importantes desenvolvimentos científicos durante a segunda metade do século XIX.

Animado por esse objetivo, ele anotou volumosos trechos de livros recém-publicados, como *A moderna teoria da química e seu significado para a química estática* (1872), de Lothar Meyer, a quarta edição revisada do *Breve manual de química após as novas descobertas da ciência* (1873) e os dois volumes de *Um tratado de química* (1877-1879), todos escritos por Henry Roscoe e Carl Schorlemmer. Desse último, que era amigo e colaborador de longa data de Engels em Manchester, Marx também leu o *Manual de química e compostos de carbono, ou Da química orgânica* (1874). Por fim, Marx também copiou algumas observações do *Manual de química fisiológica* (1868), de Wilhelm Kühne. Ele usou esses textos para elaborar numerosos prospectos e tabelas sinópticas de química, tanto orgânica quanto inorgânica,[158] dando atenção especial a metais, carbono e teoria molecular.

Além dos textos de química, ele também leu outros sobre física, fisiologia e geologia, anotando trechos deles, como era seu costume. Entre eles estavam *A física compreensivelmente exposta após sua nova posição* (1858), do matemático Benjamin Witzschel, *Elementos de fisiologia humana* (1863), do fisiologista Ludimar Hermann, *Fundamentos da fisiologia do homem* (1868), do antropólogo e fisiologista Johannes Ranke, e novos resumos da obra de Jukes, que ele já havia estudado em 1878.

Em setembro, Marx tomou em mãos e leu com grande interesse o livro *A propriedade comum da terra. Causas, percurso e consequência de seu declínio* (1879), de Kovalevsky, que ele descreveu como um de seus "amigos cientistas".[159] Os extratos que fez desse texto referiam-se, acima de tudo, às partes em que a questão da propriedade da terra havia sido tratada. Ele resumiu as diferentes maneiras pelas quais os colonizadores espanhóis na América Latina, os ingleses na Índia e os franceses na Argélia haviam regulamentado os direitos de posse.[160]

Analisando essas três áreas geográficas distintas, as primeiras considerações de Marx foram aquelas relacionadas às formas de propriedade da terra existentes entre as civilizações pré-colombianas. A esse respeito, ele relatou que, com o início dos impérios asteca e inca, "a população rural continuou, como antes, a possuir terras comunitariamente, mas teve, ao mesmo tempo, de abrir mão de parte de sua renda na forma de pagamentos em espécie para o benefício de seus governantes". De acordo com Kovalevsky, esse processo lançou as "bases para o desenvolvimento do latifúndio [realizado] às custas dos interesses de propriedade daqueles que possuíam a terra comum. A dissolução dessas últimas só foi acelerada com a chegada dos espanhóis".[161] As terríveis repercussões de seu império colonial foram condenadas tanto por Kovalevsky, que denunciou a "originária política de extermínio dos espanhois frente aos pele-vermelhas", quanto por Marx, que acrescentou com suas próprias palavras que "após a pilhagem do ouro encontrado [pelos espanhóis], os indígenas [foram] condenados a trabalhar nas minas".[162] Em complemento a essa parte dos trechos da obra de Kovalevsky, Marx observou que, no entanto, houve uma "sobrevivência (em larga medida) da comuna rural", também possibilitada pela "ausência de legislação colonial (ao contrário das Índias Orientais inglesas) com relação a regulamentos que teriam dado aos membros dos clãs a possibilidade de vender as porções de terra que lhes pertenciam".[163]

Mais da metade dos trechos que Marx retirou de Kovalevsky foram dedicados ao domínio britânico na Índia. Ele prestou atenção especial às partes do livro em que a análise das formas contemporâneas de propriedade comum da terra foi reconstruída, bem como à história da propriedade da terra na época dos rajás. Usando o texto de Kovalevsky, Marx observou que, mesmo após o parcelamento da terra introduzido pelos ingleses, a dimensão coletiva do passado permaneceu viva: "(entre esses átomos continuam a existir certas conexões) que, à distância, evocavam os grupos anteriores de propriedade comum da terra".[164] Embora Marx compartilhasse a profunda hostilidade de Kovalevsky face aos ingleses, ele também fez alguns apontamentos críticos acerca de alguns aspectos da sua exegese histórica, considerando-os equivocados por projetar parâmetros ao contexto europeu no contexto indiano. Em observações breves, mas bem contextualizadas, Marx censurou-o por ter comparado fenômenos distintos. Se, de fato, "a prebenda, a agricultura por contrato – [...] nenhuma delas [apenas] feudal, como atesta a [história de] Roma – e a *commendatio*[165] [foram] encontradas na Índia", isso não significava que também ali desenvolvera-se o "feudalismo no sentido europeu do termo". Para Marx, Kovalevsky também havia deixado de fora um fato significativo, a saber, que não havia "servidão" na Índia, o que, no feudalismo, era um "elemento essencial".[166] Além disso, ele argumentou que "sob a lei indiana, o poder governante não estava sujeito a divisões [hereditárias] entre filhos e, portanto, uma forte característica do feudalismo europeu estava ausente".[167] Em conclusão, Marx expressou um forte ceticismo em relação à tradução das mesmas categorias interpretativas para contextos históricos e geográficos totalmente diferentes.[168] Os aprofundamentos realizados por Marx com base no texto de Kovalevsky foram posteriormente complementados com o estudo de outros volumes sobre a história indiana.

Finalmente, com relação à Argélia, Marx não deixou de enfatizar a importância da propriedade comum naquele país antes da chegada dos colonizadores franceses, bem como as mudanças que estes haviam introduzido. A esse respeito, ele copiou de Kovalevsky que

> a formação da propriedade privada da terra (aos olhos do burguês francês) é uma condição necessária para todo o progresso na esfera política e social. A manutenção da propriedade comum 'como uma forma que dá suporte a tendências comunistas nas mentes' [era] perigosa tanto para a colônia quanto para a pátria.[169]

Acerca de *A propriedade comum da terra. Causas, curso e consequências de seu declínio*, Marx também fez as seguintes considerações:

> a distribuição de propriedades aos clãs é incentivada e até mesmo ordenada; em primeiro lugar, como um meio de enfraquecer as tribos subjugadas que estão permanentemente sob o ímpeto da revolta e, em segundo lugar, como a única maneira de transferir ainda mais a propriedade da terra das mãos dos nativos para as dos colonizadores. Essa mesma política foi adotada pelos franceses em todos os regimes [...]. O objetivo é sempre o mesmo: a destruição da propriedade coletiva dos nativos e sua transformação em um objeto de livre compra e venda, o que facilita sua passagem para as mãos dos colonizadores franceses.[170]

Com relação ao projeto de lei sobre a situação da Argélia, que foi apresentado ao parlamento pelo deputado republicano de esquerda Jules Warnier e aprovado em 1873, Marx retomou a denúncia de Kovalevsky de que o projeto tinha como único objetivo "a expropriação de terras dos povos nativos pelos colonizadores e especuladores europeus".[171] A falta de pudor dos franceses chegara ao ponto do "furto explícito",[172] ou seja, a transformação em "propriedade do governo"[173] de todas as terras não cultivadas que permaneciam como de uso comum pelos nativos. Esse processo tinha a intenção de produzir outro resultado importante: anular o risco de resistência das populações locais. Novamente por meio das palavras de Kovalevsky, Marx tomou nota e enfatizou que:

> A fundação da propriedade privada e o assentamento de colonos europeus entre os clãs árabes [... se tornaria] o meio mais poderoso de acelerar o processo de dissolução da união dos clãs. [...] A expropriação dos árabes por lei [serviu]: I) para obter o máximo de terra possível para os franceses; e II) arrancar os árabes de seus laços naturais com a terra, de modo a quebrar a última força da união

dos clãs e, uma vez que esta fosse dissolvida, [acabar com] qualquer perigo de rebelião.[174]

Marx observou que esse tipo de "individualização da propriedade da terra", portanto, não apenas proporcionaria um enorme benefício econômico aos invasores, mas também serviria a um "propósito político [...]: destruir os fundamentos dessa sociedade".[175]

A partir da seleção de notas de Marx, bem como das poucas, mas inequívocas palavras de condenação às políticas coloniais europeias que ele acrescentou ao texto de Kovalevsky, pode-se deduzir sua recusa em acreditar que as sociedades indiana e argelina estavam destinadas a seguir, inelutavelmente, o mesmo curso de desenvolvimento da sociedade europeia.[176]

Depois de examinar as diferentes formas de propriedade de terras na Índia por meio do trabalho de Kovalevsky, entre o outono de 1879 e o verão de 1880, Marx se dedicou a escrever um caderno de trechos dedicados a *Notas sobre a história indiana (664-1858)*. Esses compêndios, nos quais mais de mil anos de história indiana foram resumidos, haviam sido retirados de vários livros, em especial *A história analítica da Índia* (1870), de Robert Sewell, e *História da Índia* (1841), de Mountstuart Elphinstone.

Marx dividiu suas anotações em quatro períodos. No primeiro deles, havia uma cronologia bastante substancial da conquista muçulmana, começando em 664, o ano da primeira invasão árabe na Índia, e terminando no início do século XVI. Em seguida, há uma segunda parte dedicada ao império Mughal, fundado em 1526 por Ẓahīr ud-Dīn Muḥammad e que durou até 1761. Esta também contém uma breve visão geral das invasões estrangeiras na Índia e um esboço de quatro páginas sobre a disseminação das atividades dos comerciantes europeus de 1497 a 1702. Marx copiou do livro de Sewell algumas observações específicas sobre Murshid Quli Khan, o primeiro nababo de Bengala. Ele foi o arquiteto da adoção de novos critérios para a cobrança de impostos e, "por meio de um sistema inescrupuloso de extorsão e opressão, criou um grande excedente [de] impostos de Bengala que, pontualmente, era enviado a Délhi".[177] De acordo com Quli Khan, sem essa receita, todo o império Mughal não teria sobrevivido.

A terceira e mais consistente parte das anotações sobre a história da Índia, na qual o período entre 1725 e 1822 foi resumido, está reservada à presença da Companhia Britânica das Índias Orientais. Nessa seção, as anotações de Marx eram muito mais densas e não se limitavam à transcrição dos principais eventos, datas e nomes, mas faziam um relato mais detalhado e minucioso do curso dos eventos históricos ocorridos, com referência especial ao domínio britânico na Índia. Por fim, a última parte das anotações de Marx foi dedicada à revolta dos sipaios de 1857 e ao colapso da Companhia Britânica das Índias Orientais no ano seguinte.

Embora nas *Notas sobre a história da Índia* (664-1858), Marx tenha reservado muito pouco espaço para suas reflexões pessoais, as poucas anotações presentes fornecem indicações relevantes sobre seus pontos de vista. Os invasores eram frequentemente chamados de "cães britânicos",[178] "usurpadores",[179] "hipócritas ingleses" ou "intrusos ingleses".[180] Ao contrário, as lutas da resistência indiana eram sempre acompanhadas de expressões de solidariedade.[181] Não é coincidência que o termo "amotinados", que Sewell usava sempre que se referia aos indianos, tenha sido substituído por Marx pelo termo "insurgentes".[182] Sua condenação do colonialismo europeu, expressa sem hesitação, foi inequívoca.

Por fim, Marx voltou sua atenção para a Austrália, sobre a qual observou com especial interesse a organização social de suas comunidades aborígenes. Por meio do livro *Alguns apontamentos sobre a Austrália Central* (1879), do etnólogo Richard Bennett, ele adquiriu o conhecimento crítico necessário contra aqueles que afirmavam erroneamente que não havia lei nem cultura nas sociedades aborígines. Na *Victorian Review*, ele leu outros artigos sobre a situação econômica do país, incluindo *O futuro comercial da Austrália* (1880) e *O futuro do Nordeste Australiano* (1880).

Durante a década de 1880, Marx também se dedicou a estudar o *Tratado de Economia Política* (1876) de Adolph Wagner, professor de Economia Política na Universidade de Berlim e defensor do socialismo de Estado. No decorrer de sua leitura, como era seu hábito, Marx elaborou um compêndio das principais partes desse texto, para cada uma das quais alternou uma série de comentários críticos. Nas *Glosas marginais do Tratado de Economia Política de Wagner* (1880), Marx observou que, mesmo no tipo de sociedade hipotetizada pelos que eram sarcasticamente chamados por ele de socialistas de cátedra alemães, as contradições fundamentais do capitalismo permaneciam praticamente intocadas. Ele escreveu, de fato, que "quando o próprio Estado é um produtor capitalista, como no caso da exploração de depósitos minerais, florestas etc., seu produto é uma 'mercadoria' e, portanto, possui o caráter específico de qualquer outra mercadoria".[183]

Em suas anotações, Marx também se debruçou sobre outras temáticas. Uma de suas intenções era demonstrar que Wagner não entendera a distinção entre valor e valor de troca. Consequentemente, ele foi incapaz de distinguir a teoria de Marx da de David Ricardo, que havia "se ocupado do trabalho exclusivamente como uma medida da magnitude do valor".[184] De acordo com Wagner, o valor de uso e o valor de troca deveriam ser "deduzidos [...] do conceito de valor";[185] para Marx, por outro lado, eles deveriam ser examinados "a partir de um objeto concreto: a mercadoria".[186]

A Wagner, que havia afirmado que a teoria do valor de Marx era "a pedra angular de seu sistema socialista"[187]Marx respondeu que, em vez de "impor a ele [...] demonstrações relativas ao futuro", ele deveria fornecer evidências para o que afirmava apenas em princípio. Wagner havia escrito erroneamente que "nenhum processo social de produção [...] havia existido nas numerosas comunidades que precederam a entrada em cena do capitalista privado". Marx refutou essa afirmação citando os casos da "antiga comunidade indiana, [e da] comunidade familiar dos eslavos do sul".[188] Ele apontou que "nas comunidades primitivas, nas quais os meios de subsistência são produzidos coletivamente e distribuídos entre os membros da comunidade, o produto comum satisfaz diretamente as necessidades vitais de cada membro da comunidade, de cada produtor". Nesse caso, "o caráter social do produto, do valor de uso, é inerente ao seu caráter comunitário (comum)".[189]

Marx também voltou sua atenção para as outras teses de Wagner. Este afirmara que "o lucro capitalista [era...] um elemento constituinte do valor e não, como na concepção socialista, meramente um tributo sobre o trabalhador ou um roubo dele". Marx queria, no entanto, reiterar que havia demonstrado que o capitalista "não se limitava a tomar ou rapinar, mas – ao contrário – impunha a produção de mais-valia". Tratava-se de um mecanismo diferente, no qual, quando o patrão "paga ao operário o valor real de sua força de trabalho [,] ganha a mais-valia". Isso, no entanto, era para ele um "direito" e não uma violação da troca de mercadorias apenas "nesse modo de produção". Em todo caso, não significava, como argumentou Wagner, que o "'lucro do capital' [era] o elemento 'constitutivo' do valor".[190]

Além disso, Marx transcreveu outra declaração paradoxal de Wagner, na qual ele argumentou que "Aristóteles estava errado ao considerar a economia escravista não transitória", mas que Marx apresentava uma tese errada em que "considerava a economia capitalista como transitória".[191] Para o economista da Baviera, "a atual organização econômica, [bem como] seu fundamento jurídico [...], ou seja, a propriedade privada [...] da terra e do capital", constituía uma "instituição substancialmente imutável".[192] Para Marx, ao contrário, esse era um modo de produção histórico e, portanto, poderia ser substituído por uma forma radicalmente diferente de organização econômica e política: uma sociedade sem classes.

DOS URAIS À CALIFÓRNIA

Durante a década de 1880, Marx continuou a acompanhar os desenvolvimentos dos principais movimentos políticos do proletariado. Ele se interessou particularmente pelo movimento operário francês, contribuindo para seu progresso nas formas e maneiras que eram apropriadas e possíveis de tempos em tempos. Em outubro do ano anterior, a Federação do Partido Socialista dos Trabalhadores da França (Fptsf), nascida da fusão das diferentes orientações do socialismo francês, realizou seu congresso em Marselha. O desenvolvimento dos trabalhos do congresso foi marcado pelo conflito entre as duas principais correntes, a "possibilista", liderada pelo ex-anarquista Paul Brousse, e a mais próxima das ideias de Marx, liderada por Jules Guesde. Essa última ganhou a maioria do partido e Marx comentou com Sorge: "finalmente o grupo anticomunista, formado por componentes muito heterogêneos, foi derrotado no congresso de Marselha".[193]

Guesde, que teve de preparar um programa político, também com o objetivo de participar das eleições, recorreu a Marx. Com a ajuda de Paul Lafargue, os dois se encontraram em Londres, em maio de 1880. Nasceu, assim, o *Programa Eleitoral dos Trabalhadores Socialistas*, publicado em vários jornais franceses durante a primavera daquele ano e adotado pelo congresso do partido em Le Havre, em novembro. A contribuição de Marx para expor as necessidades primárias da classe trabalhadora foi decisiva.[194] Partindo do pressuposto de que os proletários nunca poderiam ser livres em um sistema de produção baseado no trabalho assalariado, Marx declarou que sua emancipação só aconteceria após a "expropriação política e econômica da classe capitalista e o retorno de todos os meios de produção à coletividade".[195] Além disso, a classe operária deveria lutar contra todos os tipos de discriminação e se esforçar para acabar com a subordinação das mulheres aos homens: "a emancipação da classe produtiva é a emancipação de todos os seres humanos sem distinção de sexo e raça".[196]

Os trabalhadores deveriam apoiar uma forma de governo com poderes descentralizados que pudesse lhes garantir a mais ampla participação política. Eles deveriam lutar pela "abolição da dívida pública",[197] e pela "transformação de todos os impostos diretos em um imposto progressivo" e por um Estado livre de qualquer tipo de condicionamento religioso. A classe trabalhadora também deveria exigir o direito à educação para todos, a ser paga pela comunidade, e lutar pela "anulação de todos os acordos de privatizações de propriedade pública (bancos, ferrovias, minas etc.)". Ao mesmo tempo, tinha que se opor a todas as formas de socialismo de Estado e mobilizar-se para alcançar a autogestão das fábricas por meio da entrega de "todas as fábricas estatais [...] aos operários que nelas trabalham".[198] Para atingir esses objetivos, a organização política do proletariado tornou-se fundamental, inclusive por meio da constituição de "seu próprio partido político"[199] que, necessariamente, deveria competir com os democráticos e lutar contra os burgueses.

Em uma carta a Sorge, Marx deixou claro que, "com exceção de alguns absurdos, como o salário mínimo estabelecido por lei" – uma medida que implicava o risco de transformar-se no máximo consentido – a parte econômica desse documento continha "apenas as demandas que realmente emergiram, espontaneamente, do movimento operário". Para Marx, "ter trazido os trabalhadores franceses de suas nuvens verbais para o chão da realidade [foi] um passo realmente importante, mesmo que tenha despertado a indignação de todos os teóricos franceses que ganham a vida fabricando nuvens". Marx enfatizou que, pela primeira vez, o programa havia sido discutido pelos trabalhadores e isso, em sua opinião, era a prova de que estava nascendo o "primeiro movimento real dos trabalhadores na França".[200] Marx fez uma clara distinção entre essa fase e a que a precedeu, durante a qual havia apenas

> seitas que recebiam a palavra de ordem de seus fundadores, enquanto a massa de proletários seguia os burgueses, radicais ou pseudorradicais, combatia por eles no momento decisivo e, no dia seguinte, era massacrada e deportada pelas próprios sujeitos que eles haviam colocado no comando.[201]

Em março, Marx também ofereceu seu apoio a outra iniciativa política da Federação do Partido Socialista dos Trabalhadores da França. Ele ocupou-se de redigir a *Enquete Operária* (1880), um longo questionário de 101 perguntas que foi impresso em abril na *Revue Socialiste*. Em um dos habituais relatórios enviados ao exterior para o camarada Sorge, Marx contou que até mesmo esse periódico, embora dirigido por Benoît Malon, antes muito próximo das posições de Bakunin, "teve de se converter [...] ao moderno socialismo científico". Seu "questionário" apareceu pela primeira vez nas páginas da *Revue Socialiste*, e depois circulou, em nada menos que 25 mil cópias, em "toda a França".[202]

No breve texto introdutório que antecedeu a enquete, Marx afirmou que somente os trabalhadores "podem descrever, com plena percepção, os males que os atingem. Somente eles, e não os salvadores providenciais, podem implementar energicamente remédios para as misérias sociais que os afligem". Esses "Cadernos do Trabalho" serviriam para desvendar "as infâmias da exploração capitalista" e constituíram o primeiro passo necessário para que "a democracia socialista [pudesse] preparar a renovação social".[203] Em contrapartida, Marx vinha atentando para o significado político desse tipo de iniciativa desde a época da Associação Internacional dos Trabalhadores[204] e as investigações contidas nos *Relatórios dos Inspetores de Fábrica*, os chamados "Livros Azuis",[205] haviam sido fundamentais, também do ponto de vista teórico, para a redação do Livro I d'*O capital*.

Além do objetivo de coletar o máximo de informações possível sobre as condições de trabalho do proletariado francês, Marx também se propôs a fornecer aos trabalhadores um texto útil para o desenvolvimento de sua consciência crítica sobre o *modus operandi* do capitalismo. A enquete operária foi dividida em quatro partes. Na primeira, os trabalhadores foram convidados a descrever a fábrica em que trabalhavam. Particularmente, Marx pediu que eles fornecessem o máximo de detalhes possível sobre a "divisão do trabalho na indústria" e a "fadiga muscular e nervosa que a [especialização] impõe e seus efeitos gerais sobre a [sua] saúde".[206] Ele também reservou algumas perguntas precisas para acidentes de trabalho e "emanações nocivas que caus[am] doenças específicas".[207] A segunda parte do questionário foi dedicada à ilustração do trabalho dos operários, ou seja, quantos dias e horas eles trabalhavam, se também eram empregados em trabalhos noturnos, quais multas eram aplicadas em caso de atrasos, se as leis que proíbem o trabalho infantil eram observadas, se aos aprendizes mais jovens era reservado o "horário escolar" e se havia locais para esse fim. Na terceira parte, Marx se concentrou principalmente nos salários. Os trabalhadores deveriam especificar se eram pagos "por hora ou por peça",[208] quais eram os "salários de mulheres e crianças" e "qual era a duração do crédito [que o operário concedia] ao seu empregador antes de receber o preço pelo trabalho executado" ou seja, se o empregador pagava os operários "após uma semana [ou] um mês". Ele também perguntou sobre as consequências do "atraso no pagamento de [seus] salários"[209] e se este lhes bastava para a sobrevivência. Por fim, a última parte da *Enquete Operária* foi dedicada ao conflito de classes. Marx queria saber, por meio do relato direto dos protagonistas, os motivos pelos quais eles entravam em greve. Além disso, ele pediu que dissessem se existiam sociedades de resistência ou de ajuda mútua e se elas eram colocadas "sob o controle dos operários". Por fim, houve perguntas sobre a existência de cooperativas. Ele queria informar-se sobretudo a propósito da modalidade de retribuição que essas adotavam, ou seja, se pagavam "uma parte na forma de salários e a outra parte na forma de uma suposta participação nos lucros".[210] Essa última era, para Marx, a nova mistificação que a burguesia estava tentando vender à classe proletária.[211]

Após outro ano extremamente difícil devido a doenças e problemas familiares, nas proximidades do verão, Marx foi forçado por seus médicos a "abster-[s]e urgentemente de qualquer trabalho". Além disso, o estado de saúde de sua esposa havia "piorado repentinamente" a ponto de pressagiar "um desfecho fatal".[212] Aquilo que Marx descrevera a Sorge como uma "doença hepática grave"[213] era, na verdade, um câncer. Como, nessas circunstâncias, nenhuma viagem ao exterior para tratamento poderia ser considerada, em agosto de 1880 toda a família Marx, com exceção de Eleanor, retornou a Ramsgate por quase um mês e meio, onde alugaram uma casa de campo. Depois de duas semanas, Engels se juntou a eles. Com exceção dos cuidados a serem dispensados a Jenny von Westphalen, Marx disse a Danielson que o médico havia lhe ordenado que "curasse [seus] nervos com o 'não fazer nada'".[214]

Foi nessa época que o jornalista liberal estadunidense John Swinton conheceu Marx pessoalmente e lhe traçou um perfil bem detalhado. Em uma entrevista publicada na primeira página do *The Sun* em 6 de setembro de 1880, Swinton o apresentou aos seus leitores como "um dos homens mais extraordinários da época, que desempenhara um papel inescrutável, mas poderoso, na política revolucionária dos últimos 40 anos". Sobre Marx, escreveu: "Ele não tem pressa e não conhece o descanso. É um homem com uma mente poderosa [...] sempre lidando com projetos ambiciosos [...] e objetivos práticos. Ele foi, e ainda é, a inspiração por trás de muitos dos terremotos que abalaram nações e destruíram tronos". De sua conversa com Marx, o jornalista de Nova York tirou a certeza de que estava na presença de um homem capaz de "analisar o mundo europeu, país por país, apontando suas peculiaridades, desenvolvimentos e personalidades, tanto as que operam na superfície quanto as que atuam sob ela".[215]

O que o impressionou profundamente, durante um dia inteiro que passou com ele, foi a vastidão de seu conhecimento. Ao anoitecer, pensando "nas incertezas e nos tormentos do presente e das eras passadas", ainda abalado pelo poder das palavras que ouvira e "mergulhando nas profundezas da linguagem escutada", Swinton decidiu questionar o grande homem à sua frente sobre "a lei suprema do ser". Aproveitando-se de um momento de silêncio, ele

> interromp[eu] o revolucionário e filósofo com esta pergunta fatídica: 'Qual é?' Por um momento, ele teve a sensação de que a mente de Marx 'estava girando em torno de si mesma [...], enquanto ouvia o rugido do mar e observava a multidão inquieta na praia'. 'Qual é [a lei]?' – perguntara-lhe. Em um tom profundo e solene, [Marx] respondeu: 'A luta!'.[216]

No final do verão, Marx disse a Danielson, que lhe pedira para escrever um artigo sobre a situação econômica da Rússia, que ele não estava "em condições de realizar trabalho teórico". Ele disse a respeito de si mesmo: "o pouco tempo que consigo dedicar ao trabalho tem necessariamente de ser dedicado às questões das quais tenho de me livrar". No entanto, ele continuou a observar as grandes mudanças que estavam ocorrendo. Em suas reflexões sobre a grande crise econômica que veio a ser conhecida como a Grande Depressão, Marx escreveu que, "em duração, tamanho e intensidade, [essa foi] a maior que a Inglaterra já [havia] experimentado". No entanto, ele observou que, de forma incomum, ela "não atingiu o ponto culminante das grandes crises periódicas anteriores, [... a saber] a quebra financeira em Londres".[217] Ao seu correspondente russo assinalou suas previsões de um agravamento da crise agrária que, em sua opinião, chegaria ao "ponto de gerar uma verdadeira revolução nas relações de propriedade fundiária, de modo completamente independente dos ciclos de crises comerciais e industriais".[218]

Marx logo voltou a ocupar-se da questão agrária, em relação à Irlanda. Em uma carta escrita em novembro, ele explicou a Swinton que "os grandes proprietários de terras ingleses [eram] também os maiores proprietários de terras na Irlanda" e que, se o "sistema agrário inglês" fracassasse na região chamada "a ilha irmã", ele não poderia "ser mantido por muito tempo nem mesmo em solo pátrio".[219] Contra a "base material" do poder político da aristocracia, ou seja, a "propriedade fundiária semifeudal", batiam-se os agricultores "oprimidos pelos altos aluguéis", os trabalhadores agrícolas que trabalhavam como "bestas de carga maltratadas" e o que restava do grupo político dos radicais. Ao mesmo tempo, Marx o informou que, por trás desses últimos, havia "capitalistas astutos, gananciosos e calculistas, plenamente conscientes de que a abolição da antiga lei agrária [...] não faria nada além de transformar a terra em uma mercadoria comercial que acabaria se concentrando nas mãos do capital".[220]

Para se manter permanentemente atualizado sobre esses e outros eventos, além dos livros, Marx continuou a ler e a informar-se com numerosos jornais. Estes eram examinados do começo ao fim, em busca de qualquer notícia que pudesse ser-lhe útil. Como sua filha Jenny disse ao marido Charles Longuet: "De papai, é impossível receber os jornais de volta. Se ele os devolvesse, eu não poderia entregá-los a ninguém, pois estão cobertos de anotações em lápis azul".[221]

Nos meses de outono, Marx e Engels continuaram a travar sua batalha política dentro do Partido Socialista dos Trabalhadores da Alemanha. Em setembro, eles receberam a visita de Liebknecht, que lhes prometeu "uma melhora em todos os aspectos",[222] tanto em relação à direção do jornal *Der Sozialdemocrat* quanto, de modo mais geral, à linha política do partido. Em dezembro, Bebel e o deputado Paul Singer, que dividia o cargo de copresidente do partido com o primeiro, também viajaram para Londres. A eles se juntou Bernstein, que recentemente havia se distanciado das posições de Höchberg. Marx deixou claro, também em uma missiva a Sorge, que embora, ao longo do tempo, as relações com o movimento operário alemão tivessem sido marcadas por inúmeros conflitos e disputas teóricas, ele e Engels haviam concordado em "evita[r] intervir publicamente de qualquer modo". De fato, não teria sido "oportuno para aqueles que resid[em] tranquilamente no exterior [...] agravar, para o deleite da burguesia e do governo, a posição daqueles que trabalham na terra natal, sob as circunstâncias mais difíceis e com grandes sacrifícios pessoais".[223]

Ao lado de sua grande atenção ao que estava acontecendo na Europa, Marx continuou a analisar, com grande interesse, as mudanças que estavam ocorrendo no contexto russo. Os novos estudos que realizou sobre a Rússia também lhe deram a oportunidade de expressar suas avaliações sobre as várias tendências revolucionárias naquele país. Marx voltou sua apreciação para os populistas da *Narodnaja volja* [Vontade do Povo], cujo programa político ele lera e admirava pela concretude de suas ações. Em sua carta a Sorge, ele ilustrou a composição do movimento revolucionário russo, que dividira-se em dois grupos: os populistas e os militantes da *Černyj peredel* [Partição Negra], uma formação política que incluía Vera Zasulich e Georg Plekhanov, um dos primeiros "marxistas" russos. Marx criticou duramente esse grupo. Composto, em sua maioria, por pessoas que haviam deixado a Rússia por escolha pessoal, ele comentou que, "ao contrário dos terroristas que arrisc[am] a pele, [...esses eram] contrários a toda ação política revolucionária". Com relação aos representantes desse "partido da propaganda" – que, como ele sarcasticamente apontou, havia se mudado voluntariamente para Genebra a fim de fazer proselitismo na Rússia –, Marx expressou um julgamento irônico: "[para eles] a Rússia deveria saltar para o milênio anárquico-comunista-ateísta com um salto mortal! Enquanto isso, eles preparam esse salto com um doutrinarismo enfadonho".[224]

Enquanto isso, no decorrer de novembro de 1880, Marx e Engels também voltaram a expressar seu apoio à luta pela independência da Polônia, que há muito havia sido ocupada da Rússia. Eles redigiram a Carta à Assembleia de Genebra para comemorar o 50º aniversário da Revolução Polonesa de 1830 (1880), na qual declararam que "a divisão da Polônia consolida a Santa Aliança" e facilita a influência "do tsar sobre todos os governos da Europa". A palavra de ordem "Vida longa à Polônia!" significava, ao mesmo tempo, "morte à Santa Aliança; [...] ao despotismo militar da Rússia, Prússia e Áustria; [...] e ao domínio mongol sobre a sociedade moderna".[225]

Datam desse período as solicitações de Marx a Sorge para que lhe enviasse material dos Estados Unidos da América que fosse "rico em conteúdo sobre as condições econômicas da Califórnia".[226] Isso lhe permitiria avançar em sua análise da situação na região, que ele considerava de extrema importância porque "em nenhum outro lugar [do mundo] a transformação provocada pela concentração capitalista ocorreu de forma tão ousada e rápida".[227]

A vivacidade política com que Marx acompanhou o desenrolar dos principais eventos no cenário mundial contrastava com a reserva discreta de seu estilo de vida. Ele disse àqueles que o conheceram e entraram em contato com ele durante esse período, incluindo o economista italiano Achille Loria, que ele vivia de uma "maneira bastante reclusa".[228] Seus dias eram ocupados por prateleiras inteiras de livros recém-publicados esperando para serem lidos, aos quais ele nunca queria renunciar, enquanto era acompanhado na jornada de sua vida por um grupo de companheiros, não muito grande, mas firmemente unidos por princípios e ideais comuns, com os quais ele podia trocar reflexões sobre o presente e compartilhar esperanças para o futuro. Por fim, Marx gostava de passar muito tempo com sua família, que lhe proporcionava uma rara parceria emocional e político-cultural. Ele foi um guia vigilante e nunca ausente para suas filhas – embora com algumas das limitações típicas de um pai da era vitoriana – e redescobriu o prazer de brincar com seus netos pequenos.

No entanto, a saúde de sua esposa continuou a deteriorar-se. Ao descrever sua condição ao médico Ferdinand Fleckles, Jenny von Westphalen confidenciou que, além dos problemas físicos, o que tornava as coisas ainda mais difíceis para ela era "a grande preocupação que pesa sobre nós, os 'velhos'". Em particular, ela temia "perder [...] filhas e netos", já que a anistia do governo francês para os *comunards*, que incluía seus genros, significaria que eles retornariam a Paris. Sua triste carta terminava com um lampejo de esperança, em que afirmava que desejaria "viver um pouco mais", mas que, no fundo, também considerava esse desejo "estranho", já que, absurdamente, quanto mais a vida "se encaminha para o fim, mais nos agarramos a esse 'vale de lágrimas'".[229] Marx permaneceu ao seu lado, compartilhando também os sentimentos cheios de incerteza que caracterizam os anos em que a existência se aproxima do fim.

AS VICISSITUDES DO 'VELHO NICK'

O ESTUDO DA ANTROPOLOGIA

Durante a primavera de 1881, a condição de Jenny von Westphalen continuou a piorar e, com o início da primavera, Marx procurou um novo especialista, o dr. Bryan Donkin, na esperança de encontrar uma cura. Infelizmente, os resultados ficaram aquém das expectativas e, no início de junho, Marx informou a John Swinton que a doença de sua esposa estava "assumindo um caráter cada vez mais fatal".[1] Ele próprio sofria com o surgimento de novos distúrbios físicos e, devido a uma perna enrijecida pelo reumatismo, teve de se submeter à terapia do banho turco.[2]

Como sempre, no entanto, apesar dos eventos adversos, Marx continuou, sempre que possível, a dedicar seus dias, com incansável e obstinada aplicação, à atualização de seus conhecimentos, dedicando-se também ao estudo de novas disciplinas. Entre elas, de dezembro de 1880 a junho de 1881, estava a Antropologia. Marx iniciou seu aprofundamento graças ao livro *A sociedade antiga* (1877), do estadunidense Lewis Morgan.

A leitura desse texto se mostrou determinante ao ponto de incentivá-lo a redigir um compêndio de cem páginas. Elas formam a parte principal dos chamados *Cadernos Antropológicos* (1881). Eles também contêm trechos de outros volumes: *Java, como administrar uma colônia* (1861), de

James Money, advogado e especialista em Indonésia; *O povoado ariano na Índia e no Ceilão* (1880), de John Phear, presidente da Corte Suprema do Sri Lanka; e *Lições sobre a história antiga das instituições* (1875), do historiador Henry Maine, somando um total de mais de cem folhas.[3]

Marx comparou as teorias desses autores em seus compêndios, e é possível presumir que a elaboração de todo o material ocorreu em um período de tempo relativamente curto e que ele queria fazer um estudo abrangente do assunto. Ele não se ocupou da Antropologia por mera curiosidade intelectual, mas sim com um objetivo rigorosamente teórico-político: reconstruir, com base no conhecimento histórico correto, a sequência em que os diferentes modos de produção provavelmente ocorreram ao longo do tempo. Isso também lhe serviria para fornecer fundamentos históricos ainda mais sólidos para a possível transformação comunista da sociedade.[4]

Perseguindo esses objetivos, ao compliar os *Cadernos antropológicos*, Marx redigiu extensos apontamentos e anotações interessantes sobre a pré-história, o desenvolvimento dos laços familiares, a condição das mulheres, a origem das relações de propriedade, as práticas comunitárias existentes nas sociedades pré-capitalistas, a formação e a natureza do poder do Estado, o papel do indivíduo e outras questões mais próximas de seu próprio tempo, como as conotações racistas de alguns antropólogos e os efeitos do colonialismo.

No decorrer de sua pesquisa sobre a reconstrução da complexa história da transição das formas de sociedade da Antiguidade para a sociedade capitalista, no tópico específico da pré-história e dos laços familiares, Marx extraiu indicações úteis da investigação de Morgan sobre a estrutura social dos povos primitivos. Este esclareceu, em contraste com todas as hipóteses anteriores, o grave erro em que incorriam aqueles que haviam argumentado que a *gens* era "posterior [...] à família monogâmica" e que era o resultado de "um agregado de famílias".[5]

Em seus estudos sobre a humanidade do período pré-histórico e sobre as sociedades antigas, Morgan chegou a uma conclusão que Marx considerava de grande interesse. A família patriarcal não deveria ser considerada como a unidade básica original da sociedade, mas sim como uma forma de organização social que surgiu mais tarde e mais recentemente do que se acreditava. Era "uma organização débil demais para enfrentar as dificuldades da existência por si só". Era muito mais plausível supor a presença de uma forma como a assumida pelos aborígines da América, a família sindiásmica,[6] "na qual era praticado o princípio do comunismo do viver".[7]

Ainda sobre a questão do *status* das mulheres na família, Marx prestou muita atenção às considerações que Morgan havia desenvolvido sobre a paridade entre os sexos. Este observara que as sociedades antigas, no tocante ao tratamento e comportamento em relação às mulheres, eram muito mais avançadas. A propósito, Marx copiou as partes do livro de Morgan em que ele observou que, entre os gregos "a transição da descendência da linha feminina para a masculina foi prejudicial à posição e aos direitos das esposas e das mulheres". O antropólogo estadunidense acrescentou que na Grécia Antiga "reinava um princípio de particular egoísmo entre os homens, tendendo a diminuir o julgamento [sobre o valor das] mulheres, o que era pouco presente entre os 'selvagens'". Morgan avaliou muito negativamente o modelo social grego. Os gregos "permaneceram 'bárbaros' na forma de tratar as mulheres, mesmo no auge de sua civilização. Sua educação era superficial [... e] nela vinha incutida a inferioridade como um princípio, até ser aceita como uma realidade pelas próprias mulheres". Daí o arguto comentário de Marx sobre a contradição com as mulheres nos mitos do mundo clássico: "o *status* das deusas no Olimpo é um lembrete da posição outrora mais livre e influente das mulheres. Juno ávida por domínio, a deusa da sabedoria sai da cabeça de Zeus etc.".[8]

Da leitura de Morgan, Marx também extraiu ideias sobre outro tópico de importância significativa: a origem das relações de propriedade. Em uma das páginas finais de *A sociedade antiga*, copiada quase integralmente por Marx, dedicada às consequências distorcidas que a propriedade foi capaz de gerar, encontramos expressos alguns conceitos que o afetaram profundamente:

> democracia no governo, fraternidade nas relações sociais, igualdade de direitos e privilégios e educação para todos, sem discriminação: é assim que devemos imaginar a condição futura da so-

ciedade para a qual nos impulsionam a experiência, a inteligência e o conhecimento acumulados até agora. Será (um tipo superior de sociedade) um retorno, em uma forma superior, à liberdade, à igualdade e à fraternidade das antigas *gentes*.[9]

A "civilização" burguesa não seria, portanto, o último estágio da humanidade, mas era também uma época transitória. Ela havia surgido no final de duas longas épocas definidas, em termos usados na época, como o "estado selvagem" e o "estado bárbaro", após a abolição das formas comunitárias de organização social. Elas haviam implodido como resultado do acúmulo de propriedade e riqueza e, de acordo com Morgan, era possível imaginar que, com o desaparecimento das classes sociais e do Estado, algumas das antigas formas sociais seriam recuperadas.[10]

Marx, por sua vez, não cogitou a hipótese do renascimento socialista do "mito do bom selvagem". De fato, ele nunca desejou um retorno ao passado, mas sim, como anotou resumindo o livro de Morgan, o advento de "um tipo superior de sociedade"[11] baseado em uma nova forma de produção e um modo diferente de consumo. Esta, além disso, não surgiria por meio de uma evolução mecânica da história, mas somente por meio da luta consciente dos trabalhadores.

Dos textos de Antropologia consultados, Marx finalmente leu tudo o que dizia respeito à origem e às funções do Estado. Com as notas compiladas sobre o texto de Maine, ele se dedicou, em particular, à análise da relação entre o indivíduo e o Estado. Em continuidade com suas elaborações mais significativas a esse respeito, da *Crítica à Filosofia do Direito de Hegel* (1843) à *A guerra civil na França* (1871), também nos *Cadernos Antropológicos* Marx representou o Estado como um poder de subjugação social, uma força que impede a plena emancipação do indivíduo.

Em suas anotações, redigidas em 1881, ele insistiu no caráter parasitário e transitório do Estado e, referindo-se a Maine, destacou:

> [Ele] ignora [...] que a existência suprema e autônoma do Estado é apenas aparente e que esta, em todas as suas formas, é uma consequência da sociedade; como seu surgimento só ocorre em um determinado estágio do desenvolvimento social, assim [o Estado] desaparece novamente assim que a sociedade atinge um estágio ainda não alcançado.[12]

Nos *Cadernos antopológicos*, Marx desenvolveu não poucas observações com relação a outro tópico, sugerido a ele pela linguagem impregnada de definições discriminatórias dos relatos que estava estudando: as conotações racistas usadas pelos antropólogos. A rejeição de Marx a essa ideologia era categórica e seus comentários sobre os autores que se expressavam dessa forma foram cáusticos. Quando, por exemplo, Maine usava epítetos ofensivos, Marx comentava decisivamente: "Outra vez esse absurdo!". Além disso, eram recorrentes expressões como: "Que o diabo leve essa gíria 'ariano'!".

Todos os autores que Marx leu e resumiu nos *Cadernos antropológicos* foram influenciados, embora com nuances diferentes, pela concepção evolucionista predominante na época, e alguns deles também eram defensores convictos da superioridade da civilização europeia. As teorias do progresso, hegemônicas no século XIX e também muito difundidas entre antropólogos e etnólogos, postulavam que o curso dos acontecimentos seguia um caminho predeterminado, devido a fatores externos à ação humana, procedendo em estágios sucessivos rigidamente interligados e tendo como único e igual destino final o mundo capitalista.

A essa abordagem, considerada por muitos como "científica", que incluía tanto a impostação burguesa já estabelecida quanto a que estava começando a surgir na frente socialista, Marx conseguiu se opor sem ceder àqueles que anunciavam o curso unívoco da história. Ele manteve sua abordagem peculiar: analítica, maleável e multilinear. Diante de tantos oráculos darwinistas, Marx foi capaz de escapar da armadilha do determinismo em que caíram muitos de seus seguidores e supostos continuadores.[13]

SEM JENNY: OS ANOS DE MAIOR SOFRIMENTO

A venda do Livro I d'*O capital*, que havia continuado discretamente na Alemanha durante aqueles anos, até esgotar a reimpressão de 1872, levou o editor Otto Meissner a planejar uma terceira edição. Portanto, ele pediu a Marx que fizesse as correções ou os acréscimos necessários. No entanto, ele confessou a seu amigo Friedrich Sorge que "a coisa veio em um momento muito inoportuno".[14] De fato, como escrevera à sua filha

Jenny pouco antes, ele queria "dedicar todo o [seu] tempo, assim que se sentisse capaz de fazê-lo novamente, exclusivamente para a conclusão do segundo volume".[15]

As ideias contidas em sua *magnum opus* tinham começado a difundir--se, embora mais lentamente do que em outros lugares, inclusive na Inglaterra. Em junho de 1881, Henry Hyndman publicou o livro *Inglaterra para todos*, no qual estabeleceu os princípios do que acreditava ser o projeto político da Federação Democrática. Dois de seus oito capítulos – intitulados respectivamente "Trabalho" e "Capital" – foram feitos por meio da tradução de passagens d'*O capital* ou parafraseando partes dele. Entretanto, seu autor, que desde o final da década de 1880 havia começado a frequentar regularmente o Maitland Park Road[16] e estava trabalhando em um artigo no qual resumiria as teorias de Marx, não mencionou seu nome em *Inglaterra para todos*, nem citou *O capital*. Marx, que só tomou conhecimento desse trabalho depois que ele foi publicado, ficou surpreso e irritado, rompeu seu relacionamento com Hyndman e, em uma carta a Sorge, escrita no final de 1881, relatou as "razões bastante risíveis"[17] que o socialista londrino havia dado para justificar seu comportamento:

> Esse senhor me escreveu cartas estúpidas de desculpas, afirmando, por exemplo, que 'os ingleses não gostam de receber lições de um estrangeiro', que 'meu nome não era tão apreciado' etc. Apesar de tudo isso, seu livreto – ainda que um furto d'*O capital* – é uma boa propaganda, mesmo que o autor seja um sujeito 'fraco' e esteja muito longe de demonstrar a paciência (que é o primeiro pré-requisito para aprender qualquer coisa) para estudar qualquer assunto a fundo.[18]

O que motivou Marx certamente não foi a decepção de não ver seu nome aparecer. Ele permaneceu

> firmemente convencido de que mencionar *O capital* e seu autor seria um grande erro. Nos programas de partido deve-se evitar tudo o que possa sugerir uma clara dependência de um determinado autor ou livro. Permita-me acrescentar que este também não é o lugar certo para novas elaborações científicas, como as que você tomou emprestado d'*O capital*, que estão completamente fora de lugar na apresentação de um programa cujos objetivos declarados não têm nada em comum. Sua introdução talvez fosse apropriada

para a apresentação de um programa para a fundação de um partido operário autônomo e independente.[19]

A hostilidade demonstrada em relação a Hyndman, aliada à reação à sua falta de estilo, tinha, antes de tudo, um motivo: impedir que *O capital* fosse usado para um projeto político em franco contraste com as ideias nele contidas.[20] As diferenças políticas entre Marx e Hyndman eram, de fato, profundas. Este último estava longe de estar inclinado à ideia de que o poder tinha de ser conquistado por meio da ação revolucionária. Ao contrário, ele optou por uma posição que mais tarde caracterizaria o reformismo inglês, ou seja, que as mudanças poderiam ser realizadas de forma pacífica e gradual.

Em contrapartida, Marx, que era contra qualquer esquematismo preconcebido, já havia respondido, no final de 1880, que seu "partido considerava uma revolução inglesa não necessária, mas, dados os precedentes históricos, possível". A expansão do proletariado tornaria "inevitável" uma "evolução" da questão social;

> se essa se transformará em revolução, isso dependerá não apenas das classes dominantes, mas também da classe operária. Toda concessão pacífica das classes dominantes foi arrancada delas por 'pressão externa' Suas ações seguiram os passos dessa pressão, e se essa foi progressivamente enfraquecida, isso se deve apenas ao fato de a classe operária britânica não saber como exercer sua força, nem como usar suas liberdades, duas coisas que ela possui legalmente.[21]

Essa avaliação da realidade inglesa foi seguida de uma comparação com o que estava acontecendo na Alemanha. Na verdade, em seu país de nascimento,

> a classe operária tinha plena consciência, desde o início de seu movimento, de que só seria possível se libertar do despotismo militar por meio de uma revolução. Ao mesmo tempo, ela percebeu que essa revolução, mesmo que inicialmente bem-sucedida, acabaria voltando-se contra, na ausência de uma organização já existente, de aquisição de conhecimento, de propaganda [...]. Portanto, ela se movia dentro de limites estritamente legais. A ilegalidade estava toda do lado do governo, que a colocou fora da lei. Seus crimes não eram fatos, mas opiniões desagradáveis sobre seus governantes.[22]

Essas considerações oferecem mais uma confirmação de que Marx não via a revolução como uma mera derrubada rápida do sistema, mas como um processo longo e complexo.

Tudo isso aconteceu enquanto, no âmbito familiar, Marx enfrentava muitas dificuldades. Nas duas primeiras semanas de junho de 1881, o estado de saúde de Jenny von Westphalen se deteriorou ainda mais. Seu "emagrecimento constante e perda progressiva de força" eram sinais alarmantes e os tratamentos nem sempre eram eficazes. O dr. Bryan Donkin persuadiu-a a se afastar do clima londrino na tentativa de recuperar [sua saúde], tendo em vista sua planejada partida para Paris, onde ela gostaria de reencontrar sua filha mais velha, Jenny Longuet, e seus amados netos. Foi por esse motivo que Marx e sua esposa decidiram viajar para Eastbourne, uma cidade de Sussex, situada no Canal da Mancha.

Como tampouco Marx gozava de boa saúde na época, esperava-se que a estadia à beira-mar não só permitisse que ele ficasse tão perto da esposa quanto desejava, mas que o beneficiasse. Marx também havia conversado sobre sua condição nada brilhante com seu amigo Sorge, a quem havia confidenciado, pouco antes de partir, que "há mais de seis meses sofri[a] com tosses, calafrios e dores reumáticas, que raramente [lhe] permiti[am] sair e que [o] constrangiam ao isolamento".[23] Marx e sua esposa viajaram para Eastbourne no final de junho e ficaram lá por cerca de três semanas.

Em seu retorno a Londres, Jenny von Westphalen foi examinada novamente pelo médico, que constatou que ela havia melhorado e concordou em atender ao seu desejo de ver a filha e os netos novamente, depois de mais de cinco meses separados. Em 26 de julho, Marx e sua esposa, acompanhados por Helene Demuth, desembarcaram na França e viajaram para Argenteuil, um subúrbio de Paris onde vivia sua filha Jenny. Assim que chegou, Marx quis conhecer o médico da família Longuet, dr. Gustave Dourlen, que estava muito disposto a cuidar do estado de saúde de Jenny von Westphalen. Como ele relatou a Engels, durante o "primeiro dia" de sua estada, o "velho Nick" foi, para seu deleite, "justamente sequestrado pelas crianças".[24] Marx era chamado na família por esse apelido, usado alternadamente com o outro, "o mouro". Ele costumava assinar suas cartas para as filhas, para Engels e para Paul Lafargue, especialmente nos últimos anos de sua vida, com o apelido *Old Nick* – que na gíria inglesa significava "velho diabo" –, seguramente divertido e satisfeito com a comparação com tal figura.[25]

A estadia deles, que continuou em uma oscilação contínua de esperanças e temores, foi interrompida por outro evento doloroso que forçou-os a deixar a França precipitadamente. Em 16 de agosto, Marx recebeu a notícia de que Eleanor havia adoecido gravemente. Ele foi imediatamente para Londres, onde, dois dias depois, sua esposa e Helene Demuth se juntaram a ele.

Ao voltar para casa, Marx enfrentou uma nova e terrível emergência: o estado de extrema depressão nervosa[26] em que Tussy havia caído – esse era o apelido que ele usava para sua filha mais nova. Preocupado com sua "aparência pálida e emaciada e [porque] ela não comia (literalmente) quase nada há semanas", Marx relatou sua condição precária a Jenny, a quem contou sobre a "insônia contínua, mãos trêmulas e espasmos nervosos no rosto da irmã. [...] Um atraso maior [em seu retorno] significaria um sério perigo".[27] Marx comentou com Engels: "no momento, na família, nada além de infortúnios".[28]

Apesar da sucessão incessante de desventuras, dramas e atribulações, Marx retomou seus estudos de matemática durante esse período. Seu genro Lafargue testemunhou a maneira muito especial com que ele costumava se dedicar a esse assunto:

> Além de ler poetas e romancistas, Marx tinha outra maneira muito incomum de descansar intelectualmente: o estudo da matemática, pela qual tinha uma predileção particular. A álgebra lhe proporcionava uma espécie de consolo moral: foi seu refúgio nos momentos mais dolorosos de sua vida atormentada. Durante a última doença de sua esposa, foi impossível para ele se dedicar ao seu trabalho científico habitual. Ele só podia escapar do desânimo causado pelo sofrimento de sua companheira de vida concentrando-se na matemática. Durante esse período de profunda tristeza, ele escreveu uma obra sobre o cálculo infinitesimal. [...] Na matemática avançada, ele encontrou o movimento dialético em sua forma mais lógica e, ao mesmo tempo, mais simples.[29]

Em meados de outubro, a saúde de Marx, que foi afetada ainda mais severamente pela gravidade da situação familiar, voltou a vacilar. A golpeá-lo dessa vez, veio uma violentíssima bronquite que provocou uma inflamação séria na pleura. Quem cuidou do pai, que estava ameaçado pelo perigo de uma pneumonia, foi Eleanor, que passou todo o tempo da doença em sua cabeceira. Engels, que estava seriamente preocupado com o estado de saúde de seu amigo, atualizava constantemente os amigos da condição de Marx até o momento de sua recuperação.

Durante esse período, houve um "evento externo [que] contribuiu até certo ponto para sua melhoria: [...] o resultado das eleições". Em 27 de outubro de 1881, os social-democratas obtiveram mais de 300 mil votos nas eleições para o novo parlamento alemão. Um sucesso de proporções únicas na Europa.[30]

Jenny von Westphalen também ficou muito feliz com esse evento, que lhe trouxe uma de suas últimas alegrias. As semanas que se seguiram a essa notícia foram passadas em condições terríveis para ela: "para lhe dar algum alívio", como sugeriu o dr. Donkin, ela era constantemente carregada "com lençóis, da cama para a poltrona"[31] e vice-versa. Além disso, por causa da dor intensa, ela era sedada com injeções de morfina. Mais tarde, Eleanor relembrou o tormento desse período:

> Na sala de estar da frente, que era maior, estava a mamãe, e na menor, que ficava ao lado, estava o Mouro. [...] Nunca me esquecerei da manhã em que ele se sentiu forte o suficiente para entrar no quarto da mamãe. Quando eles estavam juntos novamente, torna-ram-se jovens outra vez. Pareciam uma jovem garota e um jovem apaixonado, iniciando a jornada da vida juntos, em vez de um homem idoso prostrado pela doença e uma mulher moribunda que estavam se despedindo um do outro para sempre.[32]

Em 2 de dezembro de 1881, aos 68 anos de idade, Jenny von Westphalen, a mulher que esteve ao lado de Marx durante toda a sua vida, compartilhando suas dificuldades e paixão política, morreu de câncer no fígado.

Para Marx, foi uma perda irreparável. Pela primeira vez desde 1836, quando se apaixonou por ela na tenra idade de 18 anos, ele percebeu que estava sozinho, sem "o rosto [... que] desperta as maiores e mais doces lembranças de [sua] vida"[33] e privado de seu "maior tesouro".[34]

Ao sofrimento da alma com a morte de sua esposa seguiu-se o sofrimento do corpo. Os tratamentos a que ele se submeteu foram extremamente dolorosas, embora ele as tenha enfrentado com um espírito estoico. Ele os relatou a Jenny:

> Ainda tenho que esfregar iodo no peito e nas costas, o que, quando repetido regularmente, produz uma inflamação na pele bastante incômoda e dolorosa. Isso, que só é feito para evitar uma recaída durante a convalescença (que agora está completa, com exceção de uma leve tosse), me presta um grande serviço no momento. Contra as dores da alma, há apenas um antídoto eficaz: a dor física. Compare o fim do mundo, por um lado, e um homem com uma forte dor de dente, por outro![35]

Sua saúde ficou tão precária que, como ele escreveu para seu amigo e economista russo Nikolai Danielson, em um dos momentos mais críticos, ele estava "muito perto de dar as costas a este bruto mundo", acrescentando que os médicos queriam "mandá[-lo] para o sul da França ou para a Argélia".[36] Marx teve uma longa e complicada internação hospitalar e foi obrigado a permanecer "pregado na cama". Durante várias semanas, ele foi "forçado a ficar em casa", como escreveu ao camarada Sorge, e estava ciente de que teria de "perder um certo tempo nas 'manobras' de recuperação".[37]

Apesar da sucessão de dramas e doenças familiares, entre o outono de 1881 e o inverno de 1882, ele dedicou grande parte de sua energia intelectual a estudos históricos. De fato, Marx preparou uma cronologia fundamentada, na qual listou, ano a ano, os principais eventos políticos, sociais e econômicos da história mundial desde o século I a.C., resumindo os eventos mais importantes e as características mais destacáveis. Marx não se concentrou apenas nas mudanças produtivas, mas, renunciando a qualquer determinismo econômico, ele se concentrou por longos períodos, e com grande atenção, na questão decisiva do desenvolvimento do estado moderno.[38] Nessa ocasião, também, ele renovou sua intenção de sempre, a saber, comparar suas concepções com os eventos que marcaram o destino da humanidade.

Para compor sua cronologia, além de várias fontes menores que não foram incluídas em suas anotações, Marx usou principalmente dois textos. O primeiro foi a *História do povo da Itália* (1825), de Carlo Botta, publicada em três volumes em francês. O segundo foi *A história mundial pelo povo alemão*

(1844-1857), de Friedrich Schlosser, publicado em 18 volumes em Frankfurt e que obteve grande sucesso e notável divulgação. Com base nessas duas obras, Marx preencheu quatro cadernos. Os resumos, às vezes intercalados com breves comentários críticos, foram escritos em alemão, inglês e francês. O estado flutuante de sua saúde não lhe permitiu ir mais longe; suas anotações pararam nas crônicas da Paz de Westfália em 1648, ou seja, a assinatura dos tratados que encerraram a Guerra dos Trinta Anos. A fim de "evitar o risco de uma recaída",[39] assim que sua condição melhorou um pouco, em 29 de dezembro de 1881, acompanhado de sua filha Eleanor, Marx mudou-se para Ventnor, uma estância amena na Ilha de Wight, para onde já havia viajado em ocasiões anteriores. Lá ele passou as duas primeiras semanas de 1882. Para poder passear sem muito desconforto e ser "menos dependente dos caprichos do clima", ele foi obrigado a usar um respirador "em caso de necessidade", cujo uso ele comparou ao de "uma focinheira".[40] Mesmo em circunstâncias tão difíceis, Marx nunca renunciou à sua ironia e comentou com sua filha Laura que a grande proeminência com a qual, na Alemanha, os jornais burgueses anunciaram sua "morte ou, de qualquer forma, sua inevitável aproximação", "divertira-o muito".[41]

As péssimas condições físicas não impediram Marx de continuar a acompanhar os principais eventos da atualidade política. Após um discurso feito pelo chanceler alemão ao Parlamento, no qual ele não podia ignorar a grande desconfiança com que os trabalhadores haviam recebido as propostas do governo,[42] ele escreveu a Friedrich Engels: "Considero uma grande vitória, não apenas para a Alemanha diretamente, mas também para os países estrangeiros em geral, o fato de Bismarck ter admitido perante o Reichstag que os operários alemães praticamente não deram a mínima importância para seu socialismo de Estado".[43]

Após retornar a Londres, a bronquite, agora crônica, obrigou-o a solicitar uma nova consulta com o dr. Donkin para escolher o clima mais favorável para a recuperação de sua condição. A resposta foi que era necessário ficar em um local quente para obter uma recuperação completa. A Ilha de Wight não havia funcionado. Gibraltar foi descartada, pois Marx teria que apresentar um passaporte para entrar e, como era apátrida, ele não tinha nenhum. O império de Bismarck estava coberto de neve e sempre interditado para ele; a Itália não deveria ser considerada, pois, como disse Engels, "a primeira prescrição para convalescentes é evitar o assédio da polícia".[44]

Com o apoio do dr. Donkin e de Paul Lafargue, Engels convenceu Marx a ir para Argel, que na época gozava de boa reputação entre os ingleses que podiam se refugiar lá para escapar dos rigores dos meses mais frios do ano.[45] Como sua filha Eleanor lembrou mais tarde, o que o empurrou a realizar essa peregrinação incomum foi sua obsessão de longa data: concluir *O capital*. Ela escreveu, de fato:

> seu estado geral estava piorando cada vez mais. Se ele fosse mais egoísta, teria simplesmente deixado as coisas correrem como queriam. Entretanto, para ele, havia algo que estava acima de tudo: a devoção à causa. Ele tentou concluir seu grande trabalho e, portanto, concordou, mais uma vez, em fazer uma viagem para recobrar a saúde.[46]

Marx partiu em 9 de fevereiro e, a caminho do Mediterrâneo, parou em Argenteuil, na casa de sua filha Jenny. Como sua condição não estava melhorando, depois de apenas uma semana decidiu partir para Marselha sozinho, tendo convencido Eleanor de que não era necessário que ela o acompanhasse. Ele comentou com Engels que: "por nada no mundo eu gostaria que a garotinha pensasse que ela havia sido imolada no altar da família como uma 'enfermeira'".[47]

Depois de atravessar toda a França de trem, ele chegou à capital de Provence em 17 de fevereiro. Marx comprou imediatamente a passagem para o primeiro navio que partiria para a África[48] e, no dia seguinte, em uma tarde ventosa de inverno, fez fila com os outros viajantes que esperavam para embarcar no cais do porto de Marselha. Levava consigo algumas malas, nas quais estavam roupas pesadas, remédios e alguns livros. O navio a vapor Said zarpou às cinco horas da tarde para Argel,[49] onde Marx permaneceu por 72 dias, o único período de sua vida que passou longe da Europa.

VIAJANDO ENTRE A ARGÉLIA E A FRANÇA

Marx chegou à África em 20 de fevereiro, após uma travessia tempestuosa de 34 horas. No dia seguinte, ele escreveu a Engels que seu *corpus delicti* havia desembarcado em Argel congelado até a medula". Ele encontrou um lugar no Hôtel-Pension Victoria, na área de Mustapha Supérieur. Seu quarto, situado em uma posição ideal e com vista para o porto, tinha uma "vista fabulosa", dando-lhe a oportunidade de apreciar a "maravilhosa *mélange* da Europa e da África".[50]

Infelizmente, com o passar dos dias, a saúde de Marx não melhorou em nada. Ele continuou a ser perseguido por uma bronquite e uma tosse persistente que lhe causava insônia crônica. Além disso, o clima excepcionalmente frio, chuvoso e úmido em que Argel se encontrava favoreceu um novo surto de pleurite.

Marx foi tratado pelo melhor médico de Argel, dr. Charles Stéphann, que prescreveu arseniato de sódio durante o dia e uma mistura de xarope e opiáceos de codeína para ajudá-lo a descansar à noite. Ele também ordenou que Marx reduzisse ao mínimo o esforço físico e não fizesse "nenhum tipo de trabalho intelectual, exceto alguma leitura que o distraísse". No entanto, em 6 de março, a tosse se tornou ainda mais violenta, causando repetidas hemorragias. Marx foi então proibido de deixar o hotel e até mesmo de conversar: "agora a paz, a solidão e o silêncio são um dever cívico para mim".[51] Pelo menos, escreveu ele a Engels, entre os remédios, "o dr. Stéphann, como meu querido Dr. Donkin [de Londres], não esqueceu o conhaque".

A terapia mais dolorosa acabou sendo um ciclo de dez aplicações de uma substância vesicante. Marx conseguiu realizá-la com a ajuda de um jovem farmacêutico. Ao escovar repetidamente colódio em seu peito e costas e subsequente incisão das bolhas que se formavam, o sr. Casthelaz conseguiu drenar o excesso de fluido de seus pulmões gradualmente. Reduzido a uma condição penosa, Marx começou a se arrepender da escolha de tal viagem.

As dores de Marx não afetavam apenas seu corpo. Ele se sentia solitário e escreveu para sua filha Jenny que "nada seria mais encantador do que Argel e, especialmente, o campo ao redor da cidade [...] – supondo que eu estivesse em boa saúde – se eu tivesse todos os meus entes queridos ao meu redor, especialmente os netos. [...] Seria como nas *Mil e uma noites*.[52]

A Engels, um companheiro com quem costumava compartilhar tudo, ele revelou que tinha "profundos ataques de melancolia, semelhantes aos do grande Dom Quixote". Seus pensamentos sempre se voltavam para a perda da companheira: "tu sabes que poucas pessoas são mais avessas do que eu a ostentações de *pathos*; no entanto, seria uma mentira não admitir que meus pensamentos estão ocupados com a lembrança de minha esposa, uma parte tão grande da melhor parte de minha vida!"[53]

Marx ficara também muito aflito com a ausência forçada de qualquer atividade intelectual mais desafiante. Ele escreveu a Jenny que em Argel "qualquer trabalho estava fora de questão, até mesmo a correção d'*O capital*"[54] para a terceira edição alemã. Suas cartas da primavera de 1882 mostram como ele estava "ansioso para voltar à ativa e abandonar aquela estúpida profissão de inválido".[55]

A escalada gradual de todos esses eventos infelizes impediu Marx de estudar a realidade argelina em profundidade. No entanto, nos relatos contidos em suas cartas, atacou, com indignação, os abusos violentos dos colonizadores franceses em Argel. Ele se manifestou contra seus repetidos atos de provocação e, não menos importante, contra sua "arrogância despudorada, a presunção e a obsessão de vingar-se como Moloch" contra todo ato de rebelião da população local, ressaltando, entre outras coisas, que em relação aos danos causados pelas grandes potências na história das ocupações coloniais, "os britânicos e os holandeses superam em muito os franceses". Quanto a Argel, ele disse a Engels que, durante sua carreira como juiz, seu amigo Fermé – um seguidor de Charles Fourier que havia desembarcado em Argel em 1870 após um período de prisão – havia visto regularmente "uma espécie de tortura aplicada [...], pela 'polícia' [...], para forçar os árabes a confessar", exatamente "como os ingleses fazem na Índia". Este último contara-lhe que:

> Se, por exemplo, um bando de árabes tiver cometido alguma atrocidade, geralmente com o objetivo de roubar, e com o passar do tempo os verdadeiros autores forem devidamente presos, condenados e executados, isso não é punição suficiente para a família de colonos atingida. Ela espera que pelo menos meia dúzia de árabes inocentes sejam um pouco 'maltratados'. [...] Quando um colonizador se estabelece, ou mesmo apenas transita por motivos comerciais, entre as 'raças inferiores', ele geralmente se considera ainda mais intocável do que o belo Guilherme I.[56]

Marx voltou ao assunto em outra ocasião, quando quis contar a Engels sobre uma brutalidade cometida pelas autoridades francesas contra um "pobre árabe, assassino em série de profissão". Antes de ser executado, ele descobriu que não seria "fuzilado, mas guilhotinado! E isso contra todos os acordos! Contra todas as promessas [...], embora tenha sido acordado o contrário". Além disso, ele acrescentou:

> seus parentes aguardavam a entrega do corpo e da cabeça, como os franceses sempre permitiram até então, para que pudessem costurar a segunda no primeiro e, assim, enterrar 'o todo'. Mas não esse! Aos gritos, berros e palavrões, pela primeira vez, as autoridades recusaram-se, negaram! Se o corpo chegar agora ao paraíso, Maomé perguntará: 'onde deixaste a cabeça?'; ou: 'como foi que a cabeça se separou do corpo?' [Ele dirá:] 'não és digno do paraíso! Vá-te daqui, cão dos cristãos!' E assim os parentes choram e se desesperam.[57]

Após mais de dois meses de sofrimento, a condição de Marx melhorou e o retorno à França finalmente se tornou possível. Nos dias que antecederam seu retorno, ele compartilhou uma última surpresa com Engels: "por causa do sol, eu me livrei da barba de profeta e da peruca na cabeça, mas – segundo minhas filhas, estou melhor assim – tirei uma foto antes de sacrificar meu cabelo no altar de um barbeiro argelino".[58] Foi nessa circunstância, portanto, que sua última foto foi tirada. Seu bigode, assim como suas ideias, não havia perdido a cor da juventude e seu rosto, apesar da grande amargura da vida, ainda parecia bem-humorado, modesto e sorridente.[59] Antes de partir, as condições climáticas mais adversas pareciam assombrar Marx novamente. Durante os "últimos dias africanos",[60] sua saúde foi posta à prova pela chegada do siroco,* e a viagem para Marselha, onde ele desembarcou em 5 de maio, no dia de seu 64º aniversário, também foi particularmente turbulenta.

Chegando a Nice, ele descobriu que sua bronquite havia se tornado crônica e que, com "grande terror", "a pleurite retornara".[61] Os deslocamentos, mais uma vez, se mostraram prejudiciais. Precisando se recuperar para poder partir novamente, Marx passou três semanas no Principado de Mônaco, em um ambiente muito estranho para ele, mas para o

---

* Vento do Mediterrâneo. (N. T.)

qual não deixou de voltar sua atenção habitual, misturando um espírito de observação e crítica social. O retrato mais eficaz dessa realidade ele ofereceu à sua filha Eleanor, em uma carta escrita pouco antes de partir:

> As damas e os cavalheiros se reúnem em frente ao Café de Paris, sentam-se em frente ao belo jardim que pertence ao cassino, ou nos bancos dentro dele, com as cabeças inclinadas sobre a impressão de pequenas tabelas, rabiscando e calculando, enquanto um explica com grande seriedade ao outro seu 'sistema' favorito, por que é apropriado jogar em 'série' etc. É como observar um interno de um manicômio.[62]

Cerca de quatro meses depois de sua partida, em 7 de junho, Marx finalmente conseguiu pegar o trem que o levaria de volta à casa de sua filha no dia seguinte. Depois de sua chegada a Argenteuil, Marx comparou sua existência à de um "prisioneiro em liberdade condicional", pois, como era comum com esse tipo de prisioneiro, ele sempre tinha de "se apresentar ao médico mais próximo na [sua] próxima estação".[63]

No início de julho, examinado por um novo especialista, o dr. Feugier, Marx fez alguns tratamentos nas termas de Enghien-les-Bains. Os tratamentos com banhos sulfurosos, dos quais ele tirou grande proveito, terminaram em 20 de agosto.

Na alta, o médico fez questão de enfatizar que "o ruído da fricção pleural permanece no *status quo*, o que é totalmente esperado". Em concordância com seu colega Dourlen, ele recomendou o Lago Genebra como um novo destino, "de onde estão chegando notícias meteorológicas favoráveis", na esperança de que "os últimos traços do [...] catarro brônquico possam desaparecer por si mesmos".[64]

Dessa vez, Marx, incapaz de se expor "sozinho aos riscos de uma viagem", foi escoltado por sua filha Laura, a quem ele lembrou, comparando-se ironicamente ao ismaelita Rashīd ad-Dīn Sinān, o líder da seita de assassinos que ocupava uma função importante na época da Terceira Cruzada, que era seu dever "acompanhar o velho na montanha".[65]

Depois de voltar para a casa de Jenny em Paris, no final do mês, Marx foi novamente ao médico para obter "permissão para atravessar o Canal da Mancha". O médico constatou que ele estava "muito melhor [e...] perto de se livrar desse catarro teimoso". Portanto, ele instruiu-o a não ficar "em Londres por mais de 15 dias ou, se o tempo estiver muito bom, três semanas. [...] a campanha de inverno [... deveria começar], a tempo, na Ilha de Wight". No entanto, ele ironizou com seu amigo que o aguardava na Inglaterra, "se o governo francês fosse informado de minha presença aqui, provavelmente me mandaria embora mesmo sem a permissão do dr. Dourlen".[66]

OS ÚLTIMOS MESES

Em Londres, os dias passaram rapidamente e o outono trouxe umidade e neblina. O Dr. Donkin, com quem Marx havia retornado o tratamento, aconselhou-o a voltar para a Ilha de Wight. Pouco depois de sua chegada, no entanto, Marx piorou novamente, dessa vez por causa do reumatismo "perto da antiga área de minha pleurite recorrente".[67] Assim, ele foi forçado a conhecer um novo médico, dr. James Williamson, que lhe receitou um remédio à base de "quinino [...], morfina e clorofórmio".[68] Além disso, para que suas "caminhadas ao ar livre" não fossem afetadas pelas "oscilações de temperatura, [foi] novamente obrigado a carregar consigo um respirador, para ser usado em caso de necessidade".[69]

Nessas condições e após esse "longo período de ofuscação intelectual", Marx achou impossível voltar à preparação da terceira edição alemã do Livro I d'*O capital* e, de fato, em 10 de novembro, escreveu para sua filha Eleanor, que o visitou alguns dias depois com seu neto Johnny: "nessas circunstâncias, ainda não comecei a trabalhar seriamente, mas tenho me mantido ocupado com uma coisa e outra a título de preparação".[70] Nesse período, ele retomou seus estudos de Antropologia e copiou algumas das páginas mais interessantes do livro de John Lubbock, *A origem da civilização e a condição primitiva do homem* (1870).

Apesar de todas as adversidades, Marx não deixou, na medida do possível, de comentar os eventos mais atuais e as posições dos líderes do movimento operário. Sobre alguns deles, ele disse que estava "incomodado" com o uso de "uma certa [...] fraseologia ultrarrevolucionária que sempre considerei 'vazia'; uma especialidade que os nossos fariam bem em deixar para os chamados anarquistas que, na realidade, são os pilares da ordem existente, não os criadores da desordem".[71]

Da mesma forma, ele não poupou aqueles que não conseguiam manter uma posição de classe autônoma e alertou sobre a necessidade absoluta de os trabalhadores oporem-se às instituições e à retórica do Estado. Quando, de fato, o presidente do Congresso das Cooperativas e membro do parlamento, Joseph Cowen – que Marx considerava "o melhor dos parlamentares ingleses" – justificou a invasão do Egito pela Inglaterra,[72] Marx manifestou sua total desaprovação à filha Eleanor.

Em primeiro lugar, manifestou-se contra o governo: "Bela coisa! Dificilmente poderia haver um exemplo mais flagrante de hipocrisia cristã do que essa 'conquista' do Egito, uma ocupação em pleno tempo de paz!" Além disso, ele atacou Cowen que, em um discurso público em 8 de janeiro de 1883, em Newcastle, expressou sua admiração por "essa 'ação heroica', [pelo] 'esplendor da [..] parada militar" e "sorriu, satisfeito, para a imagem encantadora de todos aqueles postos ofensivos, fortificados entre o Atlântico e o Oceano Índico e, além disso, de um império 'afro-britânico' do delta do Nilo até a região do Cabo". Era o "estilo inglês", caracterizado pelo respeito ao "interesse da 'pátria'". Para Marx, em matéria de política externa, Cowen nada mais era do que um exemplo típico daqueles "burgueses britânicos que assumem cada vez mais 'responsabilidades' para cumprir sua missão histórica, ainda que protestando, em vão, contra ela".[73]

Em contrapartida, suas críticas não pouparam ninguém. Na França, por exemplo, após o nascimento do Partido Operário, em setembro de 1882, Marx criticou os esposos de suas duas filhas mais velhas, sobre os quais escreveu a Engels em um acesso de ira: "Longuet é o último proudhoniano e Lafargue é o último bakuninista; que vão para o diabo!".[74] Da mesma forma, ele repetidamente atacou aqueles que alegavam ser seguidores de suas ideias sem conhecê-las e, com relação a eles, declarou com perspicácia e ironia: "o que é certo é que não sou marxista".[75]

Em 6 de janeiro, ele relatou ao dr. Williamson que, assim que se levantou, foi "tomado, de repente, por uma tosse espasmódica que me fez ofegar e lutar contra a asfixia". Marx não tinha dúvidas sobre a verdadeira natureza de sua doença. Na tarde anterior, ele havia recebido uma carta com notícias terríveis sobre a saúde de sua filha mais velha: "Eu estava ciente da gravidade de sua doença, mas não estava preparado para o anúncio de que ela havia entrado em uma fase crítica".[76]

Ele também confessou a Engels que havia "corrido o risco de se sufocar" e que, "agora, a excitação nervosa" o atingia "de repente na garganta". Para sua filha Eleanor, escreveu:

> Acho que foi a irritação nervosa, o medo pela pequena Jenny! [...] Eu teria corrido direto para Argenteuil, mas, nesse caso, teria apenas sobrecarregado a pequena com o fardo de um hóspede doente! Ninguém pode garantir que a viagem não teria me castigado com uma recaída, o que até agora eu felizmente evitei. No entanto, é muito doloroso não poder ir até ela.[77]

E assim, mais uma vez, um período de "longo confinamento em casa"[78] começou para Marx, durante o qual à "tosse quase perene [...] já bastante irritante' juntaram-se "crises diárias de vômito", o que tornou sua situação insuportável. Entretanto, a perspectiva de recuperação não parecia ter desaparecido completamente. Ele reclamou com Eleanor que seu estado insuportável o impedia "quase sempre de trabalhar", mas também lhe revelou que "o médico acredita – ele ainda acredita e isso é significativo! – que ele pode livrar-me desse tormento [...]. Quem viver, verá".[79]

Infelizmente, um novo evento trágico acabou com qualquer esperança de recuperação. Em 11 de janeiro, antes mesmo de completar 39 anos, Jenny morreu de câncer na bexiga. Após a morte de sua esposa, Marx teve assim que enfrentar a perda de uma de suas tão amadas filhas. A notícia atingiu um homem que já estava gravemente doente e marcado por uma vida de dificuldades. A narração desses momentos, mais tarde apresentada por Eleanor, testemunha de forma dramática as penosas circunstâncias:

> Parti imediatamente para Ventnor. Já vivi muitos momentos tristes, mas nenhum como aquele. Senti que estava levando a sentença de morte para meu pai. Durante as longas horas daquela viagem angustiante, fiquei torturando meu cérebro, pensando em como dar-lhe a notícia. No entanto, não houve necessidade de dizer nada; meu rosto me traiu. O Mouro disse imediatamente: 'Nossa pequena Jenny está morta!' – e quis que eu partisse imediatamente para Paris, para ajudar a cuidar das crianças. Eu queria ficar com ele, mas não toleraria oposição. Eu estava em Ventnor há apenas

> meia hora e já estava voltando para Londres, com o coração triste
> e oprimido, para partir imediatamente para Paris. Para o bem das
> crianças, fiz o que o Mouro queria.[80]

Em 13 de janeiro, portanto, Marx também partiu imediatamente em sua jornada de volta para casa. Antes de deixar a Ilha de Wight, ele comunicou o motivo de sua partida repentina para Londres ao dr. Williamson – "a notícia fatal da morte da mais velha de minhas filhas" –, despedindo-se dele: "Eu encontro algum alívio em uma dor de cabeça horrível. A dor física é o único 'atordoante' da dor mental".[81] Essas foram suas últimas palavras deixadas no papel.

Em uma carta de Engels a Eduard Bernstein, ficamos sabendo que, depois de voltar de Ventnor, Marx estava "confinado em casa com bronquite, felizmente leve por enquanto".[82] Em fevereiro, Engels relatou novamente a Bernstein – que naquela época havia se tornado o líder do Partido Social-Democrata Alemão, com quem ele trocava notícias com mais assiduidade – que "há três semanas ele está tão rouco que mal consegue falar".[83]

Em 16 de fevereiro, Engels escreveu para Laura Lafargue: "ultimamente, [Marx] teve algumas noites de insônia muito ruins que lhe tiraram o apetite intelectual, de modo que ele começou a ler catálogos de editoras em vez de romances".[84] No dia seguinte, ele lhe contou a propósito de "um bom sinal: [...] ele deixou os catálogos de lado e voltou a ler Frédéric Soulié", um dos escritores mais populares da França antes de 1848.

Embora tenha sido feita uma tentativa de alimentar Marx o máximo possível, ele geralmente preferia tomar apenas leite, uma bebida que nunca gostou no passado, à qual era adicionado rum ou conhaque. Para mantê-lo aquecido, foram preparados escalda-pés de mostarda para ele.

No final do mês, Engels atualizou Bernstein novamente: "Marx ainda não pode trabalhar, ele fica em casa [...] e lê romances franceses. Seu caso parece muito complicado".[85] Na semana seguinte, Engels escreveu a Bebel, explicando que "a saúde de Marx não apresenta a melhora que deveria".[86]

Os acontecimentos pioraram rapidamente. A deterioração física de Marx foi muito acelerada e a isso se somou um abscesso pulmonar. Engels começou a se preocupar com o fato de que o momento final havia de fato chegado para o amigo de toda a sua existência: "todas as manhãs das últimas seis semanas, quando eu virava a esquina, sentia um medo mortal de que as persianas tivessem sido baixadas". Esse medo se concretizou às 14h45 do dia 14 de março de 1883.

O relato mais completo de Engels, impregnado das palavras mais comoventes, sobre o que aconteceu no último dia da vida de Marx foi dirigido a Sorge, o camarada que havia sido secretário da Associação Internacional dos Trabalhadores após a transferência do Conselho Geral para os Estados Unidos da América em 1872. A ele, reportou-se:

> Cheguei às 14h30, o horário que ele preferia para a visita diária. A casa estava em lágrimas, disseram que ele parecia estar perto do fim. [...] Ocorreu uma pequena hemorragia, seguida de um colapso súbito. Nossa boa e velha Lenchen, que cuidava dele como nem mesmo uma mãe cuidaria de seu próprio filho, subia e descia. Ela disse que ele havia cochilado e que eu poderia subir. Quando entramos, ele estava deitado na cama dormindo, e nunca mais acordaria. Não havia mais pulso ou respiração. Em dois minutos falecera, pacificamente e sem dor.[87]

Antes de sua morte, Marx pediu à sua filha Eleanor que lembrasse Engels de "fazer alguma coisa"[88] com seus manuscritos inacabados. Engels atendeu a seus desejos e levou maior parte dos 12 anos em que sobreviveu a Marx para tornar publicáveis as notas dos livros II e III d'*O capital*, que seu amigo não havia conseguido completar. Durante esse período de sua vida, Engels sentiu constantemente a ausência de Marx e, lembrando-se dos muitos momentos de sua juventude, quando tentaram prever onde eclodiria a próxima revolução, sorrindo e zombando um do outro, encheu-se de melancolia. No entanto, nunca o abandonou a certeza de que muitos outros continuariam seu trabalho teórico e que milhões deles, em todos os cantos do mundo, continuariam a lutar pela emancipação das classes subalternas.

A FUNÇÃO DIALÉTICA DO CAPITALISMO

O DESENVOLVIMENTO DAS FORÇAS PRODUTIVAS

A convicção de que a expansão do modo de produção capitalista era uma pré-condição fundamental para o surgimento da sociedade comunista está presente ao longo de toda a obra de Marx. Durante uma de suas primeiras palestras públicas, proferida na Associação Operária Alemã em Bruxelas e resumida em um manuscrito preparatório intitulado *Salário* (1847), Marx falou sobre a existência de um "lado positivo do capital, da grande indústria, da livre concorrência, do mercado mundial". Para os trabalhadores que vieram ouvi-lo, ele disse:

> Não preciso explicar a vocês que, sem essas relações de produção, os meios de produção, os meios materiais para a libertação do proletariado e a fundação de uma nova sociedade não teriam sido criados, nem o próprio proletariado teria chegado à união e ao grau de desenvolvimento em que é capaz de revolucionar a si mesmo e à velha sociedade.[1]

No *Manifesto do Partido Comunista* (1848), ele afirmou com Engels que as tentativas revolucionárias da classe trabalhadora na época da crise final da sociedade feudal estavam fadadas ao fracasso, "devido à forma não desenvolvida do proletariado, bem como à falta de condições materiais para sua emancipação, que só pode ser produto da época burguesa".[2] Marx reconheceu mais de um mérito dessa última. Ela não apenas "destruiu todas as condições de vida feudais, patriarcais e idílicas",[3] mas também substituiu "a exploração velada por ilusões religiosas e políticas [pela] exploração explícita, despudorada, direta e brutal".[4] Engels e Marx não tiveram dúvidas ao declarar que "a burguesia [havia] desempenhado uma função extremamente revolucionária na história".[5] De fato, ao explorar as descobertas geográficas e o surgimento do mercado mundial, ela "tornou cosmopolitas a produção e o consumo de todos os países".[6] Além disso, no decorrer de apenas um século, "a burguesia [havia] criado forças produtivas cujo número e importância superavam tudo o que as gerações anteriores haviam feito juntas".[7] Isso foi possível porque ela "sujeitou o campo ao domínio da cidade" e conseguiu "arrancar uma parte considerável da população do idiotismo da vida rural",[8] tão difundido na sociedade feudal europeia. Por fim, e mais importante, de acordo com os autores do *Manifesto do Partido Comunista*, esta [a burguesia] gerara "as armas que lhe trazem a morte" e os seres humanos que as usarão: "os modernos operários, os proletários",[9] que aumentavam na mesma velocidade com a qual a sociedade burguesa se expandia. Para Engels e Marx, de fato, "o progresso da indústria, do qual a burguesia é o agente involuntário e passivo, substitui o isolamento dos trabalhadores, resultante da concorrência, por sua união revolucionária mediante a associação".[10]

Também em *As lutas de classe na França (1848 a 1850)* (1850), Marx expôs considerações semelhantes. Ele argumentou que "somente o domínio da burguesia industrial arranca as raízes materiais da sociedade feudal e prepara o único terreno em que é possível uma revolução proletária".[11] Em contrapartida, o fato de o capitalismo ser uma condição prévia necessária para o surgimento de um novo tipo de sociedade também foi teorizado por Marx quando, no início da década de 1850, ele comentou os principais eventos políticos internacionais da época. Em uma das resenhas que escreveu, a quatro mãos com Engels, para a *Nova Gazeta Renana. Revista Econômico-Política* em 1850, ele afirmou que na China, "em oito anos, os fardos de algodão da burguesia britânica levaram o império mais antigo e mais sólido do mundo às vésperas de uma convulsão social que, de qualquer forma, terá consequências muito importantes para a civilização".[12]

Três anos mais tarde, em *Os resultados futuros da dominação britânica na Índia* (1853), um de seus artigos jornalísticos no *New York Tribune*, Marx escreveu que "a Inglaterra deve cumprir uma dupla missão na Índia, uma destrutiva, a outra regenerativa: aniquilar a velha sociedade asiática e lançar as bases materiais da sociedade ocidental na Ásia".[13] Ele não tinha ilusões acerca das características de fundo do capitalismo, sabendo muito bem que a burguesia "nunca deu impulso ao progresso sem arrastar os indivíduos no sangue e na lama, na miséria e na degradação".[14] Entretanto, ele também estava convencido de que o intercâmbio global e o desenvolvimento das forças produtivas dos seres humanos, por meio da transformação da produção em uma "dominação científica dos fatores naturais", lançariam as bases para uma sociedade diferente: "a indústria e o comércio burgueses criariam [...] as condições materiais para um novo mundo".[15]

As considerações sobre a presença britânica na Índia foram alteradas alguns anos mais tarde, quando, escrevendo sobre a rebelião dos sipaios de 1857 para o mesmo jornal, Marx se posicionou decisivamente ao lado daqueles que tentaram "expulsar os conquistadores estrangeiros".[16] O julgamento sobre o capitalismo foi, em contrapartida, reformulado de forma análoga, embora com um viés mais político, no brilhante "Discurso para o aniversário do *People's Paper*", em 1856. Lembrando que com o capitalismo surgiram forças industriais e científicas sem precedentes na história, ele disse aos militantes que participavam desse evento que "o vapor, a eletricidade e a máquina de fiar automática eram revolucionários muito mais perigosos do que os cidadãos Barbès, Raspail e Blanqui".[17]

Nos *Grundrisse* (1857-1858), Marx repetiu várias vezes a ideia de que, com o capitalismo, certas "tendências civilizatórias"[18] da sociedade se manifestaram. Ele mencionou a "ação civilizadora do comércio exterior",[19] bem como a "tendência (civilizadora) a propagar-se" da "produção de capital", uma "característica exclusiva" que nunca havia se manifestado nas "precedentes condições de produção".[20] Ele chegou até a citar, expressando seu apreço, pelo historiador John Wade, que, ao refletir sobre a criação do tempo livre gerado pela divisão do trabalho, 'identific[ou] capital e civilização".[21]

Ao mesmo tempo, porém, Marx atacou o capitalista como o "usurpador" do mesmo "tempo livre que os operários criam para a sociedade". Em uma passagem muito semelhante às posições expressas no *Manifesto do Partido Comunista* e, em 1853, nas colunas do *New York Tribune*, afirmou Marx:

> A produção baseada no capital [...] cria, por um lado, a indústria universal [... e], por outro, um sistema de exploração geral das qualidades naturais e humanas; um sistema de utilidade geral [...]. Somente o capital cria a sociedade burguesa e a apropriação universal tanto da natureza quanto da própria conexão social pelos membros da sociedade. Daí a enorme influência civilizatória do capital; sua produção de um nível de sociedade em comparação com o qual todos os anteriores aparecem apenas como desenvolvimentos locais da humanidade e como idolatria da natureza. Somente com o capital a natureza se torna puramente um objeto para o homem, um puro objeto de utilidade, e deixa de ser reconhecida como uma força por si mesma. [...] Em virtude dessa tendência, o capital impulsiona a superação de barreiras e preconceitos nacionais, da idolatria da natureza, da satisfação tradicional, modestamente restrita, dentro dos estreitos limites das necessidades existentes, e a reprodução do antigo modo de vida. Diante de tudo isso, o capital opera de forma destrutiva. Ele realiza uma revolução permanente. Derruba todos os obstáculos ao desenvolvimento das forças produtivas, à expansão das necessidades, à variedade da produção e à exploração e troca das forças da natureza e do espírito.[22]

Na época dos *Grundrisse*, a questão ecológica estava então ainda no fundo das preocupações marxianas e é posta como subordinada à questão do potencial desenvolvimento dos indivíduos.[23]

OS EFEITOS DO CAPITAL

Uma das exposições mais analíticas na obra de Marx sobre os efeitos positivos do processo de produção capitalista pode ser encontrada no Livro I d'*O capital*. Embora tenha se tornado muito mais consciente do que antes do caráter destrutivo do capitalismo, em seu texto principal ele resumiu as seis condições geradas pelo capital – em particular por sua "centralização"[24] [*Koncentration*] – que constituem os pré-requisitos fundamentais para o possível surgimento da sociedade comunista. São elas: 1) a cooperação do trabalho; 2) o aporte científico-tecnológico para a produção; 3) a apropriação das forças da natureza pela produção; 4) a criação de grandes máquinas que só podem ser usadas em conjunto pelos operários; 5) a economia dos meios de produção; 6) a tendência a criar o mercado mundial. Para Marx:

> Com a expropriação de muitos capitalistas por poucos, desenvolvem-se em escala sempre crescente a forma cooperativa do processo de trabalho, a aplicação técnica consciente da ciência, a exploração metódica da terra, a transformação dos meios de trabalho em meios de trabalho que só podem ser usados coletivamente, a economia de todos os meios de produção por meio de seu uso como meios de produção de trabalho social e combinado, enquanto todos os povos são gradualmente enredados na teia do mercado mundial e, assim, desenvolve-se em uma escala cada vez maior o caráter internacional do regime capitalista.[25]

Marx sabia bem que, com a concentração da produção nas mãos de poucos patrões, as classes trabalhadoras experimentariam um aumento na "miséria, no assédio, na subjugação, a degeneração, a exploração",[26] mas estava igualmente ciente de que a "cooperação dos trabalhadores assalariados [era] um efeito [...] do capital".[27] Ele chegara à convicção de que o extraordinário aumento das forças produtivas gerado pelo capitalismo, um fenômeno que se manifestava em maior grau do que todos os modos de produção antes existentes, criaria as condições para a superação das relações econômico-sociais que ele havia dado origem e, portanto, a transição para uma sociedade socialista. Assim como em suas considerações sobre o perfil econômico das sociedades não europeias, o foco do pensamento de Marx era o desenvolvimento do capitalismo com vistas à sua derrubada. No Livro III d'*O capital*, ele escreveu que "a usura exerceu uma ação revolucionária", pois contribuiu para a destruição e dissolução "daquelas formas de propriedade cuja sólida base e reprodução constante [...] sustentava o ordenamento político" medieval. A ruína dos senhores feudais e a produção em pequena escala significaram a "centralização das condições de trabalho".[28]

No Livro I d'*O capital*, Marx afirmou que "o modo de produção capitalista [...] se apresenta como uma necessidade histórica para que o processo de trabalho seja transformado em um processo social".[29] A seu juízo, "a força produtiva social do trabalho é implementada gratuitamente, assim que os operários são colocados em determinadas condições – e o capital coloca-os nessas condições".[30] Marx argumentou que as circunstâncias mais favoráveis para o comunismo só poderiam ser criadas pela expansão do capital:

> Como fanático pela valorização do valor, ele impulsiona sem escrúpulos a humanidade à produção pela produção, empurrando-a, assim, para um desenvolvimento das forças produtivas sociais e para a criação de condições materiais de produção que só podem formar a base real de uma forma superior de sociedade, cujo princípio fundamental é o desenvolvimento, pleno e livre, de cada indivíduo.[31]

Outras reflexões sobre o papel decisivo exercido pelo modo de produção capitalista a fim de realizar o comunismo podem ser encontradas em todo o longo percurso da crítica marxiana à Economia Política. Certamente, Marx havia compreendido bem, como escreveu nos *Grundrisse*, que se uma das tendências do capital é "criar tempo disponível", posteriormente ele "o converte em trabalho excedente".[32] Entretanto, com esse modo de produção, o trabalho era valorizado ao máximo, enquanto sua quantidade "necessária para a produção de um determinado objeto é reduzida ao mínimo". Para Marx, isso era fundamental. Essa mudança seria "útil ao trabalho emancipado e é a condição de sua emancipação".[33] Portanto, o capital, "apesar de si mesmo, é um instrumento da criação de tempo social disponível, da redução do tempo de trabalho para toda a sociedade a um mínimo decrescente, de modo a tornar o tempo de todos livre para seu desenvolvimento pessoal".[34]

Marx também observou que, para criar uma sociedade na qual fosse possível realizar o desenvolvimento universal dos indivíduos, era "necessário, antes de mais nada, que o pleno desenvolvimento das forças produtivas se tornasse uma condição da produção".[35] Ele especificou, portanto, que o capital tinha um "grande papel histórico", o de criar esse trabalho excedente, esse trabalho supérfluo do ponto de vista do simples valor de uso, da subsistência pura. Sua função histórica é cumprida quando, por um lado, as necessidades se desenvolvem de tal forma que o trabalho excedente, além do necessário, torna-se uma necessidade geral, ou seja, surge das próprias necessidades individuais, e, por outro lado, a capacidade geral do trabalho [*laboriosità*], por meio da rigorosa disciplina do capital, pela qual passaram sucessivas gerações, tornou-se uma característica geral da nova geração; finalmente, quando tal capacidade de trabalho – por meio do desenvolvimento das forças produtivas do trabalho, que o capital, em sua ânsia ilimitada de enriquecimento e sob as condições que só ele pode realizar, constantemente impulsiona – estiver tão madura que, por um lado, a posse e a preservação da riqueza geral exijam um tempo de trabalho inferior para toda a sociedade e, por outro, a sociedade trabalhadora encare cientificamente o processo de sua progressiva e cada vez mais rica reprodução. Assim, cessa o trabalho no qual o homem faz o que pode deixar que as coisas façam por ele. [...] Assim, o capital é produtivo, ou seja, é uma relação essencial para o desenvolvimento das forças produtivas sociais. Ele deixa de sê-lo apenas quando o desenvolvimento dessas forças produtivas encontra uma barreira no próprio capital.[36]

Marx renovou essas convicções no *Capítulo VI inédito* (1863-1864), no qual, após relembrar os limites estruturais do capitalismo, ou seja, o fato de ser, antes de tudo, um modo de "produção contraposto aos produtores e sem consideração por eles", ele também enfatizou seu "lado positivo".[37] Em comparação com o passado, o capitalismo se apresentava como "uma produção não vinculada às limitações pré-estabelecidas e predeterminadas das necessidades".[38] Foi propriamente "o aumento das forças produtivas sociais do trabalho"[39] que explicou "o significado histórico da produção capitalista [...], em sua evidência específica".[40]

Marx, portanto, nas condições socioeconômicas de sua época, considerava fundamental o processo de "criação de riqueza como tal, o inexorável desenvolvimento [...] das forças produtivas do trabalho social, pois somente elas podem fornecer a base material de uma sociedade humana livre". Ele declarou que "passar por essa forma contraditória [era] necessário".[41]

Esse mesmo tema também foi abordado no Livro III d'*O capital*, no qual Marx enfatizou que a "transformação das condições de produção em condições sociais, comuns e gerais [...] é o resultado do desenvolvimento das forças produtivas no modo de produção capitalista e da maneira pela qual se cumpre esse desenvolvimento".[42]

Somado à convicção de que, no tocante à capacidade de expandir ao máximo as forças produtivas, o capitalismo era o melhor sistema que havia existido até então, Marx também reconheceu que o capitalismo, apesar de sua exploração implacável dos seres humanos, apresentava alguns elementos potencialmente progressivos que permitiam, muito mais do que em outras sociedades do passado, a realização do potencial dos indivíduos.

Profundamente contrário ao ditame produtivista do capitalismo, ou seja, à primazia do valor de troca e ao imperativo da produção de trabalho excedente, Marx considerou a questão do aumento da capacidade produtiva em relação ao incremento das faculdades individuais. Nos *Grundrisse*, de fato, ele lembrou que:

> No próprio ato da reprodução, não apenas as condições objetivas mudam – por exemplo, o vilarejo se torna uma cidade, o matagal se torna terra arável etc. –, mas [mudam] também os produtores. Eles revelam novas qualidades; desenvolvem-se e transformam-se por meio da produção; criam novas forças e novas concepções, novos tipos de relações, novas necessidades e uma nova linguagem.[43]

Esse diverso procedimento das forças produtivas, muito mais intenso e complexo, gerou "o mais rico desenvolvimento dos indivíduos",[44] "a universalidade das relações".[45] Para Marx:

> Em seu esforço incessante em direção à forma geral da riqueza, o capital empurra o trabalho para além dos limites de suas necessidades naturais e, ao fazê-lo, cria os elementos materiais para o desenvolvimento de uma individualidade rica e dotada de aspirações universais, tanto na produção quanto no consumo. O trabalho dessa individualidade, portanto, não se apresenta mais nem mesmo como trabalho, mas como o desenvolvimento integral da própria atividade, na qual a necessidade natural em sua forma imediata desapareceu, porque a necessidade natural foi substituída pela necessidade historicamente produzida.[46]

Em suma, de acordo com Marx, a produção capitalista procurava certamente "a alienação do indivíduo de si mesmo e dos outros, mas também deu origem à universalidade e à organicidade de suas relações e de suas capacidades".[47] Esse conceito foi reiterado várias vezes.

Nos *Manuscritos de 1861-1863*, Marx declarou que uma "maior multiformidade de produção, [uma] ampliação do círculo de necessidades sociais e dos meios de sua satisfação" conduziam também ao "desenvolvimento da capacidade humana de produção e, com ela, a ativação dos talentos dos seres humanos em novas direções".[48] Nas *Teorias da mais-valia* (1862-1863), ele apontou que o aumento sem precedentes das forças produtivas geradas pelo capitalismo não teve apenas efeitos econômicos, mas "revolucionou todas as relações sociais e políticas".[49]

Também no Livro I d'*O capital*, finalmente, Marx escreveu que: "a troca de mercadorias rompe os limites individuais e locais da troca imediata de produtos e [...] desenvolve toda uma esfera de conexões sociais naturais, incontroláveis pelas pessoas que atuam".[50] É uma produção que se realiza "em uma forma adequada ao pleno desenvolvimento do homem".[51]

Por fim, Marx também considerou de modo positivo algumas tendências do capitalismo com relação à emancipação das mulheres e à modernização das relações na esfera doméstica. No importante documento político *Instruções para os delegados do conselho central provisório. Questões individuais* (1867), preparado para o primeiro congresso da Associação Internacional dos Trabalhadores, ele afirmou que "embora a maneira como isso é feito sob o jugo do capital seja abominável [...], fazer com que os jovens de ambos os sexos cooperem [...] no grande movimento da produção social [... é] um progresso".[52]

Avaliações análogas são encontradas no Livro I d'*O capital*, no qual ele escreveu que:

> Embora a dissolução da família antiga pareça terrível e nauseabunda no sistema capitalista, as grandes empresas, no entanto, criam a nova base econômica para uma forma mais elevada de família e para o relacionamento entre os sexos, com o papel decisivo que atribuem às mulheres, adolescentes e crianças de ambos os sexos nos processos de produção socialmente organizado além da esfera doméstica.[53]

Marx acrescentou que "o modo de produção capitalista completa a ruptura do vínculo originário de parentesco que unia a agricultura e a manufatura em sua forma infantil e não desenvolvida". Graças a isso, foi criada uma "preponderância cada vez maior da população urbana, acumulada pela produção capitalista em grandes centros", que é a verdadeira "força motriz histórica da sociedade".[54]

Em resumo, usando o método dialético ao qual recorria com frequência, no Livro I d'*O capital*, bem como em seus manuscritos preparatórios, Marx argumentou que por meio das "condições materiais e com a combinação social do processo de produção" amadurecem os "elementos para a formação de uma nova sociedade".[55] Essas "premissas materiais" são decisivas para a obtenção de uma "síntese nova e superior".[56] Embora a revolução nunca nasça exclusivamente da mera dinâmica econômica, mas sempre necessite do indispensável fator político, o avanço do comunismo "requer uma base material da sociedade, ou seja, uma série de condições materiais de existência que, por sua vez, são o produto natural originário de um longo e atormentado desenrolar da história".[57]

Teses similares, contidas em breves, mas significativos escritos políticos, contemporâneos ou posteriores à redação d'*O capital*, confirmam a continuidade do pensamento de Marx sobre essa questão. Em *Salário, preço e lucro* (1865), ele exortou os trabalhadores a "perceberem que o sistema atual, com todas as misérias que acumula sobre a classe operária, gera, ao mesmo tempo, as condições materiais e as formas sociais necessárias para uma reorganização econômica da sociedade".[58]

Na *Comunicação confidencial* (1870), enviada pelo Conselho Geral da Associação Internacional dos Trabalhadores ao Comitê de Braunschweig do Partido Social-Democrata dos Trabalhadores da Alemanha, Marx declarou que mesmo "com toda a probabilidade de que a iniciativa revolucionária" comece na França, somente a Inglaterra atuaria como "uma alavanca para uma séria revolução econômica". Ele escreveu, de fato:

> é o único país onde não há mais camponeses e onde a propriedade da terra está concentrada em poucas mãos. É o único país em que a forma capitalista – ou seja, o trabalho combinado em grande escala a serviço de empresários capitalistas – assumiu o controle de quase toda a produção. É o único país em que a grande maioria da população é composta por trabalhadores assalariados. É o único país em que a luta de classes e a organização da classe operária, por meio dos

sindicatos, atingiram um certo grau de maturidade e difusão geral. Devido ao seu domínio do mercado mundial, é o único país em que qualquer revolução nas condições econômicas deve repercutir imediatamente em todo o mundo. Embora o latifúndio e o capitalismo tenham sua sede clássica nesse país, as condições materiais de sua destruição, além disso, desenvolveram-se ao máximo.[59]

Nos *Excertos e comentários críticos a "Estado e Anarquia" (1875) de Bakunin*, que contêm indicações significativas das diferenças radicais entre ele e o revolucionário russo em relação aos pré-requisitos para o surgimento de uma sociedade alternativa ao capitalismo, Marx confirmou que, inclusive em relação ao sujeito social que lideraria a luta pelo socialismo:

> Uma revolução social radical está ligada a certas condições históricas de desenvolvimento econômico; essas constituem suas premissas. Portanto, ela só é possível onde, com a produção capitalista, o proletariado industrial pelo menos assume uma posição de destaque na massa do povo.[60]

Na *Crítica do Programa de Gotha*, o texto de 1875 no qual ele explicou sua avaliação crítica da plataforma política que levou à unificação da Associação Geral dos Trabalhadores Alemães e do Partido Social-Democrata dos Trabalhadores da Alemanha, Marx lembrou que "na medida em que o trabalho se desenvolve socialmente e, por meio desse desenvolvimento, se torna uma fonte de riqueza e civilização, gera-se pobreza e abandono para o operário e riqueza e civilização para quem não trabalha". Além disso, ele acrescentou que "é preciso mostrar concretamente como na sociedade capitalista atual foram finalmente criadas as condições materiais [...] que permitem e obrigam os trabalhadores a quebrar essa maldição social".[61]

Por fim, mesmo nas *Considerações preliminares ao programa do Partido dos Trabalhadores da França* (1880), um pequeno texto para cuja redação ele contribuiu três anos antes de sua morte, Marx reiterou que, para que os produtores se apropriassem dos meios de produção, era essencial "a forma coletiva, cujos elementos materiais e intelectuais são constituídos pelo próprio desenvolvimento da sociedade capitalista".[62]

Portanto, com continuidade, desde as primeiras formulações da concepção materialista da história na década de 1840 até suas últimas intervenções políticas na década de 1880, Marx destacou a relação entre o papel fundamental do incremento produtivo gerado pelo modo de produção capitalista e as pré-condições necessárias para o surgimento da sociedade comunista pela qual o movimento dos trabalhadores deveria lutar. A pesquisa realizada nos últimos anos de sua vida, no entanto, permitiu que ele revisasse essa convicção e evitasse cair no economicismo que caracterizou as análises de tantos de seus seguidores.

UMA TRANSIÇÃO NEM SEMPRE NECESSÁRIA

Marx considerou o capitalismo como "um ponto de transição necessário"[63] para que pudessem se desenvolver as condições que permitiriam ao proletariado lutar, com esperança de sucesso, pelo estabelecimento de um modo de produção socialista. Nos *Grundrisse*, afirmou que o capitalismo constituía um "ponto de transição"[64] para um posterior progresso da sociedade, que permitiria um "maior desenvolvimento das forças produtivas e [...] um mais rico desenvolvimento dos indivíduos".[65] Marx descreveu "as condições atuais de produção [...] como condições que superam a si mesmas e, portanto, estabelecem as bases históricas para uma nova época social".[66]

Com uma ênfase que, em algumas declarações, sugere a convicção da predisposição do capitalismo para a autodestruição,[67] Marx sustenta que "à medida que o sistema da economia burguesa se desenvolve, também se desenvolve sua negação, que é seu resultado final".[68] Ele se disse convencido de que o "último aspecto servil' (esse "último" era certamente bastante)

> que a atividade humana assume, o do trabalho assalariado, por um lado, e o do capital, por outro, passa por uma mudança radical, e essa mudança radical é resultado do modo de produção correspondente ao capital. As condições materiais e espirituais da negação do trabalho assalariado e do capital, que, por sua vez, já são a negação de formas anteriores não livres de produção social, são, elas próprias, resultados do processo de produção do capital. Nas contradições, nas crises e nas revoltas profundas, expressa-se a crescente inadequação do desenvolvimento produtivo da sociedade em relação às relações de produção que ela tinha até então. A destruição violenta de capital, não devido a circunstâncias externas a ele, mas como condição de sua autopreservação, é a for-

ma mais incisiva de ratificação de seu fracasso e da necessidade de abrir espaço para uma condição mais elevada de produção social.[69]

Outros indícios de que Marx considerava o capitalismo como um estágio fundamental para o advento de uma economia socialista podem ser encontrados em *Teorias da mais-valia*. Ele se disse de acordo com o economista Richard Jones, que "aceita o capital e o modo de produção capitalista apenas como um estágio de transição no desenvolvimento da produção social". Mediante o capitalismo "abre-se a perspectiva de uma nova sociedade, de uma nova formação econômica da sociedade, para a qual ele não é mais do que uma passagem".[70]

Marx repetiu o mesmo conceito no Livro I d'*O capital* e em outros manuscritos preparatórios. No *Capítulo VI inédito*, ele afirmou que o socialismo poderia se manifestar após uma "revolução econômica completa", que,

> por um lado, gera, em primeiro lugar, as condições reais da dominação do patrão sobre o trabalho, dando-lhe uma forma adequada e realizada, e, por outro, cria nas forças produtivas do trabalho, nas condições de produção e nas relações de circulação desenvolvidas por ele em oposição ao trabalhador, as condições reais de um novo modo de produção, destinado a suprimir a forma antagônica do modo de produção capitalista. Ele, portanto, lança as bases materiais de um processo de vida social organizado de forma diferente e, portanto, de uma nova formação social.[71]

Em "A tendência histórica da acumulação capitalista", um dos parágrafos finais de sua *magnum opus*, ele argumentou

> que a centralização dos meios de produção e a socialização do trabalho chegam a um ponto em que se tornam incompatíveis com seu invólucro capitalista e ele é rompido. Soa a última hora da propriedade privada capitalista; os expropriadores são expropriados.[72]

Se Marx acreditava que o capitalismo era uma transição essencial para que fossem criadas as condições históricas nas quais o movimento operário poderia lutar por uma transformação comunista da sociedade, em contrapartida, ele não acreditava que essa ideia devesse ser aplicada de maneira rígida e dogmática. Ao contrário, ele negou inúmeras vezes – tanto em textos publicados quanto em manuscritos não publicados – que tivesse concebido uma interpretação unidirecional da história, segundo a qual os seres humanos estavam destinados a seguir o mesmo caminho em todos os lugares e, além disso, por meio dos mesmos estágios.

Durante os últimos anos de sua existência, Marx refutou a tese, erroneamente atribuída a ele, da inexorabilidade histórica do modo de produção burguês. Seu total estranhamento dessa posição foi expresso no debate sobre o possível desenvolvimento do capitalismo na Rússia, no qual ele se envolveu. O escritor e sociólogo Nikolai Mikhajlovsky, em seu artigo "Karl Marx perante o tribunal de J. Žukovsky", acusara-o de ter considerado o capitalismo como um estágio indispensável até mesmo para a emancipação da Rússia.[73] Marx respondeu em uma carta que preparou para a revista político-literária *Otečestvennye Zapiski*, que no Livro I d'*O capital* ele havia "apenas pretendido indicar a maneira pela qual, na Europa Ocidental, a ordem econômica capitalista [havia] emergido do ventre da ordem econômica feudal".[74] Marx se referiu à leitura de uma passagem na edição francesa do Livro I d'*O capital* (1872-1875), na qual ele afirmou que a base de todo o processo de separação dos produtores de seus meios de produção havia sido "a expropriação dos cultivadores". Ele acrescentou que esse processo havia "ocorrido de forma radical apenas na Inglaterra [... e que] todos os outros países da Europa Ocidental estavam percorrendo o mesmo caminho".[75] Portanto, ele havia examinado apenas o "velho continente", não o mundo inteiro.

É nesse horizonte espacial que se enquadra a afirmação do prefácio do Livro I d'*O capital*: "o país mais desenvolvido industrialmente apenas mostra ao país menos desenvolvido a imagem de seu futuro".[76] Marx escreveu para o leitor alemão observando que os habitantes da Alemanha eram "atormentados, como o resto da Europa Ocidental continental, não apenas pelo desenvolvimento da produção capitalista, mas também pela falta desse desenvolvimento".[77] Em sua opinião, ao lado das "misérias modernas" sobrevivia a opressão de "toda uma série de misérias hereditárias que surgiram do vegetar de modos de produção antiquados e ultrapassados que nos foram transmitidos com seu séquito de relações sociais e políticas anacrônicas".[78]

Marx também demonstrou uma atitude flexível em relação aos diferentes países da Europa, pois não considerava a Europa como um todo homogêneo. Em um discurso para a *Associação operária alemã de cultura de Londres*, em 1867, posteriormente publicado no *Der Vorbote*, em Genebra, Marx observou que os proletários alemães poderiam realizar a revolução com sucesso porque "não precisavam, como os trabalhadores de outros países, passar pelo longo período de desenvolvimento burguês".[79]

Quanto à Rússia, Marx compartilhava a visão de Mikhajlovsky de que a Rússia poderia "apropriar-se de todos os frutos [...] do regime capitalista [...], desenvolvendo seus pressupostos históricos, [...] sem experimentar a tortura desse regime". Marx contestou Mikhajlovsky por transfigurar seu "esboço da gênese do capitalismo na Europa Ocidental em uma teoria histórico-filosófica da marcha universal fatalmente imposta a todos os povos, qualquer que seja sua situação histórica", [80] e apontou que "eventos com uma analogia impressionante, mas que ocorrem em diferentes cenários históricos, produzem resultados bastante diferentes". Portanto, para compreender as transformações históricas, era necessário estudar os fenômenos individuais separadamente; só então seria possível compará-los. Sua interpretação correta não poderia ser confiada à "chave universal de uma teoria histórico-filosófica, cuja virtude suprema consiste em ser meta-histórica".[81]

Essas mesmas convicções foram afirmadas novamente em 1881, quando a revolucionária Vera Zasulich questionou Marx sobre o futuro da comuna agrícola (*Obtschina*). Zasulich perguntou-lhe se a comuna poderia se desenvolver em uma forma socialista ou se estava destinada a perecer, porque o capitalismo necessariamente se imporia também na Rússia. Em sua resposta, Marx reiterou que no Livro I d'*O capital* ele havia "expressamente limitado [a] 'fatalidade histórica'" do desenvolvimento do capitalismo – que introduziu a "separação radical entre os meios de produção e o produtor" – apenas "aos países da Europa Ocidental".[82]

Reflexões ainda mais detalhadas sobre isso podem ser encontradas nos rascunhos preparatórios da carta enviada a Zasulich. Neles, Marx enfatizou a característica peculiar decorrente da coexistência da *Obtschina* e das formas econômicas mais avançadas. Ele observou que a Rússia era

> contemporânea de uma cultura superior [e estava] ligada ao mercado mundial, no qual predomina a produção capitalista. Aproprian-

> do-se dos resultados positivos desse modo de produção, ela [foi ...] capaz de desenvolver e transformar, em vez de destruir, a forma ainda arcaica de sua comuna rural.[83]

Os camponeses teriam sido capazes de "integrar as aquisições positivas elaboradas pelo sistema capitalista, sem ter que passar por sua forcas caudinas".[84]

Para aqueles que acreditavam que o capitalismo também deveria ser um estágio irrenunciável para a Rússia, porque sustentavam que era impossível que a história avançasse por saltos, Marx ironicamente perguntou se, como consequência, a Rússia também, "como o Ocidente", teria que "passar por um longo período de incubação da indústria mecânica para chegar às máquinas, navios a vapor e ferrovias". Ele, por sua vez, levantou a questão de como seria possível "introduzir em seu país, em um piscar de olhos, todo o mecanismo de troca (bancos, sociedades anônimas etc.), cuja elaboração [havia] custado séculos ao Ocidente".[85] Era evidente que a história da Rússia, ou de qualquer outro país, não precisava refazer todas as etapas que marcaram a história da Inglaterra ou de outras nações europeias. Portanto, até mesmo a transformação socialista da *Obtschina* poderia ter sido realizada sem necessariamente passar pelo capitalismo. Essas teses não estão em contradição com o que está escrito no Prefácio da primeira edição do Livro I d'*O capital*, no qual Marx afirma que "quando uma sociedade consegue vislumbrar a lei da natureza de seu próprio movimento [...] ela não pode pular nem eliminar por decreto os estágios naturais de seu desenvolvimento. Pode, entretanto, encurtar as dores do parto".[86]

As pesquisas teóricas sobre as relações comunitárias pré-capitalistas, resumidas por Marx, naquele mesmo período, nos *Cadernos Antropológicos* (1881), levaram-no na mesma direção ao responder à questão política levantada por Zasulich. Com base em sugestões da leitura do trabalho do antropólogo americano Lewis Morgan, Marx escreveu, usando tons propagandísticos, que "na Europa e na América" os povos de onde o capitalismo havia se desenvolvido mais aspiravam "apenas a quebrar suas correntes, substituindo a produção capitalista pela produção cooperativa e a propriedade capitalista por uma 'forma superior' do modelo arcaico de propriedade, a saber, a propriedade comunista".[87]

O modelo de Marx não era, de forma alguma, um modo "primitivo de produção cooperativa ou coletiva, [que era] o resultado do indivíduo isolado", mas sim um modelo resultante da "socialização dos meios de produção".[88] Ele não mudara seu julgamento totalmente crítico sobre as comunas rurais na Rússia e, no decorrer de sua análise, o desenvolvimento do indivíduo e a produção social mantiveram sua centralidade insubstituível.

Em suas reflexões sobre o caso russo, portanto, não aparece nenhuma ruptura dramática com suas convicções anteriores.[89] Os elementos de novidade, que ocorreram com relação ao passado, dizem respeito, ao contrário, ao amadurecimento de sua posição teórico-política que o conduziu a considerar como possíveis, para a transição ao comunismo, outros caminhos que nunca haviam sido avaliados antes ou que eram considerados inviáveis.[90]

Marx afirmou que, "teoricamente falando", era possível que a *Obtschina* pudesse

> se preservar desenvolvendo sua base, a propriedade comum da terra [...]. Ela poderia se tornar o primeiro ponto de partida do sistema econômico para o qual a sociedade moderna tende; ela pode mudar de pele sem encontrar o suicídio. Ela pode assegurar os frutos com os quais a produção capitalista enriqueceu a humanidade, sem passar pelo regime capitalista.[91]

A contemporaneidade com a produção capitalista ofereceu à comuna agrária russa "condições materiais prontas para o trabalho cooperativo, organizado em larga escala".[92]

As avaliações acerca da plausibilidade do desenvolvimento do socialismo na Rússia não se baseavam apenas no estudo da situação econômica do país. O contato com os populistas russos, como havia acontecido uma década antes com os *communards* parisienses, ajudou Marx a avaliar, com crescente elasticidade, não apenas a possível sucessão de modos de produção no curso da história, mas também a irrupção de eventos revolucionários e as subjetividades que os produzem. Ele se sentiu chamado a dedicar-se mais atentamente às especificidades históricas e ao desenvolvimento desigual das condições políticas e econômicas entre diferentes países e com diferentes contextos sociais.

Além de sua relutância em aceitar a ideia de que um desenvolvimento histórico predefinido poderia se manifestar igualmente em cenários econômicos e políticos distintos, o progresso teórico de Marx também se deveu à evolução de suas elaborações sobre os efeitos do capitalismo nos países economicamente mais atrasados. Ele não acreditava mais, como afirmou em 1853 no *New York Tribune* com relação à Índia, que "a indústria e o comércio burgueses [criariam] [...] as condições materiais para um novo mundo".[93] Anos de estudos novos e detalhados e a observação cuidadosa das mudanças no cenário político internacional concorrem para fazê-lo desenvolver uma visão do colonialismo britânico bem diferente daquela expressa quando ele era um jornalista de apenas 35 anos. Os efeitos produzidos pelo capitalismo nos países colonizados foram avaliados de uma maneira completamente diferente. Referindo-se às "Índias Orientais", em um dos rascunhos de sua carta a Zasulich, Marx escreveu que "todos sabiam que lá a supressão da propriedade comum do solo [havia] sido nada mais do que um ato de vandalismo por parte dos britânicos; não havia empurrado o povo nativo para frente, mas para trás".[94] Em sua opinião, os britânicos só conseguiram "destruir a agricultura nativa e dobrar o número e a intensidade da fome".[95] O capitalismo não trouxe progresso e emancipação, como gabavam-se seus apologistas, mas apenas roubo de recursos naturais, devastação ambiental e novas formas de escravidão e dependência humana.

Por fim, Marx também retornou à possível concomitância entre o capitalismo e as formas comunistas do passado em 1882. No Prefácio de uma nova edição russa do *Manifesto do Partido Comunista*, redigido em conjunto com Engels, o destino da *Obtschina* foi unido ao das lutas proletárias na Europa:

> Na Rússia, ao lado do sistema capitalista, que está se desenvolvendo febrilmente, e ao lado da propriedade burguesa da terra, que só agora está sendo formada, mais da metade da terra está na forma de propriedade comum do campesinato. Surge então a pergunta: a comunidade rural russa, essa forma – é verdade – em grande parte já dissolvida da propriedade comum original da terra, será capaz de passar diretamente para uma mais avançada forma comunista de propriedade da terra? Ou ela terá que passar primeiro pelo

> mesmo processo de dissolução que constituiu o desenvolvimento histórico do Ocidente? A única resposta possível hoje é a seguinte: se a Revolução Russa servir como um sinal para uma revolução dos trabalhadores no Ocidente, de modo que ambas se completem, então a propriedade comum rural russa de hoje pode servir como ponto de partida para uma evolução comunista.[96]

Em contrapartida, as reflexões de Marx sobre a Rússia não foram as únicas em que ele chamou a atenção para o fato de que os destinos de diferentes movimentos revolucionários, atuando em países com contextos socioeconômicos muito diferentes, poderiam conectar-se.

Já em 1853, no artigo "Revolução na China e na Europa", escrito para o *New York Tribune*, analisando os efeitos da presença econômica britânica na China, Marx considerava possível que a revolução naquele país pudesse "provocar a explosão da crise geral que vinha se formando há algum tempo" e que, cruzando as fronteiras da Inglaterra, seria "seguida a curta distância por revoluções políticas no continente". Ele acrescentou que seria um "curioso espetáculo aquele de uma China exportando desordem para o mundo ocidental enquanto as potências ocidentais se esforçavam, com navios de guerra [...], para restabelecer a ordem em Xangai, Nanjing e na foz do Grande Canal."[97]

Posteriormente, entre 1869 e 1870, em várias cartas e documentos da Associação Internacional dos Trabalhadores e – de forma clara e concisa – em uma carta aos camaradas Sigfried Meyer e August Vogt, ele também comparou o futuro da Inglaterra, "a metrópole do capital", com o da Irlanda, mais atrasada. A primeira era, sem dúvida, "a potência que dominava o mercado mundial" e, portanto, "no momento, o país mais importante para a revolução operária. Além disso, [era] o único país em que as condições materiais para essa revolução haviam se desenvolvido até um certo grau de maturidade".

Marx, no entanto, "tendo lidado com a questão irlandesa por anos", estava convencido de que o "golpe decisivo contra as classes dominantes na Inglaterra" poderia ser "desferido não na Inglaterra, mas na Irlanda".[98] Iludiu-se de que seria "decisivo para o movimento dos trabalhadores em todo o mundo". O objetivo mais importante a ser perseguido continuava sendo, no entanto, o de "acelerar a revolução social na Inglaterra [, mas] o único meio de acelerá-la [era] tornar a Irlanda independente".[99] De qualquer forma, Marx considerava estratégica para a luta do movimento operário, antes de tudo, a Inglaterra industrial e capitalista. A revolução na Irlanda, somente possível se a "união forçada entre os dois países" cessasse, seria uma "revolução social" que se manifestaria por meio de "formas envelhecidas".[100] A derrubada do poder burguês em ascensão, em nações onde as formas modernas de produção ainda estavam se desenvolvendo, não teria sido suficiente para provocar o fim do capitalismo.

Nos últimos anos de sua existência, Marx se afastou cada vez mais da ideia de que o modo de produção socialista só poderia ser alcançado por meio de estágios específicos.[101] A concepção materialista da história que ele elaborou é tudo menos a sequência mecânica à qual seu pensamento tem sido repetidamente reduzido. Ela não pode ser equiparada à tese de que a história humana é uma sucessão previsível de modos de produção, considerados como meros estágios preparatórios para um fim inelutável: o nascimento da sociedade comunista.

Além disso, Marx negou expressamente a necessidade histórica do desenvolvimento do capitalismo em todas as partes do mundo. Na famosa página da *Contribuição à crítica da Economia Política* (1859), ele listou esquematicamente a progressão dos "modos de produção asiático, antigo, feudal e burguês", este considerado como o fim da "pré-história da sociedade humana",[102] e frases semelhantes também podem ser encontradas em outros escritos. Entretanto, elas representam apenas uma pequena parte do estudo de Marx sobre a gênese e o desenvolvimento das diferentes formas de produção. Seu método não pode ser reduzido ao determinismo econômico.

As considerações ricamente articuladas de Marx sobre o futuro da *Obtschina* estão no extremo oposto da equação entre o socialismo e o desenvolvimento das forças produtivas, que foi afirmada com conotações nacionalistas tanto no seio da Segunda Internacional quanto nos partidos social-democratas (que até demonstraram simpatia pelo colonialismo) e, com referências a um suposto "método científico" de análise social, no movimento comunista internacional do século XX.

Marx não mudou suas ideias básicas sobre o perfil que a sociedade comunista assumiria, do modo como havia delineado, sem nunca se entregar a descrições abstratas, já a partir dos *Grundrisse*.[103] Guiado por sua hostilidade ao esquematismo do passado, bem como aos novos dogmatismos que surgiam em seu nome, ele considerava possível a eclosão da revolução em condições e formas nunca antes consideradas.

Para Marx, o futuro continuava nas mãos da classe trabalhadora e de sua capacidade de provocar, com suas lutas e por meio da própria organização de massa, revoluções sociais e o nascimento de um sistema econômico-político alternativo.

O PERFIL DA SOCIEDADE COMUNISTA

AS TEORIAS CRÍTICAS DOS PRIMEIROS SOCIALISTAS

Após a Revolução Francesa e com a expansão da Revolução Industrial, várias teorias começaram a circular na Europa com a dupla intenção de fornecer respostas às demandas por justiça social desatadas pela primeira e de corrigir os dramáticos desequilíbrios econômicos provocados pela segunda. As conquistas democráticas alcançadas após a tomada da Bastilha desferiram um golpe decisivo na aristocracia, mas deixaram praticamente inalterada a desigualdade preexistente de riqueza entre o povo e as classes dominantes. O declínio da monarquia e o estabelecimento da república na França não foram suficientes para diminuir a pobreza.

Esse foi o contexto em que surgiu a gama diversificada de concepções descritas por Karl Marx e Friedrich Engels no *Manifesto do Partido Comunista* (1848) como "crítico-utópicas".[1] Elas foram consideradas "críticas" porque aqueles que as apoiaram se opuseram, como abordagens diversas, à ordem social existente e forneceram "elementos de grande valor para o esclarecimento dos operários".[2] No entanto, eles se mostraram "utópicos",[3] pois seus proponentes presumiram que poderiam alcançar uma forma alternativa de organização social por meio do mero reconhecimento de novas ideias e princípios, e não por meio da luta da classe trabalhadora. De acordo com Marx e Engels, os pensadores anteriores a eles acreditavam que

> a atividade social deveria ser substituída por sua atividade inventiva pessoal, as condições históricas da emancipação do proletariado [...] pelas condições imaginárias, a organização do proletariado como uma classe em um processo gradual [...] por uma organização da sociedade que eles criaram do zero. A história universal do futuro é resolvida, para eles, na propaganda e na execução prática de seus projetos para a sociedade.[4]

No texto político mais lido da história da humanidade, Marx e Engels também se opuseram a muitas formas de socialismo, tanto do passado quanto contemporâneas a eles. Elas foram consideradas, dependendo do caso, como socialismo "feudal", "pequeno-burguês", "burguês" ou – em um sentido depreciativo, para enfatizar sua "fraseologia filosófica" vazia – "alemão".[5] Em grande parte, os autores desssas teorias estavam unidos por duas peculiaridades: a primeira dizia respeito à convicção que alguns deles nutriam quanto à possibilidade de "restaurar os antigos meios de produção e troca e, com eles, as antigas relações de propriedade e a velha sociedade". A segunda, em contrapartida, era inerente à tentativa colocada em prática por outros de "aprisionar novamente, pela força, os meios modernos de produção e troca dentro da estrutura das antigas relações de propriedade" das quais eles haviam sido "expulsos". Por essas razões, Marx viu nessas concepções uma forma de socialismo que era "tanto reacionária quanto utópica".[6]

O rótulo de "utópicos" atribuído aos primeiros socialistas, como uma alternativa ao "socialismo científico", tem sido frequentemente usado de forma enganosa e com intenção depreciativa.[7] Na verdade, eles se opunham à organização social da época em que viviam e contribuíram, tanto por meio de seus escritos quanto de ações concretas, para a crítica das relações econômicas existentes. Marx tinha respeito por seus precursores.[8] De Saint-Simon, ele enfatizou a enorme distância que o separava de seus grosseiros intérpretes.[9] A Charles Fourier, embora julgasse algumas de suas ideias como extravagantes "esboços humorísticos",[10] Marx reconhecia o "grande mérito" de ter compreendido que o objetivo a ser alcançado pela transformação do trabalho não era apenas a supressão do tipo de distribuição existente, mas a do "modo de produção".[11] Nas teorias de Owen, ele viu muitos elementos dignos de interesse e que antecipavam o futuro. Em *Salário, preço e lucro* (1865), Marx observou que Owen já havia, no início do século XIX, em *Observações sobre o efeito do sistema manufatureiro* (1815), "exigido uma redução geral da jornada de trabalho como o primeiro passo na preparação para a liberação da classe operária".[12] Além disso, ele havia defendido, como nenhum outro, a causa da produção cooperativa.

No entanto, embora reconhecesse a influência positiva que Saint-Simon, Fourier e Owen tiveram sobre o nascente movimento operário, Marx expressou uma visão totalmente negativa sobre eles. Ele criticou seus predecessores por presumirem que resolveriam os problemas sociais da época projetando quimeras irrealizáveis e por consumirem grande parte de seu tempo no exercício teórico irrelevante de construir "castelos no ar".[13]

Marx não apenas contestou as propostas que considerava impraticáveis ou errôneas, mas, acima de tudo, estigmatizou a ideia de que a mudança social ocorria por meio de modelos apriorísticos e meta-históricos inspirados em preceitos dogmáticos. A ênfase moralista dos primeiros socialistas também foi criticada.[14] Nos *Excertos e comentários críticos de "Estado e Anarquia" de Bakunin* (1875), Marx criticou o "socialismo utópico [porque queria] dar ao povo novas fantasias, em vez de limitar sua ciência ao conhecimento do movimento social feito pelo próprio povo".[15] Em seu modo de ver, as condições para a revolução não poderiam ser impostas de fora.

IGUALDADE, SISTEMAS TEÓRICOS E A COMUNIDADE DO FUTURO: OS LIMITES DOS PRECURSORES

Uma das teses mais comuns entre aqueles que, depois de 1789, continuaram a lutar por uma nova e mais justa ordem social, sem considerar exaustivas as mudanças políticas fundamentais que se seguiram ao fim do *ancien régime*, baseava-se na suposição de que todos os males da sociedade acabariam assim que fosse estabelecido um sistema de governo fundado na igualdade absoluta de todos os seus membros.

Essa ideia de comunismo primordial e, em muitos aspectos, ditatorial foi o princípio orientador da Conspiração dos Iguais, a conspiração lançada em 1796 para derrubar o Diretório Francês. No *Manifesto dos Iguais* (1795), Sylvain Maréchal defendeu a "comunhão de bens" e propôs a criação de uma sociedade na qual reinaria a "igualdade real" e não apenas a igualdade formal consagrada na "declaração dos direitos do homem e do cidadão". Os argumentos que ele apresentou para atingir esse objetivo, entretanto, provaram ser simplistas e impossíveis de serem traduzidos para a realidade. Em sua opinião, "uma vez que todos [os seres humanos] têm as mesmas necessidades e faculdades", deveria haver apenas "uma educação e um [tipo de] alimento". Maréchal perguntou-se: "Por que não se deve fornecer a todos [...] a mesma quantidade e qualidade de alimentos?"[16]

Até mesmo a figura principal da conspiração de 1796, François-Noël Babeuf, era da opinião de que, por meio da aplicação do "grande princípio da igualdade ou fraternidade universal", as nações não seriam mais "contaminadas pelos preconceitos e crimes de [seus] déspotas". Ao contrário, graças à igualdade, o "círculo da humanidade" seria ampliado e, "gradualmente, as fronteiras, os costumes e os maus governos desapareceriam".[17]

O tema da construção de uma sociedade baseada em um regime de estrita igualdade econômica reapareceu na França na publicidade comunista após a Revolução de Julho de 1830. Em *Viagem a Icaria* (1840), um manifesto político escrito na forma de um romance, Étienne Cabet apontou como modelo uma comunidade na qual não existiriam "propriedade, nem dinheiro, [nem] vendas, nem compras" e onde os seres humanos seriam "iguais em tudo".[18] Nessa "segunda terra prometida",[19] a lei regularia todos os aspectos da vida: "cada casa teria quatro andares"[20] e "todos se vestiriam da mesma forma".[21] As refeições seriam comunitárias e sua frequência, espaçamento, duração – e até mesmo o número de pratos a serem servidos – seriam predeterminados centralmente por um comitê especial. Além disso, ele acrescentou que "a comida [seria] dividida igualmente entre todos, de modo que cada cidadão [receberia] a mesma quantidade".[22]

Propostas para a implementação de relações estritamente igualitárias também são encontradas no trabalho de Théodore Dézamy. Em *O código da comunidade* (1842), ele prefigurou um mundo "dividido em comunas, cujos territórios seriam tão iguais, regulares e unidos quanto possível". Dentro delas haveria "uma cozinha" e um "dormitório comum" para todas as crianças. Todos os cidadãos viveriam como "uma só família, [em] uma única e mesma casa. A comunidade cuidaria de todos os membros igualmente com incessante solicitude". Ele imaginou inclusive a existência de "leis policiais, cujo objetivo seria evitar confusão", incluindo uma disposição segundo a qual, dentro do palácio municipal, os pedestres "andariam em uma única direção predeterminada".[23]

Visões semelhantes àquelas tão difundidas na França foram igualmente afirmadas na Alemanha. Em *A humanidade como é e como deveria ser* (1838), Wilhelm Weitling previu que a abolição da propriedade privada eliminaria automaticamente o egoísmo, que ele considerava, de forma simplista, a principal causa de todos os problemas sociais. De acordo com Weitling, a introdução da "comunidade de bens" seria "o meio de redenção da humanidade; ela transformaria a Terra em um paraíso" e geraria imediatamente "uma enorme superabundância".[24] Os benefícios decorrentes dessa nova ordem se estenderiam prodigiosamente além da esfera econômica, pois ele disse estar convencido de que "a terceira geração da humanidade vivendo na comunhão de bens [falaria] uma única língua e seria semelhante em moral e formação científica".[25]

Todos os pensadores que defenderam essas concepções incorreram no mesmo duplo erro. Eles consideraram como certo que a adoção de um modelo social baseado numa rígida igualdade poderia ser a solução para todos os problemas sociais. Além disso, contra todas as leis econômicas, eles se convenceram de que, para estabelecer o tipo de ordem que sugeriam, seria suficiente impor certas medidas de cima para baixo, cujos efeitos não seriam posteriormente alterados pelo andamento da economia.

Além dessa ideologia igualitária ingênua, baseada na certeza ilusória de que todas as diferenças entre os seres humanos poderiam ser eliminadas com grande facilidade, outra crença também era muito difundida entre os primeiros socialistas. Muitos acreditavam que a elaboração teórica de melhores sistemas de organização social era uma condição suficiente para mudar o mundo. Assim, surgiram inúmeros projetos de reforma, meticulosamente detalhados e matizados, com os quais seus defensores expunham suas hipóteses para reestruturar a sociedade. Em suas intenções, a prioridade era buscar a fórmula certa que, uma vez descoberta, seria aceita, de bom grado, pelo senso comum dos cidadãos e implementada progressivamente em todos os lugares.

Essa era a convicção de Saint-Simon, que escreveu no *Organizador* (1819): "o antigo sistema só deixará de atuar quando as ideias sobre os meios de substituir as instituições [...] que ainda existem por outras tiverem sido suficientemente esclarecidas, ligadas e harmonizadas entre si, e quando essas ideias tiverem sido aprovadas pela opinião pública". Embora tenha deixado claro que sua intenção era criar um projeto para uma "sociedade científica dividida em quatro classes", ele atribuiu ao seu trabalho o objetivo de "estabelecer os princípios que devem servir de base para o novo sistema político".[26] Os pontos de vista de Saint-Simon sobre a sociedade do futuro são surpreendentes, entretanto, por sua limitadora imprecisão. Em *Novo cristianismo* (1824), ele afirmou que a causa da "doença política de [sua] época" – que causava "sofrimento a todos os trabalhadores úteis à sociedade" e fazia com que "os soberanos absorvessem uma grande parte dos salários dos pobres" – dependia do "sentimento de egoísmo". Como esse sentimento havia "se tornado dominante em todas as classes e indivíduos",[27] ele imaginou o nascimento de uma nova organização social baseada em um único princípio orientador: "todos os homens devem se comportar como irmãos uns dos outros".[28]

Fourier declarou que a existência humana era baseada em leis universais que, uma vez implementadas, garantiriam alegria e prazer em todo o mundo. Na *Teoria dos Quatro Movimentos* (1808), ele expôs o que não hesitou chamar de "a descoberta mais importante [...] de todo o trabalho científico realizado desde que a humanidade existe",[29] a saber, a "das leis do movimento". Fourier se opôs aos defensores do "sistema comercial", em relação aos quais ele usou o epíteto "civilizados" em um sentido pejorativo, e afirmou que a sociedade só seria livre quando todos os seus membros pudessem expressar suas paixões. Para ele, essas eram muito mais importantes do que a "razão", em nome da qual foram realizados "todos os massacres dos quais a história tem memória".[30] O principal erro do regime político existente em sua época consistia, portanto, na repressão da natureza humana. A "harmonia" só teria sido possível se os indivíduos pudessem liberar todos os seus instintos, como quando estavam em seu estado natural.[31]

Tambem para Victor Considerant, "tentar descobrir as leis"[32] de um "mundo harmoniosamente ordenado" era um dos elementos essenciais para poder difundir a "felicidade universal".[33] No primeiro volume de *Destino Social* (1834), ele propôs um modelo de sociedade baseado no desenvolvimento de um novo "sistema de organização do trabalho", após o estabelecimento do qual não haveria "mais despotismo, nem opressão, [...] nem miséria, [...] nem exploração dos seres humanos. Estes, nadando na abundância de todos os bens, [seriam] capazes de amar uns aos outros, porque ficam felizes em amar uns aos outros quando seus interesses são comuns e estão conectados".[34]

Por fim, além do igualitarismo radical e da busca pelo melhor modelo social possível, o compromisso de promover o surgimento de pequenas comunidades alternativas era comum a muitos dos primeiros socialistas. No espírito de seus organizadores, essas comunidades, livres das desigualdades econômicas existentes nas sociedades da época, forneceriam um impulso decisivo para a disseminação dos princípios socialistas e facilitariam seu estabelecimento.

No *Novo mundo industrial e societário* (1829), Fourier previu uma ordem comunitária inovadora, segundo a qual as aldeias seriam "substituídas por falanges industriais de cerca de 1.800 pessoas".[35] Os indivíduos viveriam em falanstérios, ou seja, em grandes edifícios com espaços comuns, onde poderiam usufruir coletivamente de todos os serviços de que precisassem. Fourier projetou essa nova organização social nos mínimos detalhes. Seguindo o método que ele inventou, o da "paixão cintilante", os seres humanos "flutuariam de prazer em prazer e evitariam o excesso". Eles teriam turnos de trabalho muito curtos, de "duas horas no máximo", graças aos quais cada um poderia exercer "sete a oito tipos de trabalho atrativos no decorrer do dia, variando de um dia para o outro e frequentando grupos diferentes daqueles do dia anterior".[36] Fourier supôs que, "quando a harmonia[37] estivesse em plena operação", os estilos de vida também mudariam profundamente. As pessoas teriam "um apetite extraordinário" e precisariam de "cinco refeições" por dia. Em vez disso, elas se contentariam com apenas "algumas horas de sono", com a intenção de aproveitar a "abundância de prazeres, para os quais o dia [seria] sempre muito curto".[38]

A identificação de melhores formas de organização social também animou Owen, que, ao longo de sua existência, estabeleceu importantes experimentos de cooperação entre os operários. Primeiro em New Lanark, na Escócia, de 1800 a 1825, e depois em New Harmony, nos Estados Unidos da América, de 1826 a 1828, ele tentou demonstrar como uma ordem social mais justa poderia ser realizada na prática.[39] Em *Na vida de Robert Owen* (1857), a autobiografia que publicou pouco antes de falecer, Owen argumentou que a mudança para a forma cooperativa que ele defendia ocorreria lentamente e com base no exemplo fornecido por suas comunidades: "sem destruir ou danificar o antigo sistema social, o novo [...] estará preparado para receber passageiros favoráveis a abandonar o antigo caminho, até que o novo se torne gradualmente capaz de satisfazer, de forma superior, as necessidades da população mundial".[40]

Além disso, no *Livro do novo ordenamento moral* (1836-1844), Owen propôs a divisão da sociedade em oito classes, a última das quais, "composta por pessoas de 40 a 60 anos", teria o monopólio da "tomada de decisão final". Ele esperava, de forma um tanto ingênua, que, por meio da instituição desse sistema gerontocrático, os indivíduos compartilhariam, "sem disputa, sua parte legítima na governança da sociedade",[41] já que todos, por sua vez e no devido tempo, seriam capazes de exercê-la.

Em 1849, Cabet por sua vez fundou a colônia de Icaria nos Estados Unidos da América, em Nauvoo, Illinois, mas seu experimento se caracterizou por inverossímeis excessos de rigidez. Entre as "condições de admissão" ele colocou, por exemplo, especificações ridículas sobre o "conjunto Icariano" que cada futuro membro da nova comunidade deveria possuir. Ao embarcar na jornada, os homens não deveriam esquecer "dois pares de suspensórios, um cinto de couro, [bem como] seis gravatas, duas delas de lã".[42] Para as mulheres, por outro lado, "quatro saias brancas [e] duas coloridas"[43] eram necessárias entre os vários itens de vestuário. O autoritarismo de Cabet, compreensivelmente, deu origem a vários conflitos dentro da comunidade que ele fundou. Nas leis da "Constituição Icariana", ele propôs como condição para o nascimento da colônia sua nomeação, "por dez anos, como [...] diretor único e absoluto, com o poder de dirigi-la de acordo com sua doutrina e ideias, a fim de aumentar todas as probabilidades de sucesso".[44] Aqueles que o seguiram nessa aventura – mais de 2.500 pessoas no total – foram forçados a observar os preceitos mais absurdos e quase todos concordaram que seu resultado final havia sido desastroso. Seja no caso dos alardeados falanstérios, das cooperativas esporádicas ou das extravagantes colônias comunistas, os experimentos concebidos pelos primeiros socialistas se mostraram tão inadequados que não havia perspectiva de sua difusão em grande escala. Esses experimentos envolviam um número irrisório de trabalhadores e geralmente se caracterizavam por uma participação muito limitada da comunidade na tomada de decisões políticas. Além disso, muitos dos revolucionários que animaram esses experimentos, especialmente os que não eram ingleses, não entendiam as transformações produtivas fundamentais que estavam ocorrendo em sua época. Muitos dos primeiros socialistas não conseguiram entender a ligação entre o desenvolvimento do capitalismo e o possível progresso social da classe trabalhadora, progresso esse que dependia da capacidade dos operários de se apropriarem da riqueza que geravam no novo modo de produção.[45]

As mudanças radicais e profundas que ocorreram na sociedade europeia também exigiriam uma atualização e um avanço das teorias dos grupos socialistas existentes. Entretanto, os seguidores de Saint-Simon, Fourier e Owen transformaram seus respectivos mestres em profetas infalíveis e incontestáveis. Suas organizações se tornaram, com o passar do tempo, seitas políticas dogmaticamente vinculadas a sistemas teóricos que já estavam predeterminados e, portanto, completamente desvinculadas dos conflitos reais da classe trabalhadora.[46]

Marx e Engels resumiram seus pontos de vista sobre isso no panfleto *As ditas cisões na Internacional* (1872), escrito em nome do Conselho Geral da Associação Internacional dos Trabalhadores, como segue:

> A primeira fase da luta do proletariado contra a burguesia é marcada pelo movimento sectário. Ele encontra sua razão de ser em uma época em que o proletariado ainda não está suficientemente desenvolvido para agir como uma classe. Pensadores isolados desenvolvem uma crítica dos antagonismos sociais e apresentam soluções imaginativas que a massa operária teria apenas de aceitar, propagar e colocar em prática. Por sua própria natureza, as seitas formadas por esses iniciadores são abstencionistas, alheias a qualquer ação real, à política, às greves, a coalizões, enfim, a qualquer movimento geral. A massa do proletariado permanece, entretanto, sempre indiferente, ou mesmo hostil, à sua propaganda. [...] Essas seitas, de impulso do movimento em suas origens, tornam-se um obstáculo assim que ele as supera. A partir daí, elas se transformam em forças reacionárias [...]. Em suma, é a infância do movimento proletário.[47]

Essa fratura deu origem a uma segunda fraqueza comum a eles: em uma época em que o número de trabalhadores na indústria de larga escala era bastante pequeno e o movimento operário ainda não estava muito organizado, eles não conseguiam identificar o sujeito social que deveria lutar por mudanças.[48] Portanto, em seus escritos, muitas vezes se limitavam a apelos interclassistas, dirigidos genericamente a toda a humanidade. Muitos protossocialistas viam o proletariado apenas como uma classe sofredora e não como o protagonista em potencial nas lutas para avançar e implementar seus planos de reforma social. Ao contrário, eles se baseavam principalmente na aliança com a parte mais esclarecida da classe dominante, a quem, em seus textos, dirigiam apelos sinceros de natureza filantrópica.

Quase todos aqueles que faziam parte da primeira geração de socialistas consideravam a revolução uma hipótese nefasta. Eles não confiavam na possibilidade de os trabalhadores assumirem o poder político e, portanto, acreditavam que os levantes e as insurreições armadas só atrasariam a implementação das reformas desejadas. Em vez disso, essas reformas só poderiam ser implementadas por meio da persuasão e em um clima de harmonia e compreensão coletiva. Consequentemente, o conflito social era sempre visto negativamente.

No *Novo cristianismo*, Saint-Simon nunca levou em consideração "atos de violência contra os ricos e contra os governos" por parte das massas populares, pois considerava que era "impossível melhorar a existência moral e física da classe pobre por qualquer outro meio que não fosse aquele que tende a aumentar os prazeres da classe rica".[49] Flora Tristan também se manifestou "contra qualquer coisa alcançada" por meio da violência e, em *A união operária* (1843), expressou sua oposição a uma "sociedade exposta ao sofrimento pela força bruta deixada nas mãos do povo, na mesma medida [...] da força bruta colocada nas mãos do poder. Em ambos os casos, haveria injustiça e, como consequência, desordem".[50]

A distância entre essas ideias e as de Marx era enorme. Ao lado de Engels, ele argumentou, na *Ideologia alemã* (1845-1846), que a luta de classes era um componente essencial das grandes mudanças políticas. Ela tinha uma função formativa sobre os trabalhadores: "a revolução é necessária não apenas porque a classe dominante não pode ser derrubada de nenhuma outra forma, mas também porque somente em uma revolução a classe que a derruba consegue se livrar de toda a sujeira antiga e se torna capaz de reconstruir a sociedade em uma nova base".[51] Em sua opinião, somente "em um movimento prático, em uma revolução", é possível desenvolver "a produção [... da] consciência comunista, [... a] necessária transformação da massa de seres humanos".[52]

Marx manteve essa convicção durante toda a sua existência. Na importante carta – conhecida como a "carta circular" – enviada a August Bebel, Wilhelm Liebknecht e Wilhelm Bracke em setembro de 1879, Marx e Engels ameaçaram romper com o Partido Social-Democrata Alemão precisamente por causa do espaço que este dava aos "democratas burgueses"[53] que defendiam outras posições que não a autoemancipação dos trabalhadores:

> Há quase 40 anos, enfatizamos que a luta de classes é a principal força motriz da história e, em particular, que a luta de classes entre a burguesia e o proletariado é a grande alavanca da mudança social moderna. Na fundação da Internacional, formulamos expressamente o grito de guerra: 'a libertação da classe operária deve ser obra da própria classe operária'. Portanto, não podemos nos aliar a pessoas que declaram abertamente que os operários são incultos demais para se libertarem e que devem ser libertados de cima, por grandes e pequenos filantropos burgueses.[54]

Nessas palavras evidencia-se de modo incontroverso a crítica que Marx fez, com coerente continuidade, tanto aos pensadores socialistas que o precederam quanto aos seus contemporâneos que, no entanto, ele nunca considerou como revolucionários.

ONDE E POR QUE MARX ESCREVEU SOBRE O COMUNISMO

Marx atribuiu a si mesmo uma tarefa totalmente diferente da dos socialistas anteriores. Sua prioridade era "desvendar a lei econômica de movimento da sociedade moderna".[55] Ele se propôs a produzir uma crítica abrangente do modo de produção capitalista que serviria ao proletariado, que considerava o principal sujeito revolucionário, para derrubar o sistema socioeconômico existente.

Além disso, refutou a ideia de que poderia ser a inspiração para um novo credo político dogmático. Ele se recusou a propor a configuração de um modelo universal de sociedade comunista, algo que considerava teoricamente inútil e politicamente contraproducente. Foi por essa razão que, no Posfácio à segunda edição (1873) do Livro I d'*O capital* (1867), Marx deixou claro que certamente não era de seu interesse "prescrever receitas [...] para o futuro".[56] O sentido dessa conhecida declaração também foi reiterado por ele nas *Glosas marginais sobre Wagner* (1879-1880), quando, em resposta a uma crítica ao economista alemão Adolph Wagner, ele respondeu categoricamente: "Nunca enunciei um 'sistema socialista'".[57]

Marx também afirmou convicções semelhantes em seus escritos políticos. Diante do nascimento da Comuna de Paris, ou seja, a primeira tomada de poder pelas classes subalternas, ele comentou em *Guerra Civil na França* (1871) que "a classe operária não espera milagres da Comuna. Ela não tem utopias belas e prontas para introduzir por decreto do povo". Marx declarou que a emancipação do proletariado tinha de "passar por longas lutas e por uma série de processos históricos que transformarão as circunstâncias e os homens". Não se tratava, portanto, de "realizar ideais, mas [...de] liberar os elementos da nova sociedade, dos quais está grávida a velha sociedade burguesa, que está colapsando".[58]

Por fim, Marx também expressou conceitos semelhantes em sua correspondência com líderes do movimento operário europeu. Quando, por exemplo, em 1881, Ferdinand Nieuwenhuis, o principal expoente da Liga Social-Democrata na Holanda, perguntou-lhe quais medidas um governo revolucionário deveria adotar após tomar o poder para construir a sociedade socialista, Marx respondeu que sempre considerou essas questões como "absurdas". Em sua opinião, "o que se teria de fazer [...] em um determinado momento no futuro seria, em todos os aspectos, ditado pelas condições históricas reais sob as quais se teria de agir". Ele acreditava que era impossível "resolver uma equação que não contivesse em seus termos os elementos da solução"; ele continuava convencido de que "a antecipação doutrinária e necessariamente fantasiosa do programa de ação de uma revolução vindoura só servia para distrair da luta presente".[59]

A vasta correspondência com Engels constitui o melhor testemunho da consistência de suas convicções. No decorrer de seus 40 anos de colaboração, os dois amigos discutiram todos os tópicos possíveis, mas Marx não dedicou o mínimo tempo para discutir como a sociedade de amanhã deveria ser organizada.

No entanto, ao contrário das afirmações errôneas de muitos de seus comentadores, Marx fez inúmeras considerações sobre o comunismo em suas obras publicadas e inacabadas – mesmo que essas considerações nunca tenham sido prescritivas. Elas podem ser encontradas em três tipos diferentes de escritos. Os primeiros são aqueles em que Marx criticou as ideias teoricamente errôneas e politicamente enganosas dos socialistas contemporâneos a ele. Algumas partes dos *Manuscritos Econômico-Filosóficos de 1844* e da *Ideologia alemã*; o capítulo sobre "Literatura Socialista e Comunista" no *Manifesto do Partido Comunista*; as críticas às posições de Pierre-Joseph Proudhon, dispersas nos *Grundrisse* (1857-1858), no *Fragmento do Texto Primitivo* (1858) e em *Contribuição à crítica da Economia Política* (1859); os textos contra o anarquismo no início da década de 1870; e as teses contra Ferdinand Lassalle, contidas na *Crítica do Programa de Gotha* (1875), pertencem a essa categoria. A tudo isso devem ser acrescentados os comentários críticos dirigidos a Proudhon, aos anarquistas pertencentes à Associação Internacional dos Trabalhadores e a Lassalle, que podem ser encontrados dispersos na copiosa correspondência de Marx.

O segundo tipo de texto em que Marx delineou certas características da sociedade comunista são os escritos sobre luta e propaganda política destinados às organizações da classe proletária de sua época. Marx queria fornecer a elas indicações mais concretas sobre os pontos a favor da sociedade pela qual estavam lutando e as ferramentas necessárias para construí-la. Essa categoria inclui o *Manifesto do Partido Comunista*, resoluções, relatórios e discursos redigidos para a Associação Internacional dos Trabalhadores (1864-1872) – incluindo *Salário, preço e lucro* e *A guerra civil na França* – bem como vários artigos jornalísticos, palestras públicas, discursos, cartas a militantes e outros documentos curtos, como, por exemplo, o *Programa Eleitoral dos Trabalhadores Socialistas* (1880).

Por fim, os textos em que Marx descreveu as possíveis características da sociedade comunista de forma mais extensa, para não dizer mais eficaz, foram aqueles que enfocavam o capitalismo. Capítulos significativos d'*O capital* e partes importantes de seus inúmeros manuscritos preparatórios, em especial o extremamente rico *Grundrisse*, contêm algumas de suas ideias fundamentais sobre o socialismo. Foram precisamente as observações críticas de aspectos específicos do modo de produção existente que geraram as reflexões sobre a sociedade comunista que, não surpreendentemente, se alternam em várias páginas de sua obra.[60]

Um estudo cuidadoso das considerações sobre o comunismo em cada um dos textos mencionados permite distinguir a concepção de Marx daquelas dos regimes que, no século XX, alegando agir em seu nome, perpetraram crimes e atrocidades. Dessa forma, é possível recolocar o projeto político marxiano em seu devido horizonte: a luta pela emancipação do que Saint-Simon chamou de "a classe mais pobre e mais numerosa".[61]

Suas anotações sobre o comunismo não devem ser avaliadas como o modelo marxista a ser adotado dogmaticamente,[62] nem, muito menos, como as soluções que, de acordo com Marx, deveriam ter sido aplicadas, indiferenciadamente, em diferentes lugares e épocas. Entretanto, essas passagens constituem um tesouro teórico notável e inestimável, ainda útil hoje, para repensar a alternativa ao capitalismo.

OS LIMITES DAS FORMULAÇÕES INICIAIS

Ao contrário do que alguns textos de propaganda marxista-leninista parecem sugerir, as teorias de Marx não foram produto de um conhecimento inato, mas desenvolvidas por meio de um longo processo de amadurecimento conceitual e político. O estudo intenso e exaustivo de muitas disciplinas, principalmente a economia, e a observação de eventos políticos concretos, especialmente os relacionados à Comuna de Paris, tiveram uma relevância considerável para o desenvolvimento de suas reflexões sobre a sociedade comunista.

Alguns dos textos juvenis de Marx, que permaneceram em grande parte incompletos, que nunca foram publicados e que são surpreendentemente considerados por muitos de seus epígonos como aqueles em que suas teses mais significativas estão condensadas[63] mostram, ao contrário, todos os limites de sua concepção inicial da sociedade pós-capitalista.

Nos *Manuscritos econômico-filosóficos de 1844*, Marx escreveu sobre o assunto em termos muito abstratos, pois ainda não havia conseguido aprofundar sua pesquisa econômica devido à sua falta de experiência política na época. Em algumas partes desse texto, descreveu "o comunismo [... como] a negação da negação", como um "momento da dialética hegeliana": "a expressão positiva da propriedade privada suprimida".[64] Em outras partes, ao contrário, inspirado em Ludwig Feuerbach, ele representou

> o comunismo como humanismo, como naturalismo realizado, e o naturalismo, como humanismo [...]; a verdadeira solução para o conflito do homem com a natureza e com o homem, a verdadeira solução para o conflito entre existência e essência, entre objetivação e afirmação subjetiva, entre liberdade e necessidade, entre indivíduo e gênero.[65]

Várias passagens dos *Manuscritos econômico-filosóficos de 1844* foram influenciadas pela matriz teleológica da filosofia da história de Georg W. F. Hegel. Sugestionado por este último, Marx afirmou que "todo o movimento da história [... havia sido] o ato real de gerar o comunismo";[66] que o comunismo seria "a solução do enigma da história, [...] consciente de ser essa solução".

A Ideologia alemã, redigida em conjunto com Engels e concebida como um projeto do qual outros autores também deveriam participar,[67] também contém uma famosa citação que causou grande confusão entre os exegetas de Marx. Uma página desse manuscrito inacabado afirma que, enquanto na sociedade capitalista, com a divisão do trabalho, todo ser humano "tem uma esfera de atividade determinada e exclusiva", ao contrário:

> na sociedade comunista [...], a sociedade regula a produção em geral e, dessa forma, possibilita que eu faça isso hoje, aquilo amanhã; de manhã sair a caçar, a tarde pescar, à noite pastorear o gado, *depois do almoço criticar*, conforme minha vontade; sem me tornar um caçador, um pescador, um pastor ou *um crítico*.[68]

Muitos estudiosos, tanto marxistas quanto antimarxistas, acreditaram ingenuamente que era essa, para Marx, a principal característica da sociedade comunista. Isso foi possível devido à falta de familiaridade com *O capital* e com os importantes textos políticos de Marx. Esses autores não perceberam, apesar do grande número de análises e discussões que surgiram em torno do manuscrito de 1845-1846, que essa passagem era uma reformulação de uma ideia antiga – e muito conhecida – de Charles Fourier,[69] reproposta por Engels, mas rejeitada por Marx. As únicas palavras escritas por este último – a saber, "crítica após o almoço" e "nem crítico"[70] – expressavam a discordância face às visões ainda românticas e utópicas de Engels. Elas foram um lembrete irônico das posições de alguns jovens hegelianos, que foram desmascarados e amargamente combatidos por Marx no livro publicado alguns meses antes e intitulado *A sagrada família, ou Crítica da crítica crítica. Contra Bruno Bauer e Cia.* (1845).[71] No entanto, as inserções marginais de Marx foram integradas ao texto inicial de Engels, tornando-se, assim, a descrição canônica de como os seres humanos viveriam na sociedade comunista.[72]

Apesar de suas limitações óbvias, *A ideologia alemã* representou um progresso indiscutível em comparação com os *Manuscritos econômico-filosóficos de 1844*. Contra o idealismo, desprovido de qualquer concretude política, da esquerda hegeliana, grupo ao qual ele havia pertencido até 1842, Marx deixou claro que "nenhuma libertação real é possível a não ser no mundo real e com meios reais". O comunismo, portanto, não deveria ser visto como "um estado de coisas que deve ser estabelecido, um ideal ao qual a realidade deve se conformar, [mas como] um movimento real que abole o estado de coisas presente".[73]

N'*A Ideologia Alemã*, Marx também fez um esboço inicial do perfil econômico da sociedade futura. Segundo ele, uma vez que as revoluções anteriores apenas produziram "uma nova distribuição do trabalho para outras pessoas",[74]

> o comunismo difere-se de todos os outros movimentos até então conhecidos pelo fato de derrubar a base de todas as relações de produção e formas de relacionamento que se desenvolveram até então e, pela primeira vez, tratar conscientemente todos os pressupostos naturais como criação dos homens existentes até então. Ele os retira de seu caráter natural e os submete ao poder de indivíduos unidos. Sua organização é, portanto, essencialmente econômica. É a criação material das condições dessa união.[75]

Marx também afirmou que "o comunismo só é empiricamente possível como a ação dos povos dominantes, todos 'de uma vez' e simultaneamente". Em sua opinião, isso pressupunha tanto o "desenvolvimento universal das forças produtivas" quanto as "relações mundiais associadas a elas".[76] Além disso, Marx também abordou, pela primeira vez, um tema político fundamental, que ele retomaria no futuro: o advento do comunismo como o fim da tirania de classe. Ele afirmou que a revolução "aboliria a dominação de todas as classes juntamente com as próprias classes, porque ela é realizada pela classe que não conta mais na sociedade como uma classe, que não é reconhecida como uma classe, que na sociedade atual já é a expressão da dissolução de todas as classes e nacionalidades".[77]

Marx continuou, com Engels, a desenvolver suas reflexões sobre a sociedade pós-capitalista no *Manifesto do Partido Comunista*. Nesse texto, que, em termos da profundidade de sua análise das mudanças provocadas pelo capitalismo, superou a literatura socialista que existia na época, as avaliações mais interessantes sobre o comunismo diziam respeito às relações de propriedade. Ele observou que a transformação radical dessas relações não seria "o que caracterizaria propriamente o comunismo", uma vez que os outros novos modos de produção que surgiram na história também haviam modificado as relações de propriedade anteriormente existentes. Para Marx, ao contrário daqueles que, propagandisticamente, declaravam que os comunistas impediriam a apropriação pessoal dos produtos do trabalho, "o que distingue o comunismo não é a abolição da propriedade em geral, mas a abolição da propriedade burguesa",[78] a eliminação da "faculdade de apropriar-se do produto social [...] de escravizar o trabalho alheio".[79] Em sua opinião, os comunistas poderiam resumir "sua doutrina nesta única expressão: a abolição da propriedade privada".[80]

No *Manifesto do Partido Comunista*, Marx também forneceu uma lista de dez medidas a serem implementadas nos países economicamente mais desenvolvidos após a tomada do poder. Essas medidas incluíam: "a expropriação da propriedade fundiária e o uso da renda da terra para as despesas do Estado;[81] [...] a centralização do crédito nas mãos do Estado por meio de um banco nacional; [...] a centralização de todos os meios de transporte nas mãos do Estado; [...] educação pública gratuita para todas as crianças"; mas também a "abolição do direito de herança", uma medida saint-simoniana mais tarde firmemente rejeitada por Marx.[82]

Assim como no caso dos manuscritos redigidos entre 1844 e 1846, seria um erro se os princípios listados no *Manifesto do Partido Comunista*, elaborado quando Marx tinha apenas 30 anos, fossem considerados como a descrição completa da sociedade pós-capitalista que ele defendia.[83] O amadurecimento completo de seu pensamento precisou de muitos outros anos de estudo e mais experiência política.

COMUNISMO COMO LIVRE ASSOCIAÇÃO

No Livro I d'*O capital* (1867), Marx argumentou que o capitalismo é um modo de produção social "historicamente determinado"[84] no qual o produto do trabalho é transformado em uma mercadoria. Como resultado dessa peculiaridade, os indivíduos têm valor apenas como produtores e "a existência do ser humano" é subserviente ao ato de "produzir mercadorias".[85] Portanto, é "o processo de produção [que] padroniza os seres humanos",[86] e não vice-versa. O capital "não se importa com o tempo de vida da força de trabalho" e não considera relevante a melhoria das condições do proletariado. O que lhe interessa é "apenas [...] a [exploração] máxima da força de trabalho [...], assim como um fazendeiro ganancioso obtém maior receita do solo roubando-lhe a fertilidade".[87]

Nos *Grundrisse*, Marx lembrou que, como no capitalismo "o objetivo do trabalho não é um produto específico que esteja em [...] relação com as necessidades [...] do indivíduo, mas [é, em vez disso] o dinheiro [...], a capacidade de trabalho do indivíduo não tem limite".[88] Em tal sociedade, "todo o tempo do indivíduo é reservado como tempo de trabalho e [o homem] é degradado a mero operário, subsumido ao trabalho".[89] No entanto, a ideologia burguesa apresenta essa condição como se o indivíduo desfrutasse de maior liberdade e fosse protegido por normas legais imparciais que garantissem justiça e equidade. Paradoxalmente, apesar do fato de a economia ter atingido um nível de desenvolvimento que permite que toda a sociedade viva em melhores condições do que no passado, "as máquinas mais avançadas forçam o trabalhador a trabalhar mais tempo do que o selvagem fazia, ou do que ele mesmo fazia [antes disso] com ferramentas mais simples e grosseiras".[90]

Em contrapartida, o comunismo foi definido por Marx como "uma associação de seres humanos livres [*einen Verein freier Menschen*] que trabalham com meios de produção comuns e conscientemente gastam sua múltipla força de trabalho individual como uma força de trabalho social".[91] Definições semelhantes estão presentes em vários manuscritos de Marx. Nos *Grundrisse*, ele escreveu que a sociedade pós-capitalista seria fundada na "produção coletiva" (*gemeinschaftlichen Produktion*).[92] Nos *Manuscritos econômicos de 1863-1867*, ele falou da "transição do modo de produção capitalista para o modo de produção do trabalho associado" (*Produktionsweise der assoziierten Arbeit*).[93] Na *Crítica do Programa de Gotha*, Marx definiu a organização social "baseada na propriedade comum dos meios de produção" como uma "sociedade cooperativa" (*genossenschaftliche Gesellschaft*).[94]

No Livro I d'*O capital*, Marx deixou claro que o "princípio fundamental" dessa "forma superior de sociedade" seria o "desenvolvimento pleno e livre de cada indivíduo".[95] N'*A guerra civil na França*, ele expressou sua aprovação diante das medidas tomadas pelos comunistas que "pressagiavam a tendência de um governo do povo para o povo".[96] Mais precisamente, em suas avaliações das reformas políticas da Comuna de Paris, ele considerou que "o antigo governo centralizado deveria dar lugar, mesmo nas províncias, ao autogoverno dos produtores".[97] Essa expressão foi retomada nos *Resumos e comentários críticos ao "Estado e Anarquia" de Bakunin*, nos quais Marx especificou que uma mudança social radical "começaria com o autogoverno da comunidade".[98] A ideia de sociedade de Marx é, portanto, a antítese dos totalitarismos que surgiram em seu nome no século XX. Seus textos são úteis não apenas para entender o funcionamento do capitalismo, mas também para identificar as razões pelas quais as experiências socialistas fracassaram até hoje.

Com relação à questão da chamada livre concorrência, ou seja, a aparente igualdade com que trabalhadores e capitalistas são colocados no mercado na sociedade burguesa, Marx deixou claro que isso estava muito longe da liberdade humana tão exaltada pelos exegetas do capitalismo. Ele considerou esse sistema como um grande impedimento à democracia e mostrou, melhor do que ninguém, que os trabalhadores não recebem a contrapartida pelo que produzem.[99] Nos *Grundrisse*, ele explicou que o que era representado como uma "troca de equivalentes" era, em vez disso, "a apropriação do trabalho de outras pessoas sem troca, mas sob o pretexto de troca".[100] As relações entre as pessoas seriam "determinadas apenas por seus interesses egoístas". Essa "colisão de indivíduos" era apresentada como a "forma absoluta de existência da individualidade livre na esfera da produção e da troca". Para Marx, não havia, na realidade, "nada mais falso", uma vez que, "no livre comércio, não são os indivíduos, mas o capital que é colocado em condição de liberdade".[101] Nos *Manuscritos econômicos de 1861-1863* ele mostrou que era "o capitalista que se apropriava dessa mais-valia – [que era...] tempo livre [e...] a base material do desenvolvimento da cultura em geral [...] – em nome da sociedade".[102] No Livro I d'*O capital*, ele denunciou que a riqueza da burguesia só é possível por meio da "transformação em tempo de trabalho de todo o tempo de vida das massas".[103]

Novamente nos *Grundrisse*, Marx observou que no capitalismo "os indivíduos são subsumidos pela produção social", que existe como algo "estranho a eles".[104] Ela só é realizada em função do valor de troca conferido aos produtos, cuja compra e venda só ocorre *post festum*.[105] Além disso, "todos os fatores sociais de produção",[106] inclusive as descobertas científicas que se revelam como "uma ciência alheia, externa ao trabalhador"[107] são colocados pelo capital. A própria associação dos trabalhadores nos locais e atos de produção é "operada pelo capital" e, portanto, é "apenas formal". O uso dos bens criados pelos trabalhadores "não é mediado pela troca de trabalho ou de produtos do trabalho reciprocamente independentes [, mas...] pelas condições sociais de produção nas quais o indivíduo atua".[108] Marx fez compreender como a atividade produtiva na fábrica "diz respeito apenas ao produto do trabalho, e não ao trabalho em si",[109] uma vez que ocorria "em um ambiente comum, sob vigilância, arregimentação, aumento da disciplina, imobilidade e dependência".[110]

No comunismo, em contrapartida, a produção seria "imediatamente social [...] o resultado da associação [*the offspring of association*] que divide o trabalho internamente". Ela seria controlada pelos indivíduos como "seu patrimônio comum".[111] O "caráter social da produção" (*gesellschaftliche Charakter der Produktion*) significaria que o objeto do trabalho teria sido, "desde o início, um produto social e geral".[112] O caráter associativo "é pressuposto" e "o trabalho do indivíduo é, desde sua origem, trabalho social".[113] Como Marx enfatizou na *Crítica do Programa de Gotha*, na sociedade pós-capitalista "o trabalho individual não se tornaria mais uma parte constituinte do trabalho do todo por meio de um processo indireto, mas de maneira direta".[114] Além disso, os trabalhadores seriam capazes de criar as condições para o "desaparecimento [da] subordinação servil dos indivíduos à divisão do trabalho".[115]

No Livro I d'*O capital*, Marx apontou que na sociedade burguesa "o operário existe em função do processo de produção e não o processo de produção para o operário".[116] Além disso, paralelamente à exploração dos trabalhadores, havia também a exploração do meio ambiente. Ao contrário das interpretações que equipararam a concepção de sociedade comunista de Marx ao mero desenvolvimento das forças produtivas, seu interesse pela questão ecológica foi relevante.[117] Marx denunciou, repetidamente, que o desenvolvimento do modo de produção capitalista levou a um aumento "não apenas na arte de rapinar o operário, mas também na arte de roubar o solo".[118] Com isso, estavam minadas ambas as "fontes das quais toda riqueza flui: a terra e o operário".[119]

No comunismo, por sua vez, seriam criadas as condições para uma forma de "cooperação planificada", em que "o operário se despojaria de suas limitações individuais e desenvolveria a faculdade de sua espécie".[120] No Livro II, Marx escreveu que, sob o comunismo, a sociedade seria capaz de "calcular antecipadamente a quantidade de trabalho, os meios de produção e de subsistência que poderia empregar". Nesse aspecto, também, ela se diferenciaria do capitalismo, no qual "o intelecto social sempre se afirma apenas *post festum*, [causando] constantemente grandes distúrbios".[121] Em alguns trechos do Livro III, Marx também ofereceu esclarecimentos sobre as diferenças entre os modos de produção socialista e aquele baseado no mercado, auspiciando o surgimento de uma sociedade "organizada como uma associação consciente e sistemática".[122] Ele afirmou que "é somente quando a sociedade controla efetivamente a produção, regulando-a antecipadamente, que ela cria o vínculo entre a medida do tempo de trabalho social dedicado à produção de um determinado artigo e a extensão da necessidade social a ser satisfeita por esse artigo".[123]

Por fim, nas *Glosas marginais ao "Tratado de Economia Política" de Adolf Wagner*, há outra proposição: "o volume de produção" deve ser "racionalmente regulado".[124] A aplicação desse critério também reduziria o desperdício do "sistema anárquico de concorrência" que, no curso de suas crises estruturais, não apenas "resultou no esbanjamento excessivo dos meios de produção e da força social de trabalho",[125] mas também foi incapaz de resolver as contradições decorrentes da introdução de máquinas devido, essencialmente, ao "seu uso capitalista".[126]

Para reverter esse estado de coisas, ao contrário do que muitos socialistas contemporâneos de Marx acreditavam, não bastava mudar a redistribuição dos bens de consumo. Era necessário mudar as estruturas produtivas da sociedade em sua raiz. Foi por essa razão que Marx observou nos *Grundrisse* que "deixar o trabalho assalariado existir e, ao mesmo tempo, suprimir o capital [era] uma reivindicação que se autocontradi[zia]".[127] O que era necessário, em contrapartida, era a "dissolução do modo de produção e da forma de sociedade baseada no valor de troca".[128] No discurso publicado sob o título *Salário, preço e lucro*, ele conclamou os trabalhadores a não exibirem "a palavra de ordem conservadora 'Salários justos para uma justa jornada'" em suas bandeiras, mas o "lema revolucionário 'Supressão do sistema de trabalho assalariado'".[129]

Além disso, conforme declarado na *Crítica ao Programa de Gotha*, no modo de produção capitalista "as condições materiais de produção estavam à disposição dos não operários na forma de propriedade de capital e propriedade da terra, enquanto as massas eram proprietárias apenas de sua força de trabalho".[130] Portanto, era essencial derrubar as relações de propriedade subjacentes ao modo de produção burguês. Nos *Grundrisse*, Marx lembrou que "as leis da propriedade privada – ou seja, liberdade, igualdade, propriedade do trabalho e sua livre disposição – refletem-se na falta de propriedade do operário, na expropriação de seu trabalho e no fato de ele se referir a si mesmo como propriedade de outra pessoa".[131] Em um discurso para o Conselho Geral da Associação Internacional dos Trabalhadores, em 1869, Marx afirmou que a "propriedade privada dos meios de produção" servia apenas para garantir à classe burguesa o "poder com o qual ela obrigaria outros seres humanos a trabalhar"[132] para ela. Ele reiterou o mesmo conceito em outro pequeno documento político, o *Programa Eleitoral dos Trabalhadores Socialistas*, acrescentando que "os produtores não podem ser livres até que estejam de posse dos meios de produção"[133] e que o objetivo da luta do proletariado deveria ser "o retorno de todos os meios de produção à coletividade".[134]

No Livro III d'*O capital*, Marx observou que, quando os trabalhadores estabelecessem um modo de produção comunista, "a propriedade privada do globo terrestre por indivíduos pareceria tão absurda quanto a propriedade privada de um ser humano por outro ser humano". Ele manifestou sua crítica mais radical à ideia de propriedade destrutiva inerente ao capitalismo, lembrando que "nem mesmo uma sociedade inteira, uma nação, ou mesmo todas as sociedades da mesma época juntas, são proprietárias da terra". Para Marx, os seres humanos eram "apenas [...] seus usufrutuários" e, portanto, tinham "o dever de passar para as próximas gerações [o mundo] melhorado, como *boni patres familias*".[135]

Um arranjo diferente da propriedade dos meios de produção teria mudado até as raízes também os tempos de vida da sociedade. No Livro I d'*O capital*, Marx revelou, com clareza inequívoca, as razões pelas quais, no capitalismo, "a economia do trabalho por meio do desenvolvimento da força produtiva do trabalho não tem o objetivo de encurtar a jornada de trabalho". O tempo que os avanços da tecnologia e da ciência disponibilizam aos indivíduos é, de fato, imediatamente convertido em mais-valia. A única ambição da classe dominante é "reduzir o tempo de trabalho necessário para a produção de uma determinada quantidade de bens".[136] Seu único objetivo é desenvolver as forças produtivas com o único propósito de "abreviar a parte da jornada de trabalho em que o trabalhador tem de trabalhar para si mesmo, a fim de prolongar [...] a parte [...] na qual o trabalhador pode trabalhar de graça para o capitalista".[137] Esse sistema difere da escravidão ou das corveias devidas ao senhor feudal, pois "o trabalho excedente e o trabalho necessário fundem-se um ao outro"[138] e tornam a extensão da exploração mais difícil de ser percebida.

Nos *Grundrisse*, Marx colocou em evidência que é somente graças a esse excedente do tempo de trabalho de todos que o "tempo livre para alguns" se torna possível.[139] A burguesia alcança a ampliação de suas faculdades materiais e culturais somente graças à limitação imposta ao proletariado. O mesmo acontece nas nações capitalistas mais avançadas, em detrimento das periferias do sistema. Nos *Manuscritos de 1861-1863*, Marx reiterou que o progresso da classe dominante é um reflexo da "falta de desenvolvimento da massa trabalhadora".[140] O tempo livre da primeira "corresponde ao tempo escravizado" dos trabalhadores; "o desenvolvimento social de um faz do trabalho [desses] outros sua base natural".[141] Esse tempo de mais-valia dos operários não é apenas o pilar sobre o qual se apoia a "existência material" da burguesia, mas também cria a condição para seu "tempo livre, a esfera de [seu] desenvolvimento". Não se poderia dizer de melhor maneira: "o tempo livre de um corresponde ao [...] tempo subjugado ao trabalho [...] do outro".[142]

Para Marx, ao contrário, a sociedade comunista seria caracterizada por uma diminuição generalizada do tempo de trabalho. No documento *Instruções para os delegados do conselho central provisório: questões individuais*

(1867), que preparou para o primeiro congresso da Associação Internacional dos Trabalhadores, ele afirmou que a redução da jornada de trabalho era a "condição prévia sem a qual todas as outras tentativas de melhoria e emancipação seriam abortadas". Era necessário não apenas "restaurar a energia e a saúde da classe trabalhadora", mas também "proporcionar a ela a possibilidade de desenvolvimento intelectual, relações e atividades sociais e políticas".[143] No Livro I d'*O capital*, Marx argumentou que o "tempo para uma educação do ser humano, para o desenvolvimento intelectual, para o cumprimento das funções sociais, para as relações de sociabilidade, para a livre expressão das energias vitais, físicas e mentais", que os capitalistas consideravam "meras ninharias",[144] seriam os elementos fundadores da nova sociedade. A diminuição das horas destinadas ao trabalho – não apenas do tempo de trabalho necessário para criar novos excedentes de trabalho para a classe capitalista – favoreceria, como Marx observou nos *Grundrisse*, "o livre desenvolvimento da individualidade", ou seja, "a formação e o desenvolvimento artístico e científico [...] dos indivíduos, graças ao tempo que se tornou livre e aos meios criados para todos eles".[145]

Com base nessas convicções, ele viu a "economia do tempo e [a] repartição planificada do tempo de trabalho nos diferentes ramos da produção como a primeira lei econômica subjacente à produção social".[146] Nas *Teorias da mais-valia* (1862-1863), ele determinou que "a riqueza nada mais é do que o tempo disponível". Na sociedade comunista, a autogestão dos trabalhadores deveria garantir uma quantidade maior de tempo que não deveria ser "absorvido pelo trabalho imediatamente produtivo, [mas] para dar lugar ao prazer, à ociosidade e, portanto, à atividade livre e ao livre desenvolvimento".[147] Nesse texto, assim como nos *Grundrisse*, Marx citou um pequeno panfleto intitulado *A fonte e o remédio para as dificuldades nacionais deduzidas dos princípios da Economia Política em uma carta ao senhor John Russell* (1821), com o qual ele concordava plenamente sobre a definição de riqueza do autor anônimo:

> Pode-se dizer que uma nação é verdadeiramente rica quando nela, em vez de trabalhar 12 horas, as pessoas trabalham apenas seis. A verdadeira riqueza não é a imposição de tempo de trabalho adicio-

nal, mas é o tempo [que é tornado] disponível para cada indivíduo e para a sociedade como um todo, além daquele usado na produção imediata.[148]

A mesma ideia é reiterada em outra passagem dos *Grundrisse*, na qual Marx pergunta retoricamente: "O que é a riqueza se não a universalidade das necessidades, capacidades, prazeres e forças produtivas dos indivíduos? [...] O que é isso senão a liberação absoluta de seus dons criativos?".[149] Fica claro, então, que o modelo socialista que ele buscava não contemplava um estado de miséria generalizada, mas a obtenção de maior riqueza coletiva.

Na sociedade comunista, o papel do Estado, ao lado das transformações da economia, deveriam ser redefinidos também o papel do Estado e as funções da política. Em *A guerra civil na França*, Marx deixou claro que, após a tomada do poder, a classe trabalhadora teria de lutar para "extirpar as bases econômicas sobre as quais repousa a existência das classes e, portanto, o domínio de classe". Quando o trabalho for "emancipado, todo ser humano se tornará um trabalhador e o trabalho produtivo deixará de ser o atributo de uma classe".[150] A conhecida declaração "a classe operária não pode simplesmente assumir o controle da máquina estatal tal como ela é" significava, como Marx e Engels explicaram no panfleto *As chamadas cisões na Internacional*, que o movimento operário deveria ter como objetivo transformar "as funções governamentais [...] em simples funções administrativas".[151] Em *Extratos e comentários críticos a "Estado e Anarquia" de Bakunin*, Marx explicou, embora em uma formulação bastante concisa, que "a distribuição das funções [governamentais deveriam tornar-se] um fato administrativo que não confere nenhum poder".[152] Dessa forma, poderia ser evitado, na medida do possível, que o exercício de cargos políticos gerasse novas dinâmicas de dominação e sujeição.

Marx avaliou que, com o desenvolvimento da sociedade moderna, "o poder do Estado [havia] assumido cada vez mais o caráter de um poder nacional do capital sobre o trabalho, de uma força pública organizada de subjugação social, de um instrumento de discriminação de classe".[153] No comunismo, ao contrário, os trabalhadores deveriam impedir que o Estado se tornasse um obstáculo à plena emancipação dos indivíduos. A eles,

Marx apontou a necessidade de "amputar os órgãos meramente repressivos do antigo poder governamental", enquanto suas "funções legítimas" teriam de ser "arrancadas de uma autoridade que usurpou a primazia da sociedade [...] e devolvidas aos agentes responsáveis da sociedade".[154] Na *Crítica ao Programa de Gotha*, Marx deixou claro que "a liberdade consiste em transformar o Estado de um órgão sobreposto à sociedade em um órgão absolutamente subordinado a ela", comentando com sagacidade que "as formas do Estado são mais ou menos livres na medida em que limitam a 'liberdade do Estado'".[155]

Nesse mesmo texto, Marx também enfatizou a necessidade de as políticas públicas da sociedade comunista priorizarem a "satisfação coletiva das necessidades". Os gastos com escolas, instituições de saúde e outros bens comunitários seriam "grandemente aumentados desde o início, em comparação com a sociedade atual, e aumentariam à medida que a nova sociedade se desenvolvesse".[156] A educação assumiria uma função importante e, como ele lembrou em *A guerra civil na França*, referindo-se ao modelo adotado pelos *communards* parisienses em 1871, "todos os estabelecimentos de ensino [estariam] abertos ao povo gratuitamente e livres de qualquer interferência da Igreja e do Estado". Somente dessa forma a cultura seria "tornada acessível a todos" e a ciência liberada tanto dos "preconceitos de classe [quanto] da força do governo".[157]

Diferentemente da sociedade liberal, na qual o "direito igual" deixa intocadas as desigualdades existentes, para Marx, na sociedade comunista, "o direito [deveria] ser desigual, em vez de igual". Sua transformação nesse sentido teria reconhecido e protegido os indivíduos de acordo com suas necessidades específicas e a menor ou maior dificuldade de suas condições, uma vez que "não seriam indivíduos diferentes se não fossem desiguais". Também seria possível determinar a participação justa de cada pessoa nos serviços e na riqueza disponíveis. A sociedade que aspirava a seguir o princípio "cada um de acordo com suas habilidades, a cada um de acordo com suas necessidades"[158] tinha, diante de si, esse caminho complexo e repleto de dificuldades. Entretanto, o resultado final não era garantido por "fortunas magníficas e progressivas" e, ao mesmo tempo, não era irreversível.

Marx atribuiu um valor fundamental à liberdade individual e seu comunismo era radicalmente diferente tanto da distinção de classes defendida por vários de seus predecessores quanto da uniformidade política e econômica ambígua realizada por muitos de seus seguidores. No *Fragmento do texto primitivo*, no entanto, ele também enfatizou o "erro daqueles socialistas, especialmente os franceses", que, considerando "o socialismo [como] a realização das ideias burguesas",[159] tentaram "provar que o valor de troca [era] originalmente [...] um sistema de liberdade e igualdade para todos, [...] falsificado [... então] pelo capital".[160] Nos *Grundrisse*, Marx classificou como "ofensivo considerar a livre concorrência como o desenvolvimento final da liberdade humana". De fato, essa tese "não significava nada mais do que o domínio da burguesia [sendo] a última palavra em liberdade humana", uma ideia que Marx ironicamente descreveu como "tentador para os *parvenus*".

Da mesma forma, ele contestou a ideologia liberal segundo a qual "a negação da livre concorrência é equivalente à negação da liberdade individual e da produção social baseada na liberdade individual". Na sociedade burguesa, só é possível "o livre desenvolvimento em uma base limitada, baseado na dominação do capital". Em sua opinião, "esse tipo de liberdade individual [era], ao mesmo tempo, a mais completa subjugação de toda liberdade individual e a mais completa subjugação da individualidade às condições sociais, que assumem a forma de poderes objetivos [... e] objetos independentes [...] dos próprios indivíduos e de suas relações".[161]

A alternativa à alienação capitalista só seria viável se as classes subalternas tomassem consciência de sua condição de novos escravos e iniciassem a luta por uma transformação radical do mundo em que eram exploradas. Sua mobilização e participação ativa nesse processo não poderiam parar, no entanto, após a tomada do poder. Era preciso continuar a fim de evitar a tendência ao socialismo de Estado, ao qual Marx sempre manteve a mais tenaz e convicta oposição.

Em uma significativa carta ao presidente da Associação Geral dos Trabalhadores Alemães em 1868, Marx explicou que "o trabalhador não deveria ser tratado com medidas burocráticas" para que pudesse obedecer "à autoridade e aos superiores; o mais importante era ensiná-lo a andar sozinho".[162] Ele nunca abriu mão dessa convicção ao longo de sua vida. Não é coincidência que, como primeiro ponto dos *Estatutos da Associação Internacional dos Trabalhadores*, que ele redigiu em 1864, ele tenha declarado: "a emancipação da classe trabalhadora deve ser obra dos próprios trabalhadores". Ele acrescentou, no ponto imediatamente seguinte, que a sua luta não deveria "ter como objetivo estabelecer novos privilégios e monopólios de classe, mas estabelecer direitos e deveres iguais para todos".[163]

Muitos dos partidos políticos e regimes que surgiram em nome de Marx, no entanto, usaram o conceito de "ditadura do proletariado"[164] de forma instrumental, distorcendo seu pensamento e se distanciando da direção por ele indicada. Isso não quer dizer que não seja possível tentar novamente.

NOTAS

PREFÁCIO

1 Ver G. Stedman Jones, *Karl Marx. Greatness and Illusion*, Harvard University Press, Cambridge (Mass.), 2016. O autor dessa obra reservou oito dos 12 capítulos que compõem o livro (cerca de 300 páginas) aos anos 1841-1849, enquanto dedicou apenas um capítulo de 60 páginas ao período compreendido entre os anos 1873 e 1883.

2 M. Rubel, *Karl Marx. Saggio di biografia intellettuale. Prolegomeni per una sociologia etica*, Colibrí, Milano, 2001, p. 3.

A CRÍTICA DA ECONOMIA POLÍTICA

1 Ver K. Marx, *Le discussioni alla sesta dieta renana. Terzo articolo. Dibattiti sulla legge contro i furti di legna. In:* MEO, vol. I, p. 222-264, e *Giustificazione di ††, corrispondente dalla Mosella. In:* MEO, vol. I, p. 344-375.

2 Id., *Per la critica dell'economia politica*, Editori Riuniti, Roma, 1957, p. 4.

3 "O Estado político não pode existir sem a base natural da família e a base artificial da sociedade civil, que são a sua *conditio sine qua non*" Karl Marx, *Da crítica à filosofia do direito de Hegel. In:* MEO, vol. III, p. 9; "Família e sociedade civil são os pressupostos do Estado, são propriamente seus bens. Mas na especulação torna-se o contrário", ibid., p. 8. Aqui reside, portanto, o erro de Hegel que quer que 'o Estado político não seja determinado pela sociedade civil, mas, inversamente, a determine', ibid., p. 100.

4 K. Marx, *Manoscritti economico-filosofici del 1844. In:* MEO, vol. III, p. 251.

5 Cf. M. Rubel, *Introduction. In:* K. Marx, Œuvres. Économie II, Gallimard, Paris, 1968, p. liv-lv.

6 M. Musto, *Ripensare Marx e i marxismi*, Carocci, Roma, 2011, p. 49-56.

7 K. Marx, *Karl Marx alla Pubblica sicurezza di Bruxelles*, 22 marzo 1845. *In:* MEO, vol. IV, p. 664. Sobre o período passado em Bruxelas, ver B. Andréas, *Marx' Verhaftung und Ausweisung Brüssel Februar/März 1848, Schriften aus dem Karl-Marx-Haus*, Trier, 1978, e E. de Maesschalck, *Marx in: Brussel (1845-1848)*, Davidsfonds, Leuven, 2005.

8 K. Marx a C. W. Leske, 1º agosto 1846. *In:* MEO, vol. XXXVIII, p. 455.

9 Marx e F. Engels, *Manifesto del partito comunista. In:* MEO, vol. VI, p. 485-486 [Há várias edições brasileiras, entre elas: *Manifesto do Partido Comunista*. São Paulo: Expressão Popular, 2008, p. 8]

10 Importante recordar que esse texto obteve uma difusão massiva somente a partir dos anos 80 do século XIX. Ver B. Andréas, *Le Manifeste Communiste de Marx et Engels*, Feltrinelli, Milano, 1963.

11 K. Marx, *La borghesia e la controrivoluzione. In:* MEO, vol. VIII, p. 176.

12 À morte deles somou-se, em julho de 1857, a de outro filho, falecido logo após o parto.

13 A propósito, ver as considerações póstumas de F. Engels na Introdução à *As Lutas de Classes na França. In:* MEO, vol. X, p. 642-643: "enquanto nos três primeiros artigos (que apareceram nos números de janeiro, fevereiro e março da *Nova Gazeta Renana. Revista*

de Economia política) ainda transparece a expectativa de uma iminente recuperação da energia revolucionária, a crítica histórica feita por Marx e por mim no último número duplo, publicado no outono de 1850 (maio-outubro), rompeu de vez com essa ilusão". Um testemunho ainda mais significativo está contido na ata da Sessão do Comitê Central da Liga dos Comunistas de 15 de setembro de 1850. Nessa sessão, referindo-se às posições dos comunistas alemães August Willich e Karl Schapper, Marx afirmou: "deu-se mais destaque à vontade, como fato fundamental na revolução, do que às relações reais. Enquanto dizemos aos trabalhadores: é preciso superar 15, 20, 50 anos de guerras civis, mudar as relações, habilitar-se a assumir o poder, eles diziam: temos de ir para o poder imediatamente, ou podemos ir dormir", ibid., p. 627.

[14] Ver Engels, Introdução à *As lutas de classes na França*, cit., p. 645: "a democracia vulgar esperava uma nova explosão da noite para o dia; já declaramos no outono de 1850 que pelo menos o primeiro capítulo do período revolucionário estava encerrado e que não se podia esperar nada até a eclosão de uma nova crise econômica mundial. Por isso fomos condenados ao ostracismo como 'traidores da revolução' pelas mesmas pessoas que, depois – todos, quase sem exceção – fizeram as pazes com Bismarck".

[15] K. Marx a F. Engels, 11 de fevereiro de 1851. *In:* MEO, vol. XXXVIII, p. 204.

[16] K. Marx a F. Engels (Poscritto di Wilhelm Pieper), 27 de janeiro de 1851, ibid., p. 187.

[17] K. Marx a F. Engels, 11 de fevereiro de 1851, ibid., p. 204.

[18] Cf. W. Tuchscheerer, *Prima del «Capitale»*, La Nuova Italia, Firenze, 1980, p. 272-73.

[19] Para uma avaliação completa da importância dos Cadernos de Londres ver o número especial dedicado a ele (número 07, 1979), da revista *Arbeitsblätter zur Marx-Engelsforschung*, organizada por W. Jahn e D. Noske: *Fragen der Entwicklung der Forschungsmethode von Karl Marx in: den Londoner Exzerptheften von 1850-1853.* Cf., também Musto, *Ripensare Marx e i marxismi*, cit., p. 81-91.

[20] J. Marx *in:* H. M. Enzensberger (org.), *Colloqui con Marx e Engels*, Einaudi, Torino, 1977, p. 216. Segundo a esposa de Marx, aquela mudança era absolutamente necessária: "tornávamos filisteus, não podíamos continuar vivendo como boêmios", *ibid.* Sobre a vida de Marx na capital inglesa, veja-se A. Briggs e J. Callow, *Marx in: London. An Illustrated Guide*, Lawrence and Wishart, London, 2008.

[21] K. Marx, *Die Geldkrise in Europa. In:* MEW, vol. XII, p. 53.

[22] Id., *Die Krise in Europa*, ibid., p. 80.

[23] K. Marx a F. Engels, 26 de setembro de 1856. *In:* MEO, vol. XL, p. 76.

[24] F. Engels a K. Marx, depois de 26 de setembro de 1856, ibid., p. 78.

[25] Cf. particularmente IISG, Marx-Engels Papers, B 77, B 78, B 80, B 82, e B 83.

[26] K. Marx, *Lineamenti fondamentali della critica dell'economia politica* [Características fundamentais da crítica da economia política], La Nuova Italia, Firenze, 1997, vol. II, p. 648. [Há edição brasileira: *Grundrisse: manuscritos econômicos de 1857-1858. Esboços da crítica da economia política.* São Paulo: Boitempo, 2011] O fragmento de Bastiat e Carey que foi incluído nos *Grundrisse* foi retirado de sua primeira edição.

[27] Acerca dos principais eventos da crise de 1857, remetemos a J. S. Gibbons, *The Banks of New-York, their Dealers, the Cleaning House, and the Panic of 1857*, Appleton & Co., New York 1859, em particular p. 343-399; D. M.E vans, *The History of the Commercial Crisis, 1857-1858, and the Stock Exchange Panic of 1859*, Franklin, New York, 1969; C. W. Calomiris e L. Schweikart, "The Panic of 1857. Origins, Transmission, and Containment". *In: Journal of Economic History*, LI (1991), n. 4, p. 807-834.

[28] O título atribuído a esses manuscritos foi inspirado justamente nessa frase de Marx.

[29] K. Marx a F. Engels, 8 de dezembro de 1857. *In:* MEO, vol. XL, p. 237.

[30] K. Marx, *Exzerpte*, Zeitungsausschnitte und Notizen zur Weltwirtschaftskrise (Krisenhef-

te). November 1857 bis Februar 1858. *In:* MEGA², vol. IV/14, p. 1-501.

[31] K. Marx a F. Engels, 18 de dezembro de 1857. *In:* MEO, vol. XL, p. 245. Alguns dias após essa carta, Marx também contou seus planos a Lassalle: "A crise comercial empurrou-me a dedicar-me seriamente à elaboração dos meus princípios fundamentais de economia e também a preparar alguma coisa sobre a crise atual", K. Marx a F. Lassalle, 21 de dezembro de 1857, ibid., p. 575.

[32] Evans, *The History of the Commercial Crisis, 1857-1858*, já citado. A próposito, ver K. Mori, *Karl Marx's Books of Crisis and the Concept of Double Crisis. A Ricardian Legacy. In:* M. Van der Linden e G. Hubmann (organizadores), *Marx's Capital. An Unfinishable Project?*, Brill, Leiden-Boston, 2018, p. 214 e seguintes.

[33] K. Marx a F. Engels, [14] janeiro de 1858. *In:* MEO, vol. XL, p. 273.

[34] Segundo H. Reichelt – em *La struttura logica del concetto di capitale*, De Donato, Bari, 1973 – os *Grundrisse* são, além disso, "a única [obra] que, por sua própria forma, permite chegar aos conteúdos autênticos da crítica marxiana à economia e, por isso, à estrutura lógica d'*O capital*". p. 92.

[35] Cf. M.Rr. Krätke, *I Quaderni della crisi di Marx (1857-58). In:* M. Musto (org.), *I Grundrisse di Karl Marx. Lineamenti fondamentali di critica dell'economia politica 150 anni dopo*, Ets, Pisa, 2015, p. 273-81.

[36] Na carta de K. Marx a F. Lassalle de 12 de novembro de 1858, ele afirmou: "A economia como ciência, no sentido que se dá na Alemanha, está ainda toda por fazer". *In:* MEO, vol. XL, p. 595.

[37] K. Marx, *Ökonomische Manuskripte 1857-58. In:* MEGA², vol. II/1.1, p. 17. Na tradução italiana essa subdivisão de Marx, que corresponde ao índice do conteúdo da Introdução, foi utilizada para nomear os diferentes parágrafos. Para a edição única desse texto remetemos à Marx, K. *Introduzione alla critica dell'economia politica*, Quodlibet, Macerata, 2010.

[38] Id., *Lineamenti fondamentali della critica dell'economia politica*, cit., vol. I, p. 3-4.

[39] Cf. I. Watt, "Robinson Crusoe as a Myth". *In: Essays in Criticism*, I (1951). n. 2, p. 112.

[40] Marx, *Lineamenti fondamentali della critica dell'economia politica*, cit., vol. I, p. 4-41.

[41] Ibid., vol. II, p. 123.

[42] Ibid., p. 96.

[43] Ibid., p. 95.

[44] Marx tratou aprofundadamente desses temas na seção dos *Grundrisse* dedicada às 'Formas que precedem a produção capitalista', ibid., p. 94-148.

[45] Ibid., p. 109.

[46] ibid., vol. I, p. 5. Essa concepção de origem aristotélica – a família que antecede o nascimento da aldeia – também foi defendida por Marx no Livro I do *Capital*. Mais tarde, porém, ele mudou de ideia sobre o assunto. Conforme observado por Engels em uma nota de rodapé acrescentada à terceira edição alemã de 1883: "Estudos posteriores profundos das condições primitivas do homem levaram o autor [Marx] ao resultado de que, originalmente, não foi a família que evoluiu para uma tribo, mas, inversamente, a tribo foi a primitiva forma espontânea de associação entre os homens, baseada na consanguinidade, de modo que só mais tarde as numerosas e diversas formas de família se desenvolveram a partir da incipiente dissolução dos laços tribais". *In:* Marx, K. *O capital*. Livro I. O processo de produção do capital, Editori Riuniti, Roma, 1989, p. 394-395. Engels se referia à pesquisa da história antiga realizada por Marx durante seus últimos anos de vida. Veja antes, p. 227-230.

[47] Marx, *Il capitale*. Libro primo, cit., p. 104.

[48] Essa dependência mútua não deve ser confundida com aquela estabelecida entre os indivíduos no modo de produção capitalista. A primeira é produto da natureza, a segunda, da

história. No capitalismo, a independência individual é complementada por uma dependência social que se expressa na divisão do trabalho, cf. id., *Frammento del testo primitivo (1858)*. *In:* id., *Scritti inediti di economia politica*, Editori Riuniti, Roma, 1963, p. 78 [Escritos inéditos de Economia Política]. Com efeito, neste modo de produção, o caráter social da atividade não se apresenta como uma simples relação recíproca entre os indivíduos, "mas como a sua subordinação a relações que existem independentemente deles e nascem do embate entre indivíduos indiferentes aos outros. A troca geral de atividades e produtos, que se tornou uma condição de vida para cada indivíduo, sua conexão recíproca, aparece para eles como estranha, independente, como uma coisa". *In:* id., Lineamenti fondamentali della critica dell'economia politica, cit., vol. I, p. 98.

[49] A. Smith, *Ricerca sopra la natura e le cause della ricchezza delle nazioni* [Investigação sobre a natureza e as causas da riqueza das nações], Utet, Torino, 1965, p. 18.

[50] Cf. D. Ricardo, *Principi di economia politica e delle imposte* [Princípios de economia política e dos tributos], Utet, Torino, 1948, p. 17-18. Cf. Marx, *Per la critica dell'economia politica* [Para a crítica da economia política], cit., p. 42.

[51] Id., *Lineamenti fondamentali della critica dell'economia politica*, cit., vol. I, p. 5.

[52] Quem, segundo Marx, evitou essa simplificação, foi James Steuart, de cuja obra principal – *An Inquiry into the Principles of Political Economy* [*Uma investigação sobre os princípios da economia política*] – ele havia anotado numerosas passagens em um caderno de extratos da primavera de 1851. Cf. K. Marx, *Exzerpte aus James Steuart. An Inquiry into the Principles of Political Economy. In:* MEGA², vol. IV/8, p. 304, 312-25, 332-49, 373-80, 400-1, 405-8, 429-45.

[53] Id., *Lineamenti fondamentali della critica dell'economia politica*, cit., vol. I, p. 5. Em outras partes dos *Grundrisse*, Marx afirmou que "seria tão improvável que um indivíduo isolado tivesse uma propriedade quanto que pudesse falar", ibid., vol. II, p. 109; e que "a língua como produto de um indivíduo sozinho é um absurdo. E o é também a propriedade". p. 115.

[54] Ibid., vol. I, p. 4-5.

[55] Ibid., p. 7

[56] Cf. K. Korsch, Karl Marx, Laterza, Bari, 1974, p. 62-63.

[57] Marx, *Lineamenti fondamentali della critica dell'economia politica*, cit., vol. I, p. 7.

[58] A exposição mais aprofundada dessa concepção encontra-se em J. Stuart Mill, *Principi di economia politica* [Princípios de Economia Política], Utet, Torino, 1962, p. 56 ss..

[59] Marx, *Lineamenti fondamentali della critica dell'economia politica*, cit., vol. II, p. 249.

[60] Ibid., p. 220.

[61] Ibid., p. 81.

[62] Ibid., p. 365.

[63] Ibid., vol. I, p. 259.

[64] Ibid., vol. II, p. 113.

[65] Ibid., vol. I, p. 207.

[66] Ibid., vol. II, p. 175.

[67] Ibid., vol. I, p. 96.

[68] Cf. ibid., p. 219.

[69] K. Marx, *Il capitale. Libro terzo. Il processo complessivo della produzione capitalistica* [O *capital*. Livro III, processo global da produção capitalista], Editori Riuniti, Roma, 1989, p. 313.

[70] Id., *Lineamenti fondamentali della critica dell'economia politica*, cit., vol. II, p. 576.

[71] K. Marx a F. Engels, 20 janeiro 1857. *In:* MEO, vol. XL, p. 98.

[72] K. Marx a F. Engels, 2 de abril de 1858, ibid., p. 333.

73 K. Marx a F. Engels, 18 de março de 1857, ibid., p. 114.
74 K. Marx a F. Engels, 23 de janeiro de 1857, ibid., p. 103.
75 K. Marx a J. Weydemeyer, 1º de fevereiro de 1859, ibid., p. 599.
76 K. Marx a F. Engels, 31 de outubro de 1857, ibid., p. 216.
77 K. Marx a F. Engels, 8 de dezembro de 1857, ibid., p. 236.
78 K. Marx a F. Engels, 13 de novembro de 1857, ibid., p. 217.
79 F. Engels a K. Marx, 22 de abril de 1857, ibid., p. 131.
80 K. Marx a F. Engels, 22 de fevereiro de 1858, ibid., p. 299. Ainda que contenham algumas reflexões interessantes, os artigos para a enciclopédia foram rotulados por Engels como: "trabalho realizado exclusivamente para fins lucrativos [...] que podem facilmente permanecer enterrados". *In:* F. Engels a H. Schlüter, 29 de janeiro de 1891. *In:* MEO, vol. XLIX, p. 18. Para a edição italiana desses textos, remetemos ao volume K. Marx e F. Engels, *Voci per The New American Cyclopædia*, Lotta Comunista, Milano, 2003.
81 K. Marx a F. Engels, 8 de dezembro de 1857. *In:* MEO, vol. XL, p. 234.
82 K. Marx a F. Engels, 28 de janeiro de 1858, ibid., p. 280.
83 K. Marx a F. Engels, 22 de fevereiro de 1858, ibid., p. 299.
84 K. Marx a F. Engels, 22 de maio de 1857, ibid., p. 141.
85 K. Marx a F. Engels, 8 de julho de 1857, ibid., p. 154.
86 F. Engels a K. Marx, 11 de julho de 1857, ibid., p. 155.
87 K. Marx a F. Engels, 14 de janeiro de 1858, ibid., p. 272.
88 K. Marx a F. Engels, 15 de agosto de 1857, ibid., p. 166.
89 K. Marx a F. Engels, 14 de janeiro de 1858, ibid., p. 272.
90 Marx, *Lineamenti fondamentali della critica dell'economia politica*, cit., vol. I, p. 8. Ele dedicou a esse tema o terceiro e mais importante parágrafo de sua Introdução. [Grundrisse, cit., p. 41-42]
91 Ibid., p. 26. [Grundrisse, cit., p. 54]
92 Ibid., p. 27. [Grundrisse, cit., p. 54]
93 Cf. M. Dal Pra, *La dialettica in Marx*, Laterza, Bari, 1965, p. 461. A definição de "método cientificamente correto" dada por Marx, contrariamente ao que defenderam alguns comentadores da introdução, não significa exatamente que esse tenha sido o método por ele utilizado. As interpretações de Eval'd Vasil'evič Il'enkov, Louis Althusser, Antonio Negri e Galvano Della Volpe, por exemplo, caem todas no erro de associar esse método com o de Marx. Ver E. V. Il'enkow, *La dialettica dell'astratto e del concreto nel 'Capitale' di Marx*, Feltrinelli, Milano, 1961, p. 96; L. Althusser, *Leggere Il Capitale*, Feltrinelli, Milano, 1971, p. 95; A. Negri, *Marx oltre Marx, Manifestolibri*, Roma, 1998, p. 65; G. Della Volpe, *Rousseau e Marx*, Editori Riuniti, Roma, 1956, p. 177. Para a crítica a Della Volpe recomenda-se C. Luporini, *Il circolo concreto-astratto-concreto. In:* F. Vassano (org.), *Marxismo e filosofia in Italia* (1958-1971), De Donato, Bari, 1973, p. 226-39.
94 Marx, *Lineamenti fondamentali della critica dell'economia politica*, cit., vol. I, p. 27. [Grundrisse, cit., p. 55]
95 Ibid., p. 28. [Grundrisse, cit., p. 55]
96 Ibid., p. 32-33. [Grundrisse, cit., p. 58]
97 Ibid., p. 33. [Grundrisse, cit., p. 58-59]
98 Ibid., p. 35. [Grundrisse, cit., p. 60]
99 K. Marx, *Miseria della filosofia. In:* MEO, vol. VI, p. 169. Cf. m. Musto, *Storia, produzione e metodo nella Introduzione del 1857. In:* id. (org.), *I Grundrisse di Karl Marx*, cit., p. 87 ss.
100 A complexidade do método sintetizado por Marx é demonstrada pelo fato de ter sido deturpado não apenas por muitos de seus estudiosos, mas também pelo próprio Friedrich Engels. Este último, de fato, que não havia lido as teses expostas na "Introdução",

escreveu em uma resenha de 1859 a *Contribuição à crítica da economia política* que Marx, depois de ter elaborado seu método, poderia ter empreendido a crítica da economia política "em duas maneiras: histórica ou logicamente". No entanto, como "a história muitas vezes avança em saltos e ziguezagues e deveria ter sido seguida em todos os lugares [...] a maneira lógica de lidar com a questão era, portanto, a única adequada". No entanto, ele concluiu erroneamente que isso não era nada mais do que "o modo histórico, despojado apenas da forma histórica e dos elementos ocasionais perturbadores. Assim como começa a história, também deve começar o curso dos pensamentos, e seu curso interior não será outra coisa senão o reflexo, de forma abstrata e teoricamente consequente, do curso da história". *In:* F. Engels, *Per la critica dell'economia politica* (Recensione). *In:* Marx, *Per la critica dell'economia politica,* cit., p. 208. [Comentários sobre *Contribuição à crítica da Economia Política,* in: Marx, K. *Contribuição à crítica da Economia Polítca.* São Paulo: Expressão Popular, 2009, p. 282-283]. Engels, em suma, apoiou o paralelismo entre história e lógica que Marx rejeitou decisivamente na "Introdução". Esta posição foi assim atribuída a estes últimos e mais tarde tornou-se, com a interpretação marxista-leninista, ainda mais esquemática e mal-sucedida do ponto de vista epistemológico.

[101] Id., *Lineamenti fondamentali della critica dell'economia politica,* cit., vol. I, p. 38. [Grundrisse, cit., p. 62]

[102] Sismondi notara que o momento mais alto da antiga literatura francesa, italiana, espanhola e portuguesa coincidiram com os períodos de decadência social daquelas sociedades que as originaram. Cf. IISG, Marx-Engels Papers, B 53.

[103] Id., *Lineamenti fondamentali della critica dell'economia politica,* cit., vol. I, p. 39.

[104] Ibid., p. 40. Também F. T. Vischer, em seu *Ästhetik oder Wissenschaft des Schönen,* 3 vol., Olms, Hildesheim, 1975, tratou da força de dissolução dos mitos exercida pelo capitalismo. Marx leu esta obra, e inspirou-se nela, resumindo algumas partes em um de seus cadernos de extratos, apenas três meses antes da preparação da "Introdução". As conclusões dos dois autores, porém, não poderiam ser mais distantes. Vischer deplorava romanticamente o empobrecimento estético da cultura causado pelo capitalismo e considerava este último uma realidade imutável. Marx, ao contrário, enquanto lutava constantemente pela superação do capitalismo, sublinhou que ele representava, tanto material quanto ideologicamente, uma realidade mais avançada do que os modos de produção anteriores. Cf. G. Lukács, *Contributi alla storia dell'estetica,* Feltrinelli, Milano, 1966, p. 306-307.

[105] Marx, *Lineamenti fondamentali della critica dell'economia politica,* cit., vol. I, p. 38. [Grundrisse, cit., p. 62]

[106] Cf. id., *Per la critica dell'economia politica,* cit., p. 5. [*Contribuição à crítica da Economia Política,* cit., p. 47]

[107] Dá sustentação a esse raciocínio uma nota à edição francesa d'*O capital,* de 1872-1875, na qual, citando essa passagem de sua obra, Marx prefere traduzir a frase utilizando o verbo *dominer* [dominar]: "le mode de production de la vie matérielle domine [domina] en général le développement de la vie sociale, politique et intellectuelle". *In:* marx, *Le capital,* Paris, 1872-1875, MEGA², vol. II/7, p. 62. Ele evitou, deste modo, apresentar uma relação automática entre os dois momentos. Cf. M. Rubel, *Karl Marx. Saggio di biografia intellettuale. Prolegomeni per una sociologia etica,* Colibrí, Milano, 2001, p. 283.

[108] A vulgarização mais difundida dessa interpretação se deve a Stalin que, em *Princípios do leninismo* [Questioni del leninismo, Edizioni *in* lingue estere, Mosca, 1948], sustenta que "o mundo material representa uma realidade objetiva [...e] a vida espiritual da sociedade é um reflexo dessa realidade objetiva", p. 657. "Tal é o ser social, tais são as condições

da vida material da sociedade, tais são as ideias, as teorias, as concepções políticas, as instituições da sociedade". p. 658.

[109] K. Marx a F. Lassalle, 22 de fevereiro de 1858. *In:* MEO, vol. XL, p. 577-78. [Marx, K. e Engels, F. *Cartas sobre* O capital. São Paulo: Expressão Popular, 2021, p. 117-118]

[110] F. Engels a K. Marx, 29 de outubro de 1857, ibid., p. 214.

[111] F. Engels a K. Marx, 15 de novembro de 1857, ibid., p. 223

[112] F. Engels a K. Marx, 31 de dezembro de 1857, ibid., p. 258.

[113] J. Marx a C. Schramm, 8 dicembre 1857, ibid., p. 686.

[114] K. Marx a F. Engels, 5 de janeiro de 1858, ibid., p. 260-61.

[115] F. Engels a K. Marx, 6 de janeiro de 1858, ibid., p. 262.

[116] K. Marx a F. Engels, 1º de fevereiro de 1858, ibid., p. 287.

[117] K. Marx a F. Engels, 11 de janeiro de 1858, ibid., p. 269.

[118] K. Marx a F. Lassalle, 22 de fevereiro de 1858, ibid., p. 577. [*Cartas sobre* O capital, cit., p. 117-118]

[119] Ibid.

[120] K. Marx a F. Engels, 14 de janeiro de 1858, ibid., p. 273.

[121] K. Marx a F. Engels, 29 de março de 1858, ibid., p. 326.

[122] K. Marx a F. Engels, 2 de abril de 1858, ibid., p. 329. [*Cartas sobre* O capital, cit., p. 117-118]

[123] K. Marx a F. Lassalle, 21 de dezembro de 1857, ibid., p. 575.

[124] K. Marx a C. Schramm, 8 de dezembro de 1857, ibid., p. 573.

[125] K. Marx a F. Engels, 22 de fevereiro de 1858, ibid., p. 300.

[126] K. Marx a F. Engels, 23 de janeiro de 1858, ibid., p. 276.

[127] K. Marx a F. Engels, 29 de março de 1858, ibid., p. 326-27.

[128] K. Marx a F. Lassalle, 22 de fevereiro de 1858, ibid., p. 579. A citação latina "eu odeio a plebe ignorante e dela me afasto" vem de Orpacio, *Odi Epodi*, libro III, 1, Garzanti, Milano, 2005, p. 147 (tradução modificada pelo autor).

[129] K. Marx a F. Lassalle, 31 de maio de 1858. *In:* MEO, vol. XL, p. 588.

[130] F. Engels a K. Marx, 17 de março de 1858, ibid., p. 319.

[131] F. Engels a K. Marx, 17 de março de 1858, ibid., p. 322.

[132] F. Engels a K. Marx, 11 de fevereiro de 1858, ibid., p. 293.

[133] K. Marx a F. Engels, 14 de fevereiro de 1858, ibid., p. 294-95.

[134] J. Marx a F. Engels, 9 de abril de 1858, ibid., p. 689.

[135] K. Marx a F. Engels, 23 de abril de 1857, ibid., p. 132.

[136] K. Marx a F. Engels, 29 de abril de 1858, ibid., p. 339. A citação latina "eis o motivo das lágrimas" vem de Terêncio, *Andria*, ato I, cena 1, Mondadori, Milano, 1993, p. 19.

[137] K. Marx a F. Lassalle, 31 de maio de 1858. *In:* MEO, vol. XL, p. 587.

[138] K. Marx a F. Engels, 1º de maio de 1858, ibid., p. 342.

[139] K. Marx a F. Engels, 31 de maio de 1858, ibid., p. 343-44. [*Cartas sobre* O capital, cit., p. 131-132]

[140] K. Marx a F. Engels, 21 de setembro de 1858, ibid., p. 369.

[141] K. Marx a F. Engels, 15 de julho de 1858, ibid., p. 354.

[142] K. Marx a F. Engels, 15 de julho de 1858, ibid., p. 354-57.

[143] K. Marx a J. Weydemeyer, 1º de fevereiro de 1859, ibid., p. 600.

[144] K. Marx a F. Engels, 13 de agosto de 1858, ibid., p. 367.

[145] F. Engels a K. Marx, 7 de outubro de 1858, ibid., p. 373.

[146] K. Marx a F. Engels, 11 de dezembro de 1858, ibid., p. 390.

[147] F. Engels a K. Marx, 7 de outubro de 1858, ibid., p. 373.

[148] K. Marx a F. Engels, 8 de outubro de 1858, ibid., p. 376.

[149] Ibid., p. 376-77

150 K. Marx a J. Weydemeyer, 1º de fevereiro de 1859, ibid., p. 602.

151 K. Marx a F. Engels, 1º de fevereiro de 1858, ibid., p. 287.

152 K. Marx a F. Engels, 8 de outubro de 1858, ibid., p. 375.

153 K. Marx, *Il nuovo manifesto di Mazzini* [O novo manifesto de Mazzini], 13 de outubro de 1858. *In:* MEO, vol. XVI, p. 38.

154 K. Marx a F. Engels, 24 de novembro de 1858. *In:* MEO, vol. XL, p. 386.

155 K. Marx a F. Engels, 2 de novembro de 1858, ibid., p. 382.

156 K. Marx a J. Weydemeyer, 1º de fevereiro de 1859, ibid., p. 601.

157 Marx, *Per la critica dell'economia politica*, cit., p. 8. [*Contribuição à crítica da Economia Política*, cit., p. 50]

158 Engels, *Per la critica dell'economia politica (Recensione)*, cit., p. 205. [*Contribuição à crítica da Economia Política*, cit., p. 279]

159 Ibid., p. 203. [*Contribuição à crítica da Economia Política*, cit., p. 275]

160 J. Marx *in:* Enzensberger (organizador), *Colloqui con Marx e Engels*, cit., p. 217.

OBSERVANDO AS MUDANÇAS MUNDIAIS

1 Em 1870, foram encontrados documentos no arquivo francês, publicados pelo governo republicano após o fim do Segundo Império, que provam que Vogt estava na folha de pagamento de Bonaparte. De fato, este último lhe pagou 40 mil francos de seus fundos secretos em agosto de 1859. Cf. *Papiers et correspondance de la famille impériale*. Édition collationnée sur le texte de l'imprimerie nationale, vol. II, Garnier frères, Paris, 1871, p. 161. A propósito, também K. Marx a W. Liebknecht, [aproximadamente 10 de abril] 1871. *In:* MEO, vol. XLIV, p. 196; K. Marx a L. Kugelmann, 12 de abril de 1871, ibid., p. 199; K. Marx a W. Liebknecht, 4 de maio de 1871, ibid., p. 211.

2 K. Marx, *Herr Vogt*. *In:* MEO, vol. XVII, p. 89.

3 Ibid., p. 28

4 K. C. Vogt, *Mein Prozess gegen die Allgemeine Zeitung: Stenographischer Bericht, Dokumente, und Erläuterungen*, Selbst-Verlag des Verfassers, Genf, 1859, citado em Marx, *Herr Vogt*, cit., p. 29.

5 Ibid., p. 28.

6 Ibid., p. 48.

7 Ibid., p. 69

8 Ibid., p. 61.

9 K. Marx a F. Engels, 31 de janeiro de 1860. *In:* MEO, vol. XLI, p. 17. Além de terem ecoado na França, as acusações de Vogt repercutiram também no *Daily Telegraph* de Londres. Marx não ficou surpreso e descreve assim o que pensava desse jornal: "através de uma artística canalização subterrânea, todos os banheiros de Londres descarregam seus dejetos no Tâmisa. Da mesma forma, todos os dias, por meio de um sistema de canetas, a capital do mundo despeja todo o seu lixo social em uma enorme cloaca central de papel: o *Daily Telegraph*. [...] Na porta que dá acesso [... a este jornal] estão escritas em cor escura as seguintes palavras: '*hic... qui-squam faxit oletum*' [aqui... qualquer um que venha emporcalhar-se]; ou como [George] Byron traduziu em bela forma poética 'Viajante, pare e urine", ibid., p. 242.

10 Marx, *Herr Vogt*, cit., p. 271.

11 Ibid., p. 26. Além disso, a análise desse 'libelo' deu a Marx a "a oportunidade de descrever um indivíduo que é exemplar de toda uma tendência", ibid.

12 Sobre a importância dessas cartas como instrumento de comunicação política entre os militantes das revoluções de 1848-1849 – e para a análise do conflito entre Marx e Vogt

não apenas do ponto de vista de Marx, recomenda-se C. Jansen, *Politischer Streit mit harten Bandagen. Zur brieflichen Kommunikation unter den emigrierten Achtundvierzigern – unter besonderer Berücksichtigung der Controverse zwischen Marx und Vogt. In:* J. Herres e M. Neuhaus (organizador), *Politische Netzwerke durch Briefkommunikation*, Akademie, Berlin, 2002, p. 49-100. O texto, que examina as motivações políticas que levaram Vogt a tomar o lado de Bonaparte, contém também um apêndice de cartas escritas por Vogt e outras a ele endereçadas. Também de interesse ver J. Grandjonc e H. Pelger, *Gegen die 'Agentur' Fazy/Vogt. Karl Marx' 'Herr Vogt' (1860) und Georg Lommels 'Die Wahrheit über Genf'* (1865). "Quellen- und textge- schichtliche Anmerkungen". *In: Marx-Engels-Fors-chungs-Berichte*, VI (1990), p. 37-86 e o texto do próprio G. Lommels, "Les implications de l'affaire Marx-Vogt". *In:* J. Pont, D. Bui, F. Dubosson e J. Lacki (orgs.), *Carl Vogt (1817-1895). Science, philosophie et politique*, Georg, Chêne-Bourg, 1998, p. 67-92.

[13] Fruto dessas pesquisas são os diversos cadernos de excertos de livros, revistas e jornais de diferentes orientações políticas, cf., em particular, *IISG, Marx- Engels Papers*, B 93, B 94, B 95, B 96. Esse material, comparado com o texto final do Senhor Vogt, demonstra o modo como Marx servia-se dos seus estudos no caminho de construção de suas obras. Veja-se ainda o dossiê denominado *Vogtiana*, IISG, Marx-Engels Papers, O 68, O 69, O 70, O 71, O 72, O 73, O 74, O 75, O 76, O 77, O 78.

[14] K. Marx a F. Engels, 6 de dezembro de 1860. *In:* MEO, vol. XLI, p. 135.

[15] F. Engels a K. Marx, em torno de 29 de junho de 1860, ibid., p. 83.

[16] F. Engels a J. Marx, 15 de agosto de 1860, ibid., p. 604.

[17] K. Marx a F. Engels, 25 de setembro de 1860, ibid., p. 108.

[18] Cf. Marx, *Herr Vogt*, cit., p. 180.

[19] F. Engels a K. Marx, 15 de setembro de 1860. *In:* MEO, vol. XLI, p. 103.

[20] F. Engels a K. Marx, 5 de outubro de 1860, ibid., p. 114.

[21] F. Engels a K. Marx, 31 de janeiro de 1860, ibid., p. 14-15.

[22] Cf. J. Marx. *In:* Enzensberger (org.), *Colloqui con Marx e Engels*, cit., p. 226.

[23] F. Lassalle a K. Marx, 19 de janeiro de 1861. *In:* MEGA², vol. III/11, p. 321.

[24] W. Wolff a K. Marx, 27 de dezembro de1860. *In:* MEO, vol. XLI, p. 283.

[25] F. Engels a K. Marx, 19 de dezembro de 1860, ibid., p. 143.

[26] Marx, *Herr Vogt*, cit., p. 42.

[27] Ibid., p. 43.

[28] Ibid., p. 42. Todos os principais biógrafos de Marx consideraram, unanimemente, que essa obra foi um notável desperdício de tempo e energia. Recordando os que tentaram dissuadir Marx de empreender esse trabalho, Franz Mehring afirmou "estar tentado a desejar que ele tivesse dado ouvidos a essas vozes, [porque] esse trabalho atrapalhou [...] a grande obra de sua vida [...] em razão do custoso dispêndio de força e tempo que empe-nou sem ganhos reais", F. Mehring, *Vita di Marx*, Editori Riuniti, Roma, 1972, p. 295. De opinião semelhante, em 1929, K. Vorländer escrevia: "hoje, depois de duas gerações, po-de-se com razão duvidar se valeu a pena desperdiçar, nesta miserável tarefa, que durou quase um ano, tanto trabalho espiritual e tanto gasto financeiro para escrever um opús-culo de 191 páginas, redigido com argúcia brilhante, com lemas e citações da literatura de todo o mundo [...], em que bradava contra o odiado adversário" *Karl Marx*, Sansoni, Firenze, 1948, p. 209-10. Também B. Nikolaevskij e O. Maenchen-Helfen criticaram esta escolha de Marx, que "passou mais de um ano defendendo-se contra a tentativa de pôr fim à sua vida política com denúncias [e que, por isso,] apenas pela metade de 1861 pôde retomar o seu trabalho de economia", *Karl Marx. La vita e l'opera*, Einaudi, Torino, 1969, p. 284. Ainda, segundo D. Mclellan, a polêmica contra Carl Vogt "foi um exemplo claro da capacidade singular [de Marx] de empenhar uma enorme energia em assuntos

absolutamente triviais e de seu talento para as polêmicas", *Karl Marx*, Rizzoli, Milano, 1976, p. 317. F. Wheen, por fim, perguntou-se: "para responder às calúnias publicadas na imprensa suíça por um político obscuro, como Carl Vogt, era realmente necessário escrever um livro de duzentas páginas?". E, continuando, notou que "os cadernos de economia jaziam fechados sobre a sua mesa de trabalho, enquanto o seu proprietário se distraía com uma disputa tão espetacular quanto supérflua [...], uma réplica violenta que, tanto na extensão como no tom furioso, superou em muito o panfleto original a que pretendia responder" Marx. *Vita pubblica e privata*, Mondadori, Milano, 2000, p. 145, 204 e 207. É necessário, porém, destacar que – diferentemente do que afirma Wheen – Vogt não foi um "político obscuro". Estava entre os maiores expoentes da Assembleia de Frankfurt de 1848-1849 e protagonista do conflito pela defesa da Constituição do Reich, ele teve seguramente um importante papel na história alemã daquele período.

[29] A propósito, remetemos às reflexões de S. S. Prawer, *La biblioteca di Marx*, Garzanti, Milano, 1978: "em *Senhor Vogt* parece que Marx não é capaz de considerar qualquer fenômeno político ou social sem associá-lo a alguma referência à literatura mundial", p. 263. Prawer afirmou, além disso, que esse texto pode ser estudado "como antologia dos vários métodos que Marx aprendeu para incorporar alusões e citações literárias em suas polêmicas", p. 260. Sobre o modo de escrever de Marx, veja-se também L. Silva, *Lo stile letterario di Marx*, Bompiani, Milano, 1973 [*O estilo literário de Marx*, São Paulo: Expressão Popular, 2012].

[30] Sobre esse ponto, remetemos uma vez mais às brilhantes considerações de Prawer, *La biblioteca di Marx*, cit., p. 264.

[31] K. Marx a F. Engels, 22 de janeiro de 1861. *In:* MEO, vol. XLI, p. 162.

[32] K. Marx a F. Engels, 16 de maio de 1861, ibid., p. 188.

[33] K. Marx a F. Engels, 29 de janeiro de 1861, ibid., p. 164.

[34] K. Marx a F. Engels, 27 de fevereiro de 1861, ibid., p. 177.

[35] K. Marx a F. Engels, 30 de outubro de 1861, ibid., p. 217.

[36] K. Marx a F. Engels, 18 de novembro de 1861, ibid., p. 222.

[37] K. Marx a F. Engels, 27 de dezembro de 1861, ibid., p. 237.

[38] K. Marx a F. Engels, 23 de novembro de 1860, ibid., p. 124.

[39] K. Marx a F. Engels, 28 de novembro de 1860, ibid., p. 128.

[40] K. Marx a F. Engels, 19 de dezembro de 1860, ibid., p. 145. O debate sobre o tipo de apreciação das teorias de Darwin por Marx foi condicionado durante anos pelo mito de que ele queria dedicar *O Capital* ao naturalista inglês. Para reconstruir essa história corretamente, veja-se L. S. Feuer, "Is the 'Darwin-Marx correspondence' authentic?". *In: Annals of Science*, XXXII (1975), n. 1, p. 1-12; M. A. Fay, "Did Marx offer to dedicate Capital to Darwin? A reassessment of the evidence". *In: Journal of the History of Ideas*, XXXIX (1978), p. 133-46, e R. Colp Jr., "The myth of the Darwin-Marx letter". *In: History of Political Economy*, XIV (1982), n. 4, p. 461-82. Muito limitada foi, ao contrário, a atenção de Darwin em relação à obra de Marx. Cf. A. Desmond e J. Moore, *Darwin*, Bollati Boringhieri, Torino, 2012, p. 686.

[41] K. Marx a F. Lassalle, 16 de janeiro de 1861. *In:* MEO, vol. XLI, p. 630.

[42] K. Marx a F. Engels, 18 de junho de 1862, ibid., p. 279. [*Cartas sobre O capital*, cit., p. 155]

[43] K. Marx a F. Engels, 18 de janeiro de 1861, ibid., p. 160.

[44] K. Marx a F. Engels, 22 de janeiro de 1861, ibid., p. 162.

[45] K. Marx a F. Engels, 27 de fevereiro de 1861, ibid., p. 176.

[46] Empresário holandês, casara-se com uma tia de Marx e foi o avô do fundador da indústria de eletrônicos homônima.

[47] K. Marx a F. Engels, 7 de maio de 1861. *In:* MEO, vol. XLI, p. 180-81.

48   Engels a K. Marx, 6 de fevereiro de 1861, ibid., p. 171. Quando, no verão de 1864, Lassalle morreu repentinamente, após ser gravemente ferido em um duelo, Marx ficou muito triste, embora os dois não tivessem contato desde o final de 1862. Cf. K. Marx a F. Engels, 7 de setembro de 1864, ibid.: "O infortúnio de Lassalle tem martelado meu cérebro todos esses dias. Ele ainda era da velha guarda, e inimigo de nossos inimigos", p. 472.

49   Para consultar todos os documentos preparados por Marx para obter a cidadania e a resposta da polícia, veja-se MEW, vol. XV, p. 623-37.

50   K. Marx a A. Philips, 24 de março de 1861. *In:* MEO, vol. XLI, p. 642.

51   K. Marx a F. Engels, 10 de maio de 1861, ibid., p. 186.

52   K. Marx a A. Philips, 24 de março de 1861, ibid., p. 642.

53   K. Marx a C. Siebel, 2 de abril de 1861, ibid., p. 646.

54   K. Marx a F. Lassalle, 8 de maio de 1861, ibid., p. 656.

55   K. Marx a F. Lassalle, 15 de setembro de 1860, ibid., p. 615 [*Cartas sobre* O capital, cit., p. 149]

56   K. Marx a F. Engels, 20 de julho de 1861, ibid., p. 212.

57   K. Marx a F. Lassalle, 9 de dezembro de 1861, ibid., p. 230.

58   Datada do mês de abril de 1861. Cf. MEGA², vol. III/11, p. 465.

59   K. Marx a F. Lassalle, 29 de maio de 1861. *In:* MEO, vol. XLI, p. 659.

60   Com esse nome, Marx referia-se aos proprietários de plantações do sul.

61   K. Marx a F. Engels, 1º de julho de 1861, ibid., p. 198. O censo de 1860, que Marx desconhecia quando escreveu seu artigo, registrou um número um tanto maior de proprietários de escravos: 394 mil ou 8% dos lares americanos. O número de escravos, por outro lado, chegava a 3.950.000. Ver United States Census Office, *Population of the United States in 1860, Compiled from the Original Returns of the Eighth Census Under the Secretary of the Interior,* Government Printing Office, Washington, 1866.

62   K. Marx a F. Engels, 5 de julho de 1861. *In:* MEO, vol. XLI, p. 204.

63   Ibid., p. 205.

64   Ibid., p. 207.

65   K. Marx, *Ein Londoner Arbeitermeeting. In:* MEW, vol. XV, p. 454.

66   Id., *English Public Opinion. In:* MECW, vol. XIX, p. 137.

67   Ibid., p. 138.

68   K. Marx a F. Lassalle, 29 de maio de 1861. *In:* MEO, vol. XLI, p. 658.

69   K. Marx, *The London Times on the Orleans Princes in America. In:* MECW, vol. XIX, p. 30. Sobre a concepção de Marx no tocante à escravidão, veja-se também W. Backhaus, *Marx, Engels und die Sklaverei,* Schwann, Düsseldorf, 1974.

70   K. Marx, *Der nordamerikanische Bürgerkrieg. In:* MEW, vol. XV, p. 330.

71   Ibid., p. 336-37.

72   Ibid., p. 337.

73   Ibid., p. 338.

74   Ibid. Sobre o "caráter inerentemente expansionista da escravidão do Sul", remete-se a R. Blackburn, *Marx and Lincoln. An Unfinished Revolution,* Verso, London, 2011, p. 21.

75   K. Marx a F. Engels, 10 de junho de 1861. *In:* MEO, vol. XLI, p. 190.

76   K. Marx a L. Philips, 29 de novembro de 1864. *In:* MEO, vol. XLII, p. 476.

77   K. Marx, *Ad Abraham Lincoln, presidente degli Stati Uniti d'America. In:* MEO, vol. XX, p. 20.

78   Ibid. Marx citou o discurso ocorrido em Savannah, no dia 21 de março de 1861, do proprietário de escravos A. Stephens. Foi publicado no *New-York Daily Tribune* de 27 de março de 1861.

79   Marx, *Ad Abraham Lincoln,* cit., p. 20-21.

[80] Ibid., p. 21.

[81] Marx, *Il capitale*. Libro primo, cit., p. 337. [O capital, ed. Abril, p. 413]

[82] Sobre as diferenças entre os dois, veja-se também o recente A. Kulikoff, *Abraham Lincoln and Karl Marx in Dialogue*, Oxford University Press, New York, 2018.

[83] Cf. Blackburn, *Marx and Lincoln*, cit., "destruir o poder da escravidão e libertar os escravos não teria destruído o capitalismo, mas teria criado condições muito mais favoráveis para organizar e elevar os trabalhadores, fossem eles negros ou brancos. Marx retratou os ricos proprietários de escravos como aristocratas europeus e sua remoção como uma tarefa para o tipo de revolução democrática que ele defendera no *Manifesto Comunista*" p. 13.

[84] K. Marx, *Indirizzo dell'Associazione Internazionale degli Operai al presidente Johnson. In:* MEO, vol. XX, p. 97.

[85] Id., *Indirizzo all'Unione Nazionale del Lavoro degli Stati Uniti d'America. In:* M. Musto (org.), *Lavoratori di tutto il mondo, unitevi!* Indirizzi, risoluzioni, discorsi e documenti, Donzelli, Roma, 2014, p. 213.

[86] Ibid., p. 214.

[87] K. Marx a F. Engels, 25 de fevereiro de 1862. *In:* MEO, vol. XLI, p. 239.

[88] K. Marx a F. Engels, 28 de abril de 1862, ibid., p. 255.

[89] Cf. M. Marx, Lord Palmerston. *In:* MEO, vol. XII, p. 355-423.

[90] K. Marx a F. Lassalle, 1º ou 2 de junho de 1860. *In:* MEO, vol. XLI, p. 596. Entre os numerosos estudos relativos às posições políticas de Marx no confronto da Rússia, remetemos a D. Rjazanov, *Karl Marx sull'origine del predominio della Russia in Europa. In:* K. Marx, *Storia diplomatica segreta del 18 o secolo*, La Pietra, Milano, 1978, p. 95-182; B. Rabehl, *La controversia all'interno del marxismo russo e sulle origini occidentali o asiatiche della società, del capitalismo e dello Stato zarista in Russia*, ibid., particularmente p. 192-203; B. Bongiovanni, *Le repliche della storia. Karl Marx tra la Rivoluzione francese e la critica della politica*, Bollati Boringhieri, Torino, 1989, principalmente p. 171-89.

[91] K. Marx a F. Lassalle, 1º ou 2 de junho de 1860. *In:* MEO, vol. XLI, p. 596.

[92] K. Marx a F. Engels, 13 de fevereiro de 1863, ibid., p. 359.

[93] K. Marx a F. Engels, 17 de fevereiro de 1863, ibid., p. 361.

[94] Ibid. Cf. também K. Marx a F. Engels, 2 de fevereiro de 1863, ibid., p. 366 e F. Engels a K. Marx, 21 de fevereiro de 1863, ibid., p. 367.

[95] F. Engels a K. Marx, 21 de fevereiro de 1863, ibid., p. 369.

[96] F. Engels a K. Marx, 24 de março de 1863, ibid., p. 371.

[97] K. Marx, *Manoscritti sulla questione polacca (1863-1864)*, La Nuova Italia, Firenze, 1981, p. 89. Para uma edição completa dos manuscritos marxianos, organizados com base em temas, cf. id., *Manuskripte über die polnische Frage (1863-1864)*, Mouton & co., 'S-Gravenhage, 1961. Para uma edição organizada com base no mero critério cronológico, veja-se a edição polonesa acompanhada de texto alemão: id., *Przyczynki do historii kwestii polskiej. Rękopisy z lat 1863 -1864*/Beitrage zur Geschichte der polnischen Frage. Manuskipte aus den Jahren 1863-1864, Książka i Wiedza, Warszawa, 1971.

[98] K. Marx a F. Engels, 29 de maio de 1863. *In:* MEO, vol. XLI, p. 386.

[99] Marx, *Manoscritti sulla questione polacca (1863-1864)*, cit., p. 7.

[100] Ibid. A este respeito cf. B. Bongiovanni, Introdução, ibid.: "para Marx, um apaixonado observador do grande jogo internacional, a solução dos problemas em certa medida relacionados com a perigosa persistência do que é arcaico (e não susceptível de progresso social), dentro do grandioso processo 'moderno' da mobilidade, foi considerado de alguma forma preliminar à *lutte final*, isto é, à solução das contradições do mundo dominado pelo modo de produção capitalista", p. xxv.

[101] K. Marx a F. Engels, 20 de fevereiro de 1863. *In:* MEO, vol. XLI, p. 366.

[102] M. Marx, *Proclama dell'Associazione di Cultura degli Operai Tedeschi di Londra in: favore della Polonia. In:* id., *Per la Polonia insorta. In:* 'Belfagor', XXXVII (1982), n. 2, p. 80.

[103] Ibid., p. 81.

[104] K. Marx a F. Engels, 7 de junho de 1864. *In:* MEO, vol. XLI, p. 450.

[105] K. Marx a F. Engels, 10 de dezembro de 1864. *In:* MEO, vol. XLII, p. 38.

[106] Marx, *Manoscritti sulla questione polacca* [Manuscritos sobre a questão polonesa] (1863-1864), cit., p. 91-130. O relato do seguinte, de 1813 a 1864, foi feito por ele de improviso. Marx utilizou o texto no debate ocorrido durante a sessão do Conselho Central da Internacional em 3 de janeiro de 1865. De fato, a ata da reunião dizia: "Marx resumiu o debate atualizado sobre o discurso a ser enviado ao Governo Nacional da Polônia e em um resumo histórico muito eficaz ele argumentou que a política externa tradicional da França não tinha sido favorável à restauração e independência da Polônia. O discurso do doutor Marx estava repleto de fatos históricos importantes e seria muito valioso se publicado", A.A.VV., *Central Council Meeting January 3, 1865. In:* Institute of Marxism-Leninism of the CC, CPSU (org.). *The General Council of the First International 1864-1866.* Minutes, Foreign Languages Publishing House, Moscow, 1962, p. 21. No entanto, a ironia da história teria sido que a primeira edição deste texto tivesse de esperar até 1961 e que não aparecesse em nenhuma das edições, publicadas mundialmente, das obras completas de Marx e Engels.

O CAPITAL: A CRÍTICA INACABADA

[1] Esses cadernos perfazem um total de 1.472 páginas manuscritas. Cf. F. Engels, *Prefazione* [Prefácio]. *In:* Karl Marx, *Il capitale, Libro secondo. Il processo di circolazione del capitale*, Editori Riuniti, Roma, 1989, p. 10. [O capital, livro II. O processo de circulação do capital]

[2] Marx, *Per la critica dell'economia politica*, cit., p. 3. [*Contribuição à crítica da Economia Política*, cit., p. 45]

[3] Anteriormente, Marx organizara "a divisão dos temas" de maneira semelhante, porém menos precisa, em quatro partes dos *Grundrisse*, Cf. Marx, *Lineamenti fondamentali della critica dell'economia politica*, cit., vol. I, p. 36-37, 189-90, 240-41, 256. Além disso, anteci-para o esquema dos seis livros – indicado em *Contribuição à crítica da Economia Política* – em duas cartas da primeira metade de 1858: uma, endereçada a F. Lassalle, em 22 de fevereiro de 1858. *In:* MEO, vol. XL, p. 576-79 [*Cartas sobre* O capital, cit., p. 118], e outra, endereçada a F. Engels, de 2 de abril de 1858, ibid., p. 328-33 [*Cartas sobre* O capital, cit., p. 125-130]. Entre fevereiro e março de 1959, Marx redatara também um detalhado índice preparatório de seu trabalho, Cf. Marx, *Lineamenti fondamentali della critica dell'economia politica*, cit., vol. II, p. 661-71. Acerca do plano original da obra de Marx e suas variações, ver o estudo, hoje datado, mas sempre fundamental, de R. Rosdolsky, *Genesi e struttura del 'Capitale' di Marx*, Laterza, Bari, 1971, p. 30-82 [Há edição brasileira: Rosdolsky, R. *Gênese e estrutura de O capital de Karl Marx*. Rio de Janeiro: Contraponto, 2007]. Sobre esse tema M. Tubel apresenta, por outro lado, grandes limites, *Marx critico del marxismo*, Cappelli, Bologna, 1981, p. 119 e 129, defensor da posição segundo a qual Marx não mudara em nenhum momento o seu plano original concebido em 1857.

[4] Esses cadernos foram ignorados por quase cem anos e foram publicados, em tradução russa, somente em 1937, no volume adicional (número 47) das *Marx-Engels Sočinenija*. A edição no idioma original só foi publicada em 1976 em *MEGA²*, vol. II/3.1, enquanto para haver uma versão italiana ainda tivemos que esperar mais alguns anos: K. Marx,

Manoscritti del 1861-1863, Editori Riuniti, Roma, 1980. [Há edição brasileira *Para a crítica da Economia Política – Manuscrito de 1861-1863 (cadernos I a V) Terceiro Capítulo – O capital em geral*. Belo Horizonte: Autêntica, 2010].

5   K. Marx a F. Engels, 30 de outubro de 1861. *In:* MEO, vol. XLI, p. 216.

6   Cf. K. Marx a F. Engels, 9 de dezembro de 1861, ibid., p. 230.

7   Ibid.

8   K. Marx a F. Engels, 27 de dezembro de 1861, ibid., p. 236.

9   Ibid., p. 237.

10   K. Marx a F. Engels, 3 de março de 1862, ibid., p. 243.

11   K. Marx a F. Engels, 15 de março de 1862, ibid., p. 253.

12   Esses manuscritos foram publicados por Karl Kautsky que, entre 1905 e 1910, envia-os para publicação em edição retrabalhada e com várias discrepâncias em relação aos originais.

13   Essa viria depois de: 1) a transformação do dinheiro em capital; 2) a mais-valia absoluta; 3) a mais-valia relativa – ou seja, as três temáticas desenvolvidas em Marx, *Manuscritos de 1861-1863* [Marx, *Manoscritti del 1861-1863* cit.]; e 4) uma parte, jamais escrita, na qual estes últimos deveriam ter sido tratados articulados.

14   K. Marx, *Teorie sul plusvalore I. In:* MEO, vol. XXXIV, p. 6.

15   Ibid., p. 11.

16   Ibid., p. 17.

17   Ibid., p. 13.

18   Ibid., p. 15.

19   Ibid., p. 18.

20   Ibid., p. 18-19.

21   Ibid., p. 59.

22   Ibid., p. 54.

23   Ibid., p. 61.

24   Ibid., p. 55.

25   Ibid., p. 64.

26   K. Marx a F. Lassalle, 28 de abril de 1862. *In:* MEO, vol. XLI, p. 674.

27   Marx, *Teorie sul plusvalore I*, cit., p. 135.

28   Ibid., p. 141.

29   Ibid., p. 313.

30   Cf. K. Marx a F. Engels, 18 de junho de 1862. *In:* MEO, vol. XLI, p. 279. Este caderno é o último dos que compõem o tomo *Teoria da mais-valia I*.

31   Marx, *Teorie sul plusvalore I*, cit., p. 363.

32   K. Marx a F. Engels, 18 de junho de 1862. *In:* MEO, vol. XLI, p. 278.

33   Ibid., p. 279 [*Cartas sobre* O capital, cit., p. 154].

34   K. Marx a F. Engels, 2 de agosto de 1862, ibid., p. 296. [*Cartas sobre* O capital, cit., p. 156]

35   Essas cadernetas correspondem às inseridas no tomo *Teoria sobre a mais-valia II. In:* MEO, vol. XXXV.

36   Ibid., p. 128.

37   Cf. K. Marx a F. Engels, 2 de agosto de 1862. *In:* MEO, vol. XLI, p. 299. [*Cartas sobre* O capital, cit., p. 159]

38   Ibid., p. 300. [*Cartas sobre* O capital, cit., p. 160]

39   Ibid., p. 296. [*Cartas sobre* O capital, cit., p. 156]

40   K. Marx a F. Engels, 7 de agosto de 1862, ibid., p. 303.

41   K. Marx a F. Engels, 10 de setembro de 1862, ibid., p. 320.

42   K. Marx a L. Kugelmann, 28 de dezembro de 1862, ibid., p. 695.

43   K. Marx a F. Lassalle, 7 de novembro de 1862, ibid., p. 692.
44   K. Marx, *Teorie sul plusvalore III. In:* MEO, vol. XXXVI, p. 10.
45   Ibid., p. 206.
46   Ibid., p. 487.
47   Terminam aqui os cadernos inseridos no tomo *Teorias da mais-valia III*, cit.
48   Ibid., p. 487.
49   Ibid., p. 490.
50   Ibid., p. 491.
51   Ibid., p. 496.
52   K. Marx, *Zur Kritik der politischen Ökonomie* (Manuskript 1861-1863). *In:* MEGA², vol. II/3.5, p. 1598-675.
53   Ibid., p. 1682-773.
54   K. Marx a L. Kugelmann, 28 de dezembro de 1862. *In:* MEO, vol. XLI, p. 694 [*Cartas sobre* O capital, cit., p. 165]. A propósito, veja-se o índice dos *Grundrisse*, redigido em junho de 1858, contido no Caderno M (o mesmo da introdução de 1857), e o índice preparatório do terceiro capítulo, redigido entre fevereiro e março de 1859, contido em Marx, *Lineamenti fondamentali della critica dell'economia politica*, cit., vol. I, p. 419-24 e vol. II, p. 661-71. M. Heinrich, "Capital" after MEGA. Discontinuities, Interruptions, and New Beginnings. *In: Crisis & Critique*, III (2016), n. 2, destacou que, depois da metade de 1863, a noção de "capital em geral" não é mais utilizada por Marx na subdivisão de sua obra e não foi mais mencionada, nem nos manuscritos, nem das correspondências. É possível, portanto, que Marx tivesse "compreendido que a dupla aspiração que ele assinalara na seção 'capital em geral' – ou seja, apresenta um conteúdo específico, [...] com certo nível de abstração [...] – não poderia ser satisfeita", p. 107.
55   K. Marx a L. Kugelmann, 28 de dezembro de 1862. *In:* MEO, vol. XLI, p. 694. [*Cartas sobre* O capital, cit., p. 165] Essa afirmação parece indicar que Marx compreendera a dificuldade de completar seu projeto original em seis livros.
56   Ibid., p. 695-96. [*Cartas sobre* O capital, cit., p. 166]
57   Marx, *Teorie sul plusvalore I*, cit., p. 445-46.
58   Ibid., p. 446. O primeiro capítulo já estava esboçado no caderno XVI dos *Manuscritos econômicos de 1861-1863*; do segundo, Marx preparou um esquema no Caderno XVIII, Cf. p. 446-447.
59   K. Marx a F. Engels, 8 de janeiro de 1863. *In:* MEO, vol. XLI, p. 345
60   K. Marx a F. Engels, 24 de janeiro de 1863, ibid., p. 349-350.
61   K. Marx a F. Engels, 13 de fevereiro de 1863, ibid., p. 359.
62   K. Marx a F. Engels, 21 de fevereiro de 1863, ibid., p. 368.
63   K. Marx a F. Engels, 28 de janeiro de 1863, ibid., p. 353 [*Cartas sobre* O capital, cit., p. 168]
64   K. Marx a F. Engels, 24 de março de 1863, ibid., p. 370.
65   K. Marx a F. Engels, 29 de maio de 1863, ibid., p. 386 [*Cartas sobre* O capital, cit., p. 171]
66   IISG, Marx-Engels Papers, B 93, B 100, B 101, B 102, B 103 e B 104 contém aproximadamente um total de 535 páginas de apontamentos. A esses, juntam-se três blocos RGASPI f. 1, d. 1397, f. 1, d. 1691 e f. 1, d. 5583. Marx utilizou parte desse material para a composição dos cadernos XXII e XXIII.
67   K. Marx a F. Engels, 29 de maio de 1863. *In:* MEO, vol. XLI, p. 386.
68   K. Marx a F. Engels, 12 de junho de 1863, ibid., p. 392.
69   K. Marx a F. Engels, 6 de julho de 1863, ibid., p. 399.
70   Cf. a carta de K. Marx a F. Engels, 6 de julho de 1863, ibid., p. 398 ss. [*Cartas sobre* O capital, cit., p. 174-178]

[71] Cf. M. Heinrich, Entstehungs- und Auflösungsgeschichte des Marxschen "Kapital". *In:* W. Bonefeld e M. Heinrich (org.), *Kapital & Kritik*. Nach der "neuen" Marx-Lektüre, Vsa, Hamburg, 2011, p. 176-179, o qual afirma que os manuscritos referentes a esse período não são considerados como a terceira versão do trabalho iniciado nos *Grundrisse*, mas como o verdadeiro primeiro esboço d'*O capital*. M. R. Krätke, Le dernier Marx et le Capital. *In: Actuel Marx*, vol. 37 (2005), n. 1, p. 145-160, indicou que a estrutura completa e o escopo d'*O capital* ficaram inalterados, mesmo que Marx tenha mudado seu plano de trabalho muitas vezes depois de 1857.

[72] Cf. Heinrich, "Capital" after MEGA, cit., para quem, no que toca à composição dos Livros II e III, Marx "estava muito distante" de poder utilizar esses manuscritos como "rascunho para a revisão para impressão. Desse ponto de vista, pode-se afirmar que *O capital* ainda estava em formação", p. 111.

[73] Cf. Rosdolsky, *Genesi e struttura del "Capitale" di Marx*, cit., p. 31. A seu juízo, o projeto de escrever também um livro sobre o Estado, comércio e mercado mundial vem junto com essa parte.

[74] K. Marx a F. Engels, 15 de agosto de 1863. *In:* MEO, vol. XLI, p. 405. [*Cartas sobre* O capital, cit., p. 178]

[75] Nos últimos anos, dermatologistas notáveis têm retomado a discussão acerca das causas da doença de Marx. S. Shuster, The nature and consequence of Karl Marx's skin disease. *In: British Journal of Dermatology*, CLVIII (2008), n. 1, p. 1-3, afirmou que Marx sofria de hidradenite supurativa [*Hidradenitis supurativa*]. Ainda menos plausível é a explicação de R. Happle e A. Koenig, *A lesson to be learned from Karl Marx: smoking triggers hidradenitis suppurativa. In: British Journal of Dermatology*, CLIX (2008), n. 1, p. 255-56, segundo quem a causa da doença de Marx era derivada da elevada quantidade de cigarros que ele fumava. A resposta posterior de Shuster está em *Reply from author*, ivi, p. 256.

[76] J. Marx. *In:* Enzensberger (org.) *Colloqui con Marx e Engels*, cit., p. 235.

[77] K. Marx a F. Engels, 2 de dezembro de 1863. *In:* MEO, vol. XLI, p. 417.

[78] K. Marx a F. Engels, 20 de janeiro de 1864, ibid., p. 425

[79] K. Marx, *Il capitale. Libro I, capitolo VI inedito*, La Nuova Italia, Firenze, 1969, p. 35. As razões pelas quais este capítulo não foi incluído por Marx na versão impressa de sua obra permanecem desconhecidas. Para um comentário sobre este texto de Marx ver C. Napoleoni, *Lezioni sul Capitolo sesto inedito di Marx*, Boringhieri, Torino, 1975.

[80] K. Marx a F. Engels, 26 de maio de 1864. *In:* MEO, vol. XLI, p. 440. C.C. Vollgraf, Marx's Further Work on "Capital" after Publishing Volume I. On the Completion of Part II of MEGA². *In:* Van der Linden e Hubmann (orgs), *Marx's Capital. An Unfinishable Project?*, cit., evidenciou que "o trabalho de Marx parece-se mais com um jogo de xadrez do que um progresso constante e unilinear. Sua teoria se desenvolveu por meio de avanços e estagnações no entendimento, na formação de novos conceitos e planos que foram descartados (como [...] a noção de 'capital em geral'), [...] tomada de posições e reelaborações[...]. Quando Marx resolve uma questão, ele continua procurando inconsistências, muitas vezes sem se convencer de seu próprio julgamento", p. 66. Em suma, ele foi um pensador muito diferente da máscara dogmática dada por muitos de seus intérpretes.

[81] Posteriormente, essa rua foi renomeada Maitland Park Road. Foi justamente a Wolff que Marx dedicou o Livro I d'*O capital*, com as palavras: "ao meu inesquecível amigo, o corajoso, fiel e nobre pioneiro do proletariado", Marx, *Il capitale*. Libro primo, cit., p. 29.

[82] K. Marx a F. Engels, 4 de julho de 1864. *In:* MEO, vol. XLI, p. 458.

[83] K. Marx a C. Klings, 4 de outubro de 1864. *In:* MEO, vol. XLII, p. 460. [*Cartas sobre* O capital, cit., p. 181]

[84] K. Marx a F. Engels, 4 de novembro de 1864, ibid., p. 9.

85   K. Marx a F. Engels, 14 de novembro de 1864, ibid., p. 19.

86   K. Marx a F. Engels, 2 de dezembro de 1864, ibid., p. 34.

87   K. Marx a F. Engels, 25 de fevereiro de 1865, ibid., p. 87.

88   K. Marx a F. Engels, 4 de março de 1865, ibid., p. 93.

89   K. Marx a F. Engels, 13 de março de 1865, ibid., p. 104

90   Contrato entre o senhor Karl Marx e o senhor Otto Meissner, livreiro e editor. *In:* MEO, vol. XX, p. 361-362. As 50 frações, calculadas no total para os dois volumes, equivalem a 800 páginas impressas.

91   K. Marx a F. Engels, 22 de abril de 1865. *In:* MEO, vol. XLII, p. 117.

92   K. Marx a F. Engels, 13 de maio de 1865, ibid., p. 130.

93   K. Marx a F. Engels, 20 de maio de 1865, ibid., p. 131. [*Cartas sobre* O capital, cit., p. 183]

94   Esse manuscrito veio a ser publicado, em 1898, por Eleanor Marx com o título *Valor, preço e lucro*. O título mais utilizado é adotado conforme a tradução alemã publicada no mesmo ano na revista *Die neue Zeit*. [Há edição brasileira em Marx, K. *Trabalho assalariado e capital & Salário, preço e lucro*. São Paulo: Expressão Popular, 2006].

95   K. Marx, *Salario, prezzo e profitto [Salário, preço e lucro]. In:* MEO, vol. XX, p. 145 [*Trabalho assalariado e capital & Salário, preço e lucro*, cit., p. 123-124].

96   K. Marx a F. Engels, 31 de julho de 1865. *In:* MEO, vol. XLII, p. 142. [*Cartas sobre* O capital, cit., p. 186]

97   K. Marx a F. Engels, 25 de fevereiro de 1867. *In:* MEO, vol. XLII, p. 308.

98   H. de Balzac, *Il capolavoro sconosciuto. In:* id., *La commedia umana. Racconti e novelle*, Mondadori, Milano, 2006, p. 217-218.

99   Ibid., p. 222-223.

100   Ibid., p. 224.

101   Ibid., p. 230.

102   P. Lafargue. *In:* Enzensberger (org.), *Colloqui con Marx e Engels*, cit., p. 248.

103   Ibid., p. 249.

104   Ibid., p. 248.

105   Essa medida corresponde a 960 páginas. Depois, Meissner comunicou a disponibilidade de modificar esse acordo, cf. K. Marx a F. Engels, 13 de abril de 1867. *In:* MEO, vol. XLII, p. 316.

106   K. Marx a F. Engels, 5 de agosto de 1865, ibid., p. 144

107   Ibid.

108   Essa divisão foi reproposta por Engels quando, em 1894, envia à editora o Livro III d'*O capital*. A propósito Cf. C.-E. Vollgraf e J. Jungnickel, *"Marx in: Marx's Words"? On Engels' edition of the main manuscript of Book 3 of 'Capital'*, [*Cartas sobre* O capital, cit., p. 154] *International Journal of Political Economy*, XXXII (2002), n. 1, p. 35-78. De Vollgraf veja-se ainda o muito recente "Das Kapital" – bis zuletzt ein "Werk im Werden". *In: Marx-Engels Jahrbuch*, 2012/13, p. 113-133. No mesmo número dessa revista, remetemos também a R. Roth, Die Herausgabe von Band 2 und 3 des "Kapital" durch Engels, p. 168-82. Para uma crítica do trabalho feito por Engels, veja-se M. Heinrich, Engels' edition of the third volume of "Capital" and Marx's original manuscript. *In: Science & Society*, LX (1996-97), n. 4, p. 452-66. Tem opinião diferente M. R. Krätke, *Kritik der politischen Ökonomie Heute*, Vsa, Hamburg, 2017, em particular o último capítulo, intitulado "Gibt es ein Marx-Engels- Problem?".

109   K. Marx a F. Engels, 20 de novembro de 1865. *In:* MEO, vol. XLII, p. 171. [*Cartas sobre* O capital, cit., p. 187]

110   Marx utilizou esses dados no terceiro capítulo do Livro I. Observa-se, portanto, que no fim de 1865 Marx seguia concebendo a publicação do primeiro volume d'*O capital* como

continuação do texto de 1859. É só a partir da carta enviada a Kugelman em 13 de outubro de 1866 que é possível ter certeza de que ele decidira reescrever a primeira parte. Cf. infra, nota 145, p. 325. Ver no original

[111] K. Marx a F. Engels, 31 de julho de 1865. *In:* MEO, vol. XLII, p. 141.

[112] K. Marx a F. Engels, 19 de agosto de 1865, ibid., p. 154.

[113] K. Marx a F. Engels, 22 de agosto de 1865, ibid., p. 159.

[114] K. Marx a F. Engels, 8 de novembro de 1865, ibid., p. 164.

[115] K. Marx a W. Liebknecht, 15 de janeiro de 1866, ibid., p. 544. Cf. supra, nota 89, p. 323.

[116] K. Marx a L. Kugelmann, 15 de janeiro de 1866, ibid., p. 543.

[117] J. Marx a J. P. Becker, 29 de janeiro de 1866, ibid., p. 638.

[118] K. Marx a F. Engels, 10 de fevereiro de 1866, ibid., p. 189. [*Cartas sobre* O capital, cit., p. 189]

[119] Ibid. [*Cartas sobre* O capital, cit., p. 189]

[120] Ibid., p. 190.

[121] F. Engels a K. Marx, 10 de fevereiro de 1866, ibid., p. 191.

[122] Ibid

[123] Ibid., p. 192

[124] K. Marx a F. Engels, 13 de fevereiro de 1866, ibid., p. 193. [*Cartas sobre* O capital, cit., p. 190]

[125] Vollgraf, em Marx's Further Work on "Capital", cit., recordou que por "acabado" não se entende certamente o "tratamento do conteúdo capítulo a capítulo e, certamente, não a exposição completa", mas apenas a "arquitetura conceitual", p. 63. A argumentação de Marx foi guiada pelo volume de trabalho realizado, mas não pelo "núcleo racional real de seus argumentos", p. 63-64.

[126] A renda fundiária foi inserida por Marx na sexta secção, intitulada 'Transformação do lucro excedente em renda fundiária' do Livro III do Capital.

[127] K. Marx a F. Engels, 13 de fevereiro de 1866. *In:* MEO, vol. XLII, p. 193-194. [*Cartas sobre* O capital, cit., p. 189-190]

[128] Ibidem, p. 194 [*Cartas sobre* O capital, cit., p. 191]. Essa afirmação realista colide com vários anúncios anteriores nos quais Marx havia apresentado o estado de seus textos com muita confiança. Uma vez que, exceto pelo acréscimo de algumas partes, Marx não teve mais oportunidade de trabalhar no Livro III depois de 1865, sua declaração destaca tanto o grande trabalho feito por Engels para imprimir este livro quanto o caráter altamente inacabado desta obra. Isso deve ser sempre lembrado por seus leitores e exegetas.

[129] Ibid [*Cartas sobre* O capital, cit., p. 191].

[130] Ibid [*Cartas sobre* O capital, cit., p. 191].

[131] K. Marx a F. Engels, 20 de fevereiro de 1866. *In:* MEO, vol. XLII, p. 197.

[132] F. Engels a K. Marx, 22 de fevereiro de 1866, ibid., p. 201.

[133] Referência a uma cantiga popular inglesa.

[134] K. Marx a F. Engels, 24 de março de 1866. *In:* MEO, vol. XLII, p. 211.

[135] K. Marx a L. Kugelmann, 6 de abril de 1866, ibid., p. 561

[136] K. Marx a F. Engels, 7 de junho de 1866, ibid., p. 244.

[137] K. Marx a F. Engels, 9 de junho de 1866, ibid., p. 246.

[138] K. Marx a F. Engels, 21 de julho de 1866, ibid., p. 263. A expressão latina citada por Marx significa "perigo causado pelo atraso".

[139] K. Marx a F. Engels, 7 de agosto de 1866, ibid., p. 272.

[140] K. Marx a F. Engels, 23 de agosto de 1866, ibid., p. 278.

[141] K. Marx a L. Kugelmann, 23 de agosto de 1866, ibid., p. 567.

[142] F. Leßner *in:* Enzensberger (org.), *Colloqui con Marx e Engels*, cit., p. 238.

143 K. Marx a F. Engels, 7 de julho de 1866. *In:* MEO, vol. XLII, p. 257.

144 K. Marx a L. Kugelmann, 23 de agosto de 1866, ibid., p. 567

145 Ibid., p. 568. [*Cartas sobre* O capital, cit., p. 192]

146 K. Marx a L. Kugelmann, 13 de outubro de 1866, ibid., p. 579.

147 Ibid., p. 580 [*Cartas sobre* O capital, cit., p. 192]. A diferenciação de Marx entre livros e volumes não foi mantida por Engels que, de modo mais linear, mandou para impressão cada livro correspondendo ao volume. Recorde-se, porém, que Marx, em sua correspondência, refere-se aos livros II e III quando menciona o volume dois.

148 Ibid. [*Cartas sobre* O capital, cit., p. 193]

149 K. Marx a F. Engels, 8 de novembro de 1866, ibid., p. 289

150 K. Marx a F. Engels, 10 de novembro de 1866, ibid., p. 291.

151 K. Marx a F. Engels, 8 de dezembro de 1866, ibid., p. 294.

152 K. Marx a F. Engels, 21 de fevereiro de 1867, ibid., p. 307.

153 K. Marx a F. Engels, 2 de abril de 1867, ibid., p. 311 [*Cartas sobre* O capital, cit., p. 195]. Os estudos filológicos mais recentes demonstraram que, contrariamente ao que sempre se acreditou, o manuscrito original do Livro I – referente ao período 1863-1864 e a respeito do qual se pensou, por muito tempo, que a única parte conservada fosse o 'Capítulo IV inédito' – foi, na verdade, dividido e transposto por Marx na preparação da cópia para ser impressa. Cf. C.-E. Vollgraf, Einführung. *In:* MEGA², vol. II/4.3, p. 464-67.

154 K. Marx a F. Engels, 2 de abril de 1867. *In:* MEO, vol. XLII, p. 311.

155 K. Marx a F. Engels, 13 de abril de 1867, ibid., p. 316 [*Cartas sobre* O capital, cit., p. 196].

156 K. Marx a J. P. Becker, 17 de abril de 1867, ibid., p. 588[*Cartas sobre* O capital, cit., p. 197].

157 K. Marx a F. Engels, 24 de abril de 1867, ibid., p. 318 [*Cartas sobre* O capital, cit., p. 197].

158 Ibid., p. 320.

159 K. Marx a F. Engels, 27 de abril de 1867, ibid., p. 321 [*Cartas sobre* O capital, cit., p. 198].

160 F. Kugelmann. *In:* Enzensberger (org), *Colloqui con Marx e Engels*, cit., p. 261. Para uma história completa desse período, remetemos ao recente J. Bönig, *Karl Marx in Hamburg. Der Produktionsprozess des "Kapital"*, Vsa, Hamburg, 2017.

161 F. Kugelmann. *In:* Enzensberger (org), *Colloqui con Marx e Engels*, cit., p. 254.

162 Ibid., p. 255

163 Ibid., p. 259

164 Ibid., p. 258.

165 K. Marx a S. Meyer, 30 de abril de 1867. *In:* MEO, vol. XLII, p. 590 [*Cartas sobre* O capital, cit., p. 199].

166 K. Marx a F. Engels, 7 de maio de 1867, ibid., p. 325 [*Cartas sobre* O capital, cit., p. 202].

167 F. Engels a K. Marx, 16 de junho de 1867, ibid., p. 334 [*Cartas sobre* O capital, cit., p. 203].

168 K. Marx a F. Engels, 22 de junho de 1867, ibid., p. 335 [*Cartas sobre* O capital, cit., p. 203-204]

169 F. Engels a K. Marx, 16 de junho de 1867, ibid., p. 334. A tradução italiana da versão de 1867 do primeiro capítulo, intitulado "Merce e denaro" [Mercadoria e dinheiro], d'*O capital* encontra-se em K. Marx, *L'analisi della forma di valore*, Laterza, Roma-Bari, 1976, p. 3-61.

170 F. Engels a K. Marx, 16 de junho de 1867. *In:* MEO, vol. XLII, p. 333-334 [*Cartas sobre* O capital, cit., p. 203].

171 K. Marx a F. Engels, 22 de junho de 1867, ibid., p. 335 [*Cartas sobre* O capital, cit., p. 204].

172 K. Marx a F. Engels, 16 de agosto de 1867, ibid., p. 354[*Cartas sobre* O capital, cit., p. 214].

173 K. Marx a F. Engels, 24 de agosto de 1867, ibid., p. 357 [*Cartas sobre* O capital, cit., p. 216].

174 A distribuição nas livrarias iniciou-se em 11 de setembro. Ver Institut für marxismus-leninismus, Entstehung und Überlieferung. *In:* Marx, K. *Das Kapital. Kritik der politischen Ökonomie. Erster Band, Hamburg 1867. In:* MEGA², vol. II/5, p. 674.

[175] J. Marx a F. Kugelmann, 24 de dezembro de 1867. *In:* MEO, vol. XLII, p. 648.

[176] Marx, *Das Kapital.* Kritik der politischen Ökonomie. Erster Band, cit., p. 9.

[177] K. Marx a F. Engels, 19 de outubro de 1867. *In:* MEO, vol. XLII, p. 402.

[178] Ibid., p. 403.

[179] F. Engels a K. Marx, 22 de outubro de 1867, ibid., p. 406.

[180] K. Marx a F. Engels, 27 de novembro de 1867, ibid., p. 427.

[181] J. Marx a J. P. Becker, 10 de janeiro de 1868. *In:* MEO, vol. XLIII, p. 745.

[182] J. Marx a F. Engels, 13 de janeiro de 1868, ibid., p. 748.

[183] K. Marx a F. Engels, 25 de janeiro de 1868, ibid., p. 28.

[184] K. Marx a F. Engels, 25 de março de 1868, ibid., p. 57 [*Cartas sobre* O capital, cit., p. 243].

[185] K. Marx a F. Engels, 14 de março de 1868, ibid., p. 47 [*Cartas sobre* O capital, cit., p. 240].

[186] K. Marx a F. Engels, 25 de março de 1868, ibid., p. 58 [*Cartas sobre* O capital, cit., p. 245].

[187] Ibid., p. 59.

[188] Ibid., p. 57.

[189] K. Marx, *Das Kapital* (Ökonomisches Manuskript 1868-1870). Zweites Buch. Der Zirkulationsprozess des Kapitals (Manuskript II), *in:* MEGA², vol. II/11, p. 1-339

[190] Esses textos foram recentemente publicados em K. Marx, Ökonomische Manuskripte 1863-1868. *In:* MEGA², vol. II/4.3, p. 78-234 e p. 285-363. Esta última parte constitui o Manuscrito IV do Livro II e contém uma nova versão do primeiro e segundo capítulos: "A Circulação do Capital" e "A Metamorfose do Capital".

[191] K. Marx a F. Engels, 30 de abril de 1868. *In:* MEO, vol. XLIII, p. 76 [*Cartas sobre* O capital, cit., p. 249].

[192] Ibid., p. 77 [*Cartas sobre* O capital, cit., p. 249].

[193] K. Marx a F. Engels, 16 de maio de 1868, ibid., p. 94. [Refere-se a Lúcio Cornélio Sula, chefe militar romano (178 a 138 a.C.), com fama de implacável (N. T.)].

[194] K. Marx a L. Kugelmann, 10 de agosto de 1868, ibid., p. 602.

[195] Marx, *Das Kapital (Ökonomisches Manuskript 1868-1870).* Zweites Buch, cit., p. 340-522.

[196] IISG, Marx-Engels Papers, B 108, B 109, B 113 e B 114.

[197] K. Marx a S. Meyer, 4 de julho de 1868. *In:* MEO, vol. XLII, p. 596 [*Cartas sobre* O capital, cit., p. 265].

[198] J. Marx a F. Engels, 17 de janeiro de 1870, ibid., vol. XLIII, p. 761.

[199] F. Engels a K. Marx, 19 de janeiro de 1870, ibid., p. 459.

[200] K. Marx a L. Kugelmann, 27 junho 1870, ibid., p. 739.

[201] K. Marx, Ergänzungen und Veränderungen zum ersten Band des "Kapitals" (Dezember 1871-Januar 1872). *In:* id., *Das Kapital. Kritik der politischen Ökonomie.* Erster Band, cit., p. 1-55. A tradução italiana desse fragmento foi publicada com o título *Manoscritto 1871-1872,* No recente K. Marx, *Il capitale.* Critica dell'economia politica. *In:* MEO, vol. XXXI, t. 2, p. 1123-94.

[202] M. Musto e B. Amini (org.), *The Routledge Handbook of Marx's 'Capital'.* A Global History of Translation, Dissemination and Reception, Routledge, London/New York, 2021.

[203] Marx a N. Danielson, 28 de maio de 1872. *In:* MEO, vol. XLIV, p. 485 [*Cartas sobre* O capital, cit., p. 304]. Para mais informações a respeito, cf. A. Uroeva, *La fortuna del "Capitale",* Editori Riuniti, Roma, 1974, p. 94 ss.

[204] Lessner, F. *Ricordi di un operaio comunista,* Lotta Comunista, Milano, 1996, p. 138.

[205] J. Marx a W. Liebknecht, 26 de maio de 1872. *In:* MEO, vol. XLIV, p. 673.

[206] K. Marx a L. Lafargue, 18 de dezembro de 1871, ibid., p. 370.

[207] K. Marx a M. Lachâtre, 18 de março de 1872, ibid., p. 438 [*Cartas sobre* O capital, cit., p. 304].

[208] K. Marx a N. Danielson, 28 de maio de 1872, ibid., p. 485 [*Cartas sobre* O capital, cit., p. 304].

[209] J. Marx (filha) a L. Kugelmann, 3 de maio de 1872, ibid., p. 671.

[210] J. Marx (filha) a L. e F. Kugelmann, 27 de junho de 1872, ibid., p. 676.

[211] F. Engels a L. Kugelmann, 10 de julho de 1873, ibid., p. 621.

[212] K. Marx a F. Sorge, 27 de setembro de 1877. *In:* Marx. K e Engels, F. *Lettere 1874-1879*, Lotta Comunista, Milano, 2006, p. 225.

[213] Marx, K. *Il capitale*. Libro primo, cit., p. 48.

[214] K. Marx a F. Sorge, 27 de setembro de 1877. *In:* Marx. K e Engels, F. *Lettere 1874-1879, cit.*, p. 225.

[215] K. Marx a N. Danielson, 15 de novembro de 1878, ibid., p. 285 [*Cartas sobre* O capital, cit., p. 329].

[216] K. Marx para N. Danielson, 28 de novembro de 1878, ibid., p. 288. Para uma lista de adições e mudanças contidas na tradução francesa que não foram incluídas na terceira e quarta edições alemãs – ou seja, a versão canônica d' *O capital* da qual a principal versão italiana também foi traduzida –,ver marx, *Das Kapital. Kritik der politischen Ökonomie. Erster Band*, cit., p. 732-783. Sobre os méritos desta versão, veja Anderson, K., *The Unknown Marx's Capital Volume I*. A edição francesa de 1872-1875, 100 anos depois, em *Review of Radical Political Economics*, XV (1985), n. 4, p. 71-80, e D'hondt, J. La traduction tendencieuse du *Capital* por Joseph Roy. *In:* Labica, G. (ed.), *1883-1983, l'œuvre de Marx un siècle après*, Presses Universitaires de France, Paris, 1985, p. 131-137.

[217] O trabalho editorial realizado por Engels após a morte de seu amigo, para imprimir as partes d'*O capital* que ele não conseguiu concluir, foi extremamente complexo. Os vários manuscritos, rascunhos e fragmentos dos Livros II e III, escritos de 1864 a 1881, correspondem, nos volumes MEGA², a cerca de 2.350 páginas. Engels conseguiu publicar o Livro II em 1885 e o Livro III em 1894, mas deve-se ter em mente que esses dois volumes foram reconstruídos com base em textos incompletos, muitas vezes não homogêneos e, além disso, porque foram escritos em vários períodos, as opiniões de Marx são diferentes.

[218] Veja-se, por exemplo, a carta de K. Marx a N. Danielson, de 13 de dezembro de 1881, na qual afirmava: "Antes de mais nada preciso me recuperar e depois gostaria de terminar o segundo volume. [...] Vou combinar com meu editor para fazer [na] terceira edição o mínimo possível de correções e acréscimos. [...] Uma vez vendidas estas mil cópias da terceira edição, poderei revisar o texto como teria feito agora se as circunstâncias fossem outras". *In:* MECW, vol. XLVI, p. 161.

O NASCIMENTO DA ASSOCIAÇÃO INTERNACIONAL DOS TRABALHADORES

[1] Este documento está em D. B. Rjazanov, *Alle origini della Prima Internazionale*, Lotta Comunista, Milano, 1995, p. 76.

[2] Ibid., p. 61. Publicado em *Bee-Hive* de 5 de dezembro de 1863, o texto foi reproduzido na íntegra, ibid., p. 60-64.

[3] Em 16 de julho de 1872, em uma das últimas semanas do Conselho Geral de Londres, alguns de seus membros, durante um debate acerca da revisão dos estatutos, colocaram em discussão o nome da organização (International Working Men's Association), questionando-se sobre a vantagem de substituir-se a palavra "homens" (men) por "pessoas" (persons). Acerca disto interveio Friedrich Engels, destacando que "geralmente está subtendido que [working]men (trabalhadores) é um termo genérico que inclui ambos os sexos" e esclarecendo que a Associação era, e fora desde o seu início, aberta tanto

a trabalhadoras quanto a trabalhadores. *In*: Institute of marxism-leninism of the CC, CPSU (org.), *The General Council of the First International 1871-1872*. Minutes, Progress, Moscow, 1968, p. 256.

[4] Citado em G. M. Stekloff, *History of the First International* [1928], Russell & Russell, New York, 1968, p. [ii].

[5] Entre os primeiros membros também havia integrantes de algumas sociedades secretas, como a Loja da Filadélfia. Veja-se B. Nicolaevsky, *Secret Societies and the First International* [Sociedades Secretas e a Primeira Internacional]. *In*: Drachkovitch, M. (ed.), *The Revolutionary Internationals*, 1864-1943 (Stanford University Press: Stanford, 1966), p. 36-56, e Archer, J. P. W. *The First International in: France, 1864-1872*, University Press of America, Lanham (MD), 1997, p. 33-35.

[6] Cf. H. Collins e C. Abramsky, *Karl Marx and the British Labour Movement*, Mac- Millan, London, 1965, p. 34.

[7] J. G. Eccarius a K. Marx, 12 de outubro de 1864. *In:* MEGA², vol. III/13, p. 11.

[8] K. Marx a F. Engels, 4 de novembro de 1864. *In:* MEO, vol. XLII, p. 11.

[9] Ibid.

[10] Na assembleia de fundação foi criado o Comitê diretivo provisório para organizar a Associação. Em 1865 ele foi substituído pelo Conselho Central que, posteriormente, ganha o nome de Conselho Geral. É assim que o denominaremos, no texto, daqui para frente.

[11] De fato, uma indisposição "impedira-o de assistir à [primeira] seção do subcomitê e à seção seguinte do comitê geral", K. Marx a F. Engels, 4 de novembro de 1864. *In:* MEO, vol. XLII, p. 12.

[12] Cf. Bravo, G. M. *Marx e la Prima Internazionale*, Laterza, Bari, 1979, p. 18-19.

[13] K. Marx, *Indirizzo inaugurale dell'Associazione internazionale dei lavoratori. In:* Musto (org.), *Lavoratori di tutto il mondo, unitevi!*, cit., p. 28. [Há edição brasileira: "Mensagem inaugural da Associação Internacional dos Trabalhadores. In: *Trabalhadores, uni-vos: antologia política da I Internacional*. São Paulo: Boitempo/Fundação Perseu Abramo, 2014, p. 96].

[14] Ibid., p. 30. [*Trabalhadores, uni-vos...*, cit, p. 98]

[15] Ibid., p. 30-31 [*Trabalhadores, uni-vos...*, cit., p. 98].

[16] Bravo, *Marx e la Prima Internazionale*, cit., p. 25.

[17] Cf. K. Marx a F. Bolte, 23 de novembro de 1871: "A história da Internacional tem sido uma luta constante do Conselho Geral contra seitas e grupos amadores que buscam se afirmar dentro da Internacional contra o próprio movimento real da classe trabalhadora. Esta luta foi travada nos congressos, mas sobretudo nas discussões privadas do Conselho Geral com as seções individuais". *In:* MEO, vol. XLIV, p. 338.

[18] Cf. Bravo, *Marx e la Prima Internazionale*, cit., p. 165.

[19] K. Marx a F. Engels, 4 de novembro de 1864. *In:* MEO, vol. XLII, p. 14.

[20] K. Marx a V. Le Lubez, 15 de fevereiro de 1865, ibid., p. 491. Marx reiterou essa posição em 1871, quando, em carta ao líder cartista Julian Harney, escreveu: "Em Londres, lamento dizer, a maioria dos representantes operários usa sua posição em nosso Conselho apenas como uma ferramenta para promover suas próprias ambições pessoais mesquinhas: entrar na Câmara dos Comuns", K. Marx para G. J. Harney, 21 de janeiro de 1871. *In:* MEO, vol. XLVI, p. 168.

[21] Cf. Rubel, *Marx critico del marxismo*, cit., p. 81: "somente a necessidade de mitologia – ou mistificação – poderia nos levar a ver nesta carta o fruto do 'marxismo', ou seja, de uma doutrina já dada, imposta externamente por um cérebro onisciente a uma massa inerte e amorfa de homens em busca de uma panaceia social".

22 Cf. Testut, O. *L'Association internationale des travailleurs*, Aimé Vingtrinier, Lyon 1870, p. 310.

23 Cf. *The Times*, 5 de junho de 1871; e O. Testut, *Le livre bleu de l'Internationale*, Lachaud, Paris, 1871.

24 Cf. Collins e Abramsky, *Karl Marx and the British Labour Movement*, cit., p. 70; e d'Hondt, J. Rapport de synthèse. In: *Colloque international sur la première internationale* (org.), *La Première Internationale: l'institution, l'implantation, le rayonnement*, Éditions du Centre national de la recherche scientifique, Paris, 1968, p. 475.

25 Cf. Collins e Abramsky, *Karl Marx and the British Labour Movement*, cit., p. 289.

26 K. Marx, *Risoluzioni del Congresso di Ginevra* (1866). In: Musto (org.), *Lavoratori di tutto il mondo, unitevi!*, cit., p. 39. [Resoluções do Congresso de Genebra. In: *Trabalhadores, uni-vos...*, cit., p. 107]

27 Em seu diário, *Tagebuchblätter Aus Dem Jahre 1867 bis 1869*, Hirzel, Leipzig, 1901, vol. VIII, p. 406, o general Friedrich von Bernhardi reportou "a partir de fontes confiáveis" que um fundo de mais de £ 5mihões fora depositado em Londres para ser utilizado pela Internacional. Cf. Braunthal, J. *History of the International*, Nelson: New York, 1966, p. 107.

28 Cf. ibid., p. 108, onde afirma-se que, dentre os documentos do Conselho Geral, não se encontrou qualquer documento relativo aos aportes anuais da Internacional. Todavia, em um relato do tesoureiro Cowell-Stepney estão indicadas as entradas remetidas ao Conselho Geral a partir das subscrições dos militantes individuais – isto é, não daqueles que aderiram por meio de organizações coletivas –, durante os seis primeiros anos de vida da organização. As cifras são as seguintes [sendo £ = libras]: 1865 – £ 23; 1866 – £ 9,13s.; 1867 – £ 5,17s.; 1868 – £ 14,14s.; 1869 – £ 30,12s.; 1870 – £ 14,14s. O último relatório financeiro, apresentado por Engels, em setembro de 1872, no Congresso de Haia para os anos de 1870-1872, mostrava uma dívida de mais de 25 libras para com os membros do Conselho Geral. Reproduções dos balancetes redescobertos da Internacional foram publicadas em Collins e Abramsky, *Karl Marx and the British Labour Movement*, cit., p. 80-81.

29 Marx, *Risoluzioni del Congresso di Ginevra* (1866), cit., p. 37. [*Trabalhadores, uni-vos...*, cit., p. 105].

30 Cf. Haupt, G. *L'Internazionale socialista dalla Comune a Lenin*, Einaudi, Torino, 1978, p. 78.

31 K. Marx a F. Engels, 24 de junho de 1865. In: MEO, vol. XLII, p. 135.

32 K. Marx a F. Engels, 31 de julho de 1865, ibid., p. 143.

33 K. Marx a H. Jung, 20 de novembro de 1865, ibid., p. 533-34.

34 K. Marx a J. B. von Schweitzer, 13 de fevereiro de 1865, ibid., p. 490.

35 K. Marx a F. Engels, 18 de fevereiro de 1865, ibid., p. 80.

36 Cf. Marx, K. *O comunismo do "Rheinischer Beobachter"*. In: MEO, vol. VI, p. 234-247.

37 Cf. Collins e Abramsky, *Karl Marx and the British Labour Movement*, cit., p. 65.

38 K. Marx a F. Engels, 26 de dezembro de 1865. In: MEO, vol. XLII, p. 175.

39 K. Marx a F. Engels, 10 de março de 1866, ibid., p. 207.

40 K. Marx a A. Philips, 18 de março de 1866, ibid., p. 551.

41 Marx, *Risoluzioni del Congresso di Ginevra* (1866), cit., p. 36-37 [*Trabalhadores, uni-vos...*, cit., p. 104].

42 Ferdinand Lassalle foi um defensor da "lei de ferro dos salários" e via os esforços para aumentar os salários como fúteis e uma distração da tarefa principal dos trabalhadores, que é tomar o poder político no Estado.

43 Marx, *Risoluzioni del Congresso di Ginevra* (1866), cit., p. 39.

44 id., *Salário, preço e lucro*, cit., p. 150. [*Trabalho assalariado e capital & Salário, preço e lucro*, cit., p. 141]. Por outro lado, a distinção necessária entre organização política e organização sindical sempre foi clara para Marx. Em setembro de 1869, em entrevista ao sindicalista alemão Johann Hamann, publicada no *Volksstaat*, n. 17 de 27 de novembro de 1869, ele havia dito que "os sindicatos nunca devem permanecer relacionados com uma associação política ou ser dela dependentes: se isso acontecer, eles se dão um golpe mortal. Os sindicatos são escolas de socialismo". *In:* Hamann, J. H. C. *Bericht über Unterredung von Metallgewerkschaften mit Karl Marx in Hannover* em 30 de setembro de 1869, em MEGA², vol. I/21, Akademie, Berlim, 2009, p. 906.

45 Marx, *Risoluzioni del Congresso di Ginevra* (1866), cit., p. 35 [*Trabalhadores, uni-vos...*, cit., p. 103].

46 K. Marx a L. Kugelmann, 9 de outubro de 1866. *In:* MEO, vol. XLII, p. 576-77.

47 Cf. Freymond, J. *Introduction. In:* Burgelin, H. Langfeldt, K. e Molnár, M. (orgs.), *La Première Internationale*, Droz, Genève, 1962, vol. I (1866-1868), p. xi.

48 Cf. Collins e Abramsky, *Karl Marx and the British Labour Movement*, cit., p. 290-291.

49 K. Marx a F. Engels, 7 de junho de 1866. *In:* MEO, vol. XLII, p. 244.

50 Nessa mesma carta, Marx afirmou que eram "todos reacionários aqueles que fazem cair sobre a questão social o peso das superstições do velho mundo". K. Marx a F. Engels, 20 de junho de 1866, ibid., p. 252.

51 Ibid.

52 Embora a Internacional adotasse o princípio de um delegado a cada 500 filiados, a participação dos delegados em todos os congressos sempre foi subordinada à sua possibilidade de tomar parte.

53 Marx não esteve em nenhum congresso da Internacional, com exceção daquele crucial ocorrido na Haia em 1872.

54 F. Engels a K. Marx, 11 de setembro de 1867. *In:* MEO, vol. XLII, p. 376.

55 K. Marx a F. Engels, 12 de setembro de 1867, ibid., p. 380.

56 Marx, *Risoluzioni del Congresso di Ginevra (1866)*, cit., p. 37 [*Trabalhadores, uni-vos...*, cit., p. 105].

57 Ibid.

58 Cf. Freymond, *Introduction, cit.,* p. xiv.

59 Eugène Dupont representou uma seção de Nápoles e o congresso teve também a participação de Auguste Blanqui como observador.

60 K. Marx, *Risoluzioni del Congresso di Bruxelles (1868). In:* Musto (org.) *Lavoratori di tutto il mondo, unitevi!*, cit., p. 43-44. [*Trabalhadores, uni-vos...*, cit., p. 111]

61 Essa mudança foi possível graças à mudança de orientação política da seção belga, que no congresso federal ocorrido em julho abraçara posições coletivistas.

62 Burgelin, Langfeldt e Molnár (orgs.), *La Première Internationale*, cit., vol. I (1866-1868), p. 402-403.

63 Ibid., p. 403.

64 Cf. de Paepe, C. *Sciopero contro la guerra. In:* Musto (org.), *Prima Internazionale*, cit., p. 184-185.

65 Cf. K. Marx a F. Engels, 16 de setembro de 1868. *In:* MEO, vol. XLIII, p. 164, carta na qual faz-se referência ao "absurdo belga de fazer greves contra a guerra".

66 Ibid.

67 K. Marx a F. Engels, 4 de agosto de 1869, ibid., p. 385-386.

68 K. Marx para W. Bracke, 24 de março de 1870, ibid., p. 713. Sua filha Jenny também falou sobre a lacuna entre o que foi imaginado para as condições materiais da organização e o que realmente existia. De fato, quando por ocasião de uma grande greve dos operários das siderúrgicas e minas Schneider, ocorrida na pequena cidade de Le Creusot, a im-

prensa oficial francesa e o londrino *Times* escreveram que a agitação havia sido gerada por uma "excitação artificial", nomeadamente que "o líder da greve [tinha] recebido 55 mil francos" da Internacional, a filha de Marx comentou com o amigo da família Kugelmann: "Gostaria que [estas declarações] fossem verdadeiras! É uma pena que, em suas ações, a Internacional não corresponda às brilhantes fantasias desses senhores", J. Marx (filha) para L. Kugelmann, 30 de janeiro de 1870, ibid., p. 765.

[69] K. Marx a F. Engels, 19 de setembro de 1868, ibid., p. 168.

[70] K. Marx a F. Engels, 26 de setembro de 1868, ibid., p. 181. Ao recusar o convite para o congresso realizado em Hamburgo, Marx, no entanto, reconhecia alguns progressos. Ele escrevera a Engels: "alegro-me de ver destacado no seu programa congressual os pontos de partida de todo 'sério' movimento operário, ou seja, a agitação pela liberdade política, pela regulamentação da jornada de trabalho e pela cooperação internacional da classe operária. Vale dizer que congratulo-me com eles porque abandonaram o programa de Lassalle". K. Marx a F. Engels, 26 de agosto de 1868, ibid., p. 152-153.

[71] K. Marx a J. B. von Schweitzer, 13 de outubro de 1868, ibid., p. 618-620. Essa carta se perdeu, mas afortunadamente ficou conservada por Marx em seu rascunho, do qual retirou-se a citação.

[72] K. Marx a F. Engels, 10 de agosto de 1869, ibid., p. 388.

[73] K. Marx a L. Kugelmann, 12 de fevereiro de 1868, ibid., p. 632-633.

[74] K. Marx a F. Engels, 5 de março de 1869, ibid., p. 294.

[75] Ibid., p. 294-295.

[76] Burgelin, Langfeldt e Molnár (orgs.), *La Première Internationale, cit.,* vol. II (1869-72), p. 74.

[77] K. Marx a L. Lafargue, 25 de setembro de 1869. *In:* MEO, vol. XLIII, p. 687

[78] Mikhail Bakunin a Karl Marx, 22 de dezembro de 1868, citada em J. Guillaume, *L'Internazionale. Documenti e ricordi (1864-1878),* vol. I, Centro Studi Libertari Camillo di Sciullo, Chieti, 2004, p. 153. Cf. Marx a F. Engels, 13 de janeiro de 1869. *In:* MEO, vol. XLIII, p. 807.

[79] M. Bakunin, *Programme of the Alliance [International Alliance of Socialist Democracy]. In:* A. Lehning (org.), *Michael Bakunin. Selected Writings,* Jonathan Cape, London, 1973, p. 174. A tradução trazida por esse livro, no entanto, é imprecisa e equivocada. Nas *Ditas cisões na Internacional* [Cosiddette scissioni nell'Internazionale], Engels e Marx citam diretamente do documento original de Bakunin ("l'égalisation politique, économique et sociale des classes" [A equiparação política, econômica e social das classes]), veja-se K. Marx e F. Engels, *Le cosiddette scissioni nell'Internazionale (1872). In:* id., *Critica dell'anarchismo,* Einaudi, Torino, 1972, p. 28-77.

[80] Cf. E. Carr, *Bakunin,* Bur, Milano, 2002, p. 360.

[81] Cf. ibid., p. 344. A propósito, Carr declarou: "o cavalo de madeira entrara na cidadela troiana"

[82] K. Marx, *Sul diritto all'eredità. In:* Musto (org.), *Lavoratori di tutto il mondo, unitevi!,* cit., p. 115-17 [Trabalhadores, uni-vos, cit., p. 185-187].

A REVOLUÇÃO NAS RUAS DE PARIS

[1] Cf. Freymond, *Introduction,* cit., p. xix

[2] K. Marx a F. Engels, 12 de novembro de 1869. *In:* MEO, vol. XLIII, p. 424.

[3] Ibid., p. 419.

[4] K. Marx a L. Kugelmann, 20 de novembro de 1869, ibid., p. 691. A propósito, veja-se também as considerações de Marx que estão na carta a Sigfried Meyer e August Vogt, de 9 de abril de 1870, ibid., p. 719-720.

[5] Trata-se de uma circular reservada enviada por Marx ao seu amigo e membro da Internacional, Ludwig Kugelmann, em 28 de março de 1870, a fim de que a encaminhasse ao comitê de Braunschweig do Partido Operário Social-Democrata Alemão, a que era destinada. Marx anexou a esse comunicado um documento, por ele redigido e aprovado pelo Conselho Geral em 1º de janeiro de 1870, intitulado *O Conselho Geral ao Conselho Federal da Suíça Francófona*, que foi depois publicado, em 1872, no opúsculo *As ditas cisões na Internacional*.

[6] K. Marx, *Comunicazione confidenziale. In:* K. Marx e F. Engels, *Critica dell'anarchismo*, cit., p. 15.

[7] K. Marx a L. Kugelmann, 20 de novembro de 1869. *In:* MEO, vol. XLIII, p. 691-692.

[8] Ibid., p. 692.

[9] K. Marx a F. Engels, 10 de dezembro de 1869, ibid., p. 448.

[10] K. Marx a P. e L. Lafargue, 5 de março de 1870, ibid., p. 710.

[11] Marx, *Comunicazione confidenziale*, cit., p. 15.

[12] K. Marx a S. Meyer e A. Vogt, 9 de abril de 1870. *In:* MEO, vol. XLIII, p. 719-720.

[13] Marx, *Comunicazione confidenziale*, cit., p. 14.

[14] K. Marx a S. Meyer e A. Vogt, 9 de abril de 1870. *In:* MEO, vol. XLIII, p. 721.

[15] Ibid., p. 720.

[16] Ibid.

[17] Ibid

[18] Cf. Rougerie, J. *Les sections françaises de l'Association Internationale des Travailleurs. In:* Colloque international sur la première internationale (Org.), *La Première Internationale*, cit., p. 111, que menciona "algumas dezenas de milhares".

[19] Cf. Freymond, J. (org.) *Études et documents sur la Première Internationale en Suisse*, Droz, Genève, 1964, p. 295.

[20] Ibid., p. x.

[21] K. Marx a F. Engels, 18 de maio de 1870. *In:* MEO, vol. XLIII, p. 559.

[22] K. Marx a P. e L. Lafargue, 19 de abril de 1870, ibid., p. 727.

[23] K. Marx a P. e L. Lafargue, 18 de abril de 1870, ibid., p. 724.

[24] K. Marx a H. Jung, 14 de julho de 1870, ibid., p. 740

[25] Ibid.

[26] K. Marx, *Primo indirizzo sulla guerra franco-prussiana. In:* Musto (org.), *Lavoratori di tutto il mondo, unitevi!*, cit., p. 192 [Primeira mensagem do Conselho Geral da Associação Internacional dos Trabalhadores sobre a Guerra Franco Prussiana. *In: A revolução antes da revolução*, v. II, São Paulo: Expressão Popular, 2015, p. 363].

[27] Ibid., p. 193. [*A revolução antes da revolução*, cit., p. 365].

[28] J. Stuart Mill, *The Collected Works of John Stuart Mill*, University of Toronto Press, Toronto 1991, vol. XXXII, p. 244.

[29] Os representantes da Associação Geral dos Trabalhadores Alemães – lassaliana – votaram a favor.

[30] K. Marx, *Secondo indirizzo sulla guerra franco-prussiana. In:* Musto (org.), *Lavoratori di tutto il mondo, unitevi!*, cit., p. 195. [Segunda mensagem do Conselho Geral da Associação Internacional dos Trabalhadores sobre a Guerra Franco Prussiana. *In: A revolução antes da revolução*, cit., p. 376-377].

[31] Cf. A. Lehning, *Introduction. In:* id. (org.), Bakunin-Archiv, VI. *Michel Bakounine sur la Guerre Franco-Allemande et la Révolution Sociale en France* (1870-1871), Brill, Leiden, 1977, p. xvi.

[32] Marx, *Secondo indirizzo sulla guerra franco-prussiana*, cit., p. 195 [*A revolução antes da revolução*, cit., p. 375].

33 K. Marx a W. Liebknecht, 6 de abril de 1871. *In:* MEO, vol. XLIV, p. 193

34 K. Marx a L. Kugelmann, 12 de abril de 1871, ibid., p. 198-199

35 Marx referia-se à insurreição republicana de 1848.

36 Ibid., p. 199.

37 K. Marx a L. Kugelmann, 17 de abril de 1871, ibid., p. 202.

38 Ver K. Marx a L. Frankel e E. Varlin (esboço), 13 de maio de 1871, ibid., p. 217-18: "os prussianos certamente não entregarão os fortes nas mãos dos Versalheses, mas – após a estipulação definitiva da paz [em 26 de maio] – permitirão que o governo cerque Paris com seus gendarmes. [...] Thiers e companhia [...] solicitou a Bismarck o adiamento do pagamento da primeira parcela até a ocupação da cidade. Bismarck aprovou essa condição, ainda que a Prússia precisasse de dinheiro com urgência. Portanto, todas as facilidades possíveis para acelerar a ocupação de Paris serão asseguradas aos Versalheses. Portanto, cuidado!"

39 K. Marx a L. Kugelmann, 17 de abril de 1871, ibid., p. 202.

40 K. Marx a L. Kugelmann, 12 de abril de 1871, ibid., p. 198-99.

41 K. Marx, *Sulla Comune di Parigi. In:* Musto (org.), *Lavoratori di tutto il mondo, unitevi!*, cit., p. 171. [*A revolução antes da Revolução*, cit., p. 411].

42 Ibid., p. 172 [*A revolução antes da Revolução*, cit., p. 412].

43 Haupt alertou contra aqueles que "reformula[ram] a realidade da Comuna para adequá-la a uma imagem transfigurada pela ideologia". Haupt, *L'Internazionale socialista dalla Comune a Lenin*, cit., p. 41.

44 O número de eleitos deveria ter sido 92. Porém, em razão da múltipla eleição de alguns dos representantes, o número caiu para 85.

45 Cf. Rougerie, J. *Paris libre 1871*, Seuil, Paris, 1971, p. 146; Milza, P. *L'année terrible*, Perrin, Paris, 2009, p. 78.

46 K. Marx a F. Nieuwenhuis, 22 de fevereiro de 1881. *In:* K. Marx e F. Engels, *Lettere 1880-1883* (março), *Lotta Comunista*, Genova, 2008, p. 54.

47 Marx, K. *Report of the General Council to the Fifth Annual Congress of the International. In:* Institute of Marxism-Leninism of the CC, CPSU (org.), *The General Council of the First International 1871-1872*, cit., p. 461.

48 K. Marx a L. Kugelmann, 18 de junho de 1871. *In:* MEO, vol. XLIV, p. 229.

49 Cf. Haupt, *L'Internazionale socialista dalla Comune a Lenin*, cit., p. 28.

50 Ibid., p. 93-95.

51 Na realidade, fizeram-se presentes na conferência apenas 19 delegados, porque Cohen não pôde assisti-la e Dupont e Mac Donnell participaram somente das duas primeiras seções.

52 K. Marx, 15 de agosto de 1871. *In:* Institute of marxism-leninism of the CC, CPSU (org.), *The General Council of the First International 1870-1871.* Minutes, Progress, Moscow, 1967, p. 259.

53 K. Marx, 17 de setembro de 1871. *In:* Burgelin, Langfeldt e Molnár (orgs.), *La Première Internationale*, cit., vol. II (1869-1872), p. 152.

54 Cf. M. Molnár, *Le Déclin de la première internationale*, Droz, Genève, 1963, p. 127.

55 K. Marx e F. Engels, *Sull'azione politica della classe operaia e su altre questioni. In:* Musto (org.), *Lavoratori di tutto il mondo, unitevi!*, cit., p. 232-33 [*Trabalhadores, uni-vos*, cit., p. 304-305].

56 K. Marx, *Sulla questione dell'astensionismo*, ibid., p. 234 [*Trabalhadores, uni-vos*, cit., p. 306].

57 Ibid [*Trabalhadores, uni-vos*, cit., p. 306].

58 Ibid [*Trabalhadores, uni-vos*, cit., p. 306].

59 Marx e Engels, *Sull'azione politica della classe operaia e su altre questioni*, cit., p. 239 [*Trabalhadores, uni-vos*, cit., p. 306].

60 Ibid.

61 No início dos anos 1870, o movimento operário foi organizado em um partido político apenas na Alemanha e, portanto, um uso muito confuso do termo prevaleceu entre os seguidores de Marx e Bakunin. O termo "partido" foi usado de forma bastante vaga até mesmo pelo próprio Marx. Para ele, segundo Rubel, "o conceito de partido [...] corresponde ao conceito de classe" (Rubel, *Marx crítico do marxismo*, cit., p. 183). Por fim, convém sublinhar que o embate ocorrido no seio da Internacional entre 1871 e 1872 não se centrou na construção do partido político (expressão pronunciada apenas duas vezes na conferência de Londres e cinco vezes no congresso de Haia), mas, "[sobre o] uso [...] do adjetivo político", cf. Haupt, *L'Internazionale socialista dalla Comune a Lenin*, cit., p. 84.

62 Cf. Burgelin, Langfeldt e Molnár (orgs.), *La Première Internationale*, cit., vol. II (1869-72), p. 237, e Marx, K. *Dichiarazione del Consiglio generale sull'abuso del nome dell'Internazionale da parte di Nečaev. In:* Bravo, G. M. *La Prima Internazionale. Storia documentaria*, Editori Riuniti, Roma, 1978, vol. I, p. 579.

63 Veja-se Freymond, J. e Molnár, M. *The Rise and Fall of the First International. In:* Drachkovitch (org.), *The Revolutionary Internationals, 1864-1943*, cit., p. 27.

64 *Circulaire du Congrès de Sonvilier. In:* Burgelin, Langfeldt e Molnár (orgs.), *La Première Internationale*, cit., vol. II (1869-72), p. 264-265.

65 *Risoluzione, programma e regolamento della federazione italiana dell'Associazione Internazionale dei Lavoratori. In:* Bravo, *La Prima Internazionale*, cit., vol. II, p. 787.

66 Cf. Musto, M. *Introduzione. In:* id. (org.), *Lavoratori di tutto il mondo, unitevi!*, cit., p. 9 [*Trabalhadores, uni-vos*, cit., p. 59-60] e S. Bernstein, *The First International in America*, A. M. Kelley, New York, 1962, p. 65.

67 Veja-se Freymond e Molnár, *The Rise and Fall of the First International*, cit., p. 27- 28.

O CONFLITO COM OS ANARQUISTAS

1 Cf. Haupt, *L'internazionale socialista dalla Comune a Lenin*, cit., p. 88.

2 Cf. K. Marx a L. Kugelmann, 29 de julho de 1872. *In:* MEO, vol. XLIV, p. 517.

3 K. Marx a L. Kugelmann, 29 de julho de 1872, ibid., p. 413.

4 Cf. Guillaume, J. *L'Internazionale*, Centro Studi Libertari Camillo Di Sciullo, Chieti, 2004 [1907], vol. II, p. 497-98; e Freymond, *Introduction*, cit., p. xxv.

5 F. Engels e K. Marx, *Statuti provvisori dell'Associazione internazionale degli operai. In:* Musto (org.), *Lavoratori di tutto il mondo, unitevi!*, cit., p. 219.

6 Ibid., p. 221-22

7 Cf. Freymond, Introduction, cit., p. x.

8 F. Engels, *Sull'importanza della lotta politica. In:* Musto (org.), *Lavoratori di tutto il mondo, unitevi!*, cit., p. 228 [*Trabalhadores, uni-vos*, cit., p. 300-301]

9 K. Marx, 23 de julho de 1872. *In:* Institute of Marxism-Leninism of the CC, CPSU (org.), *The General Council of the First International 1871-1872*, cit., p. 263.

10 K. Marx, 20 de setembro de 1871. *In:* Burgelin, Langfeldt e Molnár (orgs.), *La Première Internationale*, cit., vol. II (1869-72), p. 195.

11 Marx, K. *On the Hague Congress. In:* MECW, vol. XXIII, p. 255.

12 Cf. Haupt, *L'Internazionale socialista dalla Comune a Lenin*, cit., p. 100.

13 Burgelin, Langfeldt e Molnár (orgs.), *La Première Internationale*, cit., vol. II, p. 374. A oposição já se expressava em favor da redução do poder do Conselho Geral no congresso de

Sonvilier (Cf. supra, nota 64, p. 334), mas Marx declarou, em Haia: "é preferível então abolir o Conselho Geral a vê-lo reduzido ao papel de caixa postal", ibid., p. 354.

[14] Ibid., p. 377.

[15] K. Marx, F. Engels e P. Lafargue, *Critica della politica di Bakunin. In:* Musto (org.), *Lavoratori di tutto il mondo, unitevi!*, cit., p. 134 [*Trabalhadores, uni-vos*, cit., p. 205].

[16] Burgelin, Langfeldt e Molnár (orgs.), *La Première Internationale*, cit., vol. II (1869-72), p. 367-368.

[17] F. Engels, 5 de setembro de 1872, ibid., p. 355

[18] M. Barry, *Report of the Fifth Annual General Congress of the International Working Men's Association, Held at The Hague, Holland, September 2-9, 1872. In:* H. Gerth, *The First International. Minutes of The Hague Congress of 1872*, University of Wisconsin Press, Madison, 1958, p. 279-80.

[19] Engels, 5 de setembro de 1872, cit., p. 356.

[20] Marx e Engels, *Le cosiddette scissioni nell'Internazionale*, cit., p. 57-58.

[21] Ibid., p. 58

[22] Para uma análise crítica dessas posições, veja-se M. Molnár, *Quelques remarques à propos de la crise de l'Internationale en 1872. In:* Colloque international sur la première internationale (Org.), *La Première Internationale: l'institution, l'implantation, le rayonnement*, cit., p. 439.

[23] Molnár, *Le Déclin de la Première Internationale*, cit., p. 144.

[24] Marx, K. 22 de setembro de 1872. *In:* Burgelin, Langfeldt e Molnár (orgs.), *La Première Internationale*, cit., vol. II (1869-72), p. 217.

[25] K. Marx a C. De Paepe, 28 de maio de 1872. *In:* MEO, vol. XLIV, p. 487-488: "espero com impaciência o próximo congresso. Será o fim da minha escravidão. Voltarei a ser um homem livre; não aceitarei mais tarefas administrativas, nem no Conselho geral, nem no conselho federal britânico"

[26] Veja-se, acima, nota 567. Na realidade, mais do que expressar a verdadeira posição do anarquista russo, esse ponto constituía um exemplo típico de seu escasso rigor nas questões teóricas.

[27] M. Bakunin, *Lettera al giornale* La Liberté *di Bruxelles. In:* id., *Opere complete*, Edizioni Anarchismo, Catania, 1977, vol. III, p. 170-71.

[28] J. Guillaume, *Politica anarchica. In:* Musto (org.), *Lavoratori di tutto il mondo, unitevi!*, cit., p. 244 [*Trabalhadores, uni-vos*, cit., p. 315].

[29] M. Bakunin e J. Guillaume, *La distruzione del potere politico. In:* Musto (org.), *Lavoratori di tutto il mondo, unitevi!*, cit., p. 247 [*Trabalhadores, uni-vos*, cit., p. 319].

[30] Ibid., p. 248

[31] Ibid.

[32] M. Bakunin, *Scritto contro Marx. In:* id., *Opere complete*, cit., vol. III, p. 170-71.

[33] Sob a negação de Bakunin da política de conquista do Estado pela classe operária organizada em partido político, veja-se Lehning, *Introduction, cit.*, p. cvii.

[34] Cf. Guillaume, *L'Internazionale*, cit., vol. II, p. 521.

[35] Marx e Engels, *Le cosiddette scissioni nell'Internazionale*, cit., p. 76.

[36] Ibid., p. 76-77

[37] Bakunin, *Scritto contro Marx*, cit., p. 218.

[38] Para uma crítica de Marx às posições de Bakunin, veja-se os Extratos e comentários críticos a 'Estado e Anarquia' de Bakunin. *In:* Marx e Engels, *Critica dell'anarchismo* cit.

[39] Bakunin, *Scritto contro Marx*, cit., p. 218-219.

[40] Id., *Programme and Purpose of the Revolutionary Organization of International Brothers. In:* Lehning (org.), *Michael Bakunin. Selected Writings*, cit., p. 172. Para a versão italiana, Cf.

id., *Programma e finalità dell'organizzazione rivoluzionaria dei Fratelli internazionali*. *In:* Marx e Engels, *Critica dell'anarchismo*, cit., p. 247. Uma frase de Bakunin mostra claramente seu escasso senso de realidade: "O número desses indivíduos não deve ser muito grande. Para a organização internacional em toda a Europa, bastarão 100 revolucionários séria e firmemente unidos. Para os países maiores, bastarão 200 a 300 revolucionários", ibid.

[41] K. Marx, *Sulle società segrete*, ibid., p. 292.

[42] M. Bakunin, *Ai compagni della Federazione delle sessioni internazionali del Giura. In:* id., *Opere complete*, cit., vol. III, p. 105-106.

[43] M. Bakunin, *Ai compagni della Federazione delle sessioni internazionali del Giura. In:* id., *Opere complete*, cit., vol. III, p. 105-106.

[44] Nesse texto, optamos pelo termo de Internacional "autonomista", como utilizado por Haupt, *L'Internazionale socialista dalla Comune a Lenin*, cit., p. 70. Freymond, *Introduction, cit.*, p. viii, prefere, diferentemente, o uso da expressão Internacional "federalista".

[45] K. Marx, *L'indifferenza in materia politica. In:* Marx e Engels, *Critica dell'anarchismo*, cit., p. 301.

[46] Ibid.

[47] M. Bakunin, *Stato e Anarchia. In:* id., *Opere complete*, vol. IV, Edizioni Anarchismo, Catania, 1999, p. 321.

[48] Ibid., p. 347

[49] Ibid., p. 203

[50] Ibid., p. 353.

[51] Marx, *Estratti e commenti critici a 'Stato e Anarchia' di Bakunin*, cit., p. 355.

[52] Ibid., p. 355-356

[53] Ibid., p. 359.

[54] Ibid., p. 353.

[55] Ibid., p. 358.

[56] Ibid., p. 356.

[57] Ibid., p. 357.

AS PESQUISAS DA ÚLTIMA DÉCADA

[1] K. Marx a L. Kugelmann, 18 de maio de 1874. *In:* Marx e Engels, *Lettere 1874-1879*, cit., p. 16.

[2] K. Marx a J. Longuet, 19 de abril de 1874, ibid., p. 14.

[3] K. Marx a F. Engels, 17 de julho de 1874, ibid., p. 19.

[4] K. Marx a M. Lachâtre, 23 de julho de 1874, ibid., p. 23.

[5] Esta cidade da República Tcheca também é conhecida pelo nome de Karlovy Vary. O significado é o mesmo: Termas de Carlos.

[6] K. Marx a F. Sorge, 4 de agosto de 1874. *In:* Marx e Engels, *Lettere 1874-1879*, cit., p. 25.

[7] Ibid.

[8] *Dichiarazione di Karl Marx per la sua naturalizzazione in Inghilterra*, ibid., p. 404.

[9] K. Marx a L. Kugelmann, 4 de agosto de 1874, ibid., p. 27. Antes de deixar Londres, Marx escreveu à filha: "a casa está morta desde que o anjinho partiu. Sinto a falta dele a cada minuto e meu coração sangra quando penso nele [...]. No entanto, minha pequena, espero que, por amor ao teu velho, tu serás corajosa". K. Marx a J. Longuet, 14 de agosto de 1874, ibid., p. 31.

[10] F. Kugelmann *in:* Enzensberger (org.), *Colloqui con Marx e Engels*, cit., p. 365.

[11] Ibid., p. 364

[12] Ibid., p. 363.

[13] Marx, *Le Capital*, Paris 1872-1875, cit.

[14] K. Marx a M. Oppenheim, 20 de janeiro de 1875. *In:* Marx e Engels, *Lettere 1874-1879*, cit., p. 48.

[15] K. Marx a M. Bethan-Edwards, 14 de julho de 1875, ibid., p. 65.

[16] J. Marx *in:* Enzensberger (org.), Colloqui con Marx e Engels, cit., p. 360.

[17] Marx, *Il capitale. Libro primo*, cit., p. 48.

[18] K. Marx a F. Sorge, 27 de setembro 1877. *In:* Marx e Engels, *Lettere 1874-1879*, cit., p. 225.

[19] K. Marx a N. Danielson, 15 de novembro de 1878, ibid., p. 285 [*Cartas sobre* O capital, cit., p. 329].

[20] Cf. A carta de F. Engels a A. Bebel, 18-28 de março de 1875, ibid., p. 51.

[21] Ibid., p. 56.

[22] Ibid., p. 55.

[23] K. Marx a W. Bracke, 5 de maio de 1875, ibid., p. 59.

[24] Ibid., p. 60.

[25] K. Marx, *Critica al programma di Gotha*, Editori Riuniti, Roma, 1990, p. 12 [Crítica ao programa de Gotha. *In: Dialetica do trabalho*. São Paulo: Expressão Popular, 2018, p. 105].

[26] Ibid., p. 13 [*Crítica ao programa de Gotha*, cit., p. 106].

[27] Ibid., p. 24-25 [*Crítica ao programa de Gotha*, cit., p. 115].

[28] Ibid., p. 26. [*Crítica ao programa de Gotha*, cit., p. 116]

[29] Ibid., p. 27-28 [*Crítica ao programa de Gotha*, cit., p. 117].

[30] Ibid., p. 26 [*Crítica ao programa de Gotha*, cit., p. 116].

[31] Cf. Marx, *Dalla critica della filosofia hegeliana del diritto* [*Crítica à Filosofia do Direito de Hegel*. São Paulo: Boitempo, 2006], cit. Nesse texto ele falou da "oposição entre Estado e sociedade civil [...] o Estado não reside nela, mas fora da sociedade civil". ibid., p. 56. "Na democracia o Estado é no entanto particular [...] Os franceses modernos o entenderam desta maneira: que na verdadeira democracia o Estado político pereça. O que é correto, no sentido de que esse, como Estado político [...] não vale mais pelo todo". ibid., p. 34.

[32] Marx, *Critica al programma di Gotha*, cit., p. 28 [*Crítica ao programa de Gotha*, cit., p. 118].

[33] Acalmadas as coisas, F. Engels voltou ao assunto em carta a W. Liebknecht datada de 31 de julho de 1877: "a decadência moral e intelectual do partido produzida pela unificação poderia ter sido evitada, se se mostrasse menos precipitação e um pouco mais de discernimento". *In:* Marx e Engels, *Lettere 1874-1879*, cit., p. 210. Anos depois, Liebknecht afirmou que "de longe, Marx não podia perceber a situação tão bem quanto nós que estávamos na Alemanha [...]. As consequências e o sucesso demonstraram então da forma mais contundente que, naquela circunstância, eu não estava errado", em Enzensberger (org.*), Colloqui con Marx e Engels, cit.*, p. 361.

[34] Após a impressão do programa ratificado em Gotha, F. Engels observou, em carta a A. Bebel datada de 12 de outubro de 1875, que "na imprensa burguesa" não havia "uma única cabeça crítica". Se assim fosse, poderiam ter evidenciado "as contradições e os erros econômicos [...] e teria tornado o [...] partido terrivelmente ridículo. Em vez disso, os asnos dos jornais burgueses levaram este programa completamente a sério, leram nele o que não contém e deram-lhe uma interpretação comunista". Ele passou a apontar que "os trabalhadores pareci[am] não fazer a mesma coisa" e "essa circunstância [tinha] possibilitado [para] Marx e [ele] não dissociar-se publicamente[e]", em Marx e Engels, *Lettere 1874-1879*, cit., p. 80. A Crítica ao programa de Gotha só foi publicada em 1891, ano da aprovação do programa de Erfurt, muito mais próximo dos princípios de Marx. Ver Nikolaevsky e Maenchen-Helfen, Karl Marx. *La vita e l'opera*, cit., segundo a qual "a

cisão que Marx considerava inevitável não ocorreu: o partido permaneceu unido e, em 1891, [...] adotou um programa estritamente Marxista", p. 415.

[35] Cf. Briggs e Callow, *Marx in London*, cit., p. 62-65.

[36] J. Most, *Capitale e lavoro*, SugarCo, Milano, 1979. A segunda edição do compêndio veio a público em maio de 1876.

[37] K. Marx, *Mehrwertrate und Profitrate mathematisch behandelt. In:* MEGA², vol. II/14, p. 19-150.

[38] K. Marx a F. Engels, 21 de agosto de 1875. *In:* Marx e Engels, *Lettere 1874-1879, cit.*, p. 68-69

[39] Cf. M. Gabriel, *Love and Capital. Karl and Jenny Marx and the Birth of a Revolution*, Little, Brown and Company, New York, 2011, p. 464 [Há edição brasileira: *Amor e Capital:* a saga familiar de Karl Marx e a história de uma revolução. Rio de Janeiro: Zahar, 2013].

[40] K. Marx a F. Engels, 8 de setembro de1875. *In:* Marx e Engels, *Lettere 1874-1879*, cit., p. 72.

[41] M. Kovalevskij *in:* Enzensberger (org.), *Colloqui con Marx e Engels, cit.*, p. 375.

[42] Citato *in:* E. E. Kisch, *Karl Marx in Karlsbad*, Aufbau, Berlin, 1953, p. 20.

[43] F. Engels a W. Bracke, 12 de outubro de 1875. *In:* Marx e Engels, *Lettere 1874-1879, cit.*, p. 79.

[44] K. Marx a P. L. Lavrov, 3 de dezembro de 1875, ibid., p. 89.

[45] K. Marx escreveu a F. Engels, em 12 de fevereiro de 1870, que do livro de Flerovskij tirava-se a conclusão "irrefutável de que as atuais condições russas não [e]ram mais sustentáveis e que, naturalmente, a emancipação dos servos da gleba não [teria] feito outra coisa senão acelerar o processo de dissolução e que [estava] para eclodir uma fortíssima revolução social". *In:* MEO, vol. XLIII, p. 479.

[46] M. Kovalevskij *in:* Enzensberger (org.), *Colloqui con Marx e Engels*, cit., p. 378.

[47] F. Engels a J. P. Becker, 20 de novembro de 1876. *In:* Marx e Engels, *Lettere 1874-1879*, cit., p. 141. Engels repetiria a mesma convicção em uma carta endereçada a E. Bernstein, em 26 de junho de 1879: "nos nove anos que estamos em Londres, observei que não é possível chegar a conclusões de certa importância e, ao mesmo tempo, estar ativo na militância prática", ibid., p. 302.

[48] K. Marx a F. Engels, 19 de agosto de 1876, ibid., p. 111.

[49] K. Marx a J. Longuet, fins de agosto – início de setembro de 1876, ibid., p. 116.

[50] E. Marx *in:* Enzensberger (org.), *Colloqui con Marx e Engels*, cit., p. 362.

[51] J. von Westphalen a F. Sorge, 20 ou 21 de janeiro de 1877. *In:* Marx e Engels, *Lettere 1874-1879*, cit., p. 397.

[52] K. Marx a W. Freund, 21 de janeiro de 1877, ibid., p. 158.

[53] Em italiano esse texto foi publicado em versão parcial no texto de P.-O. Lissagaray, *La Comune di Parigi. Le otto giornate di Maggio dietro le barricate*, Feltrinelli, Milano, 1973.

[54] K. Marx a W. Bracke, 23 de setembro de 1876. *In:* Marx e Engels, *Lettere 1874-1879*, cit., p. 121. A tradução ao inglês fora realizada pela filha Eleanor que, naquele tempo, estava ligada sentimentalmente à revolução francesa, apesar da oposição do pai [Há edição brasileira: *História da Comuna de 1871*. São Paulo: Expressão Popular, 2021].

[55] H. Graetz, *Tagebuch und Briefe, Mohr*, Tübingen, 1977, p. 336.

[56] J. von Westphalen a F. Sorge, 20 ou 21 de janeiro de 1877. *In:* Marx e Engels, *Lettere 1874- 1879*, cit., p. 397. A referência era endereçada ao primeiro-ministro inglês William Gladstone, autor do panfleto de grande sucesso *The Bulgarian Horrors and the Question of the East* [Os horrores da Bulgária e a questão do Leste], William Ridgway, London 1876, o qual, segundo Jenny von Westphalen, "como todos os homens livres, tranquilos e alegres", representara "os russos [como] civilizadores", ibid.

[57] Os três artigos foram intitulados *Mr. Gladstone and Russian Intrigue, Mr. Gladstone* e *The Great Agitator Unmasked*. Cf. M. Rubel, *Bibliographie des œuvres de Karl Marx, Rivière, Pa-*

ris, 1956, p. 193. Sobre a posição de Marx são também interessantes duas cartas endereçadas a Liebknecht, respectivamente, de 4 e 11 de fevereiro de 1878, ambas em forma de artigo, que depois foram publicadas pelo dirigente social-democrata como apêndice à segunda edição do seu livreto *Zur orientalischen Frage oder Soll Europa kosakisch werden?*, Commissions, Leipzig 1878.

[58] K. Marx a F. Engels, 7 de março de 1877. *In:* Marx e Engels, *Lettere 1874-1879*, cit., p. 172.

[59] K. Marx a F. Sorge, 27 de setembro de 1877, ibid., p. 226.

[60] K. Marx a W. Bracke, 21 de abril 1877, ibid., p. 183.

[61] K. Marx a F. Sorge, 27 de setembro de 1877, ibid., p. 226-227.

[62] F. Engels a E. Bignami, 12 de janeiro de 1878, ibid., p. 247.

[63] K. Marx a W. Liebknecht, 04 de fevereiro de 1878, ibid., p. 248.

[64] K. Marx a T. Allsop, 04 de fevereiro de 1878, ibid., p. 250.

[65] K. Marx a F. Engels, 24 de setembro de 1878, ibid., p. 276

[66] K. Marx, *Mr. George Howell's History of the International Working-Men's Association. In:* MEGA², vol. I/25, p. 157.

[67] K. Marx a F. Engels, 25 de julho de 1877. *In:* Marx e Engels, *Lettere 1874-1879*, cit., p. 204.

[68] K. Marx a W. Liebknecht, 11 de fevereiro de 1878, ibid., p. 251.

[69] F. Engels a E. Bernstein, 17 de junho de 1879, ibid., p. 301.

[70] K. Marx a F. Engels, 25 de maio de 1876, ibid., p. 99.

[71] Sobre a importância desse texto, remete-se a K. Kautsky, Einleitung. *In:* B. Kautsky (org.), *Friedrich Engels' Briefwechsel mit Karl Kautsky*, Danubia, Wien, 1955, p. 4, no qual o social-democrata alemão recordou que nenhum livro contribuíra mais do que aquele de Engels para a sua compreensão do socialismo. Também H.-J. Steinberg, em *Il socialismo tedesco da Bebel a Kautsky*, Editori Riuniti, Roma, 1979, evidenciou que "tanto Berstein, que estudou o *Anti-Dühring* em 1879, quanto Kautsky, que o fez em 1880, tornaram-se 'marxistas' lendo esta obra", p. 25.

[72] F. Engels, *Anti-Dühring. In:* MEO, vol. XXV, p. 243 [Há edição brasileira: *Anti-Dühring*. São Paulo: Boitempo, 2015].

[73] Ibid., p. 243-244.

[74] Ibid., p. 244.

[75] K. Marx a F. Fleckles, 21 de janeiro de 1877. *In:* Marx e Engels, *Lettere 1874-1879*, cit., p. 157.

[76] K. Marx a F. Engels, 18 de julho de 1877, ibid., p. 197.

[77] Ibid. Engels estava certamente de acordo com Marx, porque, como dissera ao zoólogo Oscar Schmidt, em carta de 19 de julho de 1878, ele afirmava que "a crítica implacável [...era] a única forma [digna] da ciência livre que todo ser humano deve considerar como bem-vinda, mesmo se voltada contra si próprio", ibid., p. 262.

[78] K. Marx a W. Bracke, 23 de outubro de 1877, ibid., p. 232.

[79] K. Marx a F. Sorge, 19 de outubro de 1877, ibid., p. 231. Cf. Steinberg que, no *Il socialismo tedesco da Bebel a Kautsky*, cit., bem evidenciou o ecletismo teórico existente entre os militantes alemães daquela época. Em sua visão, "se voltamos nossa atenção à massa dos filiados e dos dirigentes, é possível caracterizar suas concepções socialistas como um 'socialismo médio' composto de diversos elementos. A opinião de Marx e Engels de que a 'incompletude', a ignorância e insegurança teóricas do partido eram apenas consequências do compromisso de 1875 era apenas expressão dos preconceitos dos londrinos contra os ex-integrantes alemães da Associação Internacional dos trabalhadores", p. 19-20.

[80] K. Marx a F. Sorge, 19 de outubro de 1877. *In:* Marx e Engels, *Lettere 1874-1879*, cit., p. 231.

[81] K. Marx a W. Blos, 10 de novembro de 1877, ibid., p. 237.

[82] Dois anos depois, F. Engels, na carta de 14 de novembro de 1879, repetiu um entendimento semelhante a A. Bebel: "Você sabe bem que Marx e eu realizamos espontaneamente a defesa do partido contra inimigos externos [...] e que em troca pedimos ao partido apenas uma coisa: que ele não negue a si mesmo", ibid., p. 349. Em tom diplomático, ele tentou fazer seus camaradas na Alemanha entenderem que, mesmo que suas "críticas [fossem] certamente desagradáveis para alguns", ainda assim seria "vantajoso para o partido ter algumas pessoas no exterior que, não influenciadas pelas complicadas situações locais e pelos detalhes da luta, avaliassem, de tempos em tempos, com base em princípios teóricos válidos [...], o que aconteceu e o que foi dito", ibid., p. 349-350.

[83] M. Kovalevskij in: Enzensberger (org.), Colloqui con Marx e Engels, cit., p. 382.

[84] K. Marx a F. Engels, 17 de setembro de 1877. In: Marx e Engels, Lettere 1874-1879, cit., p. 269. Marx escreveu essa última frase no original francês 'La legalité nous tue', retirando-a da expressão utilizada frente à Assembleia Nacional Constituinte pelo primeiro-ministro francês Odilon Barrot no ato de promulgação de medidas excepcionais contra as forças políticas consideradas extremistas.

[85] Cf. K. Marx a F. Engels, 24 de setembro 1878, ibid., p. 275.

[86] K. Marx, Compendio del dibattito al Reichstag sulla legge contro i socialisti, ibid., p. 372.

[87] Ibid., p. 373.

[88] Ibid.

[89] K. Marx a F. Sorge, 19 de setembro de 1879, ibid., p. 342.

[90] Ibid., p. 343

[91] Anônimo, Relatório informativo da polícia parisiense de Londres. In: Enzensberger (org.), Colloqui con Marx e Engels, cit., p. 387.

[92] K. Marx a F. Sorge, 19 de setembro de 1879. In: Marx e Engels, Lettere 1874-1879, cit., p. 343.

[93] K. Marx e F. Engels a A. Bebel, W. Liebknecht, W. Bracke, 17-18 de setembro de 1879, ibid., p. 333-34.

[94] Ibid., p. 335.

[95] Ibid., p. 337.

[96] K. Marx a F. Sorge, 19 de setembro de 1879, ibid., p. 342.

[97] Ibid., p. 341. A propósito, veja-se também o que F. Engels disse a J. P. Becker, na carta de 1 de abril de 1880: "O Liberdade quer tornar-se, a todo custo, o jornal mais revolucionário do mundo, mas isso não se obtém apenas pela repetição da palavra 'revolução'".. In: Marx e Engels, Lettere 1880-1883 (março), cit., p. 8.

[98] Marx, K. Das Kapital. Zweites Buch. Der Zirkulationsprozeß des Kapitals. Zu benutzende Textstellen früherer Darstellungen (Manuskript I bis IV). In: MEGA², vol. II/11, p. 525-48.

[99] Marx, K. Das Kapital. Zweites Buch. Der Zirkulationsprozeß des Kapitals. Erster Abschnitt (Fragmente II), ibid., p. 550-697.

[100] Marx, K. Das Kapital. Zweites Buch. Der Zirkulationsprozeß des Kapitals. (Manuskript VIII), ibid., p. 698-828.

[101] Cf. T. Otani, L. Vasina e C.-E. Vollgraf, Einführung. In: MEGA², ibid., p. 881.

[102] K. Marx a F. Engels, 18 de julho de 1877. In: Marx e Engels, Lettere 1874-1879, cit., p. 198.

[103] K. Marx a F. Engels, 23 de julho de 1877, ibid., p. 200.

[104] Ibid.

[105] K. Marx a F. Engels, 25 de julho de 1877, ibid., p. 204.

[106] K. Marx a M. Barry, 15 de agosto de 1877, ibid., p. 218.

[107] K. Marx a F. Engels, 17 de agosto de 1877, ibid., p. 219.

[108] Ibid. Marx, Jenny e Eleanor estiveram nesse local entre 4 e 20 de setembro, mas não há cartas relativas a esse período.

[109] K. Marx a F. Sorge, 27 de setembro de 1877, ibid., p. 225.

[110] Refere-se à *Teoria da mais-valia*. Cf. supra, p. 67-75.

[111] K. Marx a S. Schott, 3 de novembro de 1877. *In:* Marx e Engels, *Lettere 1874-1879, cit.,* p. 236 [*Cartas sobre* O capital, cit., p. 326]. Com as palavras "terceira parte" Marx referia-se aos estudos sobre a história das teorias econômicas realizadas no início da década de 1860. A segunda dizia respeito, por sua vez, aos que Engels publicou posteriormente, como os Livros II e III d'*O capital*. Cf. A carta de K. Marx a L. Kugelmann, 13 de outubro de 1866. *In:* MEO, vol. XLII, p. 579, infra, nota 110, p. 324. Todavia, observamos que, em sua carta a Schott, Marx faz uma representação do estágio de seus manuscritos que não correspondia à realidade. Vollgraf (*Marx's Further Work on 'Capital'* cit.) disse corretamente que partes importantes das *Teorias da mais-valia* não tinham ainda "sua interpretação elaborada de modo completo". Além do mais, boa parte das páginas desse texto eram "mal refinadas [e] pedantes", p. 62.

[112] Esses trechos encontram-se principalmente em IISG, Marx-Engels Papers, B 129 e B 138.

[113] K. Marx a S. Schott, 29 de março de 1878. *In:* Marx e Engels, *Lettere 1874-1879, cit.,* p. 254-55. Cf. IISG, *Marx-Engels Papers*, B 140, B 141 e B 146. Sobre a opinião de Marx sobre Kaufman cf. também a carta de K. Marx a N. Danielson, 10 de abril de 1879. *In:* Marx e Engels, *Lettere 1874-1879, cit.,* p. 299.

[114] Ibid., p. 254.

[115] K. Marx a T. Allsop, 28 de abril de 1878, ibid., p. 257.

[116] K. Marx a N. Danielson, 28 de novembro de 1878, ibid., p. 287.

[117] K. Marx a F. Sorge, 4 de abril de 1876, ibid., p. 95.

[118] K. Marx a G. Rivers, 24 de agosto de 1878, ibid., p. 265.

[119] K. Marx a N. Danielson, 15 de novembro de 1878, ibid., p. 286 [*Cartas sobre* O capital, cit., p. 330].

[120] Cf. Vollgraf, *Marx's Further Work on "Capital"*, cit., p. 64-65.

[121] Marx, K., Exzerpte und Notizen zur Geologie, Mineralogie und Agrikulturchemie. Marz bis September 1878. *In:* MEGA^2, vol. IV/26, p. 3-94.

[122] Ibid., p. 139-679

[123] F. Engels, Karl Marx. *In:* Marx, K., *Capitale e salário*, Critica Sociale, Roma, 1893, p. 10

[124] K. Marx a S. Schott, 15 de julho de 1878. *In:* Marx e Engels, *Lettere 1874-1879*, cit., p. 260.

[125] E. Marx a C. Hirsch, 8 de junho de 1878, ibid., p. 399

[126] K. Marx a F. Sorge, 4 de setembro de 1878, ibid., p. 265.

[127] K. Marx a J. Longuet, 16 de setembro de 1878, ibid., p. 267.

[128] K. Marx a J. Marx, 17 de setembro de 1878, ibid., p. 267.

[129] K. Marx a F. Engels, 18 de setembro de 1878, ibid., p. 273.

[130] Entrevista com o fundador do socialismo moderno. Correspondência especial ao *Tribune*, 5 de janeiro de 1879, ibid., p. 383.

[131] Ibid., p. 385

[132] Ibid., p. 386.

[133] Ibid.

[134] Ibid., p. 388-89.

[135] Ibid., p. 389.

[136] Ibid., p. 384.

[137] M. Elphinstone Grant Duff in: Enzensberger (org.), *Colloqui con Marx e Engels*, cit., p. 400.

[138] K. Marx a N. Danielson, 15 de novembro de 1878. *In:* Marx e Engels, *Lettere 1874-1879, cit.,* p. 285 [*Cartas sobre* O capital, cit., p. 329].

[139] K. Marx a N. Danielson, 10 de abril de 1879, ibid., p. 295-296 [*Cartas sobre* O capital, cit., p. 331].

140 Ibid., p. 297 [*Cartas sobre* O capital, cit., p. 333].

141 Ibid., p. 299 [*Cartas sobre* O capital, cit., p. 334].

142 A propósito, Cf. M. Musto, *L'ultimo Marx 1881-1883. Saggio di biografia intellettuale*, Donzelli, Roma, 2016, p. 41-42 [Há edição brasileira: *O velho Marx: uma biografia de seus últimos anos (1881-1883)*. São Paulo: Boitempo, 2018]

143 K. Marx a N. Danielson, 10 de abril de 1879. *In:* Marx e Engels, *Lettere 1874-1879*, cit., p. 298 [*Cartas sobre* O capital, cit., p. 333].

144 Ibid., p. 297 [*Cartas sobre* O capital, cit., p. 333].

145 Ibid., p. 297-298 [*Cartas sobre* O capital, cit., p. 333-334].

146 K. Marx a F. Nieuwenhuis, 27 de junho de 1880. *In:* Marx e Engels, *Lettere 1880-1883 (marzo)*, cit., p. 14 [*Cartas sobre* O capital, cit., p. 340].

147 K. Marx a N. Danielson, 10 de abril de 1879. *In:* Marx e Engels, *Lettere 1874-1879*, cit., p. 297 [*Cartas sobre* O capital, cit., p. 333].

148 Ibid., p. 295.

149 K. Marx a J. Longuet, 19 de agosto de 1879, ibid., p. 310.

150 K. Marx a F. Engels, 10 de abril de 1879, ibid., p. 308.

151 Ibid., p. 309.

152 K. Marx a F. Engels, 25 de agosto de 1879, ibid., p. 314.

153 K. Marx a F. Sorge, 19 de setembro de 1879, ibid., p. 340.

154 K. Marx a F. Engels, 10 de setembro de 1879, ibid., p. 323.

155 K. Marx a N. Danielson, 19 de setembro de 1879, ibid., p. 340.

156 Segundo Heinrich, *"Capital" after MEGA*, cit., Marx compreendera que, "a respeito das teorias do crédito e da crise, não era possível abstrair o papel do Estado, particularmente o dos bancos nacionais e do crédito público". Do mesmo modo, não era possível abstrair o papel do comércio internacional, das taxas de câmbio e dos fluxos de crédito internacional". Além disso, Marx convencera-se de que seu conhecimento no tocante às "questões tecnológicas – que estava na base do Livro I d'*O capital* – já não eram suficientes, considerados os enormes progressos" registrados nos últimos anos, p. 132.

157 F. Engels a J. P. Becker, 19 de dezembro 1879. *In:* Marx e Engels, *Lettere 1874-1879*, cit., p. 358.

158 Cf. k. Marx, *Exzerpte aus Werken von Lothar Meyer, Henry Enfield Roscoe, Carl Schorlemmer, Benjamin Witzschel, Wilhelm Friedrich Kühne, Ludimar Hermann, Johannes Ranke und Joseph Beete Jukes. In:* MEGA², vol. IV/31, p. 21-442.

159 K. Marx a N. Danielson, 19 de setembro de 1879. *In:* Marx e Engels, *Lettere 1874-1879*, cit., p. 340.

160 Cf. Krader, L. The Asiatic Mode of Production. Sources, Development and Critique. *In: The Writings of Karl Marx*, Van Gorcum, Assen, 1975, p. 343.

161 Marx, K. *Über Formen vorkapitalistischer Produktion*, Campus, Frankfurt, 1977, p. 28.

162 Ibid., p. 29.

163 Ibid., p. 38. As palavras entre parênteses foram acrescentadas por Marx. Anderson, K. *Marx at the Margins. On Nationalism, Ethnicity, and Non-Western Societies*, University of Chicago Press, Chicago, 2010, sugeriu que esse fenômeno ocorreu "porque a Índia foi colonizada em um período posterior e por uma potência capitalista avançada – Inglaterra – que procurou ativamente criar a propriedade privada nos vilarejos", p. 223-224 [Há edição brasileira: Anderson, K. *Marx nas margens: nacionalismo, etnias e sociedades não ocidentais*. São Paulo: Boitempo, 2019].

164 Marx, K. *Über Formen vorkapitalistischer Produktion*, cit., p. 82. As palavras acrescentadas por Marx estão indicadas entre parênteses. K. Anderson relacionou-as com as suas crenças sobre "as formas comunais da Índia [consideradas] como locais potenciais de resistência ao colonialismo e ao capital". *In: Marx at the Margins*, cit., p. 233.

[165] Tratava-se da concessão da terra em troca de proteção.

[166] Marx, *Über Formen vorkapitalischer Produktion*, cit., p. 76.

[167] Ibid. Para uma análise das posições de Kovalevskij, e de algumas diferenças entre este e Marx, recomenda-se o capítulo "Kovalevsky on the Village Community and Land-ownership in the Orient". *In:* Krader, *The Asiatic Mode of Production*, cit., p. 190-213. A propósito, cf. também P. Hudis, *Accumulation, imperialism, and pre-capitalist formations. Luxemburg and Marx on the non-western world. In: Socialist Studies*, VI (2010), n. 2, p. 84

[168] Segundo H.-P. Harstick, *Einführung. Karl Marx und die zeitgenössische Verfassungsge- schichtsschreibung. In:* Marx, *Über Formen vorkapitalischer Produktion*, cit., Marx expressa-se em favor de "uma análise diferenciada da história asiática e europeia e dirigiu sua polêmica [...] sobretudo contra aqueles que limitavam-se simplesmente a transpor os conceitos da estrutura social ligados ao modelo da Europa ocidental para as relações indianas ou asiáticas", p. xiii.

[169] Ibid., p. 100. As palavras entre parênteses são um acréscimo de Marx, enquanto o que está entre aspas é citação retirada de *Annales de l'assemblée nationale du 1873*, xvii, Paris, 1873, contida no livro de Kovalevskij.

[170] Ibid., p. 100-101

[171] Ibid., p. 107.

[172] Ibid., p. 107.

[173] Ibid., p. 108-9.

[174] Ibid., p. 108.

[175] Ibid., p. 109.

[176] Segundo Krader, *The Asiatic Mode of Production*, cit., as notas sobre Kovalevskij "contêm a refutação de Marx da aplicação da teoria da sociedade feudal à Índia e à Argélia", p. 343.

[177] Marx, K. *Notes on Indian History* (664-1858), University Press of the Pacific, Honolulu, 2001, p. 58. Ibid., p. 165, 176 e 180.

[178] Ibid., p. 165, 176 e 180.

[179] Ibid., p. 155-156 e 163.

[180] Ibid., p. 81.

[181] De acordo com Anderson, *Marx at the Margins*, cit., "estas passagens indicam uma mudança das visões [de Marx] de 1853 sobre a passividade indiana em face da conquista europeia". Além disso, Anderson apontou que, em seus resumos, Marx "muitas vezes ridicularizou [...] passagens do [livro] de Sewell em que a conquista britânica da Índia é retratada como uma luta heroica contra a barbárie asiática", p. 216. Em comparação com os artigos sobre a revolta dos sipaios publicados no *New York Tribune* em 1857, a simpatia de Marx pela resistência indiana "apenas aumentou", ibid., p. 218.

[182] Marx, K. *Notes on Indian History*, cit., p. 163, 164 e 184.

[183] Marx, K. Glosse marginali al "Trattato di economia politica" di Adolph Wagner. *In:* id., *Il capitale. Critica dell'economia politica*, Libro Primo, vol. II, Einaudi, Torino, 1975, p. 1420.

[184] Ibid., p. 1.405

[185] Ibid., p. 1.409.

[186] Ibid., p. 1.409-1.410.

[187] Wagner, A. *Lehrbuch der politischen Ökonomie*, Winter, Leipzig, 1879, p. 45, citado em Marx, *Glosse marginali al "Trattato di economia politica" di Adolph Wagner*, cit., p. 1.404.

[188] Marx, K. *Glosse marginali al "Trattato di economia politica" di Adolph Wagner*, cit., p. 1.406.

[189] Ibid., p. 1.420.

[190] Wagner, A. *Lehrbuch der politischen Ökonomie*, cit., p. 45-46, citato in: Marx, *Glosse marginali al "Trattato di economia politica" di Adolph Wagner*, cit., p. 1.407.

191 Marx, K. *Glosse marginali al "Trattato di economia politica" di Adolph Wagner*, cit., p. 1406.

192 Wagner, A. *Lehrbuch der politischen Ökonomie*, cit., p. 105, citato in: Marx, K. *Glosse marginali al "Trattato di economia politica" di Adolph Wagner*, cit., p. 1.433.

193 K. Marx a F. Sorge, 14 de novembro de 1879. *In:* Marx e Engels, *Lettere 1874-1879*, cit., p. 350.

194 Um retrospecto do processo de escrita foi revelado por F. Engels em uma carta a E. Bernstein de 25 de outubro de 1881: "na minha presença e de Lafargue, Marx ditou [a Guesde], aqui na minha casa, as 'considerações' do programa [...]. Uma obra-prima de raciocínio convincente que, em poucas frases, esclarece as coisas às massas, de uma maneira que raramente tive a oportunidade de ver. Deixou-me estupefato também por ser tão conciso". *In:* Marx e Engels, *Lettere 1880-1883* (março), cit., p. 118.

195 J. Guesde, P. Lafargue e K. Marx, *Programma elettorale dei lavoratori socialisti. In:* Musto, *L'ultimo Marx, cit.,* p. 138.

196 Ibid., p. 137.

197 Ibid., p. 139.

198 Ibid., p. 140.

199 Ibid., p. 138

200 K. Marx a F. Sorge, 5 de novembro de 1880. *In:* Marx e Engels, *Lettere 1880-1883* (março), cit., p. 34. Dentre as "bobagens", Marx incluía a supressão da herança (contida no ponto 12 do programa econômico), uma velha proposta de Claude-Henri de Saint-Simon contra a qual tinha se batido, em polêmica com Mikhail Bakunin, nos tempos da Associação Internacional dos Trabalhadores: "se a classe operária tivesse força suficiente para revogar o direito de sucessão, teria também a potência necessária para proceder à expropriação, que seria um processo mais simples e muito mais eficiente", Marx, K. *Sull'eredità. In:* Musto (org.), *Lavoratori di tutto il mondo, unitevi!*, cit., p. 111 [*Trabalhadores, uni-vos*, cit., p. 181].

201 K. Marx a F. Sorge, 5 de novembro de 1880. *In:* Marx e Engels, *Lettere 1880-1883* (março), cit., p. 34.

202 Ibid. [Esse questionário está disponível em: Marx, K., Engels, F. *História, natureza, trabalho e educação*. São Paulo: Expressão Popular, 2020, p. 107-115].

203 K. Marx, *L'inchiesta operaia*, La Città del Sole, Napoli, 2006, p. 38 [*História, natureza, trabalho e educação*, cit., p. 107].

204 Cf. o seu "Esquema geral da enquete" preparado em 1867 e inserido nas *Instruções para os delegados do conselho central provisório. As questões. In:* MEO, vol. XX, p. 191.

205 Esses textos, assim chamados por causa da cor de sua capa, eram uma série de documentos preparados pelo parlamento britânico.

206 Marx, *L'inchiesta operaia*, cit., p. 39 [*História, natureza, trabalho e educação*, cit., p. 109].

207 Ibid., p. 40 [*História, natureza, trabalho e educação*, cit., p. 109].

208 Ibid., p. 41 [*História, natureza, trabalho e educação*, cit., p. 109].

209 Ibid., p. 42 [*História, natureza, trabalho e educação*, cit., p. 111-112].

210 Ibid., p. 44 [*História, natureza, trabalho e educação*, cit., p. 115].

211 Cf. D. Lanzardo, *Intervento socialista nella lotta operaia: l'inchiesta operaia di Marx. In:* "Quaderni Rossi", V (aprile, 1965), p. 17.

212 K. Marx a N. Danielson, 12 de setembro de 1880. *In:* Marx e Engels, *Lettere 1880-1883* (março), cit., p. 24.

213 K. Marx a F. Sorge, 30 de agosto de 1880, ibid., p. 19.

214 K. Marx a N. Danielson, 12 de setembro de 1880, ibid., p. 24.

215 J. Swinton, Karl Marx, ibid., p. 377.

216 Ibid., p. 399

[217] K. Marx a N. Danielson, 12 de setembro de 1880, ibid., p. 24.

[218] Ibid., p. 25.

[219] K. Marx a F. Sorge, 5 de novembro de 1880, ibid., p. 33.

[220] K. Marx a J. Swinton, 4 de novembro de 1880, ibid., p. 31.

[221] J. Longuet a C. Longuet, 27 de outubro de 1880, ibid., p. 371.

[222] K. Marx a F. Sorge, 5 de novembro de 1880, ibid., p. 33. Cf. A carta de 12 de outubro de 1880, de F. Engels a J. P. Becker: "Liebknecht esteve aqui e prometeu que a abordagem do jornal de Zurique será diferente e expressará as posições anteriores do partido", ibid., p. 30.

[223] K. Marx a F. Sorge, 5 de novembro de 1880, ibid., p. 33.

[224] Ibid., p. 35.

[225] K. Marx e F. Engels, *Au meeting, à Genève, en souvenir du 50e anniversaire de la Révolution polonaise de 1830. In:* MEGA², vol. I/25, p. 211.

[226] K. Marx a F. Sorge, 5 de novembro de 1880. *In:* Marx e Engels, *Lettere 1880-1883* (março), cit., p. 35.

[227] Ibid., p. 35-36.

[228] K. Marx a A. Loria, 13 de novembro de 1880, ibid., p. 37.

[229] J. Von Westphalen *in:* Y. Kapp, *Eleanor Marx, I. Vita famigliare (1855-1883),* Einaudi, Torino, 1977, p. 197-98.

AS VICISSITUDES DO "VELHO NICK"

[1] K. Marx a J. Swinton, 2 de junho de 1881. *In:* Marx e Engels, *Lettere 1880-1883* (março), cit., p. 77.

[2] F. Engels a J. Longuet, 31 de maio de 1881, ibid., p. 75.

[3] Esses manuscritos foram publicados pela primeira ver em I. Krader (org.), *The Ethnological Notebooks of Karl Marx,* Van Gorcum, Assen, 1972. Em italiano foram traduzidos apenas recentemente – com um título mais alinhado ao seu conteúdo – os compêndios dos volumes de Morgan e de Maine: K. Marx, *Quaderni antropologici,* Unicopli, Milano, 2009. Marx não deixou nenhuma datação do seu trabalho. Krader, principal estudioso desses textos, concluiu que Marx, em um primeiro momento, primeiro se familiarizou com os textos de Morgan, tendo feito posteriormente as anotações. Krader, L. Addenda. *In:* id. (org.), *The Ethnological Notebooks of Karl Marx,* cit., p. 87. A propósito cf. também um testemunho de Kautsky, que recordando o período passado em Londres, entre março e junho de 1881, escreveu que "a pré-história e a etnologia [...] agora ocupavam intensamente Marx", K. Kautsky *in:* Enzensberger (org.), *Colloqui con Marx e Engels,* cit., p. 433.

[4] Sobre esse ponto, veja-se também as recentes observações de Dardot, P. e Laval, C. *Marx, prénom: Karl,* Gallimard, Paris, 2012, p. 667.

[5] Cf. Morgan, L. H., *La società antica,* Feltrinelli, Milano, 1970, p. 354. A gens seria a "união de consanguíneos que reivindicam um ancestral comum", ibid., p. 46.

[6] Esta palavra inglesa denota a divisão das famílias escocesa e irlandesa.

[7] Marx, *Quaderni antropologici,* cit., p. 57.

[8] Ibid., p. 64

[9] Morgan, L. H. *La società antica,* cit., p. 403.

[10] Godelier, M. *Antropologia e Marxismo,* Editori Riuniti, Roma, 1977, p. 227.

[11] Marx, *Quaderni antropologici,* cit., p. 90. Para Krader, "Marx aplicou o ponto de vista de Morgan, segundo o qual, na coletividade da Antiguidade existiam as características da sociedade que a humanidade deve reconstruir se deseja superar as distorções da sua condição no estado da civilização. Marx deixa claro, coisa que Morgan não fez, que esse pro-

cesso de reconstrução se daria em um outro nível com respeito ao velho – que é o esforço humano, dele para si mesmo", *in:* L. Krader, Introduction. *In:* id. (org.), *The Ethnological Notebooks of Karl Marx,* cit., p. 14.

[12] Marx, *Quaderni antropologici,* cit., p. 295. Cf. Krader, Introduction, cit., p. 59.

[13] Para uma discussão mais aprofundada, remetemos a Musto, *L'ultimo Marx 1881-1883, cit.,* p. 29-30.

[14] K. Marx a F. Sorge, 15 de dezembro de 1881. *In:* Marx e Engels, *Lettere 1880-1883 (março),* cit., p. 129

[15] K. Marx a J. Longuet, 7 de dezembro de 1881, ibid., p. 126.

[16] Na correspondência de Marx há algumas referências ao "presunçoso Hyndman", ibid., p. 68, antes e depois do final de seu relatório, que mostram como Marx sempre o criticou. Ver, por exemplo, K. Marx para J. Longuet, 11 de abril de 1881, "anteontem [...] invasão surpresa de Hyndman e sua esposa, que têm ambos a capacidade de criar raízes. A senhora me é muito simpática pelo seu modo de pensar e de falar abrupto, anticonvencional e determinado, mas é engraçado ver a admiração que lhe paira nos lábios pelo marido vaidoso e falador!", ibid., p. 67. Poucos meses depois do conflito que pôs fim ao relacionamento dos dois, Marx, em carta datada de 15 de dezembro de 1881, comentava com F. Sorge: "roubou-me várias noites, fazendo-me falar e assim aprendendo da maneira mais fácil caminho", ibid., p. 130.

[17] K. Marx a H. Hyndman, 2 de julho de 1881, ibid., p. 84.

[18] K. Marx a F. Sorge, 15 de dezembro de 1881, ibid., p. 129-30.

[19] K. Marx a H. Hyndman, 2 de julho de 1881, ibid., p. 84.

[20] Cf. Bottigelli, E. La rupture Marx-Hyndman. *In:* Annali dell'Istituto Giangiacomo Feltrinelli, III (1960): "As causas da ruptura não são razões pessoais ou devidas à ambição de um autor frustrado. [...] Elas estão ligadas à posição teórica na qual Marx anunciava à Federação democrática e a um de seus principais fundadores que ele não tinha nada a ver com aquela iniciativa", p. 625.

[21] K. Marx a H. Hyndman, 8 de dezembro de 1880. *In:* Marx e Engels, *Lettere 1880-1883* (marzo), cit., p. 38.

[22] Ibid.

[23] K. Marx a F. Sorge, 20 de junho de 1881, ibid., p. 81.

[24] K. Marx a F. Engels, 27 de julho de 1881, ibid., p. 88.

[25] A primeira carta assim assinada por Marx remonta ao ano da publicação d'*O capital,* cf. K. Marx para L. Lafargue, 13 de maio de 1867, em MEO, vol. XLIII, p. 596. Marx usou a denominação "Old Nick" de uma forma brincalhona e doce. Em setembro de 1869, ele escreveu para sua filha Laura: "Lamento não poder comemorar o aniversário do meu querido passarinho em família, mas os pensamentos do velho Nick estão com você: você mora no meu coração", K. Marx a L. Lafargue, 25 de setembro de 1869. *In:* MEO, vol. XLII, p. 685; ou, ainda, depois do nascimento do filho de Laura: "Abrace o pequeno Schnappy por mim e diga-lhe que o velho Nick tem muito orgulho das duas fotografias do seu sucessor", K. Marx a P. Lafargue, 4 de fevereiro de 1871. *In:* MEO, vol. XLVI, p. 175.

[26] Yvonne Kapp supôs que, no caso de [Eleanor], "o problema era duplo e premente [...] tentava pôr fim ao noivado [clandestino] com Lissagaray", nunca aceito na família, e, ao mesmo tempo, depois de ter atuado em várias peças, "ela queria começar uma carreira" como atriz de teatro, em Eleanor Marx, I. *Family life* (1855-1883), cit., p. 208-209.

[27] K. Marx a J. Longuet, 18 de agosto de 1881. *In:* Marx e *Engels, Lettere 1880-1883* (março), cit., p. 108. A Engels contou que o dr. Donkin considerava quase um "milagre que um colapso similar não tivesse acontecido antes", K. Marx a F. Engels, 18 de agosto de 1881, ibid., p. 107.

28 K. Marx a F. Engels, 19 de agosto de 1881, ibid., p. 109.

29 Lafargue, P. *In:* Enzensberger (org), *Colloqui con Marx e Engels*, cit., p. 441-442.

30 Engels comentou com júbilo: "Nenhum proletariado jamais se comportou tão magnificamente. Após a grande derrota de 1848, o inglês caiu na apatia e finalmente resignou-se à exploração burguesa, limitando-se apenas à luta sindical por aumentos salariais", F. Engels a E. Bernstein, 30 de novembro de 1881. *In:* Marx e Engels, *Lettere 1880-1883* (março), cit., p. 121.

31 Kapp, Eleanor Marx, I. *Vita famigliare* (1855-1883), cit., p. 201.

32 Marx, K. *in:* Enzensberger (org.), *Colloqui con Marx e Engels*, cit., p. 443-44. Posteriormente, Marx escreveu a Danielson que estava tão doente que não pôde ver sua esposa "durante três semanas das últimas seis de sua vida, embora estivéssemos em quartos contíguos", K. Marx a N. Danielson, 13 de dezembro de 1881. *In:* Marx e Engels, *Lettere 1880-1883* (março), cit., p. 128.

33 K. Marx a J. von Westphalen, 21 de junho de 1856. *In:* MEO, vol. XL, p. 561.

34 K. Marx a J. von Westphalen, 15 de dezembro de 1863, MEO, vol. XLI, p. 698. Sobre a vida de Jenny von Westphalen e sua relação com Marx, remete-se ao recente volume de Gabriel, M. *Love and Capital* [Amor e capital] cit. Veja-se, ainda, L. Dornemann, *Jenny Marx. Der Lebensweg einer Sozialistin*, Dietz, Berlin, 1971, e H. F. Peters, *Red Jenny. A Life with Karl Marx*, St. Martin's, New York, 1986.

35 K. Marx a J. Longuet, 7 de dezembro de 1881. *In:* Marx e Engels, *Lettere 1880-1883* (março), cit., p. 124.

36 K. Marx a N. Danielson, 13 de dezembro de 1881, ibid., p. 128.

37 K. Marx a F. Sorge, 15 de dezembro de 1881, ibid., p. 129.

38 Cf. Krätke, R. *Marx und die Weltgeschichte. In:* "Beiträge zur Marx-Engels-Forschung. Neue Folge", 2014-2015, que afirma que Marx entendia este processo como o "desenvolvimento, tomado como um todo, do comércio, agricultura, mineração, tributação e infraestrutura", p. 176. Segundo Krätke, Marx escreveu estes excertos com base numa convicção de longa data: "dar ao movimento socialista uma base sócio-científica sólida, em vez de [criar] uma filosofia política", p. 143.

39 F. Engels a K. Marx, 8 de janeiro de 1882. *In:* Marx e Engels, *Lettere 1880-1883* (março), cit., p. 141.

40 K. Marx a F. Engels, 5 de janeiro de 1882, ibid., p. 138.

41 K. Marx a L. Lafargue, 4 de janeiro de 1882, ibid., p. 137.

42 Cf. Stenographische Berichte über die Verhandlungen des Reichstags, I, Berlin 1882, p. 486. A intervenção de Bismarck foi seguida da derrota eleitoral nos grandes centros industriais da Alemanha.

43 K. Marx a F. Engels, 15 de janeiro de 1882. *In:* Marx e Engels, Lettere 1880-1883 (março), cit., p. 147.

44 F. Engels para E. Bernstein, 25 de janeiro de 1882, ibid., p. 150. Na sua opinião, "a Itália ofere[cia] menos garantias do que qualquer outro lugar, exceto, claro, o império de Bismarck". Ver também K. Marx para P. Lavrov, 25 de janeiro de 1882, ibid., p. 148.

45 Cf. Badia, G. Marx en Algérie. *In:* Marx, K. *Lettres d'Alger et de la Côte d'Azur.* Paris: Le Temps des Cerises, 1997, p. 17.

46 E. Marx. *In:* Enzensberger (org), *Colloqui con Marx e Engels*, cit., p. 452.

47 K. Marx a F. Engels, 12 de janeiro 1882. *In:* Marx e Engels, *Lettere 1880-1883* (março), cit., p. 142. Sobre Eleanor Marx e sua especial relação com o pai, sugiro o conhecido texto de Kapp, *Eleanor Marx*, I. *Vita famigliare* (1855-1883) e II. *Gli anni dell'impegno* (1884-1898), cit., Veja-se também: Tzuki, C. *The Life of Eleanor Marx, 1855-1898. A Socialist Tragedy*, Clarendon Press, Oxford, 1967; Weissweiler, E. *Tussy Marx. Das Drama der Vatertochter*, Köln:

Kiepenheuer & Witsch, 2002, e o mais recente, Holmes, R. *Eleanor Marx. A Life*, Bloomsbury, London, 2014 [Há edição brasileira: *Eleanor: uma vida*. São Paulo: Expressão Popular, 2021].

[48] Cf. K. Marx a F. Engels, 17 de fevereiro de 1882, "passaporte e coisas semelhantes não são mencionadas. Apenas o nome e o sobrenome do passageiro estão escritos no bilhete". *In:* Marx e Engels, *Lettere 1880-1883* (março), cit., p. 160.

[49] Essa viagem à capital argelina nunca despertou particular atenção entre os biógrafos de Marx. Jacques Attali, apesar de ser de origem argelina, em seu *Karl Marx*, Fazi, Roma, 2006, dedicou apenas meia página à história, relatando, entre várias imprecisões, que Marx havia ignorado a revolta de Oran, que durou do verão de 1881 à primavera de 1883, ver p. 265. No volume de M. Vesper, *Marx em Argel*, Bonn: Pahl-Rugenstein Nachfolger, 1995, por outro lado, todos os eventos que tiveram Marx como protagonista durante sua visita a Argel são reconstruídos com grande precisão.

[50] K. Marx a F. Engels, 1º de março de 1882. *In:* Marx e Engels, Lettere 1880-1883 (março), cit., p. 171.

[51] K. Marx a J. Longuet, 16 de março de 1882, ibid., p. 175. 52 K. Marx a F. Engels, 1º de março de 1882, ibid., p. 172.

[52] K. Marx a J. Longuet, 16 de março de 1882, ibid., p. 174.

[53] K. Marx a F. Engels, 1º de março de 1882, ibid., p. 170-171.

[54] K. Marx a J. Longuet, 27 de março de 1882, ibid., p. 180.

[55] K. Marx a J. Longuet, 6 de abril de 1882, ibid., p. 183.

[56] K. Marx a F. Engels, 8 de abril de 1882, ibid., p. 186-187.

[57] K. Marx a F. Engels, 18 de abril de 1882, ibid., p. 196-197.

[58] K. Marx a F. Engels, 28 de abril de 1882, ibid., p. 199.

[59] Marx disse que, embora não tivesse tido "um único dia de paz completa", nas oito semanas anteriores ao encontro com o fotógrafo ele havia "mais uma vez feito uma boa cara", ibid. Engels ficou muito feliz com as feições do amigo e escreveu: "em Argel [Marx] tirou fotos e sua aparência voltou verdadeiramente ao que era", em F. Engels para A. Bebel, 16 de maio de 1882, ibid., p. 207. Ver também Vesper, *Marx in Algier*, cit., p. 130-135.

[60] K. Marx a F. Engels, 8 de maio de 1882. *In:* Marx e Engels, *Lettere 1880-1883* (março), cit., p. 201

[61] K. Marx a F. Engels, 20 de maio de 1882, ibid., p. 209. Marx não avisou as filhas, pois estas "ficariam preocupadas em vão", mas informou apenas Engels "dos últimos acontecimentos", ibid., p. 208.

[62] K. Marx a E. Marx, 28 de maio de 1882, ibid., p. 214.

[63] K. Marx a F. Engels, 9 de junho de 1882, ibid., p. 218.

[64] Marx a F. Engels, 21 de agosto de 1882, ibid., p. 243. Engels escreve então a Jenny: "temos todas as razões para estarmos satisfeitos com as melhorias alcançadas, tendo em conta o clima adverso que o tem perseguido obstinadamente e as três pleurites, duas das quais muito graves. [...] Um tempo mais em Enghien ou em Cauterets para debelar os resíduos da bronquite e depois uma cura climática nos Alpes ou nos Pireneus o colocarão em pé novamente e lhe permitirão retomar o trabalho", F. Engels a J. Longuet, 27 de agosto de 1882, ibid., p. 248-249.

[65] K. Marx a L. Lafargue, 17 de junho de 1882, ibid., p. 220.

[66] K. Marx a F. Engels, 30 de setembro de 1882, ibid., p. 265-266.

[67] K. Marx a E. Marx, 10 de novembro de 1882, ibid., p. 291.

[68] K. Marx a F. Engels, 11 de novembro de 1882, ibid., p. 294.

[69] K. Marx a F. Engels, 8 de novembro de 1882, ibid., p. 286-87.

[70] K. Marx a E. Marx, 10 de novembro de 1882, ibid., p. 291.

[71] K. Marx a L. Lafargue, 14 de dezembro de 1882, ibid., p. 311.

[72] Marx referia-se à guerra anglo-egípcia que, em 1882, viu as forças egípcias, lideradas por Ahmad 'Urabi, e as tropas do Reino Unido se enfrentarem. Terminou com a batalha de Tell al-Kebir (13 de setembro de 1882), que pôs fim à chamada revolta de 'Urabi, iniciada em 1879. Seu desfecho permitiu a criação de um protetorado britânico sobre o Egito.

[73] K. Marx a E. Marx, 9 de janeiro de 1883. *In:* Marx e Engels, *Lettere 1880-1883* (março), cit., p. 332-333.

[74] K. Marx a F. Engels, 11 de novembro de 1882, ibid., p. 294.

[75] Essa afirmação encontra-se na carta de 2-3 de novembro de 1882 de F. Engels a E. Bernstein, com quem, recordando a piada de Marx dirigida a Lafargue, lamentou-se usando essas palavras: "Isso que na França vai sob o nome de 'marxismo' é com efeito um produto bem particular", ibid., p. 279. Elas foram repetidas em uma missiva de 7 de setembro de 1890, publicada seis dias depois, endereçada à redação do *Sozialdemokrat*, Cf. F. Engels, *Antwort an die Redaktion der 'Sachsischen Arbeit-Zeitung'. In:* MEW, vol. XXII, p. 69, e em outras duas cartas privadas: a Conrad Schmidt, em 5 de agosto de 1890, e a Paul Lafargue, em 27 de agosto de 1890, cf. MEO, vol. XLVIII, p. 465 e 478. A frase depois é contada de modo equivocado por Karl Kautsky, que sustenta que Marx a utilizara em um debate contra esse último, Cf. Kautsky (org.), *Friedrich Engels' Briefwechsel mit Karl Kautsky*, cit., p. 90. Ela foi usada, por fim, pelo tradutor d'*O capital* para o russo, G. Lopatin, em uma carta a M. N. Ošanina de 20 de setembro de 1883: "recorda-se quando eu dizia que o próprio Marx não era marxista? Engels contou que, durante a luta de Brousse, Malon e companhia contra os outros, Marx disse uma vez, rindo: 'Só posso dizer uma coisa: não sou marxista!'". *In:* Enzensberger (org.), *Colloqui con Marx e Engels*, cit., p. 456. A propósito, Cf. Rubel, *Marx critico del Marxismo*, cit., p. 60-61.

[76] K. Marx a J. Williamson, 6 de janeiro de 1883. *In:* Marx e Engels, *Lettere 1880-1883 (março)*, cit., p. 329.

[77] K. Marx a F. Engels, 10 de janeiro de 1883, ibid., p. 333.

[78] K. Marx a F. Engels, 10 de janeiro de 1883, ibid., p. 334

[79] K. Marx a E. Marx, 9 de janeiro de 1883, ibid., p. 332.

[80] A declaração de Eleanor Marx está em Enzensberger (org.), *Colloqui con Marx e Engels*, cit., p. 453.

[81] K. Marx a J. Williamson, 13 de janeiro de1883. *In:* Marx e Engels, *Lettere 1880-1883 (março)*, cit., p. 335.

[82] F. Engels a E. Bernstein, 18 de janeiro de 1883, ibid., p. 336.

[83] F. Engels a E. Bernstein, 8 de fevereiro de 1883, ibid., p. 339.

[84] F. Engels a L. Lafargue, 16 de fevereiro de 1883, ibid., p. 343-344.

[85] F. Engels a E. Bernstein, 27 de fevereiro de 1883, ibid., p. 351.

[86] F. Engels a A. Bebel, 7 de março de 1883, ibid., p. 355.

[87] F. Engels a F. Sorge, 15 de março de 1883, ibid., p. 360-61.

[88] F. Engels, Prefazione. *In:* K. Marx, *Il capitale. Libro secondo. Il processo di circolazione del capitale*, Editori Riuniti, Roma, 1989, p. 12.

A FUNÇÃO DIALÉTICA DO CAPITALISMO

[1] K. Marx, *Salario*, in MEO, vol. VI, p. 454-55.

[2] Marx e Engels, *Manifesto del partito comunista* cit., p. 514 [*Manifesto do partido comunista*, cit., p. 57].

[3] Ibid., p. 488 [*Manifesto do partido comunista*, cit., p. 12].

[4] Ibid., p. 489 [*Manifesto do partido comunista*, cit., p. 12].

[5] Ibid., p. 488 [*Manifesto do partido comunista*, cit., p. 12].

[6] Ibid., p. 489 [*Manifesto do partido comunista*, cit., p. 14].

[7] Ibid., p. 491 [*Manifesto do partido comunista*, cit., p. 16].

[8] Ibid., p. 490 [*Manifesto do partido comunista*, cit., p. 15]. O termo "idiotismo" [Idiotismus] não tem a conotação de estupidez. Com fidelidade à sua etimologia grega, foi empregado para indicar indivíduos dotados de horizontes limitados e privados de interesses pelo destino da comunidade. Cf. Hobsbawm, E. *Come cambiare il mondo. Perché riscoprire l'eredità del marxismo*, Rizzoli, Milano, 2011, que ligou a palavra "idiotismo" ao "isolamento da sociedade mais ampla no qual vivem as pessoas do campo", p. 114 [Há edição brasileira: *Como mudar o mundo: Marx e o marxismo*. São Paulo: Companhia das letras, 2011].

[9] Marx e Engels, *Manifesto del partito comunista* cit., p. 492 [*Manifesto do partido comunista*, cit., p. 19].

[10] Ibid., p. 497 [*Manifesto do partido comunista*, cit., p. 29].

[11] K. Marx, *Le lotte di classe in Francia dal 1848 al 1850*, in MEO, vol. X, p. 52-53 [As lutas de classe na França 1848-1850. In: A revolução antes da revolução, cit., p. 78-79].

[12] id., Rassegna (janeiro-fevereiro de 1850), in MEO, vol. X, p. 266.

[13] id., *I risultati futuri della dominazione britannica in India*, in MEO, vol. XII, p. 223.

[14] Ibid., p. 227

[15] Ibid., p. 228-229. A propósito, também, a carta de Marx a Friedrich Engels, de 14 de junho 1853, na qual, ainda que ele considerasse que "toda a administração da Índia por parte dos ingleses [era] detestável e continua[va] sendo até hoje", comunicou ao amigo que descreveu "a aniquilação da indústria nativa por obra da Inglaterra [...] como revolucionária". O artigo no *New York Tribune* rendeu a Marx a acusação de Edward Said, o qual não apenas declarou que "as análises econômicas de Marx são totalmente compatíveis com a visão de conjunto do orientalismo" mas também insinuou que elas "dependiam do velho preconceito de desigualdade entre Leste e Oeste", *Orientalismo* [1978], Feltrinelli, Roma, 2008, p. 156. Na realidade, a leitura de Said da obra de Marx foi circunscrita, superficial e enviesada. O primeiro a colocar essas falhas de interpretação em evidência foi Sadiq Jalal al-Azm que, no artigo *Orientalism and Orientalism in Reverse*, in: *Khamsin*, VIII (1980), denunciou: "essa leitura das opiniões e das análises de Marx sobre processos históricos e situações altamente complexas é uma farsa [...] Não há nada específico acerca da Ásia ou do Oriente na ampla interpretação teórica de Marx", p. 14-15. De fato, a respeito da "capacidade produtiva, organização social, antecedentes históricos, poder militar e desenvolvimento científico e tecnológico [...] Marx, como qualquer outro, conhecia a superioridade da Europa moderna sobre o Oriente. Mas acusá-lo de [...] transformar esse fato contingente em uma realidade necessária para todos os tempos é simplesmente absurdo", p. 15-16. Também Ahmad, A. em *Theory. Classes, Nations, Literatures*, Verso, London, 1992, demonstrou bem como Said "descontextualizou citações, com pouco sentido do que representavam essas passagens citadas", p. 231, na obra de Marx, simplesmente para "inseri-[lo] em [seu] arquivo orientalista", p. 223. Contra seu presumido eurocentrismo, veja-se também Habib, I. *Marx's Perception of India*, in: Iqbal Husain (org.), *Karl Marx on India*, Tulika, New Delhi, 2006, p. xix-liv. Em todo caso, os artigos de Marx de 1853 oferecem uma visão ainda parcial e simplista do colonialismo, se comparados com as reflexões posteriores que ele elaborou sobre o tema.

[16] K. Marx, *Investigation of Tortures in India*, in: MECW, vol. XV, p. 341.

[17] Id.., *Discorso per l'anniversario del People's Paper*, in: MEO, vol. XIV, p. 655. Marx referia-se a Armand Barbès, François Raspail e Auguste Blanqui.

[18] Id., *Lineamenti fondamentali della critica dell'economia politica* cit., vol. II, p. 18.

[19] Ibid., vol. I, p. 231.

[20] Ibid., vol. II, p. 185.

[21] Ibid., p. 310. Cf. J. Wade, *History of the Middle and Working Classes*, E. Wilson, London, 1835 (3a ed.), em particular, p. 122-32, onde afirma que "a divisão do trabalho poupa tempo", p. 123. Marx copiou trechos da obra de Wade em 1845 (in MEGA², vol. IV/4, p. 288-301 e 303-8). Entre as páginas destes cadernos destacam-se passagens em que se recorda que: "um trabalho reduzido ao seu mínimo de simplicidade deve deixar à mente um tempo livre para a reflexão e a conversa. Esses são os efeitos reconhecidos que ocorreram em muitas fábricas", p. 288. Para Marx, esse processo de "civilização" não diz respeito apenas aos países coloniais, mas também à Europa. O termo não foi usado por ele de forma discriminatória.

[22] Marx, *Lineamenti fondamentali della critica dell'economia politica* cit., vol. II, p. 11-12.

[23] Segundo R. Guha, *Dominance without Hegemony. History and Power in Colonial India*, Harvard University Press, Cambridge, 1997, "esse eloquente presságio, se isolado do grande complexo da crítica do capital de seu autor, tornaria [Marx] indistinguível da miríade de liberais do século XIX que apenas viam o lado positivo do capital. [...] Lido no contexto correto, no entanto [...], esse deve ser compreendido como o movimento inicial de um desenvolvimento crítico", p. 15. O fundador da revista *Subaltern Studies* expressou culpa por uma posição, errônea e superficial, que, paradoxalmente, também foi assumida por muitos de seus seguidores: "alguns escritos de Marx – por exemplo, certas passagens de seus conhecidos artigos sobre a Índia – certamente foram lidos sem contextualização em um forma distorcida, a ponto de reduzir sua avaliação das possibilidades históricas do capital à lisonja de um fanático por tecnologia", ibid. Em sua opinião, a de Marx era "uma crítica que [se] distinguia inequivocamente do liberalismo", tanto mais válida se considerarmos que foi elaborada na época da "fase ascendente e otimista", p. 16, deste último, enquanto "o capital crescia fortemente e parecia não haver limites à sua expansão e capacidade de transformação da natureza e da sociedade", p. 15.

[24] Marx, *Il capitale. Libro primo* cit., p. 825.

[25] Ibid. Numa passagem anterior, semelhante à citada, Marx elencava, quase da mesma forma, cinco das seis questões aqui evocadas: "como o desenvolvimento da força produtiva social do trabalho pressupõe a cooperação em grande escala, como só com este pressuposto podem ser organizados [1] a divisão e combinação do trabalho, [5] os meios de produção podem ser economizados concentrando-os em massa, [4] podem ser criados meios de trabalho que já são materialmente utilizáveis apenas em comum, como, por exemplo, o sistema de máquinas; como [3] as imensas forças da natureza podem ser colocadas a serviço da produção e como pode ocorrer [2] a transformação do processo de produção na aplicação tecnológica da ciência", p. 683-684 (a numeração entre colchetes foi acrescentada pelo autor). Sobre o tema da dimensão global do modo de produção capitalista, ver carta a Engels, datada de 8 de outubro de 1858, na qual Marx afirmava que "a verdadeira tarefa da sociedade burguesa é a criação do mercado mundial, pelo menos em suas grandes linhas, e de uma produção que se assenta em suas bases", in: MEO, vol. XL, pág. 376.

[26] Marx, *Il capitale. Libro primo* cit., p. 825.

[27] Ibid., p. 373.

[28] Marx, *Il capitale. Libro terzo* cit., p. 695. Ahmad, in: *Theory. Classes, Nations, Literatures* (cit)., observou corretamente que "a denúncia de Marx da sociedade pré-colonial na Ín-

dia não é mais chocante do que a sua denúncia do passado feudal da Europa", p. 224. Em seu entendimento, "para Marx, a ideia de um certo papel progressivo do colonialismo era ligada à ideia de um papel progressivo do capital em confronto com o que existira antes, tanto dentro da Europa quanto fora dela", p. 225-226; "a destruição da classe camponesa europeia no curso da acumulação originária [vem] descrita em tom análogo" ao das mutações ocorridas na Índia, p. 227.

[29] Marx, *Il capitale*. Libro primo cit., p. 376-377.

[30] Ibid., p. 375.

[31] Ibidem, p. 648. A esse respeito, ver também o que Marx escreveu a Engels, em carta datada de 7 de dezembro de 1867, na qual anotou para o amigo – que preparava uma resenha d'*O capital* – uma lista dos principais argumentos presentes em sua obra que gostaria que fossem mencionados. Na ocasião, ele descreveu seu trabalho como útil para demonstrar que "a sociedade de hoje, considerada do ponto de vista econômico, está grávida de uma nova forma superior". Seguindo o que hoje pode parecer uma comparação ousada entre suas descobertas e a teoria da evolução de Darwin, Marx afirmou que em seu livro destacou "um progresso oculto, em que as relações econômicas modernas são acompanhadas por consequências imediatas assustadoras". Afirmava que, por meio "da sua concepção crítica [...], talvez apesar da sua vontade", tinha "acabado com todo o socialismo de taverna, ou seja, com todo o utopismo". Finalmente, entre as frases sugeridas a Engels emerge uma em que ele queria reafirmar, com absoluta clareza, a convicção que havia amadurecido sobre a importância do capitalismo: "se o senhor Lassalle insultava os capitalistas e bajulava os nobres prussianos, o senhor Marx, ao contrário, demonstra a 'necessidade' histórica da produção capitalista", *in*: MEO, vol. XLIII, p. 443 [*Cartas sobre O capital*, p. 233].

[32] Marx, K. *Lineamenti fondamentali della critica dell'economia politica*, cit., vol. II, p. 405.

[33] Ibid., p. 396.

[34] Ibid., p. 405.

[35] Ibid., p. 185.

[36] Ibid., vol. I, p. 317-318.

[37] Marx, *Il capitale*. Libro I cit., p. 72.

[38] Ibid., p. 71.

[39] Ibid., p. 57.

[40] Ibid., p. 58.

[41] Ibid., p. 21.

[42] Marx, *Il capitale*. Libro terzo cit., p. 318.

[43] Id., *Lineamenti fondamentali della critica dell'economia politica*, cit., vol. II, p. 121.

[44] Ibid., p. 183.

[45] Ibid., p. 184.

[46] Ibid., p. 317-318.

[47] Ibid., vol. I, p. 104.

[48] Marx, K. *Manoscritti del 1861-1863*, cit., p. 202.

[49] Id., *Teorie sul plusvalore*, III cit., p. 458.

[50] Id., *Il capitale*. Libro primo cit., p. 145.

[51] Ibid., p. 551

[52] Marx, K. *Istruzioni per i delegati del consiglio centrale provvisorio. Le singole questioni* cit., p. 192.

[53] Id., *Il capitale*. Libro primo cit., p. 536-537.

[54] Ibid., p. 551.

[55] Ibid., p. 549.

[56]   Ibid., p. 551.

[57]   Ibid., p. 111-112 .

[58]   Id., *Salario, prezzo e profitto*, cit., p. 150 [*Salário, preço e lucro*, cit., p. 141].

[59]   Id., *Comunicazione confidenziale*, cit., p. 14.

[60]   Id., *Estratti e commenti critici a "Stato e Anarchia" di Bakunin*, cit., p. 355.

[61]   Id., *Critica al programma di Gotha*, cit., p. 10 [*Crítica ao programa de Gotha*, cit., p. 104].

[62]   Guesde, Lafargue e Marx, *Programa eleitoral dos trabalhadores socialistas* cit., p. 138. Data dessa mesma época a carta de Karl Marx a Carlo Cafiero, de 29 de julho de 1879. Nela, Marx cumprimentava o revolucionário italiano pelo compêndio por ele elaborado do Livro I d'*O capital*. No entanto, ele também apontou que seu prefácio continha "uma falha clara: não há nenhuma prova de que as condições materiais necessárias para a emancipação do proletariado sejam produzidas espontaneamente pelo curso da produção capitalista", em Marx e Engels, *Lettere 1874 -1879*, cit., p. 305 [*Cartas sobre* O capital, cit., p. 304].

[63]   Marx, Lineamenti fondamentali della critica dell'economia politica, cit., vol. II, p. 150.

[64]   Ibid., p. 182.

[65]   Ibid., p. 183.

[66]   Ibid., p. 82.

[67]   Não se pode ignorar que os *Grundrisse*, que não eram destinados à publicação, foram redigidos no clima especial existente entre 1857 e 1858, precisamente quando estava em curso a primeira crise financeira mundial da história.

[68]   Marx, *Lineamenti fondamentali della critica dell'economia politica*, cit., vol. II, p. 410.

[69]   Ibid., p. 461.

[70]   Marx, *Teorie sul plusvalore* III, cit., p. 460-461.

[71]   Id., *Il capitale*. Libro I, cit., p. 100.

[72]   Id., *Il capitale*. Libro primo, cit., p. 826.

[73]   N. Mikhajlovskij, Karl Marks pered sudom g. Yu. Zhukovskogo, *in: Otecestvennye Zapiski*, vol. CCXXX (1877), n. 10, p. 321-356. Uma reimpressão desse texto foi publicada em Id., *Polnoe Sobranie Sochinenii* [Raccolta delle Opere Complete], vol. IV, M. M. Stasiulevich, St. Petersburg, 1911, p. 165-206.

[74]   Marx à redação de *Otecestvennye Zapiski*, *in:* Marx e Engels, *Lettere 1874-1879*, cit., p. 234. A missiva foi reelaborada algumas vezes, mas acabou ficando em rascunho, com marcas de rasuras. A carta nunca foi enviada, mas continha antecipações interessantes dos argumentos que Marx usaria mais tarde.

[75]   Marx, *Le Capital*, Paris 1872-1875, cit., p. 634. Esse acréscimo à edição de 1867, feito por Marx durante a revisão da tradução francesa de seu texto, não foi incluído por Engels na quarta edição alemã de 1890, que mais tarde se tornou a versão padrão das traduções d'*O capital*. Maximilien Rubel chamou esta frase "uma das adições importantes deste capítulo", em K. Marx, *Ouvres. Economie I*, Gallimard, Paris, 1963, p. 1701. Na edição impressa por Engels lemos que a história da acumulação primitiva "tem diferentes matizes nos vários países e passa por diferentes fases em diferentes sucessões e em diferentes períodos históricos. Só na Inglaterra, que tomamos então como exemplo, ela tem uma forma clássica", Marx, K. *Il capitale, libro I*, cit., p. 780.

[76]   Ibid., p. 32.

[77]   Ibid., p. 32.

[78]   Ibid., p. 33. Na edição francesa, Marx limitou ligeiramente o alcance de sua frase: "Le pays le plus développé industriellement ne fait que montrer à ceux qui le suivent sur l'échelle industrial de leur propre avenir", K. Marx, *Le Capital*, MEGA², vol. II/7, pág. 12. Dhakrabarty, D. *Provincializing Europe. Postcolonial Thought and Historical Difference,*

Princeton University Press, Princeton, 2000, interpretou erroneamente esta passagem como um exemplo típico de historicismo que segue o princípio "primeiro na Europa e depois em outros lugares", p. 7. As "ambiguidades da prosa de Marx" foram apresentadas como um protótipo daqueles que consideram "a história como uma sala de espera, um período necessário para a transição para o capitalismo em qualquer tempo e lugar. Este é o período ao qual [...] o Terceiro Mundo é frequentemente consignado", p. 65. De qualquer forma, N. Lazarus, The Fetish of "the West" in Postcolonial Theory, in: Bartolovich, C. e Lazarus, N. (ed.), *Marxism, Modernity and Postcolonial Studies*, Cambridge University Press: Cambridge, 2002, observou acertadamente que "nem todas as narrativas históricas são teleológicas ou historicistas", p. 63.

[79] Marx, K. [Resoconto di un discorso di Karl Marx alla celebrazione dell'anniversario dell'Associazione operaia tedesca di cultura di Londra], in MEO, vol. XX, p. 398.

[80] K. Marx à redação do *Otecestvennye Zapiski*, cit., p. 234.

[81] Ibid., p. 235. Mikhajlovskij – que ignorava a verdadeira posição teórica de Marx – prenunciava assim um dos limites fundamentais que caracterizariam o marxismo do século XX. Essas ideias já circulavam entre os seguidores de Marx na época, tanto na Rússia quanto em outros lugares. A crítica de Marx a essa concepção foi ainda mais importante porque, além de dirigida ao presente, antecipou o que aconteceria depois. Cf. Colina, *L'Obtschina. Comune contadina e rivoluzione in Russia* [Comuna camponesa e revolução na Rússia], Jaca Book, Milão, 1978, p. 148; e Musto, *L'ultimo Marx, 1881-1883*, cit., p. 59-62.

[82] Marx, K. Progetti preliminari della lettera a Vera Zasulich. Secondo progetto. *In*: Marx e Engels, *Lettere 1880-1883* (março), cit., p. 392 [K. Marx: rascunhos para uma resposta (fevereiro-março de 1881). *In*: Shanin, T. (org.) *Marx tardio e a via russa: Marx e as periferias do capitalismo*. São Paulo: Expressão Popular, 2017, p. 148] (a partir daqui citado como Marx, *Progetti preliminari*, seguido do número do projeto e da página,).

[83] Marx, *Progetti preliminari*, II, p. 393 [Rascunhos para uma resposta (fevereiro-março de 1881), cit., p. 152].

[84] id., *Progetti preliminari*, III, p. 399 [Rascunhos para uma resposta (fevereiro-março de 1881), cit., p. 156].

[85] id., Progetti preliminari, I, p. 386 [Rascunhos para uma resposta (fevereiro-março de 1881), cit., p. 157].

[86] Id., *Il capitale. Libro primo*, cit., p. 33.

[87] Id., Progetti preliminari, II, p. 393 [Rascunhos para uma resposta (fevereiro-março de 1881), cit., p. 152]. Cf. Lewis Morgan: "será o reviver, em forma superior, da liberdade, da igualdade e da fraternidade dos povos antigos", p. 403. Marx copiou essa afirmação em seus *Quaderni antropologici*, cit., p. 90.

[88] Marx, *Progetti preliminari*, I, p. 385 [Rascunhos para uma resposta (fevereiro-março de 1881), cit., p. 160].

[89] A esse respeito veja-se H. Wada, *Marx and revolutionary Russia*, in: T. Shanin (org.), *Late Marx and the Russian Road*, Monthly Review Press, New York, 1983, p. 60 [Marx e a Rússia revolucionária, in: *Marx tardio e a via Russa: Marx e as periferias do capitalismo*, cit., p. 75], que avançou a tese da presença de uma "mudança significativa" relativamente à publicação do Livro I d'*O capital* em 1867; Dussel, E. *L'ultimo Marx*, Manifestolibri, Roma, 2009, que assinalou uma "mudança de rota", p. 230 e 237. Muitos foram também os autores que propuseram uma leitura "terceiro-mundista" das elaborações do último Marx, presumindo, como consequência, que ele tivesse evidenciado também um novo sujeito revolucionário: não mais o operário de fábrica, mas as massas dos campos e das periferias.

90 A propósito, veja-se o argumento de M. Sawer no excelente volume *Marxism and the Question of the Asiatic Mode of Production*, Martinus Nijhoff, The Hague, 1977, p. 67: "o que acontece, em particular ao longo da década de 1860, não foi que Marx mudou a sua opinião sobre o caráter das comunas aldeãs, nem resolveu que essas pudessem tornar-se a base do socialismo assim como eram; ao contrário, ele passa a considerar a possibilidade de que as comunas pudessem ser revolucionadas não pelo capitalismo, mas pelo socialismo [...]. Com a intensificação da comunicação social e a modernização dos métodos de produção, o sistema das aldeias poderia ser incorporado em uma sociedade socialista. Em 1882 isso aparecia para Marx agora como uma genuína alternativa à completa desintegração da obtschina sob o impacto do capitalismo".

91 Marx, *Progetti preliminari*, I, p. 387.

92 id., *Progetti preliminari*, III, p. 399

93 Id., *I risultati futuri della dominazione britannica in India*, cit., p. 228-29.

94 Id., *Progetti preliminari*, III, p. 396 [Rascunhos para uma resposta (fevereiro-março de 1881), cit., p. 172]. Considerações semelhantes foram expressas na carta de Marx a Danielson de 19 de fevereiro de 1881, *in:* Marx e Engels, *Lettere 1880-1883* (março), cit., onde a política do governo britânico na Índia, geradora de "anos de carestia [que] de sucedem [...] em proporções até hoje impensadas na Europa", foi descrito como "um derramamento de sangue que requer vingança", p. 52.

95 Marx, *Progetti preliminari*, III, p. 399 [Rascunhos para uma resposta (fevereiro-março de 1881), cit., p. 176]. Este Marx é, assim, bem diferente de grande parte de seus seguidores, bem descritos por Chatterjee, P. *The Politics of the Governed. Popular Politics in Most of the World*, Columbia University Press, New York, 2004: "os marxistas, em geral, acreditaram que o influxo de capital sobre a comunidade tradicional fosse o símbolo inevitável do progresso histórico", p. 30.

96 Marx, K. e Engels, F., Prefazione all'edizione russa del 1882 del "Manifesto", *in:* MEO, vol. VI, p. 663.

97 Marx, K. *Rivoluzione in Cina e in Europa*, *in:* MEO, vol. XII, pág. 102-103. Em *Marx y América Latina*, Fondo de Cultura Económica, Buenos Aires, 2009, José Aricó observou que Marx contemplava a possibilidade de uma "revolução no mundo colonial que, ao contrário do que ele havia hipotetizado em 1848, não dependia mais da ação política das classes populares metropolitanas e que, ao contrário, [teria] condicionado de forma decisiva tanto o desenvolvimento do capitalismo nos países centrais como a explosão da revolução proletária na Europa", p. 103. Em *Marxism and the Question of the Asiatic Mode of Production*, cit., Marian Sawer observou que Marx estava "também interessado no mundo não ocidental em relação à função [desempenhada] em prolongar a vida do capitalismo europeu. Este tema tornou-se particularmente importante a partir de 1850, após a desilusão das primeiras esperanças revolucionárias", p. 42.

98 K. Marx a S. Meyer e A. Vogt, 9 de abril de 1870, *in:* MEO, vol. XLIII, p. 719.

99 Ibidem, pág. 721. Ao sustentar que a análise do "caso irlandês" representou uma "virada estratégica" para Marx, José Aricó, em *Marx y América Latina*, cit., superestimou suas considerações. Se é verdade que a Irlanda "levou Marx a dar mais atenção aos países periféricos", p. 114, e contribuiu para que desenvolvesse uma visão mais "aberta aos novos fenômenos produzidos no mundo pela universalização capitalista", p. 106, suas opiniões sobre a revolução socialista continuaram a reconhecer a centralidade das lutas do movimento operário.

100 Marx, *Comunicazione confidenziale*, cit., p. 14.

101 Lawrence Krader argumentou que Marx, em sua periodização da história humana, a que chegara após uma longa elaboração teórica, optou finalmente por um movimento

"multilinear e não unilinear", composto por "diferentes linhas históricas entre diferentes povos. Embora estes tenham sido exibidos com hesitação nas obras compostas no período de 1857-1867, [eles foram ilustrados] com mais clareza, mesmo que não definitivamente, no período de 1879-1881", *The Asiatic Mode of Production*, cit., p. 139.

[102] Marx, K. *Per la critica dell'economia politica*, cit., p. 6 [*Contribuição à crtícia da Economia Política*, cit., p. 48].

[103] Corretamente, mesmo que com um "irreversivelmente" a mais, Bruno Bongiovanni afirma em *Le repliche della storia*, cit., que "a comunidade [Gemeinschaft], em última instância, não pode transubstanciar-se milagrosamente em socialismo sem a presença, essa sim irreversivelmente emancipadora, da sociedade [Gesellschaft]", p. 189.

O PERFIL DA SOCIEDADE COMUNISTA

[1] Marx e Engels, *Manifesto del partito comunista*, cit., p. 514.

[2] Ibid., p. 515

[3] Esta denominação já havia sido usada por outros, antes de Marx e Engels. Ver, por exemplo, J.-A. Blanqui, *Histoire de l'économie politique en Europe*, Guillaumin, Paris 1837, que intitulou o capítulo de sua obra dedicado a Fourier e Owen "Dos economistas utópicos", cf. p. 322-41. L. Reybaud, *Études sur les Réformateurs contemporains ou socialistes modernis: Saint-Simon, Charles Fourier, Robert Owen*, Guillaumin, Paris, 1840, foi o primeiro a associar os três autores sob o rótulo de socialismo moderno. O seu texto teve boa difusão e ajudou a difundir a ideia de que os três "forma[vam] soma total dos pensadores excêntricos que a nossa época viu nascer", p. vi.

[4] Marx e Engels, *Manifesto del partito comunista*, cit., p. 514-515 [*Manifesto do Partido Comunista*, cit., p. 58].

[5] Ibid., p. 507-512 [*Manifesto do Partido Comunista*, cit., p. 50-55.

[6] Ibid., p. 50 [*Manifesto do Partido Comunista*, cit, p. 49.

[7] Geoghegan, V. *Utopianism and Marxism*, Peter Lang, Bern, 2008, p. 23-38. O autor destacou que "os socialistas utópicos 'se consideravam cientistas sociais'", p. 23. A vulgata marxista-leninista usou, ao contrário, o adjetivo "utópico" em sentido puramente depreciativo.

[8] Cf. Hobsbawm, E. Marx, Engels e il socialismo premarxiano, *in: Storia del marxismo*, I. Il marxismo ai tempi di Marx, Einaudi, Torino, 1978, p. 5-22 [Há edição brasileira: *História do Marxismo. I. O marxismo no tempo de Marx*. Rio de Janeiro: Paz e Terra, 1997].

[9] Marx, K. e Engels, F. *L'ideologia tedesca*, *in:* MEO, vol. V, p. 519-540 [*A ideologia alemã*, cit.]. Engels, grande admirador de Saint-Simon, chegou a afirmar que a obra de Saint-Simon "continha, em germe, quase todas as ideias não exclusivamente econômicas dos socialistas posteriores". Ver F. Engels, *L'evoluzione del socialismo dall'utopia alla scienza*, Laboratorio Politico, Nápoles, 1992, p. 52.

[10] Marx, K. *Il capitale*. Libro primo, cit., p. 327.

[11] Id., *Lineamenti fondamentali della critica dell'economia politica*, cit., vol. II, p. 410.

[12] Id., *Salario, prezzo e profitto*, cit., p. 109 [*Salário, preço e lucro*, cit., p. 83].

[13] Id. e Engels, *Manifesto del partito comunista*, cit., p. 516 [*Manifesto do Partido Comunista*, cit, p. 61].

[14] Cf. Webb, D. Marx, *Marxism and Utopia*, Aldershot, Ashgate, 2000, p. 30.

[15] Marx, K. e Engels, F. *Critica dell'anarchismo*, cit., p. 358.

[16] F. Buonarroti, Manifesto degli eguali, *in:* Id., *Cospirazione per l'eguaglianza detta di Babeuf*, Einaudi, Torino, 1971, p. 312-313.

[17] F.-N. Babeuf, Spezzare le catene [1795-96], *in:* Id., *Il tribuno del popolo*, Editori Riuniti, Roma, 1977, p. 215.

[18] Cabet, E. *Viaggio a Icaria*, Guida, Napoli, 1983, p. 160.

[19] Ibid., p. 67.

[20] Ibid., p. 126.

[21] Ibid., p. 120.

[22] Ibid., p. 116.

[23] Dézamy, T. Il codice della comunità, *in:* Bravo. G. M. (org.), *Il socialismo prima di Marx*, Editori Riuniti, Roma, 1970, p. 541-544.

[24] Weitling, W. *L'umanità come è e come dovrebbe essere*, ibid., p. 285.

[25] Ibid., p. 283

[26] C. de Saint-Simon, L'organizzatore, *in:* id., *Opere*, Utet, Torino, 2007, p. 436.

[27] Id. *Nuovo cristianesimo*, ibid., p. 1150.

[28] Ibid., p. 1145. *Sull'opera di Saint-Simon*, cf. Ansart, P. *Marx e l'anarchismo*, Bologna: il Mulino, 1972, p. 29-156.

[29] Fourier, C. *Teoria dei quattro movimenti. Il nuovo mondo amoroso*, Torino: Einaudi, 1972, p. 6.

[30] Ibid., p. 133. Cf. Beecher, J. *Charles Fourier. The Visionary and His World*, Berkeley: University of California Press, 1986, p. 195-219.

[31] Esta concepção é exatamente oposta àquela posteriormente exposta por Sigmund Freud que, no *Disagio della civiltà*, Boringhieri, Torino, 1971 [Mal-Estar da Civilização], sustentou que a organização não repressiva da sociedade levaria a uma perigosa regressão no nível de civilidade alcançado nas relações humanas, Cf. p. 226 e 231.

[32] Considerant, V. Ideale di una società perfetta, *in:* Bravo (ed.), *Il socialismo prima di Marx*, cit., p. 185.

[33] Ibid., p. 175. *In:* Proposito, cf. Beecher, J. *Victor Considerant and the Rise and Fall of French Romantic Socialism*, University of California Press, Berkeley, 2001, p. 124-133.

[34] Considerant, V. *Ideale di una società perfetta*, cit., p. 184. Considerant referia-se ao sistema teorizado pelo seu mestre, Fourier.

[35] Fourier, C. Il nuovo mondo industriale e societario, *in:* Bravo (ed.), *Il socialismo prima di Marx*, cit., p. 113.

[36] Fourier, C. Il nuovo mondo industriale e societario, *in:* Id., *Teoria dei quattro movimenti*, cit., p. 137.

[37] Em seus muitos textos, Fourier deu diferentes definições para seu sistema. Entre as formas mais utilizadas estavam as de "harmonia", "associação", "estado societário" e "unidade universal".

[38] Fourier, Il nuovo mondo industriale e societario, *in:* Id., *Teoria dei quattro movimenti*, cit., p. 138.

[39] Para uma análise dessa experiência remetemos a Harrison, J. *Quest for the New Moral World. Robert Owen & the Owenites in Britain and America*, New York: Charles Scribner's Sons,, 1969.

[40] Owen, R. *The Life of Robert Owen*, Londres: Effingham Wilson, 1857, p. xxxii. Embora Owen tenha subestimado a violência inerente ao regime capitalista, Marx não considerou sua visão ingênua. Não surpreendentemente, no Livro I d'*O capital*, Marx sentiu a necessidade de fazer uma distinção entre Owen e muitos de seus seguidores. Owen, de fato, "não compartilhava das ilusões de seus seguidores servis sobre a relevância [... que poderiam ter] elementos isolados de transformação". Em sua opinião, "o ponto de partida da revolução social" só poderia ter origem na mudança radical do modo de produção e do "sistema fabril", Marx, *Il capitale. Libro primo*, cit., p. 549. Cf. Tsuzuki, C. Robert Owen

and Revolutionary Politics, *in:* Pollard, S. e Sal, J. (org.), *Robert Owen, Prophet of the Poor*, London: Macmillan, 1971, que afirmou que "Owen abominava uma revolução violenta que levaria apenas a outro tipo de governo irracional", p. 15.

[41] Owen, R. *Il libro del nuovo mondo morale, in:* Bravo (ed.), *Il socialismo prima di Marx*, cit., p. 240.

[42] Cabet, E. *Émigration icarienne. Conditions d'admission*, [S.I.], Paris 1852, p. 27.

[43] Ibid., p. 29.

[44] Cabet, E. *Colonie icarienne aux États-Unis d'Amérique: sa constitution, ses lois, sa situation matérielle et morale après le premier semestre 1855*, New York: Burt Franklin, 1971, p. 43. A propósito, ver também Johnson, C. H. *Utopian Communism in France. Cabet and the Icarians, 1839-1851*, Ithaca: Cornell University Press, 1974, principalmente p. 260-300.

[45] Segundo Rosdolsky, *Genesi e struttura del "Capitale" di Marx*, cit., a diferença entre Marx e os socialistas românticos diz respeito à "sua total incapacidade de compreender o curso da vida moderna, ou seja, a necessidade e o caráter historicamente progressivo da ordem social burguesa, criticado por eles, [...] limitando-se a uma condenação de tipo moralista", p. 487.

[46] Cf. K. Marx a F. Bolte, 23 de novembro de 1871, "o desenvolvimento das seitas socialistas e o do verdadeiro movimento operário estão sempre em uma relação inversamente proporcional. Enquanto as seitas forem (historicamente) legítimas, a classe trabalhadora ainda é imatura para um movimento histórico autônomo. Assim que atinge esta maturidade, todas as seitas tornam-se reacionárias", *in:* MEO, vol. XLVI, p. 337.

[47] Marx, K. e Engels, F. *Le cosiddette scissioni nell'Internazionale*, cit., p. 57-58.

[48] Com exceção de Babeuf e Weitling que receberam, por essa razão (e sobre esse tema), o respeito de Marx.

[49] Saint-Simon, *Nuovo cristianesimo*, cit., p. 1148.

[50] F Tristan, *Femminismo e socialismo: l'unione operaia*, Guaraldi, Firenze, 1976, p. 164 [Há edição brasileira: *União Operária*. São Paulo: Perseu Abramo, 2015].

[51] Marx e Engels, *L'ideologia tedesca*, cit., p. 38.

[52] Ibid.

[53] K. Marx e F. Engels a A. Bebel, W. Liebknecht, W. Bracke e outros, 17-18 de setembro de 1879, *in:* Marx e Engels, *Lettere 1874-1879*, cit., p. 337.

[54] Ibid., p. 339.

[55] Marx, K. *Il capitale. Libro primo*, cit., p. 33.

[56] Ibid., p. 42. Esta declaração de Marx surgiu em resposta à resenha de seu trabalho que apareceu em 1868 na revista *La Philosophie Positive*, editada por Eugène de Roberty. O sociólogo que seguiu Comte havia criticado Marx por não ter indicado as "condições necessárias para uma produção saudável e uma distribuição justa da riqueza", *in:* MEGA^2, vol. II/6, p. 1.622-1.623.

[57] Marx, K. *Glosse marginali al "Trattato di economia politica" di Adolf Wagner*, cit., p. 1.404.

[58] Id., *La guerra civile in Francia*, in MEO, vol. XXII, p. 300-301 [A guerra civil na França. *In:* A revolução antes da revolução, cit., p. 152].

[59] K. Marx a F. Nieuwenhuis, 22 de fevereiro de 1881, *in:* Marx e Engels, *Lettere 1880-1883* (março), cit., p. 53-54.

[60] Segundo Rosdolsky, *Genesi e struttura del "Capitale" di Marx*, cit., se é verdade que Marx rejeitou a ideia do "socialismo como criação de sistemas pré-fabricados", isso não significa que não tenha amadurecido "qualquer ideia sobre a ordem econômica e social futura, deixando a tarefa aos seus bisnetos. [...] Ao contrário, justamente essas ideias antecipatórias ocupam uma parte muito proeminente no edifício teórico do marxismo. N'*O capital* [...] e nos seus trabalhos preparatórios encontramos repetidas digressões e anotações que se referem aos problemas da ordem social socialista", p. 477-478.

61 Saint-Simon, C. e Enfantin, B. P. *Religion Saint-Simonienne. Procès, in: Œuvres de Saint-Simon & d'Enfantin*, vol. XLVII, Leroux, Paris 1878, p. 378. Em outras partes da obra dos dois protossocialistas franceses é usada a expressão "a classe mais laboriosa e mais pobre". Veja-se, por exemplo, Saint-Simon, C. *Notre politique est religieuse*, ibid., vol. XLV, Leroux, Paris 1878, p. 28.

62 A esta espécie pertence a antologia K. Marx, F. Engels e V. Lenin, *On Communist Society*, Moscow: Progress, 1974, em que os textos dos três autores foram apresentados como se fossem uma obra homogênea da Trindade do comunismo. Neste volume, assim como em muitas outras antologias de conformação semelhante, a presença de Marx foi completamente marginal. Embora seu nome aparecesse na capa, como o supremo garante da fé no "socialismo científico", seus textos incluídos na coleção (19 páginas em 157) eram muito inferiores tanto aos de Engels quanto aos de Lenin. O Marx teórico da sociedade comunista limitou-se ao *Manifesto Comunista* e à *Crítica do Programa de Gotha*, textos aos quais foram acrescentados apenas meia página da *Sagrada Família* e algumas linhas de uma carta a Joseph Weydemeyer datada de 5 de março de 1852, em que Marx havia falado sobre a ditadura do proletariado.

63 Ver Aron, R. que no livro *Marxismi imaginari*, Milão: Franco Angeli, 1972, zombou, por exemplo, dos "paramarxistas parisienses", p. 151, que "subordina[vam] *O capital* aos seus escritos juvenis, antes de tudo aos *Manuscritos Econômico-Filosóficos de 1844*, cuja obscuridade, incompletude e, em várias partes, contradições fascinaram o leitor", p. 128. Em sua opinião, esses autores não haviam entendido que "se Marx não tivesse a ambição e a esperança de fundar o advento do comunismo com rigor científico, não precisaria trabalhar 30 anos n'*O capital* (sem conseguir completá-lo). Algumas semanas e algumas páginas teriam bastado para ele", p. 151. A esse respeito, ver também Musto, *Ripensare Marx e i marxismi*, cit., p. 225-272. Para uma descrição da natureza fragmentária dos *Manuscritos Econômico--Filosóficos de 1844* e da incompletude das teses neles contidas, ver ibid., p. 45-67.

64 Marx, K. *Manoscritti economico-filosofici del 1844*, cit., p. 321 [Há edição brasileira: *Cadernos de Paris & Manuscritos econômico-filosóficos de 1844*. São Paulo: Expressão Popular, 2015, p. 359]. Em sua introdução a Id. e F. Engels, *Inventare l'ignoto*, Roma: Alegre, 2011, Daniel Bensaid afirmou que, em sua fase inicial, o de "Marx é um comunismo filosófico", p. 42.

65 Marx, K. *Manoscritti economico-filosofici del 1844*, cit., p. 323-324 [*Manuscritos econômico-filosóficos*, cit., p. 344-345].

66 Ibid., p. 324 [*Manuscritos econômico-filosóficos*, cit. , p. 345].

67 Sobre o caráter complexo desses manuscritos e sobre os detalhes de sua criação e autoria, ver o recente volume MEGA², vol. I/5. Nas 1.900 páginas de sua tão esperada publicação, os 17 manuscritos que compõem o texto foram impressos na forma fragmentária original e não com a aparência de um livro acabado. Para uma crítica desta edição (antecipada pela publicação do chamado "capítulo sobre Feuerbach", em *Die deutsche Ideologie. Manuskripte und Drucke* (novembro de 1845 a junho de 1846), in: *Marx-Engels Jahrbuch*, 2003, p. 3-140) – e a favor de uma publicação o mais fiel possível aos originais – ver Escultor, T. e Blank, D. *A Political History of the Editions of Marx and Engels's "German Ideology Manuscripts"*, New York: Palgrave Macmillan, 2014, p. 142.

68 Marx, K. e Engels, F. *L'ideologia tedesca*, cit., p. 33. As palavras escritas por Marx nos manuscritos estão em cursiva.

69 Cf. Fourier, C. *Le nouveau monde industriel et sociétaire, in:* id. *Œuvres complètes*, Paris: Anthropos, 1966, vol. VI. Para uma tradução parcial ao italiano, remete-se a Fourier, Il nuovo mondo industriale e societario, in: Id., *Teoria dei quattro movimenti*, cit., principalmente p. 137-140.

[70] A descoberta deste importante detalhe foi possível graças ao rigoroso trabalho filológico realizado por Wataru Hiromatsu, editor da edição (em volume duplo em alemão e japonês) K. Marx e F. Engels, *Die deutsche Ideologie*, Kawade Shobo-Shinsha, Tóquio, 1974 (2ª ed., 2006). Alguns anos mais tarde, Terrell Carver afirmou que, graças a este estudo, era possível ler "quais as palavras foram escritas pela mão de Engels e quais foram escritas pela de Marx, que adições e que supressões deviam ser atribuídas a cada autor", Escultor, T. *The Postmodern Marx*, University Park: The Pennsylvania State University Press, 1998, p. 104. Ver também o recente Carver e Blank, *A Political History of the Editions of Marx and Engels's "German Ideology Manuscripts"*, cit., p. 139-140.

[71] Segundo Carver, "a famosa passagem sobre a sociedade comunista retirada de *A ideologia alemã* não pode mais ser lida como uma sequência ininterrupta de ideias acordadas conjuntamente pelos dois autores". Com a adição dessas poucas palavras, Marx ficou "castigando duramente Engels por ter-se distanciado, talvez momentaneamente, do importante trabalho de invalidar as fantasias dos socialistas utópicos", ibid., p. 106.

[72] Darren Webb tem razão quando afirma que esta é a "citação mais ridicularizada de todo o cânone do marxismo", Webb, *Marx, Marxism and Utopia, cit.*, p. 61.

[73] Marx, K. e Engels, F. *L'ideologia tedesca*, cit., p. 34.

[74] Ibid., p. 38.

[75] Ibid., p. 67-68.

[76] Ibid., p. 34.

[77] Ibid., p. 38.

[78] Marx, K. e Engels, F. *Manifesto del partito comunista*, cit., p. 499 [*Manifesto do Partido Comunista*, cit. , p. 31].

[79] Ibid., p. 501 [*Manifesto do Partido Comunista*, cit., p. 35].

[80] Ibid., p. 499 [*Manifesto do Partido Comunista*, cit. , p. 31].

[81] Na tradução para o inglês, feita em 1888 por Samuel Moore em cooperação com Friedrich Engels, a palavra alemã *Staatsausgaben* (despesas do Estado) foi traduzida com a expressão – menos estatista e mais genérica – *public purposes* (propósitos públicos).

[82] Na Associação Internacional dos Trabalhadores essa foi uma medida que foi apoiada por Mikhail Bakunin e refutada por Marx. Cf. A sessão dedicada ao "Direito de Herança" *in:* Musto (org.), *Lavoratori di tutto il mondo, unitevi!, cit.*, p. 111-117 [*Trabalhadores, uni-vos, cit.* , p. 186].

[83] A sua aplicação, também referida no Prefácio à edição alemã de 1872, "dependerá das circunstâncias históricas do movimento, em todos os lugares e em todos os tempos; portanto, nenhuma importância particular é dada às medidas revolucionárias propostas no final da segunda seção", em Marx e Engels, *Manifesto del partito comunista*, cit., p. 660. Já no início da década de 1870, este documento tinha se tornado um "documento histórico" sobre o qual os seus autores já não se sentiam "no direito de fazer alterações", p. 661.

[84] Marx, K. *Il capitale*. Libro primo, cit., p. 108.

[85] Ibid., p. 111.

[86] Ibid., p. 113.

[87] Ibid., p. 301.

[88] Marx, K. *Lineamenti fondamentali della critica dell'economia politica*, cit., vol. I, p. 185.

[89] Ibid., vol. II, p. 406.

[90] Ibid., p. 405.

[91] Marx, K. *Il capitale*. Libro primo, cit., p. 110.

[92] Id., *Lineamenti fondamentali della critica dell'economia politica*, cit., vol. I, p. 117.

[93] Id., Ökonomische Manuskripte 1863-1867, *in: MEGA²*, vol. II/4.2, p. 662. Cf. P. Chattopadhyay, Marx's Associated Mode of Production, Palgrave, New York, 2016, em particular p. 59-65 e 157-161.

[94] Id. *Critica al programma di Gotha*, cit., p. 14 [*Crítica ao programa de Gotha*, cit., p. 109]. Palmiro Togliatti traduziu erroneamente essa expressão como "sociedade coletivista".

[95] Id., *Il capitale*. Libro primo, cit., p. 648.

[96] Id., *La guerra civile in Francia*, cit., p. 304 [*A guerra civil na França*, cit., p. 417].

[97] Ibid., p. 297 [*A guerra civil na França*, cit. , p. 408].

[98] Id., *Estratti e commenti critici a "Stato e Anarchia" di Bakunin*, cit., p. 356.

[99] Sobre esse temas, Cf. Meiksins Wood, E. *Democracy against Capitalism*, London: Cambridge University Press, 1995 [Há edição brasileira: *Democracia contra o capitalismo*. São Paulo: Boitempo, 1995].

[100] Marx, K. *Lineamenti fondamentali della critica dell'economia politica*, cit., vol. II, p. 141.

[101] Ibid., p. 333.

[102] Marx, K., *Manoscritti economici del 1861-1863*, Roma: Editori Riuniti, 1980, p. 200.

[103] Id., *Il capitale*. Libro primo, cit., p. 578.

[104] Id., *Lineamenti fondamentali della critica dell'economia politica*, cit., vol. I, p. 100.

[105] Ibid., p. 117.

[106] Ibid., vol. II, p. 241.

[107] Ibid., p. 393. Sobre esse tema, Cf. Fallot, J. *Marx e la questione delle macchine*, La Firenze: Nuova Italia, 1971, p. 117-184, e o mais recente, Wendling, A. *Karl Marx on Technology and Alienation*, Palgrave Macmillan, Basingstoke, 2009.

[108] Marx, K. *Lineamenti fondamentali della critica dell'economia politica*, cit., vol. I, p. 118.

[109] Ibid., vol. II, p. 243.

[110] Ibid., p. 244.

[111] Ibid., vol. I, p. 100.

[112] Ibid., p. 117.

[113] Ibid.

[114] Marx, K. *Critica al Programma di Gotha*, cit., p. 14-15 [*Crítica ao Programa de Gotha*, cit. , p. 107

[115] Ibid., p. 17 [*Crítica ao Programa de Gotha*, cit. , p. 109].

[116] Marx, *Il capitale*. Libro primo, cit., p. 537

[117] Sobre esse tema desenvolveu-se, nos últimos 20 anos, uma ampla e inovadora leitura. Para uma das últimas contribuições a respeito, remete-se a Saito, K. *Karl Marx's Ecosocialism. Capital, Nature, and the Unfinished Critique of Political Economy*, Monthly Review Press, New York, 2017 [Há edição brasileira: *O ecossocialismo de Karl Marx: capitalismo, natureza e a crítica inacabada à Economia Política*, São Paulo: Boitempo, 2021].

[118] Marx, *Il capitale*. Libro primo, cit., p. 552.

[119] Ibid., p. 553.

[120] Ibid., p. 371.

[121] Marx, K. *Il capitale*. Libro secondo, cit., p. 331.

[122] Id., *Il capitale*. Libro terzo, cit., p. 763.

[123] Ibid., p. 231. Cf. Ollman, B. e Schweickart, D. *Market Socialism. The Debate among Socialists*, New York: Routledge, 1998.

[124] Marx, K. *Glosse marginali al "Trattato di economia politica" di Adolf Wagner*, cit., p. 1409.

[125] Id., *Il capitale*. Libro primo, cit., p. 578.

[126] Ibid., p. 486

[127] Id., *Lineamenti fondamentali della critica dell'economia politica,* cit., vol. I, p. 296.

[128] Ibid., p. 241. Segundo P. Mattick, Marx e Keynes, De Donato, Bari, 1972: "Para Marx, a lei do valor 'regula' o capitalismo de mercado, mas não outras formas de produção social",

p. 410. Portanto, ele concluiu que "o socialismo era, antes de tudo, o fim da produção de valor e, assim também o fim das relações de produção capitalista", p. 408.

[129] Marx, K. *Salario, prezzo e profitto*, cit., p. 150 [*Salário, preço e lucro*, cit. , p. 141].

[130] Id., *Critica al programma di Gotha*, cit., p. 18 [*Crítica ao Programa de Gotha*, cit. , p. 110].

[131] Id., *Lineamenti fondamentali della critica dell'economia politica*, cit., vol. II, p. 364.

[132] Id. e Engels, F. *Critica dell'anarchismo*, cit., p. 279.

[133] Guesde, J., Lafargue, P. e Marx, K. *Programma elettorale dei lavoratori socialisti*, cit., p. 137.

[134] Ibid., p. 138.

[135] Marx, K. *Il capitale. Libro terzo*, cit., p. 887.

[136] Id., *Il capitale. Libro primo*, cit., p. 360 .

[137] Ibid., p. 360-361 .

[138] Ibid., p. 271 . A propósito remete-se a Rubel, M. *Karl Marx. Saggio di biografia intellettuale*, cit., p. 320-333.

[139] Marx, K. *Lineamenti fondamentali della critica dell'economia politica*, cit., vol. II, p. 404.

[140] Id., *Manoscritti del 1861-1863*, cit., p. 194.

[141] Ibid., p. 195.

[142] Ibid., p. 194.

[143] Id., *Risoluzioni del Congresso di Ginevra* (1866), cit., p. 35.

[144] Id., *Il capitale. Libro primo*, cit., p. 300 .

[145] Id., *Lineamenti fondamentali della critica dell'economia politica*, cit., vol. II, p. 402.

[146] Ibid., vol. I, p. 118-119.

[147] Id., *Teorie sul plusvalore III*, cit., p. 274.

[148] Id., *Lineamenti fondamentali della critica dell'economia politica*, cit., vol. II, p. 402.

[149] Ibid., p. 112.

[150] Id., *La guerra civile in Francia*, cit., p. 300 [*A guerra civil na França*, cit., p. 411.]

[151] Id. e Engels, F. *Le cosiddette scissioni nell'Internazionale*, cit., p. 76.

[152] Marx, K. *Estratti e commenti critici a "Stato e Anarchia" di Bakunin*, cit., p. 357.

[153] Id., *La guerra civile in Francia*, cit., p. 294 [*A guerra civil na França*, cit. , p. 404].

[154] Ibid., p. 298 [*A guerra civil na França*, cit. , p. 409].

[155] Marx, K. *Critica al programma di Gotha*, cit., p. 28 [*Crítica ao programa de Gotha*, cit. , p. 118].

[156] Ibid., p. 14 [*Crítica ao programa de Gotha*, cit. , p. 106]. Sobre a importância da educação em Marx remete-se a Small, R. *Marx and Education*, Ashgate, Aldershot, 2005.

[157] Marx, K. *La guerra civile in Francia*, cit., p. 297 [*A guerra civil na França*, cit. , p. 408].

[158] Id., *Critica al programma di Gotha*, cit., p. 18 [*Crítica ao programa de Gotha*, cit. , p. 109].

[159] Essa tese volta à moda com o livro de Roberts, W. *Marx's Inferno. The Political Theory of Capital*, Princeton University Press, Princeton, 2017, p. 247.

[160] Marx, K. *Frammento del testo primitivo*, cit., p. 91.

[161] Id., *Lineamenti fondamentali della critica dell'economia politica*, cit., vol. II, p. 335.

[162] K. Marx a J. B. von Schweitzer, 13 ottobre 1868, *in:* MEO, vol. XLIII, p. 620.

[163] Engels, F. e Marx, K. *Statuti provvisori dell'Associazione internazionale degli operai*, *in:* MEO, vol. XX, p. 14.

[164] Veja Hal Draper que em *Karl Marx's Theory of Revolution*, Volume III. The dictatorship of proletariat, Monthly Review Press, Nova York, 1986, p. 385-386, demonstrou que Marx havia usado essa expressão apenas sete vezes, aliás com um significado radicalmente diferente daquele que erroneamente lhe atribuíram muitos de seus intérpretes ou aqueles que se presumiram seguidores de seu pensamento.

REFERÊNCIAS

ESCRITOS DE KARL MARX

Marx Engels Opere (MEO)

Le discussioni alla sesta dieta renana. Terzo articolo: Dibattiti sulla legge contro i furti di legna [1842], vol. I, p. 222-264.

Giustificazione di ††, corrispondente dalla Mosella [1843], vol. I, p. 344-375.

Dalla critica della filosofia hegeliana del diritto [1843], vol. III, p. 3-143.

Manoscritti economico-filosofici del 1844 [1844], vol. III, p. 249-376.

Karl Marx alla Pubblica sicurezza di Bruxelles [1845], vol. IV, p. 664.

L'ideologia tedesca [1845-46], vol. V, p. 7-574 (con Friedrich Engels).

Miseria della filosofia [1847], vol. VI, p. 105-225.

Il comunismo del «Rheinischer Beobachter» [1847], vol. VI, p. 234-247.

Salario [1847], vol. VI, p. 434-55.

Manifesto del partito comunista [1848], vol. VI, p. 483-518 (con Friedrich Engels).

Prefazione all'edizione russa del 1882 del «Manifesto» [1882], vol. VI, p. 662-663 (con Friedrich Engels).

La borghesia e la controrivoluzione [1848], vol. VIII, p. 153-176.

Le lotte di classe in Francia dal 1848 al 1850 [1850], vol. X, p. 41-145.

Rassegna (gennaio-febbraio 1850) [1850], vol. X, p. 256-269 (con Friedrich Engels).

Rivoluzione in Cina e in Europa [1853], vol. XII, p. 97-104.

I risultati futuri della dominazione britannica in India [1853], vol. XII, p. 223-229.

Lord Palmerston [1853], vol. XII, p. 355-423.

Discorso per l'anniversario del People's Paper [1856], vol. XIV, p. 655.

Il nuovo manifesto di Mazzini [1858], vol. XVI, p. 38-43.

Herr Vogt [1860], vol. XVII, p. 23-332.

Teorie sul plusvalore I [1862], vol. XXXIV.

Teorie sul plusvalore II [1862], vol. XXXV.

Teorie sul plusvalore III [1862-63], vol. XXXVI.

Statuti provvisori dell'Associazione internazionale degli operai [1864], vol. XX, p. 14-17.

Ad Abraham Lincoln, presidente degli Stati Uniti d'America [1864], vol. XX, p. 20-22.

Indirizzo dell'Associazione Internazionale degli Operai al presidente Johnson [1865], vol. XX, p. 96-97.

Salario, prezzo e profitto [1865], vol. XX, p. 99-150.

Istruzioni per i delegati del consiglio centrale provvisorio. Le singole questioni [1867], vol. XX, p. 189-99.

Contratto tra il signor Karl Marx e il signor Otto Meissner libraio ed editore [1865], vol. XX, p. 361-362.

La guerra civile in Francia [1871], vol. XXII, p. 275-324.

Manoscritto [1871-172], vol. XXXI, t. 2, p. 1123-94.

Lettere: 1844-1851, vol. XXXVIII.

Lettere: 1852-1855, vol. XXXIX.

Lettere: 1856-1859, vol. XL.

Lettere: gennaio 1860 settembre 1864, vol. XLI.

Lettere: ottobre 1864 dicembre 1867, vol. XLII.

Lettere: gennaio 1868 luglio 1870, vol. XLIII.

Lettere: luglio 1870 dicembre 1873, vol. XLIV.

Edições avulsas em italiano

Lineamenti fondamentali della critica dell'economia politica [1857-58], 2 voll., La Nuova Italia, Firenze, 1997.

Voci per "The New American Cyclopædia" [1857-60], Lotta Comunista, Milano, 2003 (con Friedrich Engels).

Frammento del testo primitivo [1858], *in:* MARX, K. *Scritti inediti di Economia politica*, Editori Riuniti, Roma, 1963, p. 29-130.

Per la critica dell'economia politica [1859], Editori Riuniti, Roma, 1957.

Manoscritti del 1861-1863 [1861-63], Editori Riuniti, Roma, 1980.

Proclama dell'Associazione di Cultura degli Operai Tedeschi di Londra in favore della Polonia [1863], *in:* MARX, K. *Per la Polonia insorta, in:* "Belfagor", XXXVII (1982), n. 2, p. 80-81.

Il capitale. Libro I, capitolo VI inedito [1863-64], La Nuova Italia, Firenze, 1969.

Manoscritti sulla questione polacca (1863-1864) [1863-64], La Nuova Italia, Firenze, 1981.

Indirizzo inaugurale dell'Associazione internazionale dei lavoratori [1864], *in:* MUSTO, M. (a cura di), *Lavoratori di tutto il mondo, unitevi!*, p. 25-31.

Risoluzioni del Congresso di Ginevra (1866) [1866], *ibid.*, p. 35-40.

Il capitale. Critica dell'economia politica. Libro primo. Il processo di produzione del capitale [1867], Editori Riuniti, Roma, 1989.

Risoluzioni del Congresso di Bruxelles (1868) [1868], *in:* MUSTO, M. (a cura di), *Lavoratori di tutto il mondo, unitevi!*, p. 41-45.

Sull'eredità [1869], *ibid.*, p. 111-12.

Sul diritto all'eredità [1869], *ibid.*, p. 115-17.

Indirizzo all'Unione Nazionale del Lavoro degli Stati Uniti d'America [1869], *ibid.*, p. 213-14.

Comunicazione confidenziale [1870], *in:* MARX, K. *Critica dell'anarchismo*, Einaudi, Torino, 1972, p. 5-19 (con Friedrich Engels).

Primo indirizzo sulla guerra franco-prussiana [1870], *in:* MUSTO, M. (a cura di), *Lavoratori di tutto il mondo, unitevi!*, p. 190-93.

Secondo indirizzo sulla guerra franco-prussiana [1870], *ibid.*, p. 194-95.

Dichiarazione del Consiglio generale sull'abuso del nome dell'Internazionale da parte di Nečaev [1871], *in:* BRAVO, G. M. *La Prima Internazionale*, vol. I, p. 579.

Statuti provvisori dell'Associazione internazionale degli operai [1871], *in:* MUSTO, M. (a cura di), *Lavoratori di tutto il mondo, unitevi!*, p. 219-22 (con Friedrich Engels).

Sulla questione dell'astensionismo [1871], *ibid.*, p. 234.

Sull'azione politica della classe operaia e su altre questioni [1871], *ibid.*, p. 237-40 (con Friedrich Engels).

Sulle società segrete [1871], *in:* MARX, K. *Critica dell'anarchismo*, Einaudi, Torino, 1972, p. 292.

Le cosiddette scissioni nell'Internazionale [1872], *ibid.*, p. 28-77.

L'indifferenza in materia politica [1873], *ibid.*, p. 300-306.

Dichiarazione di Karl Marx per la sua naturalizzazione in Inghilterra [1874], *in:* MARX, K. *Lettere 1874-1879*, p. 403-4.

Lettere 1874-1879 [1874-79], Lotta Comunista, Milano, 2006 (con Friedrich Engels).

Critica al programma di Gotha [1875], Editori Riuniti, Roma, 1990.

Estratti e commenti critici a "Stato e Anarchia" di Bakunin [1875], *in:* MARX, K. *Critica dell'anarchismo*, Einaudi, Torino, 1972, p. 312-67.

Compendio del dibattito al Reichstag sulla legge contro i socialisti [1878], *in:* MARX, K. *Lettere 1874-1879*, p. 363-74.

Intervista con il fondatore del socialismo moderno. Corrispondenza speciale della "Tribune" [1878], *ibid.*, p. 383-90.

Glosse marginali al "Trattato di economia politica" di Adolf Wagner [1880], *in:* MARX, K. *Il capitale. Critica dell'economia politica*, Einaudi, Torino, 1975, vol. II, p. 1399-438.

L'inchiesta operaia [1880], La Città del Sole, Napoli, 2006.

Programma elettorale dei lavoratori socialisti [1880], *in:* MUSTO, M. *L'ultimo Marx, 1881-1883*, p. 137-40 (con Jules Guesde e Paul Lafargue).

Lettere 1880-1883 (marzo) [1880-83], Lotta Comunista, Milano, 2008 (con Friedrich Engels).

Progetti preliminari della lettera a Vera Zasulich [1881], *ibid.*, p. 381-400.

Quaderni antropologici [1881], Unicopli, Milano, 2009.

Il capitale. Critica dell'economia politica. Libro secondo. Il processo di circolazione del capitale [1885], Editori Riuniti, Roma, 1989.

Il capitale. Critica dell'economia politica. Libro terzo. Il processo complessivo della produzione capitalistica [1894], Editori Riuniti, Roma, 1989.

Marx-Engels Gesamtausgabe (MEGA²)

Mr. George Howell's History of the International Working-Men's Association [1878], vol. I/25, p. 151-57.

Au meeting, à Genève, en souvenir du 50e anniversaire de la Révolution polonaise de 1830 [1880], vol. I/25, p. 211-12 (con Friedrich Engels).

Zur Kritik der politischen Ökonomie (Manuskript 1861-1863) [1861-63], vol. II/3.5, p. 1598-675.

Ökonomische Manuskripte 1863-1867 [1863-67], vol. II/4.2.

Ökonomische Manuskripte 1863-1868 [1863-68], vol. II/4.3.

Das Kapital. Kritik der politischen Ökonomie. Erster Band, Hamburg, 1867 [1867], vol. II/5.

Ergänzungen und Veränderungen zum ersten Band des "Kapitals" (Dezember 1871 Januar 1872) [1872], vol. II/6, p. 1-55.

Le Capital, Paris 1872-1875 [1872-75], vol. II/7.

Das Kapital (Ökonomisches Manuskript 1868-1870). Zweites Buch. Der Zirkulationsprozess des Kapitals (Manuskript II) [1868-70], vol. II/11, p. 1-339.

Das Kapital. Zweites Buch. Der Zirkulations, des Kapitals. Zu benutzende Textstellen früherer Darstellungen (Manuskript I bis IV) [1877], vol. II/11, p. 525-48.

Das Kapital. Zweites Buch. Der Zirkulations, des Kapitals. Erster Abschnitt (Fragmente II) [1877], vol. II/11, p. 550-55.

Das Kapital. Zweites Buch. Der Zirkulations, des Kapitals. (Manuskript VIII) [1877], vol. II/11, p. 698-827.

Mehrwertrate und Profitrate mathematisch behandelt [1875], vol. II/14, p. 19-150.

Exzerpte aus James Steuart. An Inquiry into the Principles of Political Economy [1850-53], vol. IV/8, p. 312-25.

Exzerpte, Zeitungsausschnitte und Notizen zur Weltwirtschaftskrise (Krisenhefte). November 1857 bis Februar 1858 [1857-58], vol. IV/14, p. 1-501.

Exzerpte und Notizen zur Geologie, Mineralogie und Agrikulturchemie. Marz bis September 1878 [1878], vol. IV/26.

Exzerpte aus Werken von Lothar Meyer, Henry Enfield Roscoe, Carl Schorlemmer, Benjamin Witzschel, Wilhelm Friedrich Kühne, Ludimar Hermann, Johannes Ranke und Joseph Beete Jukes [1878-79], vol. IV/31, p. 3-442.

Marx-Engels Werke (MEW)

Die Geldkrise in Europa [1856], vol. XII, p. 53-57.
Die Krise in Europa [1856], vol. XII, p. 80-82.
Der nordamerikanische Bürgerkrieg [1861], vol. XV, p. 329-38.
Ein Londoner Arbeitermeeting [1862], vol. XV, p. 454-57.

Marx-Engels Collected Works (MECW)

Investigation of Tortures in India [1857], vol. XV, p. 336-41.
The London Times on the Orleans Princes in America [1861], vol. XIX, p. 27-31.
English Public Opinion [1862], vol. XIX, p. 137-42.
On the Hague Congress [1872], vol. XXIII, p. 254-56.

Edições avulsas em outras línguas

Die deutsche Ideologie. Manuskripte und Drucke (November 1845 bis Juni 1846) [1845-46], in: *Marx-Engels Jahrbuch*, 2003, p. 3-140 (con Friedrich Engels e Joseph Weydemeyer).
Die deutsche Ideologie [1845-46], Kawade Shobo-Shinsha, Tokyo, 1974 (con Friedrich Engels).
Manuskripte über die polnische Frage (1863-1864) [1863-64], Mouton & co., 'S-Gravenhage 1961.
Przyczynki do historii kwestii polskiej. Rękopisy z lat 1863-1864/Beitrage zur Geschichte der polnischen Frage. Manuskipte aus den Jahren 1863-1864 [1863-64], Książka i Wiedza, Warszawa, 1971.
Notes on Indian History (664-1858) [1879-80], University Press of the Pacific, Honolulu, 2001.
Über Formen vorkapitalistischer Produktion [1879-80], Campus, Frankfurt am Main/New York, 1977.

Manuscritos inéditos

Amsterdam, IISG, Marx-Engels Papers: B 53, B 77, B 78, B 80, B 82, B 83, B 93, B 94, B 95, B 96, B 100, B 101, B 102, B 103, B 104, B 108, B 109, B 113, B 114, B 129, B 138, B 140, B 141, B 146.
Amsterdam, IISG, Marx-Engels Papers: O 68, O 69, O 70, O 71, O 72, O 73, O 74, O 75, O 76, O 77, O 78.
Mosca, RGASPI: f. 1, d. 1397, f. 1, d. 1691, f. 1, d. 5583.

ESCRITOS DE OUTROS AUTORES

AA. VV. *Papiers et correspondance de la famille impériale. Édition collationnée sur le texte de l'imprimerie nationale*, vol. II, Garnier frères, Paris, 1871.

AA. VV. *Risoluzione, programma e regolamento della federazione italiana dell'Associazione Internazionale dei Lavoratori, in:* BRAVO, G. M. *La Prima Internazionale*, vol. II, p. 782-90.

AHMAD, Aijaz, *In Theory. Classes, Nations, Literatures*, Verso, London, 1992.

ALTHUSSER, Louis, *Leggere "Il Capitale"*, Feltrinelli, Milano, 1971.

ANDERSON, Kevin B. The "Unknown" Marx's Capital, volume I. The French edition of 1872-75, 100 years later, *in: Review of Radical Political Economics*, XV (1983), n. 4, p. 71-80.

ANDERSON, Kevin B. *Marx at the Margins. On Nationalism, Ethnicity, and Non-Western Societies*. University of Chicago Press, Chicago, 2010.

ANDREAS, Bert. *Le Manifeste Communiste de Marx et Engels*, Feltrinelli, Milano, 1963.

ANDREAS, Bert. *Marx' Verhaftung und Ausweisung Brüssel Februar/März 1848*, Schriften aus dem Karl-Marx-Haus, Trier, 1978.

ANONIMO, *Rapporto informativo della polizia parigina da Londra, in:* ENZENSBERGER, H. M. (a cura di), *Colloqui con Marx e Engels*, p. 387.

ANSART, Pierre, *Marx e l'anarchismo*. Il Mulino, Bologna, 1972.

ARCHER, Julian P. W., *The First International in France, 1864-1872*. University Press of America, Lanham (MD), 1997.

ARICÓ, José. *Marx y América Latina*. Fondo de Cultura Económica, Buenos Aires, 2009.

ARON, Raymond. *Marxismi immaginari*. Franco Angeli, Milano, 1972.

ATTALI, Jacques. *Karl Marx*. Fazi, Roma, 2006.

AL-AZM, Sadiq Jalal. Orientalism and Orientalism in Reverse, *in: Khamsin*, VIII (1980), p. 5-26.

BABEUF, François-Noël, *Spezzare le catene, in:* id., *Il tribuno del popolo*. Editori Riuniti, Roma, 1977.

BACKHAUS, Wilhelm. *Marx, Engels und die Sklaverei*. Schwann, Düsseldorf, 1974.

BADIA, Gilbert. Marx en Algérie, *in:* MARX, K. *Lettres d'Alger et de la Côte d'Azur*. Le Temps des Cerises, Paris, 1997, p. 5-26.

BAKUNIN, Michail. *Opere complete*, 8 voll., Edizioni Anarchismo, Catania, 1976-2009.

BAKUNIN, Michail. *Ai compagni della Federazione delle sessioni internazionali del Giura, ibid.*, vol. III, p. 21-117.

BAKUNIN, Michail. *Lettera al giornale "La Liberté" di Bruxelles, ibid.*, p. 170-71.

BAKUNIN, Michail. *Scritto contro Marx, ibid.*, p. 200-50.

BAKUNIN, Michail. *Stato e Anarchia, ibid.*, vol. IV, p. 19-219.

BAKUNIN, Michail. *L'Impero knut-germanico e la rivoluzione sociale (1870-1871), ibid.*, vol. VIII.

BAKUNIN, Michail. *Programme of the Alliance [International Alliance of Socialist Democracy], in:* LEHNING, Arthur (a cura di), *Michael Bakunin. Selected Writings*, Jonathan Cape, London, 1973, p. 166-72.

BAKUNIN, Michail e GUILLAUME, James, *La distruzione del potere politico, in:* MUSTO, M. (a cura di), *Lavoratori di tutto il mondo, unitevi!*, p. 247-49.

BALZAC, Honoré de. *Il capolavoro sconosciuto, in:* id., *La commedia umana. Racconti e novelle*, Mondadori, Milano, 2006.

BARRY, Maltman. *Report of the Fifth Annual General Congress of the International Working Men's Association, Held at The Hague, Holland, September 2-9, 1872, in:* GERTH, Hans, *The First International. Minutes of The Hague Congress of 1872*, University of Wisconsin Press, Madison, 1958.

BEECHER, Jonathan. *Charles Fourier. The Visionary and His World*, University of California Press, Berkeley, 1986.

BEECHER, Jonathan. *Victor Considerant and the Rise and Fall of French Romantic Socialism*, University of California Press, Berkeley, 2001.

BENSAID, Daniel. *Introduzione a Karl Marx e Friedrich Engels, Inventare l'ignoto*. Alegre, Roma, 2011, p. 15-92.

BERNHARDI, Friedrich von. *Tägebuchblätter aus dem Jahre 1867 bis 1869*, vol. VIII, Hirzel, Leipzig, 1901.

BERNSTEIN, Samuel. *The First International in America*. A. M. Kelley, New York, 1962.

BLACKBURN, Robin. *Marx and Lincoln. An Unfinished Revolution*, Verso, London, 2011.

BLANQUI, Jérôme-Adolphe. *Histoire de l'économie politique en Europe*. Guillaumin, Paris, 1837.

BONGIOVANNI, Bruno. *Introduzione*, in: MARX, K. *Manoscritti sulla questione polacca (1863-1864)*, 1981, p. v-lxiii.

BONGIOVANNI, Bruno. *Le repliche della storia. Karl Marx tra la Rivoluzione francese e la critica della politica*, Bollati Boringhieri, Torino, 1989.

BÖNIG, Jürgen. *Karl Marx in Hamburg. Der Produktionsprozess des "Kapital"*, Vsa, Hamburg, 2017.

BOTTIGELLI, Émile. *La rupture Marx-Hyndman*, in: "Annali dell'Istituto Giangiacomo Feltrinelli", III (1960), p. 621-29.

BRAUNTHAL, Julius. *History of the International*, Nelson, New York, 1966.

BRAVO, G. M. *La Prima Internazionale. Storia documentaria*, Editori Riuniti, Roma, 1978.

BRAUNTHAL, Julius. *Marx e la Prima Internazionale*. Laterza, Bari, 1979.

BRAUNTHAL, Julius (a cura di), *Il socialismo prima di Marx*. Editori Riuniti, Roma, 1970.

BRIGGS, Asa e CALLOW, John. *Marx in London. An Illustrated Guide*. Lawrence and Wishart, London, 2008.

BUONARROTI, Filippo. *Manifesto degli eguali*, in: id., *Cospirazione per l'eguaglianza detta di Babeuf*, Einaudi, Torino, 1971, p. 311-14.

BURGELIN, Henri; LANGFELDT, Knut e MOLNÁR, Miklós (a cura di). *La première Internationale*, I. *1866-1868*, Droz, Genève, 1962.

BURGELIN, Henri; LANGFELDT, Knut e MOLNÁR, Miklós *La première Internationale*, II. *1869-1872*, Droz, Genève 1962.

CABET, Étienne. *Émigration icarienne*. Conditions d'admission, [S.I.], Paris, 1852.

CABET, Étienne. *Colonie icarienne aux États-Unis d'Amérique: sa constitution, ses lois, sa situation matérielle et morale après le premier semestre 1855*, Burt Franklin, New York, 1971.

CABET, Étienne. *Viaggio a Icaria*, Guida, Napoli, 1983.

CALOMIRIS, Charles W. e SCHWEIKART, Larry. The Panic of 1857. Origins, transmission, and containment, in: *Journal of Economic History*, LI (1991), n. 4, p. 807-34.

CARR, Edward. *Bakunin*, Bur, Milano 2002.

CARVER, Terrell. *The Postmodern Marx*, The Pennsylvania State University Press, University Park, 1998.

CARVER, Terrell e BLANK, Daniel. *A Political History of the Editions of Marx and Engels's "German Ideology Manuscripts"*, Palgrave Macmillan, New York, 2014.

CHAKRABARTY, Dipesh. *Provincializing Europe. Postcolonial Thought and Historical Difference*, Princeton University Press, Princeton, 2000.

CHATTERJEE, Partha. *The Politics of the Governed. Popular Politics in Most of the World*, Columbia University Press, New York 2004.

CHATTOPADHYAY, Paresh. *Marx's Associated Mode of Production*, Palgrave, New York, 2016.

COLLINS, Henry e ABRAMSKY, Chimen. *Karl Marx and the British Labour Movement*, MacMillan, London 1965.

COLP, Ralph Jr. *The myth of the Darwin-Marx letter, in:* "History of Political Economy", XIV (1982), n. 4, p. 461-82.

CONSIDERANT, Victor. Ideale di una società perfetta, *in:* BRAVO, G.M. (a cura di), *Il socialismo prima di Marx*, p. 164-86.

DAL PRA, Mario. *La dialettica in Marx*. Laterza, Bari, 1965.

DARDOT, Pierre e LAVAL. Christian. *Marx, prénom: Karl*, Gallimard, Paris, 2012.

DELLA VOLPE, Galvano. *Rousseau e Marx*. Editori Riuniti, Roma, 1956.

DE MAESSCHALCK, Edward. *Marx in Brussel (1845-1848)*. Davidsfonds, Leuven 2005.

DE PAEPE, César. *Sciopero contro la guerra, in:* Musto, M. (a cura di), *Lavoratori di tutto il mondo, unitevi!*, p. 184-185.

DESMOND, Adrian e MOORE, James. *Darwin*. Bollati Boringhieri, Torino 2012.

DÉZAMY, Théodore. *Il codice della comunità, in:* BRAVO, G. M. (a cura di), *Il socialismo prima di Marx*, p. 534-545.

D'HONDT, Jacques. *Rapport de synthèse, in:* Colloque international sur la première internationale (a cura di), *La Première Internationale: l'institution, l'implantation, le rayonnement*, Éditions du Centre National de la Recherche Scientifique, Paris, 1968, p. 463-84.

D'HONDT, Jacques. *La traduction tendancieuse du "Capital" par Joseph Roy, in:* LABICA, G. (a cura di), *1883-1983, l'œuvre de Marx un siècle après*. Presses Universitaires de France, Paris, 1985, p. 131-37.

DORNEMANN, Luise. *Jenny Marx. Der Lebensweg einer Sozialistin*. Dietz, Berlin, 1971.

DRACHKOVITCH, Milorad M. (a cura di). *The Revolutionary Internationals, 1864-1943*. Stanford University Press, Stanford, 1966.

DRAPER, Hal. *Karl Marx's Theory of Revolution. Volume III: The Dictatorship of the Proletariat.* Monthly Review Press, New York, 1986.

DUSSEL, Enrique. *L'ultimo Marx*. Manifestolibri, Roma, 2009.

ENGELS, Friedrich. *Introduzione a "Le lotte di classe in Francia", in:* MEO, vol. X, p. 642-43.

ENGELS, Friedrich. *Anti-Dühring, in:* MEO, vol. XXV, p. 1-314.

ENGELS, Friedrich. *Antwort an die Redaktion der "Sachsischen Arbeit-Zeitung", in:* MEW, vol. XXII, p. 69.

ENGELS, Friedrich. *Karl Marx, in:* MARX, K. *Capitale e salario*. Critica Sociale, Roma, 1893, p. 5-12.

ENGELS, Friedrich. *Per la critica dell'economia politica (Recensione), in:* MARX, K. *Per la critica dell'economia politica*, 1957, p. 171-210.

ENGELS, Friedrich. *5 settembre 1872, in:* BURGELIN, H., LANGFELDT, K. e MOLNÁR, M. (a cura di). *La première Internationale*, vol. II (1869-72). 1962, p. 355.

ENGELS, Friedrich. *L'evoluzione del socialismo dall'utopia alla scienza*. Laboratorio Politico, Napoli, 1992.

ENGELS, Friedrich. *Prefazione, in:* MARX, K. *Il capitale*. Libro secondo. 1989, p. 9-26.

ENGELS, Friedrich. *Sull'importanza della lotta politica, in:* MUSTO, M. (a cura di), *Lavoratori di tutto il mondo, unitevi!*, 2014, p. 228-29.

ENZENSBERGER, Hans Magnus (a cura di). *Colloqui con Marx e Engels. Testimonianze sulla vita di Marx e Engels*, Einaudi, Torino, 1977.

EVANS, David Morier. *The History of the Commercial Crisis, 1857-58, and the Stock Exchange Panic of 1859*. Franklin, New York, 1969.

FALLOT, Jean. *Marx e la questione delle macchine*. La Nuova Italia, Firenze, 1971.

FAY, Margaret. Did Marx offer to dedicate Capital to Darwin? A reassessment of the evidence. *in: Journal of the History of Ideas*, XXXIX (1978), p. 133-46.

FEUER, Lewis S. Is the "Darwin-Marx correspondence" authentic?, *in: Annals of Science*, XXXII (1975), n. 1, p. 1-12.

FOURIER, Charles. Le nouveau monde industriel et sociétaire, *in:* id., *Œuvres complètes*, vol. VI, Anthropos, Paris, 1966.

FOURIER, Charles. Il nuovo mondo industriale e societario, *in:* BRAVO, G. M. (a cura di), *Il socialismo prima di Marx*, 1970, p. 98-126.

FOURIER, Charles. *Teoria dei quattro movimenti. Il nuovo mondo amoroso*. Einaudi, Torino, 1972.

FREUD, Sigmund. *Il disagio della civiltà*. Boringhieri, Torino, 1971.

FREYMOND, Jacques. *Introduction, in:* BURGELIN, H., LANGFELDT, K e MOLNÁR, M. (a cura di). *La Première Internationale*. 1962, vol. I (1866-68), p. v-xxxi.

FREYMOND, Jacques (a cura di). *Études et documents sur la Première Internationale en Suisse*. Droz, Genève, 1964.

FREYMOND, Jacques e MOLNÁR, Miklós. *The Rise and Fall of the First International, in:* DRACHKOVITCH, M. M. (a cura di). *The Revolutionary Internationals, 1864-1943*, p. 3-35.

GABRIEL, Mary. *Love and Capital. Karl and Jenny Marx and the Birth of a Revolution*. Little, Brown and Company, New York, 2011.

GEOGHEGAN, Vincent. *Utopianism and Marxism*. Peter Lang, Bern, 2008.

GIBBONS, James Sloan. *The Banks of New-York, their Dealers, the Cleaning House, and the Panic of 1857*. Appleton & Co., New York, 1859.

GODELIER, Maurice. *Antropologia e marxismo*. Editori Riuniti, Roma, 1977.

GRAETZ, Heinrich. *Tagebuch und Briefe*. Mohr, Tübingen, 1977.

GRANDJONC, Jacques e PELGER, Hans. Gegen die "Agentur" Fazy/Vogt. Karl Marx' "Herr Vogt" (1860) und Georg Lommels "Die Wahrheit über Genf" (1865). Quellenund textgeschichtliche Anmerkungen, *in: Marx-EngelsForschungs-Berichte*, VI (1990), p. 37-86.

GUHA, Ranajit. *Dominance without Hegemony. History and Power in Colonial India*. Harvard University Press, Cambridge (Mass.), 1997.

GUILLAUME, James. *L'Internazionale. Documenti e ricordi 1864-1878*, 2 vol., Centro Studi Libertari Camillo Di Sciullo, Chieti, 2004.

GUILLAUME, James. *Politica anarchica, in:* MUSTO, M. (a cura di). *Lavoratori di tutto il mondo, unitevi!* 2014, p. 244.

HABIB, Irfan. *Marx's Perception of India, in:* HUSAIN, Iqbal (a cura di). *Karl Marx on India*, Tulika. New Delhi, 2006, p. xix-liv.

HAMANN, Johann Heinrich Wilhelm. *Bericht über Unterredung von Metallgewerkschaften mit Karl Marx in Hannover am 30. September 1869, in: MEGA²*, vol. I/21, p. 906-7.

HAPPLE, Rudolf e KOENIG, Arne. A lesson to be learned from Karl Marx: smoking triggers hidradenitis suppurativa, *in: British Journal of Dermatology*, CLIX (2008), n. 1, p. 255-56.

HARRISON, John. *Quest for the New Moral World. Robert Owen & the Owenites in Britain and America*. Charles Scribner's Sons, New York, 1969.

HARSTICK, Hans-Peter. *Einführung. Karl Marx und die zeitgenössische Verfassungsgeschichtsschreibung, in:* MARX, Karl. *Über Formen vorkapitalistischer Produktion*, p. xiii-xlviii.

HAUPT, Georges. *L'Internazionale socialista dalla Comune a Lenin*. Einaudi, Torino, 1978.

HEINRICH, Michael. *Engels' Edition of the Third Volume of "Capital" and Marx's Original Manuscript, in:* "Science & Society", LX (1996-97), n. 4, p. 452-66.

HEINRICH, Michael. Entstehungsund Auflösungsgeschichte des Marxschen "Kapital", *in:* BONEFELD, Werner e HEINRICH, Michael (a cura di). *Kapital & Kritik. Nach der "neuen". Marx-Lektüre*, Vsa, Hamburg, 2011, p. 155-93.

HEINRICH, Michael. "Capital" after the MEGA. Discontinuities, interruptions, and new beginnings, *in: Crisis & Critique*, III (2016), n. 3, p. 92-138.

HOBSBAWM, Eric. Marx, Engels e il socialismo premarxiano, *in: Storia del marxismo*, I. *Il marxismo ai tempi di Marx*, Einaudi, Torino, 1978, p. 5-34.

HOBSBAWM, Eric. *Come cambiare il mondo. Perché riscoprire l'eredità del marxismo*. Rizzoli, Milano, 2011.

HOLMES, Rachel. *Eleanor Marx. A Life*. Bloomsbury, London, 2014.

HUDIS, Peter. Accumulation, Imperialism, and Pre-Capitalist Formations. Luxemburg and Marx on the non-Western World, *in: Socialist Studies*, VI (2010), n. 2, p. 75-91.

IL'ENKOW, Eval'd Vasil'evič. *La dialettica dell'astratto e del concreto nel "Capitale" di Marx*. Feltrinelli, Milano 1961.

INSTITUT FÜR MARXISMUS-LENINISMUS, Entstehung und Überlieferung, *in: MEGA²*, vol. II/5, p. 665-74.

INSTITUTE OF MARXISM-LENINISM OF THE CC, CPSU (a cura di). The General Council of the First International 1864-1866. *Minutes*, Foreign Languages Publishing House, Moscow, 1962.

INSTITUTE OF MARXISM-LENINISM OF THE CC, CPSU. The General Council of the First International 1870-1871. *Minutes*, Progress, Moscow 1967.

INSTITUTE OF MARXISM-LENINISM OF THE CC, CPSU. The General Council of the First International 1871-1872. *Minutes*, Progress, Moscow 1968.

JAHN, Wolfgang e NOSKE, Dietrich (a cura di). *Fragen der Entwicklung der Forschungsmethode von Karl Marx in den Londoner Exzerptheften von 1850-1853*, numero speciale di "Arbeitsblätter zur Marx-Engelsforschung", VII (1979).

JANSEN, Christian. *Politischer Streit mit harten Bandagen. Zur brieflichen Kommunikation unter den emigrierten Achtundvierzigern – unter besonderer Berücksichtigung der Controverse zwischen Marx und Vogt*, in: HERRES, Jürgen e NEUHAUS, Manfred (a cura di), *Politische Netzwerke durch Briefkommunikation*, Akademie, Berlin, 2002, p. 49-100.

JOHNSON, Cristopher H. *Utopian Communism in France. Cabet and the Icarians, 1839-1851*, Cornell University Press, Ithaca 1974.

KAPP, Yvonne. *Eleanor Marx*, I. *Vita famigliare (1855-1883)*, Einaudi, Torino, 1977.

KAPP, Yvonne. *Eleanor Marx*, II. *Gli anni dell'impegno (1884-1898)*, Einaudi, Torino, 1980.

KAUTSKY, Benedikt (a cura di). *Friedrich Engels' Briefwechsel mit Karl Kautsky*. Danubia, Wien 1955.

KAUTSKY, Karl. Einleitung, in: KAUTSKY, B. (a cura di), *Friedrich Engels' Briefwechsel mit Karl Kautsky*, p. 1-15.

KISCH, Egon Erwin. *Karl Marx in Karlsbad*, Aufbau, Berlin 1953.

KORSCH, Karl. *Karl Marx*. Laterza, Bari, 1974.

KRADER, Lawrence. *The Asiatic Mode of Production. Sources, Development and Critique in the Writings of Karl Marx*. Van Gorcum, Assen 1975.

KRADER, Lawrence (a cura di). *The Ethnological Notebooks of Karl Marx*. Van Gorcum, Assen 1972.

KRÄTKE, Michael R. Marx und die Weltgeschichte, *in: Beiträge zur Marx-Engels-Forschung. Neue Folge*, 2014-15, p. 133-77.

KRÄTKE, Michael R. *I Quaderni della crisi di Marx [1857-58]*, in: MUSTO, M. (a cura di), *I Grundrisse di Karl Marx*, 2015, p. 273-81.

KRÄTKE, Michael R. *Kritik der politischen Ökonomie Heute*. Vsa, Hamburg 2017.

KRÄTKE, Michael R. *Le dernier Marx et le 'Capital'*, in: "Actuel Marx", 37 (2005), n. 1, p. 145-160.

KULIKOFF, Allan. *Abraham Lincoln and Karl Marx in Dialogue*. Oxford University Press, New York, 2018.

LANZARDO, Dario. Intervento socialista nella lotta operaia: l'inchiesta operaia di Marx, *in:* "Quaderni Rossi", V (aprile 1965), p. 1-24.

LAZARUS, Neil. *The Fetish of "the West" in Postcolonial Theory*, in: BARTOLOVICH, Crystal e LAZARUS, Neil (a cura di). *Marxism, Modernity and Postcolonial Studies.* Cambridge University Press, Cambridge, 2002, p. 43-64.

LEHNING, Arthur. Introduction, *in:* id. (a cura di) *Bakunin-Archiv*, VI. *Michel Bakounine sur la Guerre Franco-Allemande et la Révolution Sociale en France (1870-1871)*. Brill, Leiden 1977, p. xi-cxvi.

LESSNER, Friedrich. *Ricordi di un operaio comunista.* Lotta Comunista, Milano 1996.

LIEBKNECHT, Wilhelm. *Zur orientalischen Frage oder Soll Europa kosakisch werden?* Commissions, Leipzig 1878.

LISSAGARAY, Prosper-Olivier. *La Comune di Parigi. Le otto giornate di Maggio dietro le barricate.* Feltrinelli, Milano, 1973.

LOMMELS, Georg. *Les implications de l'affaire Marx-Vogt*, in: PONT, Jean-Claude; BUI, Daniele; DUBOSSON, Françoise e LACKI, Jan (a cura di). *Carl Vogt (18171895). Science, philosophie et politique.* Georg, Chêne-Bourg, 1998, p. 67-92.

LUKÁCS, György. *Contributi alla storia dell'estetica.* Feltrinelli, Milano, 1966.

LUPORINI, Cesare. *Il circolo concreto-astratto-concreto. In:* CASSANO, Franco (a cura di) *Marxismo e filosofia in Italia (1958-1971).* De Donato, Bari, 1973, p. 226-39.

MATTICK, Paul. *Marx e Keynes.* De Donato, Bari, 1972.

MCLELLAN, David. *Karl Marx.* Rizzoli, Milano, 1976.

MEHRING, Franz. *Vita di Marx.* Editori Riuniti, Roma, 1972.

MEIKSINS WOOD, Ellen. *Democracy against Capitalism.* Cambridge University Press, London, 1995.

MICHAJLOVSKIJ, Nikolaj Konstantinovič. Karl Marks pered sudom g. Yu. Zhukovskogo, *in: Otečestvennye Zapiski*, CCXXX (1877), n. 10, p. 321-56.

MICHAJLOVSKIJ, Nikolaj Konstantinovič. *Polnoe Sobranie Sochinenii* [Raccolta delle Opere Complete], v. IV, M. M. Stasiulevich, St. Petersburg, 1911.

MILZA, Pierre. *L'Année terrible.* Perrin, Paris, 2009.

MOLNAR, Miklös. *Le Déclin de la Première Internationale.* Droz, Genève, 1963.

MOLNAR, Miklös. Quelques remarques à propos de la crise de l'Internationale en 1872, *in:* Colloque international sur la première internationale (a cura di). *La Première Internationale: l'institution, l'implantation, le rayonnement.* Éditions du Centre national de la recherche scientifique, Paris, 1968, p. 427-43.

MORGAN, Lewis H. *La società antica.* Feltrinelli, Milano, 1970.

MORI, Kenji. Karl Marx's Books of Crisis and the Concept of Double Crisis. A Ricardian Legacy. *In:* LINDEN, Marcel van der Linden e HUBMANN, Gerald (a cura di). *Marx's "Capital". An Unfinishable Project?* Brill, Leiden-Boston, 2018, p. 206-27.

MOST, Johann. *Capitale e lavoro.* SugarCo, Milano, 1979.

MUSTO, Marcello. *Ripensare Marx e i marxismi.* Carocci, Roma, 2011.

MUSTO, Marcello. Storia, produzione e metodo nella Introduzione del 1857, *in:* id. (a cura di). *I Grundrisse di Karl Marx.* 2015, p. 57-97.

MUSTO, Marcello. *L'ultimo Marx, 1881-1883. Saggio di biografia intellettuale.* Donzelli, Roma, 2016.

MUSTO, Marcello (a cura di). *Lavoratori di tutto il mondo, unitevi! Indirizzi, Risoluzioni, Discorsi e Documenti.* Donzelli, Roma, 2014.

MUSTO, Marcello (a cura di). *I Grundrisse di Karl Marx. Lineamenti fondamentali di critica dell'economia politica 150 anni dopo.* Ets, Pisa, 2015.

MUSTO, Marcello. e AMINI, Babak (a cura di). *The Routledge Handbook of Marx's "Capital". A Global History of Translation, Dissemination and Reception*. Routledge, London/New York, in uscita, 2021.

NAPOLEONI, Claudio. *Lezioni sul Capitolo sesto inedito di Marx*. Boringhieri, Torino, 1975.

NEGRI, Antonio. *Marx oltre Marx*. Manifestolibri, Roma 1998.

NICOLAEVSKIJ, Boris. Secret Societies and the First International, *in:* DRACHKOVITCH, M. *The Revolutionary Internationals, 1864-1943*, p. 36-56.

NICOLAEVSKIJ, Boris e MAENCHEN-HELFEN, Otto. *Karl Marx. La vita e l'opera*. Einaudi, Torino, 1969.

NIETZOLD, Roland; FOCKE, Wolfgang e SKAMBRANKS, Hannes. Verzeichnis von Textstellen aus der französischen Ausgabe, die nicht in die 3. und 4. deutsche Auflage aufgenommen wurden, *in:* MEGA², vol. II/10, p. 732-83.

OLLMAN, Bertell e SCHWEICKART, David. *Market Socialism. The Debate among Socialists*. Routledge, New York, 1998.

OTANI, Teinosuke; VASINA, Ljudmila e VOLLGRAF, Carl-Erich. Einführung, *in:* MEGA², vol. II/11, p. 843-905.

OWEN, Robert. *The Life of Robert Owen*. Effingham Wilson, London, 1857.

OWEN, Robert. Il libro del nuovo mondo morale, *in:* BRAVO, G. M. (a cura di). *Il socialismo prima di Marx*, 1970, p. 217-43.

PETERS, Heinz Frederick. *Red Jenny. A Life with Karl Marx*. St. Martin's, New York, 1986.

POGGIO, Pier Paolo. *L'Obščina. Comune contadina e rivoluzione in Russia*. Jaca Book, Milano, 1978.

PRAWER, Siegbert Salomon. *La biblioteca di Marx*. Garzanti, Milano, 1978.

RABEHL, Bernd. La controversia all'interno del marxismo russo e sulle origini occidentali o asiatiche della società, del capitalismo e dello Stato zarista in Russia, *in:* MARX, K. *Storia diplomatica segreta del 18o secolo*. La Pietra, Milano, 1978, p. 181-251.

REICHELT, Helmut. *La struttura logica del concetto di capitale*. De Donato, Bari, 1973.

REYBAUD, Louis. *Études sur les Réformateurs contemporains ou socialistes modernes:* Saint-Simon, Charles Fourier, Robert Owen. Guillaumin, Paris, 1840.

RICARDO, David. *Principi di economia politica e delle imposte*. Utet, Torino, 1948.

RJAZANOV, David B. Karl Marx sull'origine del predominio della Russia in Europa, *in:* MARX, K. *Storia diplomatica segreta del 18° secolo*. La Pietra, Milano, 1978, p. 95-182.

RJAZANOV, David B. *Alle origini della Prima Internazionale*. Lotta comunista, Milano, 1995.

ROBERTS, William. *Marx's Inferno. The Political Theory of Capital*. Princeton University Press, Princeton, 2017.

ROSDOLSKY, Roman. *Genesi e struttura del "Capitale" di Marx*. Laterza, Bari, 1971.

ROTH, Regina. Die Herausgabe von Band 2 und 3 des "Kapital" durch Engels, *in: Marx-Engels Jahrbuch*, 2012-13, p. 168-82.

ROUGERIE, Jacques. Les sections françaises de l'Association Internationale des Travailleurs, *in:* Colloque international sur la première internationale (a cura di), *La Première Internationale: l'institution, l'implantation, le rayonnement*. Éditions du Centre national de la recherche scientifique, Paris, 1968, p. 93-127.

ROUGERIE, Jacques. *Paris libre 1871*. Seuil, Paris, 1971.

RUBEL, Maximilien. *Bibliographie des œuvres de Karl Marx*. Rivière, Paris, 1956.

RUBEL, Maximilien. Introduction, *in:* MARX, K. *Œuvres. Économie II*. Gallimard, Paris, 1968, p. xvii-cxxxii.

RUBEL, Maximilien. *Marx critico del marxismo*. Cappelli, Bologna, 1981.

RUBEL, Maximilien. *Karl Marx. Saggio di biografia intellettuale. Prolegomeni per una sociologia etica*. Colibrí, Milano, 2001.

SAID, Edward. *Orientalismo*. Feltrinelli, Roma, 2008.

SAINT-SIMON, Claude-Henri de. *L'organizzatore*, in: *Opere*. Utet, Torino, 2007, p. 425-547.

SAINT-SIMON, Claude-Henri de. *Nuovo cristianesimo, ibid.*, p. 1103-46.

SAINT-SIMON, Claude-Henri de e ENFANTIN, Barthélemy Prosper. *Notre politique est religieuse, in: Œuvres de Saint-Simon & d'Enfantin,* vol. XLV, Leroux, Paris, 1878.

SAINT-SIMON, Claude-Henri de e ENFANTIN, Barthélemy Prosper. *Religion Saint-Simonienne. Procès, ibid.*, vol. XLVII, Leroux, Paris, 1878.

SAITO, Kohei. *Karl Marx's Ecosocialism. Capital, Nature, and the Unfinished Critique of Political Economy*, Monthly Review Press, New York, 2017.

SAWER, Marian. *Marxism and the Question of the Asiatic Mode of Production.* Martinus Nijhoff, The Hague, 1977.

SHUSTER, Sam. The nature and consequence of Karl Marx's skin disease, *in: British Journal of Dermatology*, CLVIII (2008), n. 1, p. 1-3.

SILVA, Ludovico. *Lo stile letterario di Marx*. Bompiani, Milano, 1973.

SMALL, Robin. *Marx and Education*. Ashgate, Aldershot, 2005.

SMITH, Adam. *Ricerca sopra la natura e le cause della ricchezza delle nazioni*. Utet, Torino, 1965.

STALIN, Iosif Vissarionovič. *Questioni del leninismo*. Edizioni in lingue estere, Mosca, 1948.

STEDMAN JONES, Gareth. *Karl Marx. Greatness and Illusion.* Harvard University Press, Cambridge (Mass.), 2016.

STEINBERG, Hans-Josef. *Il socialismo tedesco da Bebel a Kautsky*. Editori Riuniti, Roma, 1979.

STEKLOFF, G. M. [Jurij Michajlovič Steklov], *History of the First International*, Russell & Russell, New York, 1968.

STUART MILL, John. *Principi di economia politica*. Utet, Torino, 1962.

STUART MILL, John. *The Collected Works of John Stuart Mill*, vol. XXXII. University of Toronto Press, Toronto, 1991.

SWINTON, John. Karl Marx, *in:* MARX, K. *Lettere 1880-1883 (marzo)*, p. 377-79 (con Friedrich Engels).

TESTUT, Oscar. *L'Association internationale des travailleurs*. Aimé Vingtrinier, Lyon, 1870.

TESTUT, Oscar. *Le livre bleu de l'Internationale*. Lachaud, Paris, 1871.

TRISTAN, Flora. *Femminismo e socialismo: l'unione operaia*. Guaraldi, Firenze, 1976.

TSUZUKI, Chushichi. *The Life of Eleanor Marx, 1855-1898. A Socialist Tragedy.* Clarendon Press, Oxford, 1967.

TSUZUKI, Chushichi. Robert Owen and Revolutionary Politics, *in:* POLLRD, S. e SALT, J. (a cura di) *Robert Owen. Prophet of the Poor.* Macmillan, London, 1971, p. 13-38.

TUCHSCHEERER, Walter. *Prima del "Capitale"*. La Nuova Italia, Firenze, 1980.

UNITED STATES CENSUS OFFICE, *Population of the United States in 1860, Compiled from the Original Returns of the Eighth Census under the Secretary of the Interior.* Government Printing Office, Washington, 1866.

UROEVA, Anna. *La fortuna del "Capitale"*. Editori Riuniti, Roma, 1974. VESPER, Marlene. *Marx in Algier*. Pahl-Rugenstein Nachfolger, Bonn, 1995.

VISCHER, Friedrich Theodor. *Ästhetik oder Wissenschaft des Schönen*. Olms, Hildesheim, 1975.

VOGT, Karl Christoph. *Mein Prozess gegen die Allgemeine Zeitung. Stenographischer Bericht, Dokumente, und Erläuterungen.* Selbst-Verlag des Verfassers, Genf, 1859.

VOLLGRAF, Carl-Erich. "Das Kapital" – bis zuletzt ein "Werk im Werden", *in: Marx-Engels Jahrbuch*, 2012/13, p. 113-33.

VOLLGRAF, Carl-Erich. "Einführung", *in: MEGA²*, vol. II/4.3, p. 421-74.

VOLLGRAF, Carl-Erich. *"Marx's Further Work on 'Capital' after Publishing Volume I. On the Completion of Part II of MEGA²"*, *in:* van der LINDEN, M. e HUBMANN, G. (a cura di). *Marx's Capital. An Unfinishable Project?*, 2018, p. 56-79.

VOLLGRAF, Carl-Erich e JUNGNICKEL, Jürgen, "Marx in Marx's Words"? On Engels's edition of the main manuscript of book 3 of "Capital", *in: International Journal of Political Economy*, XXXII (2002), n. 1, p. 35-78.

VORLÄNDER. Karl. *Karl Marx*. Sansoni, Firenze, 1948.

WADA, Haruki. Marx and Revolutionary Russia, *in:* Teodor Shanin (a cura di). *Late Marx and the Russian Road*. Monthly Review Press, New York, 1983, p. 40-76.

WADE, John. *History of the Middle and Working Classes*. E. Wilson, London, 1833.

WAGNER, Adolph. *Lehrbuch der politischen Ökonomie*. Winter, Leipzig, 1879.

WATT, Ian. Robinson Crusoe as a Myth, *in: Essays in Criticism*, I (1951), n. 2, p. 95-119.

WEBB, Darren. *Marx, Marxism and Utopia*. Ashgate, Aldershot, 2000.

WEISSWEILER, Eva. *Tussy Marx. Das Drama der Vatertochter*. Kiepenheuer & Witsch, Köln, 2002.

WEITLING, Wilhelm. L'umanità come è e come dovrebbe essere, *in:* BRAVO, G. M. (a cura di). *Il socialismo prima di Marx*, p. 249-88.

WENDLING, Amy. *Karl Marx on Technology and Alienation*. Palgrave Macmillan, Basingstoke, 2009.

WHEEN, Francis. *Marx. Vita pubblica e privata*. Mondadori, Milano, 2000.

ÍNDICE ONOMÁSTICO

A

Ahmad 'Urabi – 363

al-Azm, Sadiq Jalal (1934-2016) – 364

Alessandro II, tsar da Russia (1818-1881) – 82, 210

Allen (medico) – 95, 99, 100, 108

Allsop, Thomas (1795-1880) – 211, 353, 355

Althusser, Louis (1918-1990) – 325

Anderson, Kevin (1948) – 341, 356, 357

Aricó, José (1931-1991) – 369

Assing, Ludmilla (1821-1880) – 73

Attali, Jacques (1943) – 362

B

Babeuf, François-Noël (1760-1797) – 294, 370, 372

Bailey, Samuel (1791-1870) – 91

Bakunin, Mikhail (1814-1876) – 69, 152, 153, 161, 162, 165, 172, 175-177, 180, 183, 184, 187-198, 237, 279, 293, 310, 316, 345-350, 358, 367, 374, 376

Balzac, Honoré de (1799-1850) – 68, 102, 103, 337

Barbès, Armand (1809-1870) – 271, 364

Barrot, Odilon (1791-1873) – 354

Barry, Maltman (1842-1909) – 185, 210, 349, 354

Bastiat, Frédéric (1801-1850) – 31, 220, 322

Bauer, Bruno (1809-1882) – 68, 306

Beales, Edmond (1803-1881) – 133

Bebel, August (1840-1913) – 164, 173, 203, 216, 241, 265, 301, 351, 353, 354, 362, 363, 372

Becker, Johann Philipp (1809-1886) – 64, 105, 113, 117, 138, 148, 207, 228, 338-340, 352, 354, 356, 359

Bennett, Richard – 233

Bernhardi, Friedrich von (1849-1930) – 343

Bernstein, Eduard (1850-1932) – 212, 241, 265, 348, 352-3, 358, 361, 363

Bervi-Flerovskij, Vasilij Vasil'evič, (1829-1918) – 352

Bethan-Edwards, Matilda (1836-1919) – 203, 350

Bignami, Enrico (1844-1921) – 210, 353

Bismarck, Otto von (1815-1898) – 82, 165, 196, 215-216, 222, 227, 256, 322, 347, 361,

Blanqui, Auguste (1805-1881) – 185, 271, 344, 364, 370

Blind, Karl (1826-1907) – 60, 63

Blos, Wilhelm (1849-1927) – 214, 353

Boiardo, Matteo Maria (1441-1494) – 68

Boisguillebert, Pierre le Pesant de (16461714) – 47

Bolte, Friedrich (?) – 342, 372

Bonaparte, Luigi (Napoleone III, imperador da França, 1808-1873) – 29, 55, 63, 65-66, 81, 84,
    164-165, 328-329

Bongiovanni, Bruno (1947) – 332, 370

Botta, Carlo (1766-1837) – 255

Bracke, Wilhelm (1842-1880) – 150, 206, 210, 215-216, 301, 344, 351-354, 372

Brousse, Paul (1844-1912) – 235, 363

Buchez, Philip (1796-1865) – 150

Burns, Lydia (1827-1878) – 208, 222

Byron, George G. (1788-1824) – 68, 328

C

Cabet, Étienne (1788-1856) – 294, 298-299, 370, 372

Cafiero, Carlo (1846-1892) – 367

Calderón de la Barca, Pedro (1600-1681) – 68

Cárdenas Espejo, Francisco de (1817-1898) – 208

Carey, Henry C. (1793-1879) – 32, 120, 322

Carleton, William (1794-1869) – 227

Carr, Edward (1892-1982) – 345

Carver, Terrell (1946) – 374

Casthelaz, Maurice (?) – 258

Castiau, Adelson (1804-1879) – 173

Cervantes, Miguel de (1547-1616) – 68

Cherbuliez, Antoine-Élisée (1797-1869) – 95

Čičerin, Boris Nikolaevič (1828-1904) – 220

Comte, Auguste (1798-1857) – 110, 372

Considerant, Victor (1808-1893) – 297, 371, 382

Cook, Josephus (1838-1901) – 224

Cowell-Stepney, William Frederick Ross (1821-1872) – 343

Cowen, Joseph (1829-1900) – 263

Cromwell, Oliver (1599-1658) – 157

Cunningham, família– 95

D

Dana, Charles (1819-1897) – 44

Danielson, Nikolaj (1844-1918) – 121-3, 203, 207, 220-221, 225-7, 239-240, 255, 340-341, 351, 355,
    356, 358, 361, 369

Dante Alighieri, (1265-1321) – 68

Darwin, Charles (1809-1882) – 71, 118, 330, 366, 383
Dave, Victor (1845-1922) – 184
De Paepe, César (1842-1890) – 147, 149, 180, 344, 349
De Potter, Louis (1786-1859) – 173
Demuth, Helene [Lenchen] (1820-1890) – 30, 95, 208, 218, 252-3, 266
Dézamy, Théodore (1808-1871) – 295, 371
Dmitriev, Fyodor (?) – 207
Donkin, Bryan (1845-1927) – 245, 252, 254, 256-8, 262, 360
Dourlen, Gustave (?) – 252, 261-262
Draper, Hal (1914-1990) – 376
Dühring, Eugen (1833-1921) – 212-3
Duncker, Franz (1813-1879) – 55, 66, 112
Dupont, Eugène (1831-1881) – 344, 347

E
Eccarius, Johann Georg (1818-1889) – 131, 342
Elphinstone Grant Duff, Mountstuart (1779-1859) – 224, 232
Ésquilo, (525 a.C.-456 a.C.) – 69
Eulenburg, August (1831-1912) – 215

F
Fanelli, Giuseppe (1827-1877) – 161
Fermé, Albert (1840-1904) – 259
Feuerbach, Ludwig (1804-1872) – 7, 122, 305, 373
Feugier (?) – 261
Fischart, Johann (1545-1591) – 68
Fourier, Charles (1772-1837) – 370
Fox, Peter (?-1869) – 84
Fraas, Karl (1810-1875) – 118
Frankel, Leo (1844-1896) – 170, 346
Freud, Sigmund (1856-1939) – 371
Freund, Wilhelm (1833-1918) – 209
Fribourg, Ernest-Édouard (?) – 145
Fröbel, Julius (1805-1893) – 60

G
Ganilh, Charles (1758-1836) – 88
Garibaldi, Giuseppe (1807-1882) – 71, 78
Garnier, Germain (1754-1821) – 88, 328, 381
Gladstone, William Ewart (1809-1898) – 352
Goethe, Johann Wolfgang (1749-1832) – 68
Graetz, Heinrich (1817-1891) – 209, 352
Guesde, Jules (1845-1922) – 235-236, 358, 367, 376, 379
Guilherme I, imperador alemão (1797-1888) – 259
Guillaume, James (1844-1916) – 175, 177, 183, 190-191, 345, 348-349
Gumpert, Eduard (1834-1893) – 95, 107, 201

H

Hamann, Johann (?) – 343
Harney, Julian (1817-1897) – 342
Hatzfeldt, Sophie von (1805-1881) – 72
Haupt, Georges (1928-1978) – 343, 347-348, 350
Hegel, Georg W. F. (1770-1831) – 27, 35, 47-48, 61, 69-71, 111, 114-115, 305, 321
Heine, Heinrich (1797-1856) – 68
Hermann, Ludimar (1838-1914) – 137, 163, 229, 356, 380
Hirsch, Carl (1841-1900) – 222, 355
Hobbes, Thomas (1588-1679) – 71
Höchberg, Karl (1853-1885) – 216-217, 241
Hodgskin, Thomas (1787-1869) – 91
Hohenzollern, família – 82-83
Howell, George (1833-1910) – 211
Hugo, Victor (1802-1885) – 68
Hüllmann, Karl (1765-1846) – 220
Huxley, Thomas (1825-1895) – 96
Hyndman, Henry (1842-1921) – 250

I

Il'enkov, Éval'd Vasil'evič – 325
Imandt, Peter (1823-1897) – 68

J

"Johnny", ver Longuet, Jean-Laurent Frederick – 222-223, 262
Johnson, Andrew (1808-1875) – 80, 372
Johnston, James (1796-1855) – 221
Jones, Richard (1790-1855) – 95
Jukes, Joseph (1811-1869) – 221
Jung, Hermann (1830-1901) – 137, 163, 343, 346

K

Kapp, Yvonne (1903-1999) – 359-361
Kaufman, Illarion Ignat'evič (1848-1916) – 220, 355
Kautsky, Karl Johann (1854-1938) – 334, 353, 359, 363
Klings, Carl (?), operário – 336, 100
Knowles, Alfred (?) – 104
Kovalevskij, Maksim (1851-1916) – 352, 354, 356-7
Krader, Lawrence (1919-1998) – 356-357, 359, 369
Krätke, Michael R. (1950) – 323, 335, 337, 361
Kugelmann, família – 114, 116, 202-203, 344
Kugelmann, Franziska (1858-1939) – 339, 350
Kugelmann, Ludwig (1828-1902) – 91, 93-94, 105, 109-111, 113, 119-120, 122, 142, 151, 156-157, 166-167, 179, 201-202, 335, 338, 340-341, 344-348, 350, 354
Kühne, Wilhelm (1837-1900) – 228

L

Lachâtre, Maurice (1814-1900) – 122, 340, 350

Lafargue, Laura, ver Marx, Laura esposa de Lafargue

Lafargue, Paul (1842-1911) – 103, 144, 152, 157, 162, 163, 184, 236, 252, 253, 257, 263, 265, 337, 340, 345, 346, 348, 358, 360-363, 367, 376

Lassalle, Ferdinand (1825-1864) – 51, 53, 55, 60, 67, 69, 71-73, 76, 81, 88, 91, 130, 138, 150, 151, 187, 191, 196, 203-205, 216, 217, 303, 323, 327, 329, 330-334, 343, 345, 366

Lavrov, Pëtr (1823-1900) – 207, 352, 361

Le Lubez, Victor (1834-?) – 342

"Lenchen", ver Demuth, Helene.

Leske, Carl Wilhelm (1784-1837) – 321

Lessing, Gotthold Ephraim (1729-1781) – 69

Leßner, Friedrich (1825-1910) – 110, 121, 149, 338

Liebig, Justus von (1803-1873) – 107

Liebknecht, Wilhelm (1826-1900) – 105, 121, 138, 150, 151, 164, 166, 173, 203, 205, 211, 212, 216, 241, 301, 328, 338, 340, 346, 351-354, 359, 372

Lincoln, Abraham (1809-1865) – 74, 77-80, 331, 332, 378

Lissagaray, Prosper-Olivier (1838-1901) – 209, 352, 360

Lloyd, Samuel Jones (1796-1883) – 29

Longuet, Charles (1839-1903) – 144, 170, 241

Longuet, Jean-Laurent-Frederick "Johnny" (1876-1938) – 208, 358

Longuet, Jenny, ver Marx, Jenny esposa de Longuet

Lopatin, German (1845-1918) – 121, 363

Loria, Achille (1857-1943) – 243, 359

Lubbock, John (1834-1913) – 262

Luís XV, rei francês (1710-1774) – 84

Luigi Filippo, rei francês, (1773-1850) – 150

M

Mac Donnell, John (1845-1906) – 155, 347

MacLaren, James (?) – 57

Maenchen-Helfen, Otto (1894-1969) – 329, 351

Maine, Henry (1822-1888) – 246, 248, 249, 359

Malon, Benoît (1841-1893) – 170, 237, 363

Malthus, Thomas (1766-1834) – 91

Mann, Charles A. (?) – 220

Maréchal, Sylvain (1750-1803) – 294

Marx, Edgar (1847-55) – 45

Marx, Eleanor "Tussy" (1855-1898) – 30, 202, 208, 209, 218, 222, 227, 239, 253, 254, 256, 257, 261-264, 266, 337, 352, 354, 359-361, 363,

Marx, Jenny esposa de Longuet (1844-1883) – 122, 201-203, 208, 227, 241, 250, 252, 253, 255, 257-259, 261, 264, 344, 350, 352, 354, 355, 356, 359-362

Marx, Laura esposa de Lafargue (1845-1911) – 30, 105, 152, 157, 162, 256, 261, 265, 360

Maurer, Georg Ludwig von (1790-1872) – 118, 208

Mazzini, Giuseppe (1805-1872) – 60, 130, 140, 176, 328

McLellan, David (1940) – 329

Mehring, Franz (1846-1919) – 329

Meissner, Otto (1819-1902) – 101, 105, 108, 113, 115, 249, 337

Meyer, Lothar (1830-1895) – 228, 356
Meyer, Sigfried (1840-1872) – 114, 120, 158, 159, 287, 339, 340, 345, 346, 369,
Mikhajlovsky, Nikolaj (1842-1904) – 282, 283, 367, 368
Mill, James (1773-1836) – 91
Money, James (1818-1890) – 246
Morgan, Lewis (1818-1881) – 245-248, 284, 359, 368
Most, Johann (1846-1906) – 206, 351

N
Nečaev, Sergej (1847-1882) – 175, 348
Negri, Antonio (1933) – 325
Nieuwenhuis, Ferdinand (1846-1919) – 226, 303, 347, 356, 372
Nikolaevsky, Boris (1887-1966) – 329, 351
Nobiling, Karl (1848-1878) – 214

O
Odger, George (1813-1877) – 127
Oppenheim, Max Sigmund (1834-?) – 203, 350
Ošanina, Marija Nikolaevna (1852-1898) – 363
Owen, Robert (1771-1858) – 141, 196, 293, 298, 299, 370, 371, 372

P
Palmerston, Henry John Temple, (17841865) – 31, 81, 82, 332,
Petsch, Alfred (?) – 66
Petty, Willìam (1623-1687) – 47
Phear, John (1825-1905) – 246
Philips, Antoinette (?) – 139, 331, 343
Philips, Lion (1794-1866) – 72, 78, 98, 331
Pieper, Wilhelm (1826-?) – 29, 322
Pindy, Jean-Louis (1840-1917) – 170
Plekhanov, Georg (1856-1918) – 242
Pope, Alexander (1688-1744) – 68
Proudhon, Pierre-Joseph (1809-1865) – 41, 60, 69, 118, 129, 136, 141, 143-147, 151, 153, 190, 303

Q
Quesnay, François (1694-1774) – 89, 96
Quli Khan, Murshid (1660-1727) – 232

R
Ramsay, George (1855-1935) – 95
Ranke, Johannes (1836-1916) – 208, 229, 356
Rashīd ad-Dīn Sinān, (1132/1135-1192) – 261
Raspail, François (1794-1878) – 271, 364
Ricardo, David (1772-1823) – 38, 40, 47, 69, 90, 94, 234, 324
Rivers, George (?) – 221, 355
Roberty, Eugène de (1843-1915) – 372
Rodbertus, Johann (1805-1875) – 90
Roschaid, Dâ-Dâ (?) – 66

Roscoe, Henry (1833-1915) – 228, 356

Rosenkranz, Karl (1805-1879) – 114

Rota, Pietro (1846-1875) – 219, 220

Roy, Joseph (?) – 122, 341

Rubel, Maximilien (1905-1996) – 19, 321, 326, 342, 347, 352, 363, 367, 376

S

Said, Edward (1935-2003) – 364

Saint-Simon, Claude-Henri de (1760-1825) – 196, 232, 293, 296, 299, 300, 304, 358, 370-373

Saling, A. (?) – 220

Samarin, Juri (1819-1876) – 207

Samter, Adolph (1824-1883) – 223

Sawer, Marian (1946) – 368, 369

Sazonov, Nikolaj Ivanovič (1815-1862) – 67

Schäffle, Albert (1831-1903) – 213

Schapper, Karl (1812-1870) – 322

Schiller, Johann Christoph Friedrich (1759-?) – 68, 114

Schleiden, Matthias (1804-1881) – 208

Schlosser, Friedrich (1776-1861) – 256

Schlüter, Hermann (1851-1919) – 325

Schmidt, Conrad (1863-1932) – 363

Schmidt, Oscar (1823-1886) – 353

Schoedler, Friedrich (1813-1884) – 221

Schönbein, Christian Friedrich (1799-?) – 107

Schorlemmer, Carl (1834-1892) – 228, 356, 380

Schott, Sigmund (1852-1910) – 219, 220, 222, 354, 355

Schramm, Conrad (1822-1858) – 52, 327

Schweitzer, Johann Baptist von (18331875) – 138, 139, 150, 343, 345, 376

Serrailler, Auguste (1840-1872) – 170

Sewell, Robert (1845-1925) – 232, 233, 357

Shakespeare, William (1564-1616) – 68, 69

Shuster, Sam (1927) – 336

Siebel, Carl (1836-1868) – 73, 86, 331

Singer, Paul (1844-1911) – 241

Sismondi, Jean-Charles-Léonard Simonde de (1773-1842) – 50, 326

Smith, Adam (1723-1790) – 38, 40, 41, 47, 88, 89, 94, 324

Sorge, Friedrich (1828-1906) – 123, 202, 203, 209, 210, 214, 216, 217, 219-221, 227, 235-237, 239, 241, 242, 249, 205, 252, 255, 266, 341, 350-361, 363

Soulié, Frédéric (1800-1847) – 264

Stalin, Iosif Vissarionovič (1878-1953) – 362

Steinberg, Hans-Josef (1935-2003) – 353

Stéphann, Charles (1840-1906) – 258

Stephens, Alexander (?) – 331

Sterne, Laurence (1713-1768) – 68

Steuart, James (1707-1780) – 324, 380

Stirner, Max (1806-1856) – 69

Strohn, Wilhelm (?) – 101

Stuart Mill, John (1806-1873) – 29, 40, 91, 164, 324, 346,
Swinton, John (1829-1901) – 239, 240, 245, 358, 359
Szemere, Bartholomäus (1812-1869) – 67

T
Taylor, Bayard (1825-1878) – 44
Testut, Oscar (1840-?) – 134, 342
Theisz, Albert (1839-1881) – 170
Thiers, Adolphe (1797-1877) – 165-166, 171, 347
Togliatti, Palmiro (1893-1974) – 375
Tolain, Henri (1828-1897) – 140, 145
Tristan, Flora (1803-1844) – 301, 372
Tucídides, (460 a.C. 400 a.C.) – 74
Tussy, ver Marx, Eleanor.

U
Ulpiano de Alexandria (95-165) – 71
Urquhart, David (1805-1877) – 31, 81
Utješenović, Ognjeslav (1817-1890) – 208

V
Vaillant, Édouard-Marie (1840-1915) – 170, 173, 185
Varlin, Eugène (1839-1871) – 170, 346
Vico, Giambattista (1668-1744) – 81
Virgilio Marone, Publio (70 a. C. 19 a. C.) – 20, 68
Vischer, Friedrich Theodor (1807-1887) – 326
Vogt, August (1830-1883) – 158, 287, 345
Vogt, Carl (1817-1895) – 63, 329
Vollgraf, Carl-Erich (?) – 336-339, 354-355
Volpe, Galvano della (1895-1968) – 325
Voltaire, François-Marie Arouet (1694-1778) – 68
Vorländer, Karl (1860-1928) – 329

W
Wade, John (1788-1875) – 272, 365
Wagner, Adolph (1835-1917) – 302, 357, 372, 375, 379
Warnier, Jules (1826-1899) – 231
Wataru Hiromatsu (1933-1994) – 373
Webb, Darren (?) – 370, 374
Weitling, Wilhelm (1808-1871) – 295, 371-372
Weston, John (?) – 101
Westphalen, esposa de Marx, Jenny von (1814-1881) – 28, 30, 45, 52, 55, 57, 61, 65, 67, 70, 90, 97, 105, 116, 117, 120, 121, 206, 207, 209, 210, 226, 239, 243, 245, 252, 254, 352, 361,
Weydemeyer, Joseph (1818-1866) – 58, 325, 327, 328, 373, 380
Wheen, Francis (1957) – 329-330
Wiede, Franz (1857-?) – 213
Williamson, James (1849-1901) – 262-263, 265, 363

Willich, August (1810-1878) – 322
Willis, professor (?) – 96
Witzschel, Benjamin (1822-1882) – 229
Wolff, Luigi (?-1871) – 139
Wolff, Wilhelm (1809-1864) – 67, 95, 99, 329, 336

Y
Yeats, John (1822-1902) – 220

Z
Ẓahīr al-Dīn Muḥammad, dito Bābur (1483-1530) – 232
Zasulich, Vera (1849-1919) – 283-284, 286, 368, 379